O DIREITO INTERNACIONAL PÚBLICO
NOS PRINCÍPIOS DO SÉCULO XXI

PAULA ESCARAMEIA
PROFESSORA DE DIREITO INTERNACIONAL
MEMBRO DA COMISSÃO DE DIREITO INTERNACIONAL

O DIREITO INTERNACIONAL PÚBLICO NOS PRINCÍPIOS DO SÉCULO XXI

REIMPRESSÃO DA EDIÇÃO DE SETEMBRO/2003

O DIREITO INTERNACIONAL PÚBLICO
NOS PRINCÍPIOS DO SÉCULO XXI

AUTORA
PAULA ESCARAMEIA

EDITOR
EDIÇÕES ALMEDINA, SA
Av. Fernão Magalhães, n.º 584, 5.º Andar
3000-174 Coimbra
Tel.: 239 851 904
Fax: 239 851 901
www.almedina.net
editora@almedina.net

PRÉ-IMPRESSÃO I IMPRESSÃO I ACABAMENTO
G.C. – GRÁFICA DE COIMBRA, LDA.
Palheira – Assafarge
3001-453 Coimbra
producao@graficadecoimbra.pt

Janeiro, 2009

DEPÓSITO LEGAL
196937/03

Os dados e as opiniões inseridos na presente publicação
são da exclusiva responsabilidade do(s) seu(s) autor(es).

Toda a reprodução desta obra, por fotocópia ou outro qualquer
processo, sem prévia autorização escrita do Editor, é ilícita
e passível de procedimento judicial contra o infractor.

Biblioteca Nacional de Portugal – Catalogação na Publicação

ESCARAMEIA, Paula V. C.

O direito internacional público nos princípios
do século XXI.. - (Monografias)
ISBN 978-972-40-1973-46

CDU   341

Em Memória:

*Do meu Avô, que me ensinou a ler e
a estudar
e
Do meu Padrinho, que me revelou a
importância do pensamento crítico*

ÍNDICE

NOTA INTRODUTÓRIA 9

LIÇÃO DE SÍNTESE – **Que Direito Internacional Público temos nos nossos dias?** 11

ANEXO 1 – **Um Mundo em Mudança: Timor, a ONU e o Direito Internacional** 55

ANEXO 2 – **Uma Leitura da Carta da Organização das Nações Unidas** 73

ANEXO 3 – **Quatro anos nas Nações Unidas** 97

ANEXO 4 – **O que é a Autodeterminação?** 123

ANEXO 5 – **Quando o Mundo das Soberanias se transforma no Mundo das Pessoas** 163

ANEXO 6 – **O Motor Económico-Político** 195

ANEXO 7 – **The ICC and the Security Council on Aggression** 213

ANEXO 8 – **Prelúdios de uma Nova Ordem Mundial: o Tribunal Penal Internacional** . 223

PROGRAMA E MÉTODO DA CADEIRA DE DIREITO INTERNACIONAL PÚBLICO . 243

PROGRAMA 243

METODOLOGIA 315

MÉTODO 323

BIBLIOGRAFIA 335

NOTA INTRODUTÓRIA

A obra agora publicada, que inclui uma Lição de Síntese, intitulada "Que Direito Internacional Público Temos nos Nossos Dias?", completada por textos adicionais, que especificam mais pormenorizadamente vários dos pontos abordados, bem como um Relatório sobre o Programa, Conteúdos e Métodos do Ensino do Direito Internacional Público, correspondem aos documentos cuja apresentação a lei prescreve para provas de Agregação, que foram realizadas pela autora, em Janeiro do ano corrente, no Instituto Superior de Ciências Sociais e Políticas da Universidade Técnica de Lisboa.

A Lição visou, sobretudo, captar as características básicas do período presente, considerado como um tempo de transição entre dois modelos paradigmáticos do regulamento jurídico internacional. Como sucede em todos os tempos de transição, os marcos decisivos ocorrem a um ritmo muito superior ao dos períodos em que impera uma ordem estabelecida, pelo que, já depois da referida exposição de ideias, são de referir, pelo menos, dois acontecimentos mundiais fundamentais: o 11 de Setembro e a decisão dos Estados Unidos de ataque ao Iraque.

Julgo, contudo, que, ao invés de contrariarem as teses defendidas, estes dois casos reforçam-nas profundamente: o 11 de Setembro, como ainda foi possível referir numa nota final, apensa ao texto da Lição de Síntese, demonstra claramente a insuficiência conceptual e institucional de um ordenamento jurídico para caracterizar e estabelecer regimes operativos de resposta a acontecimentos produzidos por entidades não-estatais; o eventual ataque ao Iraque representa a tentativa, provavelmente não totalmente deliberada, de substituição de regras sobre uso da força armada na cena internacional por outras cuja delineação não é ainda clara e a resistência que há a essa mudança, ou, pelo menos, aos termos em que está a ser prosseguida.

Assim, os dois casos reforçam a ideia de um período de transição, em que se defrontam caracterísiticas de um modelo vestefaliano, baseado, quase que exclusivamente, na soberania estatal, ancorada na sacralidade das fronteiras e no domínio interno do soberano, e as de um modelo diferente, em que considerações relacionadas com a dignidade humana assumem um papel preponderante e que se irá construindo com as acções, cedências, inovações e criações que vamos tendo nos dias de hoje. É por isso que, num dos artigos apensos à Lição, é citada a frase de Charles Dickens "Era o melhor dos tempos, era o pior dos tempos..." (História de Duas Cidades) – ela reflecte as características de um tempo com um potencial criador enorme como aquele que vivemos (daí ser o melhor), mas que, ao mesmo tempo, encerra a imensa responsabilidade da particular influência que terá num modelo futuro (sendo, por isso, um tempo muito difícil, o pior dos tempos).

Considerações semelhantes poderiam ser feitas quanto ao Programa da cadeira de Direito Internacional Público: se o mesmo fosse redigido actualmente, provavelmente teria um capítulo dedicado exclusivamente ao terrorismo, já que é um tema que tem influenciado profundamente as relações internacionais e, particularmente, o seu aspecto jurídico (com consequências profundas no regime do uso da força ou do Direito Humanitário, sobretudo quanto ao tratamento de alegados terroristas que são capturados no cenário de guerra).

Por outro lado, o Programa pareceu-me que deveria ser relativamente tradicional, isto é, não espelhar necessariamente o ponto de vista da docente, por ser um programa introdutório, sem que outras opções sejam dadas ao discente para estudar cadeiras semelhantes (isto é, trata-se de cadeira obrigatória, não havendo outras disciplinas jurídico-internacionais com abordagens diferentes). Neste sentido, também, recorre-se constantemente ao uso de fontes primárias, mormente tratados internacionais e jurisprudência, para que as mesmas sejam analisadas directamente pelo aluno, sem o filtro da interpretação da docente, visando, assim, desenvolver o seu espírito de análise crítica independente. Estas preocupações, aliás, estão muito presentes nas considerações que são tecidas quanto ao Método da cadeira.

Enfim, espera-se, sobretudo, que as reflexões que se seguem possam, de algum modo, contribuir para que a importância do Direito Internacional Público seja reconhecida como decisiva para um mundo que se quer orientar por princípios que visem limitar a força abusiva dos detentores do poder, desenvolver um espírito colectivo de amor pelo planeta e de respeito por colectividades e seres humanos. Espera-se, também, que possa alertar para a especialidade dos tempos que vivemos e possa assim contribuir para que as nossas acções tenham sempre em vista as consequências futuras que podem produzir: fomos presenteados com um tempo especial para sonhar e tornar os nossos sonhos realidade e não podemos desperdiçar uma oportunidade que tão raras vezes surge.

PAULA ESCARAMEIA

Lisboa, 6 de Março de 2003

LIÇÃO DE SÍNTESE – PROVAS DE AGREGAÇÃO

QUE DIREITO INTERNACIONAL PÚBLICO TEMOS NOS NOSSOS DIAS?

I – INTRODUÇÃO

Muito se tem escrito sobre os tempos de mudança que vivemos na ordem jurídica mundial e sobre as causas que têm vindo a ser responsáveis pelos mesmos. Invariavelmente, o fim da Guerra-Fria e o desaparecimento do equilíbrio bipolar, a crescente importância da intervenção das organizações internacionais, entre as quais muitas não-governamentais, a globalização da economia e finanças, a formação de blocos económicos a nível regional, o papel decisivo da informação, por redes mais ou menos directas, muitas vezes através dos meios de comunicação social, a acessibilidade a situações factuais pelo desenvolvimento tecnológico, a necessidade crescente de preservação do ambiente, entre outros, são-nos apresentados como razões da erosão da ordem anterior e causas criadoras de uma nova situação no Direito Internacional Público.

Parece-me, contudo, que, não só muito pouco se tem escrito sobre as características do momento de transição que vivemos, como até poucos autores se têm debruçado sobre as mudanças estruturais profundas no quadro teórico--institucional do Direito Internacional Público e, embora haja algum consenso sobre a existência de tal mudança, ela não é conceptualizada em termos de uma fase de transição para um novo modelo, sendo normalmente tratada como mera situação em que ajustes têm que ser feitos a nível explicativo da realidade e a nível de remodelação de algumas instituições pré-existentes[1]. Mesmo aqueles

---

[1] A teorização da evolução do conhecimento como um progresso entre paradigmas, que se vão substituindo de forma revolucionária, é devida, evidentemente, sobretudo a Thomas Kuhn, que a pensou no contexto das ciências exactas, na sua obra clássica *The Structure of Scientific Revolutions*, The University of Chicago Press, 2d edition, 1970. Embora o próprio autor reconheça que utilizou o termo com conteúdos frequentes vezes distintos, considera que há dois sentidos fundamentais: «Por um lado, representa a constelação total de crenças, valores, técnicas, etc, partilhados pelos membros de uma certa comunidade. Por outro lado, reflecte um tipo de

O Direito Internacional Público nos Princípios do Século XXI

que defendem, como se faz neste estudo, que estamos imersos num período de transição paradigmática na ordem jurídica internacional, não têm dedicado muito tempo à análise da presente situação como indício de um novo modelo jurídico-internacional em formação[2].

O que esta breve lição pretende é, fundamentalmente, tentar defender a posição de que estamos numa fase de transição entre modelos de organização jurídica internacional e vislumbrar algumas caracteríticas do que será a nova ordem jurídica. Começa, assim, por olhar para o documento mais estruturalmente constitutivo da nossa ordem jurídica mundial, a Carta da Organização das Nações Unidas, e analisar brevemente as alterações profundas que a prática introduziu nos seus princípios fundamentais e no equilíbrio entre os mesmos, para depois passar à observação de sinais de estruturas conceptuais e institucionais (no sentido de processos e órgãos) em transição, reflectidas no presente fraccionamento de teorias explicativas das mesmas e dedicando particular atenção a dois «motores» dessa transição: o conceito de autodeterminação e a protecção, mormente por penalização criminal, dos direitos humanos.

Finalmente, este estudo fará uma incursão muito sumária sobre características de uma nova ordem jurídica que se avizinha e vai já tomando forma, como sejam os aspectos de crescente verticalização de estruturas jurídicas

---

elemento dessa constelação, as soluções-problemas concretas que, usadas como modelos ou exemplos, podem substituir regras explícitas como fundamento para a solução dos problemas que restam à ciência normal.» Ibid, pág. 175. Na presente licção irei usar indiscriminadamente os termos 'paradigma' e 'modelo' para reflectir as duas ideias referidas por Kuhn.

[2] Richard Falk foi provavelmente o primeiro jusinternacionalista a analisar a mudança de paradigma dos nossos dias, tendo consistentemente abordado o tema desde a década de 80. A sua análise centra-se, contudo, sobretudo no declínio da importância da soberania territorial e na ascensão de novos actores, mormente as organizações não governamentais. Para uma visão compreensiva das suas teorias, ver *Revitalizing International Law* Iowa State University Press, Iowa, 1989, em que, na página 5, o autor afirma: «A mudança em curso na ordem mundial parece ter o sentido contrário ao da mudança operada em meados do século XVII, altura em que a Europa Medieval tinha sido substituida pelo moderno sistema de estados. O século XVII completou um processo longo de movimento histórico na direcção de chefia central não territorial para uma territorialidade descentralizada, enquanto o processo de transição contemporâneo parece dirigido de novo para uma chefia central não territorial.» (tradução da autora). Este processo de transição foi muito influenciado pelos escritos de Grotius e Vattel, o que demonstra a importância do Direito Internacional na formação de novos paradigmas, e foi aplicado através do regime jurídico despoletado pelo Tratado de Vestefália e consolidado pelo tratado de Utrecht (com fronteiras territoriais estabelecidas, linhas de sucessão real claras e regras para evitar o engrandecimento militar de qualquer potência). Contudo, estes tratados reconheciam outros actores, não-estatais, na cena mundial, tendo sido apenas a teorização positivista dos finais do século XIX que veio conferir exclusiva personalidade jurídica internacional aos estados.

Para a concretização, nos dias de hoje, da multiplicação de actores internacionais e da influência que têm na criação de um futuro governo global, ver Falk, Richard e Strauss, Andrew «Toward Global Parliament» Foreign Affairs, vol. 80 no. 1, January/February 2001, pp. 212 a 220.

internacionais, designadamente através de codificação de legislação em campos tradicionalmente deixados à discrição estatal e através da institucionalização de um corpo de órgãos jurídicos, designadamente judiciais, com poderes coercitivos e através do progressivo esbatimento da diferença material entre ordens internas e internacional, particularmente visíveis na questão da jurisdição universal.

Devido à brevidade desta lição, estes temas serão apenas aflorados, sendo a sua análise, por isso, necessariamente superficial, mas julguei que a simples chamada de atenção para a existência de características de sistemas em mudança e para o papel crescentemente relevante que as mesmas vêm assumindo pudesse ter algum interesse, pelo menos como contributo situacional e, mais ambiciosamente, como sugestão de uma ordem jurídica futura. Assim, gostaria que as palavras que se seguem fossem tomadas, não como premissas para uma construção teórica explicativa ou normativa, mas antes como uma série de meros reparos relativos à ordem jurídico-internacional que vivemos presentemente e como sugestões de como ela encerra as sementes de novas ordens possíveis.

II – A ORDEM DA CARTA DA ONU E A SITUAÇÃO PRESENTE

Uma situação pré-revolucionária (se acaso me é permitido utilizar uma expressão que tem conotações que vão muito para além da substituição de modelos organizativos), caracteriza-se pela inadequação das estruturas existentes (princípios basilares, instituições existentes, conceitos utilizados, teorias explicativas) mas não pela sua total substituição por outras realidades: a substituição é parcial e vai manifestando-se gradualmente, sendo muitas vezes silenciosa porque é disfarçada pelo uso continuado do vocabulário e conceitos do modelo anterior (ainda que desadequados) e pela operacionalidade pragmática (ainda que incoerente) das suas instituições orgânicas.

Mesmo sob o império de determinado modelo, é certo que nenhuma teoria explica completamente a realidade, sendo que nunca são todos os conceitos indisputáveis e há sempre lacunas e incongruências. Como quase tudo na vida, a questão aqui é de grau, isto é, do nível a que essas incongruências chegaram: quando esse nível não permite mais a inclusão da realidade num modelo sem que distorsões sérias à mesma sejam feitas, então esse modelo deixa de ser operacional (e as operações da realidade processam-se paralelamente, cada vez com menor referência ao mesmo) e tem que ser substituido a mais ou menos longo prazo.

Penso que é este o estágio a que chegamos no Direito Internacional dos nossos dias, em que a realidade ultrapassou em muito a estrutura em que assentavam os nossos pilares jurídicos mas em que ainda não construimos

14   *O Direito Internacional Público nos Princípios do Século XXI*

acordadamente novos pilares genericamente aceites. Assim, como exemplo, olhemos, por momentos, para os objectivos e princípios da nossa base constitucional internacional, a Carta das Nações Unidas.

O artigo 1.º fala-nos da necessidade, entre outros pontos, de manter a paz e segurança mundiais, de desenvolver relações de amizade baseadas na igualdade e na autodeterminação dos povos e de realizar a cooperação internacional, resolvendo problemas internacionais de carácter económico, e respeitando os direitos humanos[3]. Todos estes objectivos têm, evidentemente, potencial para se contradizerem (vejam-se os opostos paz mundial/autodeterminação, ou mesmo, segurança/direitos humanos) e muito depende do modo como são efectivados na prática e que tipo de acções são consideradas legítimas. Em tempos de mudança, todos estes pares de opostos se exacerbam e o potencial para conflito é muito maior, levando à prática de acções não previstas, ou mesmo ilegalizadas, pelo modelo anterior de ordem jurídica, como seja a intervenção humanitária.

O artigo 2.º da Carta revela-nos quais os princípios que estarão por detrás do tipo de acções a empreender: a igualdade soberana dos Estados, a boa-fé no cumprimento de obrigações decorrentes da Carta, a resolução pacífica de diferendos, a abstenção do recurso ao uso da força, a assistência à Organização, o respeito pela jurisdição interna dos Estados[4]. A realidade dos factos ao longo

---

[3] Afirma o artigo 1.º: «Os objectivos das Nações Unidas são: 1) manter a paz e segurança internacionais e para esse fim: tomar medidas colectivas eficazes para prevenir e afastar ameaças à paz e reprimir os actos de agressão, ou outra qualquer ruptura da paz e chegar, por meios pacíficos, e em conformidade com os princípios da justiça e do direito internacional, a um ajustamento ou solução das controvérsias ou situações internacionais que possam levar a uma perturbação da paz; 2) Desenvolver relações de amizade entre as nações baseadas no respeito do princípio da igualdade de direitos e da autodeteminação dos povos, e tomar outras medidas apropriadas ao fortalecimento da paz universal; 3) realizar a cooperação internacional, resolvendo os problemas internacionais de carácter económico, social, cultural ou humanitário, promovendo e estimulando o respeito pelos direitos do homem e das liberdades fundamentais para todos, sem distinção de raça, sexo, língua ou religião; 4) Ser um centro destinado a harmonizar a acção das nações para a consecução desses objectivos comuns.» Tradução oficial, Diário da República – I Série A n.º 117, de 22 de Maio de 1991, p. 2772.

[4] Prescreve o art. 2.º: «A Organização e os seus membros, para a realização dos objectivos mencionados no artigo 1, agirão de acordo com os seguintes princípios: 1) A Organização é baseada no princípio da igualdade soberana de todos os seus membros; 2) Os membros da Organização, a fim de assegurarem a todos em geral os direitos e vantagens resultantes da sua qualidade de membros, deverão cumprir de boa-fé as obrigações por eles assumidas em conformidade com a presente Carta; 3) Os membros da Organização deverão resolver as suas controvérsias internacionais por meios pacíficos, de modo a que a paz e a segurança internacionais, bem como a justiça, não sejam ameaçadas; 4) Os membros deverão abster-se nas suas relações internacionais de recorrer à ameaça ou ao uso da força, quer seja contra a integridade territorial ou a independência política de um Estado, quer seja de qualquer outro modo incompatível com os objectivos das Nações Unidas; 5) Os membros da Organização dar-lhe-ão toda a assistência em qualquer acção que ela empreender em conformidade com a presente Carta e se absterão de dar assistência a qualquer Estado contra o qual ela agir de modo preventivo ou coercitivo; 6) A Organização fará com que os Estados que não são membros das Nações Unidas ajam de acordo com

Lição de Síntese – Provas de Agregação

dos 56 anos de existência da ONU demonstrou amplamente que estes princípios puderam justificar acções com um enorme leque, em que a resposta foi diametralmente oposta apesar das situações factuais serem muito semelhantes, sobretudo pelo jogo de hierarquização entre os ditos princípios. Contudo, nos nossos dias, tem ocorrido uma transformação qualitativa que prenuncia o nascimento de um novo modelo: é que não é apenas o jogo de equilíbrio entre princípios que está presente mas uma verdadeira alteração desse equilíbrio ao ponto de que alguns princípios se podem considerar desaparecidos enquanto outros (não mencionados no artigo) têm surgido, com uma pujança na prática internacional que é indiscutível. Talvez que os casos mais visíveis sejam os da erosão da ideia de jurisdição reservada dos estados (art. 2.º n.7) e o aparecimento de princípios como aquele a que chamarei, por falta de expressão aceite genericamente, o da «solidariedade humana internacional», isto é, o da necessidade de respeito pelos direitos humanos, independentemente do quadro em que as potenciais violações poderão ocorrer, acompanhado concomitantemente por uma crescente intolerância face aos abusos de poder. Outros novos princípios fundamentais, também ausentes dos artigos referidos, são certamente o da preservação do meio ambiente e o da luta contra a pobreza, ausentes da Carta e tão desenvolvidos na Declaração do Milénio[5].

---

esses princípios em tudo quanto for necessário à manutenção da paz e da segurança internacionais; 7) Nenhuma disposição da presente Carta autorizará as Nações Unidas a intervir em assuntos que dependam essencialmente da jurisdição interna de qualquer Estado, ou obrigará os membros a submeterem tais assuntos a uma solução, nos termos da presente Carta; este princípio, porém, não prejudicará a aplicação das medidas coercitivas constantes do capítulo VII.». Ibid, pp. 2772 e 2773.

[5] Ver «Millennium Declaration», The Millennium Assembly of the United Nations. Esta Declaração é um dos mais interessantes documentos aprovados pela ONU, sobretudo pelas inovações que introduz quanto aos temas prioritários e o modo de os organizar. A inovação é particularmente notória se a compararmos com a «Declaração por Ocasião do 50.º Aniversário das Nações Unidas», ibid, aprovada apenas 5 anos antes, em 24 de Outubro de 1995. Enquanto esta última se encontra dividida, após breve introdução, nas secções sobre Paz, Desenvolvimento, Igualdade, Justiça e Organização das Nações Unidas, a «Declaração do Milénio» dedica o seu longo conteúdo aos «Valores e Princípios», só então seguidos por «Paz, Segurança e Desarmamento», a que se juntam «Desenvolvimento e Irradicação da Pobreza», «Protecção do Ambiente Comum», «Direitos Humanos, Democracia e Bom Governo», «Protecção dos Vulneráveis», «Acções Que Vão de Encontro às Necessidades Especiais da África» e «Reforço das Nações Unidas», demonstrando uma viragem para a resolução de problemas práticos e uma atenção especial dada às pessoas em lugar da enumeração de princípios de organização estatal do mundo. Claro que esta viragem está patente no próprio conteúdo dos capítulos invocados, não sendo, contudo, possível, nesta breve lição, empreender a dita análise, muito reveladora do nosso momento de transição.

III – SINAIS DO CARÁCTER DE TRANSIÇÃO DO ACTUAL DIREITO INTERNACIONAL

Muitos poderiam ser os traços apresentados para justificar a tese da transição na presente ordem jurídica internacional. Contudo, devido ao carácter sintético desta lição, serão apenas salientados doze desses aspectos, por me parecerem os mais reveladores, embora esteja consciente de que muitos mais poderiam ser apontados, sendo que a ordem por que são referidos não traduz qualquer lógica consequencial ou de outro tipo:

1. Apagamento do tradicional paradigma da soberania e consequente domínio reservado dos Estados, através de desenvolvimentos como a protecção dos direitos humanos, as intervenções armadas humanitárias ou a criação tribunais penais internacionais, entre outros fenómenos;

2. Erosão da noção de território através da formação de agrupamentos estatais, da criação de regiões autónomas com sistemas jurídico-políticos distintos dos do restante território, etc;

3. Aparecimento de novos actores: movimentos, multinacionais, regiões (algumas resultantes de integração), indivíduos, grupos militares, mass media, etc;

4. Febre institucional criadora, sobretudo a nível de estruturas aplicação e imposição do Direito Internacional;

5. Adopção crescente do princípio da jurisdição universal a nível interno;

6. Alteração da importância relativa das fontes de Direito Internacional (peso da jurisprudência e dos actos de organizações internacionais e decréscimo da influência do costume);

7. Alterações na actuação do Conselho de Segurança, através da transformação das excepções institucionais, como as forças de manutenção da paz ou as sanções aplicadas a movimentos, nem sequer previstas na Carta, numa realidade engrandecida (margem torna-se status quo) e da criação de órgãos judiciais, também não previstos na Carta, entre outros aspectos relacionados com a ligação de fenómenos sociais e económicos à paz mundial;

8. Processo de reforma das organizações internacionais, sobretudo a ONU, caracterizado pela luta entre as forças de reforma e as de preservação do status quo e pela alteração dos papéis dos órgãos e do equilíbrio estabelecido na Carta;

9. Transformação da ideia de autodeterminação, conotada com independência colonial, em formas preferenciais de autonomia com garantia de direitos humanos, visível no Kosovo e na Macedónia e tentada em Timor, por exemplo;

10. Limitações representativas crescentes do vocabulário jurídico-internacional, revelando-se a sua desadequação na incapacidade de captação de muitos fenómenos modernos da actividade económica internacional, de formações territoriais, de cooperação judiciária vertical, etc;

11. Desenvolvimento da técnica linguística da «ambiguidade constru-

Lição de Síntese – Provas de Agregação

tiva» como meio para conseguir consensos jurídicos, passando o plano da subs-tância a ser substituido pelo das palavras, num processo de reificação visando permitir a conclusão de acordos no curto prazo e, no futuro, a aplicação subs-tantiva pelas instituições adequadas;

12. Fraccionamento de teorias explicativas do Direito Internacional Pú-blico, com o apagar progressivo de uma teoria dominante e a utilização de técnicas distintas consoante as necessidades pragmáticas.

Passando então à análise um pouco mais pormenorizada de cada um destes aspectos[6]:

1. Apagamento do tradicional paradigma de soberania estatal com domínio reservado interno

Muito se tem escrito sobre a importância decrescente dos estados como sustentáculos únicos das relações internacionais e principais autores e desti-natários do Direito Internacional Público e, na realidade, já desde há alguns anos para cá, mormente após a 2ª Guerra Mundial, muitos outros actores entram em campo com grande pujança, como seja o caso das organizações interna-cionais, designadamente a ONU e o seu sistema de instituições especializadas, e as empresas multinacionais, acabando por controlar a vida política e eco-nómica de muitos Estados[7].

---

[6] Esta análise é necessariamente muito superficial, tentando colmatar-se este aspecto, não só com referências bibliográficas gerais, como é óbvio, mas também com a remissão para outros escritos da autora, em que alguns dos pontos referidos foram mais desenvolvidos, ainda que noutro contexto, que se apensarão em anexo.

[7] Referências deste tipo tornaram-se tão comuns e reflectem de tal modo o consenso da doutrina, que se podem encontrar em qualquer manual básico de Direito Internacional Público, como sejam, para referir os mais divulgados entre nós, em língua portuguesa ou traduzidos para português, Akehurst, Michael, *Introdução ao Direito Internacional*, ed. Almedina, Coimbra, 1985, Azevedo Soares, Albino *Lições de Direito Internacional Público*, Coimbra Editora, 1988, Brierly, James Leslie, *Direito Internacional*, ed. Gulbenkian, Lisboa, 1972, Brownlie, Ian, *Princípios de Direito Internacional Público*, ed. Gulbenkian, Lisboa, 1997, Dupuy, René-Jean, *O Direito Internacional*, ed. Almedina, Lisboa, 1993, Gonçalves Pereira, André e Fausto Quadros, *Manual de Direito Internacional Público*, ed. Almedina, Coimbra, 1993, Moreira, Adriano, *Direito Internacional Público*, ed. Instituto Superior de Ciências Sociais e Políticas (ISCSP), Lisboa, 1983 (ou Revista de Estudos políticos e Sociais, ISCSP, 1982), Miranda, Jorge, *Direito Internacional Público*, Faculdade de Direito da Universidade de Lisboa, Lisboa, 1995, Quoc Dihn, Nguyen, Daillier, Patrick e Pellet, Alain, *Direito Internacional Público*, ed. Gulbenkian, Lisboa, 1999, Reuter, Paul, *Direito Internacional Público*, Editorial Presença, Lisboa, 1984, Silva Cunha, Joaquim, *Direito Internacional Público*, ISCSP, Lisboa, 1990, *Direito Internacional Público (Introdução e Fontes)*, Almedina, Coimbra, 1987 e *(A Sociedade Internacional)*, AAFDL, Lisboa, 1991, Toucoz, Jean, *Direito Internacional* Publicações Europa-América, Lisboa, 1994 e Truyol y Serra, Antonio, *Noções Fundamentais de Direito Internacional Público*, Studium, Coimbra, 1962.

O Direito Internacional Público nos Princípios do Século XXI

Contudo, algo se tem passado no período pós-Guerra Fria que ainda tem exacerbado mais estas forças de ruptura com um modelo de divisão estatal, baseado fundamentalmente em fronteiras territoriais definidas, não interferência em assuntos que são internos às ditas fronteiras e de articulação internacional entre entes dotados de soberania, teoricamente igual. Para além de todo o desenvolvimento da vida tecnológica e económica actual, que é alheio (ou por vezes se opõe) à existência de fronteiras territoriais, levando ao decrescente papel de entidades estatais e ao surgimento de outras entidades que as substituem em muitos aspectos[8], penso que a modificação mais recente, que leva a que não se possa continuar a sustentar a existência do modelo anterior, se deve à nova percepção do alcance da protecção de direitos humanos e à crescente não aceitação, por parte de uma opinião pública mundial (formada, e por vezes, deformada, por intermediários como os meios de comunicação), de violações dos mesmos. É esta defesa dos direitos dos seres humanos que torna irrelevante divisões territoriais e poderes de soberania, levando a fenómenos recentes como intervenções armadas de carácter humanitário, à constituição de tribunais penais internacionais e à crescente aceitação de jurisdição universal para tribunais nacionais.

É muito difícil tornar esta realidade compatível com o modelo teórico de divisão estatal do mundo se a esta ligarmos, como foi feito até há pouco tempo, a noção do n. 7 do art. 2.º da Carta da reserva de poderes internos[9]. A situação real actual é muito mais de ruptura total com este modelo do que de mera excepção marginal em relação ao mesmo. Aliás, como seria aceitável uma intervenção que vai precisamente, simultaneamente, contra os dois pilares básicos da nossa constituição mundial pós-2ª Guerra, a Carta da ONU, que consistem na proibição do uso da força (art. 2.º n. 4) e na divisão do mundo em estados? Intervenções como a do Kosovo[10] e, de certo modo, de Timor[11], provam

---

[8] Para além de Richard Falk, já referido, Christine Chinkin foi das primeiras autoras a abordar o fenómeno dos novos actores de Direito Internacional. Ver, publicado em Portugal, o seu artigo «O Futuro das Organizações Não–Governamentais na Ordem Internacional» in Revista Portuguesa de Instituições Internacionais e Comunitárias, ISCSP, 1996. O tema tem sido abordado exaustivamente desde os princípios da década de 90, sob vários pontos de vista, sendo talvez o artigo de Samuel Huntington «The Clash of Civilizations?» Foreign Affairs, Summer 1993, um dos marcos, aqui num estudo de ciência política, sobre a emergência de novos actores (neste caso, as civilizações) que substituiriam os Estados.

[9] Artigo citado na nota 4, supra.

[10] Tem sido muita a literatura sobre a legalidade da intervenção da NATO no Kosovo. Como exemplificativa, ver American Journal of International Law, vol. 93 n.4, Outubro de 1999, sobretudo os seguintes artigos, incluidos em «Editorial Comments:NATO's Kosovo Intervention», pp. 824 a 862; Henkin, Louis «Kosovo and the Law of 'Humanitarian Intervention'»; Wedgwood, Ruth «NATO's Campaign in Yugoslavia»; Charney, Jonathan «Anticipatory Humanitarian Intervention in Kosovo»; Chinkin, Christine «Kosovo: a 'Good' or 'Bad' War?»; Falk, Richard «Kosovo, World Order and the Future of International Law»; Frank, Thomas «Lessons of Kosovo»; Reisman, Michael «Kosovo's Antinomies». Ver, ainda European Journal of International Law, vol. 12 n.3, Junho de 2001, «Symposium: The International Legal Fallout

Lição de Síntese – Provas de Agregação

o contrário deste modelo porque se baseiam na necessidade de protecção dos indivíduos face ao poder soberano directo que sobre eles se exerce.

Para além das intervenções armadas, outro aspecto do desenvolvimento nos nossos dias da protecção dos direitos humanos, que quebra com o modelo anterior, é o aparecimento e funcionamento de instâncias judiciais penais internacionais, mormente o Tribunal Penal Internacional, acompanhadas, a nível interno, pelo ressurgimento, alargado, da jurisdição universal de tribunais nacionais penais. Este desenvolvimento, pela sua potencial magnitude, vai ser abordado, no próximo capítulo, como exemplo-modelo da erosão do antigo paradigma da ordem jurídica internacional, pelo que não me ocuparei dele agora em pormenor.

2. Erosão da noção de território

Se acaso no modelo vestefaliano houve sempre lugar para figuras marginais como estados associados, protectorados, regiões com estatuto especial, colónias, mandatos e tutelas[12], entre outros, e estas tenham sempre ameaçado a

---

from Kosovo»; Gazzini, Tarcisio «NATO Coercive Military Activities in the Yugoslav Crisis (1992- -1999)»; Hilpold, Peter «Humanitarian Intervention: Is There a Need for a Legal Reappraisal?»; Cerone, John «Minding the Gap: Outlining KFOR Accountability in Post-Conflict Kosovo»; Fenrick, W. «Targeting and Proportionality during the NATO Bombing Campaign Against Yugoslavia»; Benvenuti, Paolo, «The ICTY Posecutor and the Review of the NATO Bombing Campaign Against the Federal Republic of Yugoslavia»; Bothe, Michael «The Protection of the Civilian Population and NATO Bombing on Yugoslavia: Comments on a Report to the Prosecutor of the ICTY», pp. 391 a 535. Para uma monografia compreensiva ver, ainda, Krieger, Heike, *The Kosovo Conflict and International Law*, Cambridge University Press, Cambridge, 2001.

O caso da intervenção da NATO no Kosovo está, ainda, presentemente, a ser analisado pelo Tribunal Internacional de Justiça, no caso intentado pela Jugoslávia contra os países-membros da NATO, «Legality of Use of Force», General List n.º 105, actualmente entre a Jugoslávia, por um lado, e a Bélgica, o Canadá, a França, a Alemanha, a Itália, a Holanda, Portugal e o Reino Unido, por outro; a responsabilidade criminal individual por actos praticados pelos dirigentes jugoslavos no Kosovo está também a ser objecto de decisão judicial pelo Tribunal Internacional para a Ex- -Jugoslávia, entre outros, no caso Milosevic, caso n. IT-99-37-I.

[11] Na perspectiva dos aspectos inovadores da presença da ONU em Timor, ver, da autora, «Um Mundo em Mudança: Timor, a ONU e o Direito Internacional» Política Internacional n.º 23 Volume 3, Primavera/Verão 2001, que se anexa a este texto, remetendo-se para a bibliografia aí indicada. Para uma análise histórica dos fundamentos da ONU, remete-se para o artigo da autora, que se anexa, «Uma Leitura da Carta da Organização das Nações Unidas» in *Estudos em Homenagem ao Professor Adriano Moreira*, ed. ISCSP, Lisboa, 1995. Anexos 1 e 2.

[12] A Sociedade das Nações inaugurou a instituição dos mandatos, fazendo vencer a então revolucionária ideia de que haveria territórios administrados por um ou mais estados em nome da sociedade internacional e em benefício dos povos desses territórios (ver art. 22.º do Pacto da Sociedade das Nações), a que sucedeu, no âmbito da ONU, o regime de tutela, com um órgão próprio, o Conselho de Tutela, encarregado de o supervisionar (ver arts. 75.º a 91.º da Carta). A Carta, tal como, por maioria de razão, o Pacto, nunca especificou qual o regime internacional destes territórios, levando a que a prática aplicasse, sem consistência, soluções para os problemas

20   *O Direito Internacional Público nos Princípios do Século XXI*

coerência de tal modelo, creio, contudo, que a fluidez destas figuras nunca fez perigar tão seriamente o paradigma existente como a actual perda de importância das fronteiras territoriais. Claro que essa perda está ligada, por um lado, ao progresso da tecnologia e à estrutura da economia mundial que levam à integração em espaços territoriais mais eficientes e não coincidentes com o estado e, por outro, à perda das alianças tradicionais de fidelidade pessoal ou organizacional a determinado estado pela mobilidade cada vez maior dos indivíduos e seu contacto com outras culturas. Crescentemente, como é óbvio sobretudo através da União Europeia, esses novos espaços territoriais que têm vindo a surgir não são a mera justaposição de estados, mas têm uma entidade própria que se rege por princípios distintos dos que tradicionalmente têm guiado os seus membros[13].

Por outro lado, e tal como em relação aos poderes de soberania interna da secção anterior, recentemente temos assistido à erosão do modelo estatal tradicional por forças internas ao próprio estado e à criação de regiões dentro deste com autonomias que, por vezes, são superiores às de estados associados ou mesmo de alguns estados independentes. Talvez que o caso mais paradigmático, pela diferença que se estabeleceu com o regime em vigor no resto do país, seja o das regiões administrativas especiais de Hong Kong e Macau, com sistemas jurídicos e judiciais independentes e próprios, que incluem a última instância, com sistemas económicos, fiscais, bancários e de moeda só seus, com poderes de negociação internacional em numerosas áreas e de participação directa em algumas organizações internacionais, o que, aliado ao facto de terem órgãos legislativos e executivos próprios, as levam a assemelharem-se mais

---

que iam inevitavelmente surgindo. Assim, Timor Leste e o Sara Ocidental viram, em parte, as suas reivindicações de que teriam o direito de se libertarem de uma potência que os havia ocupado, prejudicadas pelo facto de não serem estados e não estar definido o regime de reconhecimento em relação a territórios; Nauru só viu reconhecido, pelo Tribunal Internacional de Justiça, o seu direito à não exploração excessiva dos seus recursos minerais após a sua independência, e assim sucessivamente. A Carta considera ainda, brevemente, a questão das colónias, intitulando-as, eufemisticamente, no Capítulo XI, «territórios não autónomos» e consagrando--lhes apenas dois artigos. Não há qualquer referência a protectorados, estados associados, etc. Assim, a abordagem de formações territoriais não-estatais foi sempre superficial, não tanto pelo carácter de excepcionalidade das mesmas (difícil de provar num mundo em grande parte colonizado, como o era o que existia aquando da redacção dos dois documentos referidos) mas, sobretudo, pela incapacidade que o modelo teórico jurídico-internacional tinha de incluir estas situações.

[13] O caso da União Europeia é provavelmente o que mais nos impressiona por estarmos nele imersos. Contudo, poder-se-iam apontar muitos outros casos de grande integração em campos ainda não cobertos pela União Europeia, como sejam os casos das políticas externas conjuntas de muitas ilhas das Caraíbas e do Pacífico em assuntos que vão desde a redacção de convenções internacionais e a tomada de posições políticas face a questões de segurança e paz mundiais ou a dos países árabes em variadas questões relacionadas com direitos humanos ou aspectos culturais.

Lição de Síntese – Provas de Agregação

a verdadeiros estados que a tradicionais regiões dentro de um estado englobante[14].

3. Novos Actores (movimentos, multinacionais, regiões, grupos, etc)

Este é certamente o aspecto mais óbvio, e mais estudado, da mudança qualitativa do Direito Internacional Público nos nossos dias. Se acaso não se pode afirmar que o papel das organizações internacionais[15], governamentais ou

---

[14] Ver as Declarações Conjuntas, respectivamente, Sino-Britânica sobre Hong Kong, de 1984 (de fácil acesso na intenet ou em muitos livros sobre o tema, entre os quais Davis, Michael *Constitutional Confrontation in Hong Kong*, The Macmillan Press, Londres, 1989, p.151 e segs.) e a Luso-Chinesa, sobre Macau, de 1987 (*Declaração Conjunta do Governo da República Portuguesa e do Governo da República Popular da China sobre a Questão de Macau*, Imprensa Oficial de Macau, Macau, 1995), bem como a Lei Básica da Região Administrativa Especial de Hong Kong, de 1990 (Decree of the President of the People's Republic of China) e a Lei Básica da Região Administrativa Especial de Macau da República Popular da China, de 1993 (documento editado pela Associação Promotora da Lei Básica de Macau, Macau, 1997).

É interessante notar que, embora as duas declarações sejam tratados internacionais sinalagmáticos, a obrigação de uma das partes cumpre-se quase que instantaneamente, com a transferência da administração dos territórios, enquanto as da outra (manter as características da região administrativa especial) se prolongam por 50 anos, sem que esteja previsto qualquer mecanismo de supervisão do processo e nem mesmo um modo de resolver conflitos resultantes da interpretação do acordo que possam surgir.

Por outro lado, o regime estabelecido pelas Declarações Conjuntas foi, de algum modo, limitado nas Leis Básicas (sobretudo na referente a Macau, em que nunca se prevêem eleições por sufrágio directo e universal para os órgãos legislativo e executivo, ao contrário de Hong Kong), pela introdução de disposições como o controlo da legalidade das leis das Regiões Administrativas pelo Comité Permanente da Assembleia Popular Nacional da República Popular da China (art. 17.° da Lei Básica de Macau), o decretar, pelo governo popular Central, de estado de emergência devido a distúrbios nas regiões e a consequente aplicação das leis chinesas (art. 18.°), a falta de competência dos tribunais das Regiões para julgar actos de estado, sendo o Govern Popular Central que como tal os classifica (art. 19.°), a obrigação de produção de leis que proibam qualquer acto de subversão contra o Govern Central e mesmo o estabelecimento de laços entre quaisquer organizações políticas estrangeiras com as das regiões (art. 23.°), e, sobretudo, pelos poderes de interpretação e revisão das Leis Básicas que cabem, respectivamente, ao Comité Permanente da Assembleia Popular Nacional e à própria Assembleia (arts. 143.° e 144.°), sem que seja feita referência alguma, nas futuras revisões, às Declarações Conjuntas mas apenas às «políticas fundamentais... definidas pela República Popular da China» (art. 144.°).

[15] A bibliografia existente sobre organizações internacionais é imensa, pelo que referirei apenas algumas monografias, seleccionadas pelo seu carácter compreensivo ou determinante: Bowett, D. W. *The Law of International Institutions*, Stevens & sons, londres, 1982, Claude, Inis *Swords into Plowshares: the Progress and Problems of International Organization*, Random House, Nova Iorque, 1959, Joyner, Chistopher, ed. *The United Nations and International Law*, ASIL/Cambridge University Press, Cambridge, 1999, Kirgis, Frederic *International Institutions in Their Legal Setting – Documents, Comments and Questions*, West Publishing co., St. Paul. Minn., 1977, Luard, Evans *A History of the United Nations*, The Macmillan Press Ltd, Londres, 1982, Oppenheim, L. *The League of Nations and Its Problems – Three*

não, só se tenha revelado decisivo nos tempos mais recentes, nem que os movimentos de libertação sejam actores agora entrados no palco das relações internacionais, o certo é que as modificações introduzidas ao esquema teórico jusinternacionalista por eles introduzidas têm vindo a aprofundar-se com a nova realidade. Com o proliferar de pequenos estados, admitidos como membros da ONU, um ponto que tem sido notável sobretudo nos tempos mais recentes[16], torna-se cada dia mais óbvio que a influência destes na criação do Direito Internacional é muito menos determinante do que a acção de muitos actores não-estatais, como companhias multinacionais, NGOs e, até, movimentos de libertação e regiões territoriais.

Se olharmos as grandes decisões e a solução dos principais problemas dos nossos dias (erradicação da pobreza e de doenças epidémicas, diminuição da disparidade de riqueza, preservação do ambiente, garantia do respeito pelos direitos humanos, ajuda em situações de calamidades naturais, etc), não só é claro que os estados actuam crescentemente em conjunto, sendo praticamente impossível manter um isolamento (vejam-se os passos de aproximação ao mundo exterior da própria República Democrática da Coreia), mesmo quando se trata da única superpotência existente (vejam-se forços de convencimento de aliados por parte dos Estados Unidos em assuntos como o Protocolo de Quioto ou o Tribunal Penal Internacional) mas que sentem necessidade de se constituirem em organizações para canalizarem esforços que serão sempre ineficazes se se mantiverem apenas nacionais. Sentem, além disso, uma grande dependência, sobretudo no campo da ajuda humanitária, da acção efectiva das ONGs e, noutros campos, pelo menos da sua capacidade de recolha de dados, análise e difusão dos mesmos.

A incapacidade de um conjunto atomisticamente composto por estados para fazer face aos problemas actuais leva-os, ainda, crescentemente, à formação de entidades territoriais alargadas, mais ou menos integradas, com devolução de poderes que, no modelo tradicional, estavam intimamente ligados à ideia de soberania: a União Europeia é, provavelmente, o caso mais acabado, com políticas fiscais e económicas centralizadas, mas a CARICOM e o Forum dos Estados do Pacífico são outros casos, em que, por exemplo, quase todos os aspectos da política externa são acordados.

Não restam dúvidas, hoje em dia, de que multinacionais e movimentos de libertação são sujeitos de várias relações regidas pelo Direito Internacional, já que as primeiras são partes em contratos de investimento em larga escala e a sua actuação, pela influência que tem nos mercados de valores, acaba por afectar a economia mundial, e os segundos objecto de numerosas resoluções do

---

Lectures, Longmans, Green and Co., Londres, 1919, Virally, Michel *L'Organisation Mondiale*, Armand Colin, Paris, 1972.

[16] Os estados a serem admitidos mais recentemente nas Nações Unidas foram Palau, em 1994, Kiribati, Nauru e Tonga, em 1999 e Tuvalu, em 2000. Ver www.un.org, membership.

Conselho de Segurança e parceiros de negociação em acordos de paz, entre outros aspectos. A construção teórica que, por vezes, ainda alguns fazem, do seu papel não directo mas mediado pelos estados, não só é artificial por não corresponder à realidade dos factos, mas cada vez mais reflecte uma tentativa vã para salvar um modelo que não tem capacidade explicativa para uma realidade que se alterou.

Tudo isto se tem vindo a passar desde há algumas décadas, contudo. Assim, o que parece ser novo no nosso mundo pós-Guerra Fria é o grau de importância crescente deste tipo de actores. No entanto, julgo que há, em relação a um deles, ainda não mencionado, o indivíduo, uma alteração contemporânea de maior peso: é que este não se tornou apenas sujeito de relações internacionais (podendo reivindicar os seus direitos em vários tribunais, sobretudo regionais, e ser objecto de sanções internacionais por violação de direitos de outros, inclusivé de carácter penal[17]) mas também parece surgir crescentemente como razão última para a existência de muitos dos outros actores, sendo este o fundamento para a existência da maioria das ONGs e dos movimentos de libertação e, cada vez mais, pelo menos a nível de retórica (primeiro passo para o reconhecimento institucional e um futuro cumprimento institucionalizado) das organizações intergovernamentais e, até, das companhias multinacionais.

4. Febre institucional criadora, sobretudo a nível de estruturas de aplicação e imposição do Direito

Períodos de transição são, normalmente, muito prolíferos porque beneficiam da circunstância de a grelha teórico-institucional anterior se encontrar desacreditada e de não haver ainda um aparelho estruturalmente semelhante que controle e, de certo modo, espartilhe, pela delimitação clara de fronteiras conceptuais e orgânicas, a energia criativa potenciada pela multitude de possibilidades que passa a ser possível tornar viáveis.

Contam-se, entre as criações deste período de transição, a instituição, no âmbito das Nações Unidas, de uma Assembleia Geral de ONGs, a anteceder,

---

[17] Actualmente, existem vários tribunais internacionais que aceitam petições individuais: a nível regional encontramos o Tribunal Europeu dos Direitos Humanos (e, crescentemente, o Tribunal de Justiça da União Europeia) e o Tribunal Inter-Americano de Direitos Humanos, sendo ainda que existem várias comissões quasi-judiciais, tanto no âmbito da Carta Africana dos Direitos Humanos como no da Liga Árabe. Também a nível universal, para além dos vários comités no âmbito dos tratados de direitos humanos, com competências, por vezes, quasi-judiciais, que aceitam petições individuais, designadamente o Comité dos Direitos Humanos, no âmbito do Pacto Internacional de Direitos Civis e Políticos, existem vários tribunais arbitrais para resolução de conflitos de carácter económico, designadamente no âmbito do Banco Mundial e da Organização Mundial do Comércio e funcionam dois tribunais penais internacionais de jurisdição obrigatória, os Tribunais Ad Hoc para a Ex-Jugoslávia e o Ruanda, prevendo-se a entrada em vigor do Estatuto do Tribunal Penal Internacional em princípios de 2003.

todos os anos, a reunião de Chefes de Estado e de Governo na Assembleia Geral da ONU[18] e a criação de um órgão subsidiário, pelo ECOSOC, na área da protecção das populações indígenas, o Forum Permamente sobre Assuntos Indígenas, composto simultaneamente por membros eleitos pelos estados e por organizações e grupos indígenas, o que sucede pela primeira vez na história da ONU[19].

Na área do Direito Internacional, esta «febre criadora» reflectiu-se sobretudo na instituição de estruturas de aplicação, crescentemente presentes através dos Comités no âmbito de tratados sobre direitos humanos e, decisivamente, na instituição dos dois Tribunais Penais Ad Hoc, para a Ex-Jugoslávia e para o Ruanda, e na futura criação do Tribunal Penal Internacional. Raras vezes esteve a 6ª Comissão da Assembleia Geral das Nações Unidas (Assuntos Jurídicos) tão ocupada como nesta última década: foi negociado o Estatuto do Tribunal Penal Internacional, foram discutidas e aprovadas várias convenções no âmbito do terrorismo, aprovadas numerosas leis-quadros propostas pela UNCITRAL relativamente a comércio internacional, estudadas e discutidas muitas propostas da Comissão de Direito Internacional relativas ao monumental trabalho sobre responsabilidade internacional dos Estados, reservas a tratados, crimes internacionais, entre outros temas, debatidas propostas relativas a efeitos e limites às sanções impostas pelo Conselho de Segurança ou à actuação das forças de manutenção da paz, no âmbito do Comité sobre a Carta das Nações Unidas e o Reforço da Organização, decretada a Década das Nações Unidas para o Direito Internacional (1990-2000) e assim sucessivamente.

O plenário da Assembleia Geral ocupou-se intensamente de assuntos jurídicos, desde a regulamentação do Direito do Mar, com a institucionalização dos numerosos órgãos previstos na Convenção de 1982, mormente, na área jurídica, do Tribunal do Direito do Mar, até ao debate dos relatórios do Conselho de Segurança sobre pontos jurídico-internacionais como a criação e actividade dos Tribunais ad Hoc para a Ex-Jugoslávia e o Ruanda e dos relatórios do Tribunal Internacional de Justiça sobre aspectos tão fundamentais como a fragmentação do Direito Internacional pela multiplicação de estruturas judiciais internacionais de aplicação do mesmo. A Assembleia iniciou, ainda, neste período, as reuniões dos Grupos de Reforma da Organização que tinham acabado

---

[18] Ver, quanto a este ponto, Falk, Richard and Strauss, Andrew «Toward Global Parliament», citado supra, nota 2.

[19] Este órgão foi criado pela resolução do ECOSOC n.º 2000/22, de 28 de Julho de 2000 e é composto por 16 membros independentes, dos quais oito são nomeados por Governos e eleitos pelo ECOSOC e os oito restantes são nomeados pelo Presidente do ECOSOC, após consultas alargadas com organizações e grupos indígenas. Proposto pela primeira vez em 1993, aquando da Conferência Mundial sobre Direitos Humanos, em Viena, o Forum tem, fundamentalmente, funções de recomendação, de coordenação e de difusão de informação sobre assuntos indígenas. Ver Carey, John e Wiessner, Siegfried «A New United Nations Subsidiary Organ: the Permanent Forum on Indigenous Issues» ASIL Insight, 17 Abril, 2001.

Lição de Síntese – Provas de Agregação

de ser criados, que viriam a tocar em muitos aspectos jurídicos (veja-se o sub-grupo das Sanções no âmbito do Grupo sobre a Agenda para a Paz), para além, naturalmente, de a sua própria existência corresponder ao reconhecimento da necessidade de reformulação de instituições basilares, como o Conselho de Segurança (Grupo sobre a Composição e Representação Equitativa do Conselho de Segurança) ou a Assembleia Geral (Grupo sobre a Reforma da Assembleia Geral)[20].

Muitos outros órgãos na ONU e fora dela estiveram envolvidos em trabalho jurídico de grande relevância: entre estes contam-se o Conselho de Segurança, com a criação dos Tribunais Ad Hoc para a Ex-Jugoslávia e o Ruanda[21] e a instituição dos tribunais especiais para a Serra Leoa e o Camboja[22], a 3ª Comissão da Assembleia Geral, com numerosas convenções e declarações no âmbito dos direitos humanos, como sejam a «Convenção sobre os Direitos da

---

[20] A partir de 1992, foram criados 5 Grupos de Trabalho sobre a Reforma: Grupo Ad Hoc sobre uma Agenda para o Desenvolvimento, criado pela res. da Assembleia Geral 49/126 (1994), in A/49/49 (Vol.I)., Grupo de Alto Nível sobre a Situação Financeira das Nações Unidas, criado pela res. da Assembleia Geral 49/143 (1994), ibid, Grupo Ad Hoc sobre uma Agenda para a Paz, criado pela Assembleia Geral no seguimento do relatório de Junho de 1992 do Secretário-Geral Butros-Ghali «Uma Agenda para a Paz» (doc. A/47/277;S/24111) e do «Suplemento a uma Agenda para a Paz» (A/50/60; S/1995/1), de Janeiro de 1995 – subdividido nos grupos referentes à Diplomacia Preventiva e Construção da Paz, Questões sobre Sanções Impostas pelas Nações Unidas, Reconstrução da Paz após Conflitos e Coordenação –, Grupo de Trabalho de Alto Nível sobre o Reforço do Sistema das Nações Unidas, criado pela res. da Assembleia Geral 49/252 (1995) e Grupo de Trabalho sobre a Questão sobre Representação Equitativa e Aumento de Membros do Conselho de Segurança, criado pela res. da Assembleia Geral 48/26 (1993).

[21] O «Tribunal Internacional para a Prossecução de Pessoas Responsáveis por Violações Graves do Direito Internacional Humanitário cometidas no Território da Ex-Jugoslávia desde 1991» foi criado pela res. 808(1993) do Conselho de Segurança e o seu Estatuto foi aprovado pela res. 827(1993); o «Tribunal Internacional para a Prossecução de Pessoas que Cometeram Genocídio e outros Crimes contra a Humanidade no Território do Ruanda e nos Territórios Vizinhos no Ano de 1994» foi criado pela resolução do Conselho de Segurança n.º 955(1994), que também aprovou o seu Estatuto. Note-se que o primeiro destes tribunais tem um mandato temporal virtualmente ilimitado, pelo que tem jurisdição sobre os recentes crimes cometidos no Kosovo.

[22] Actualmente, o Conselho de Segurança encontra-se envolvido na constituição de um tribunal especial para o Camboja que, no entanto, embora com alguma supervisão internacional, é, fundamentalmente, de natureza distinta da dos Tribunais da ex-Jugoslávia e do Ruanda, podendo considerar-se quase que como um tribunal interno que aplica normas e padrões de Direito Internacional Humanitário e cuja composição é mista, já que conta com juízes nacionais e juízes nomeados pelas Nações Unidas. Este tipo de tribunal especial independente está também a ser considerado para a Serra Leoa, tendo o Secretário-Geral negociado a sua constituição com o Governo do dito país, no seguimento do mandato que lhe é conferido pelo n.º 1 da resolução do Conselho de Segurança 1315 (2000), de 14 de Agosto de 2000. Para mais pormenores sobre o Tribunal para a Serra Leoa e seu Estatuto, ver «Report of the Secretary-General on the Establishment of a Special Court for Sierra Leone», S/2000/915, de 4 de Outubro de 2000.

Para além do seu empenhamento nestes Tribunais para o Camboja e a Serra Leoa, os Estados Unidos lançaram também a ideia da criação de um Tribunal para o Iraque, que, contudo, ainda não teve quaisquer resultados práticos, por falta de consenso político.

Criança» de 1989, e os seus Protocolos Adicionais, a «Declaração de Viena e Programa de Acção», de 1993, a «Declaração de Pequim sobre as Mulheres», de 1995, as reuniões que originaram os Protocolos à «Convenção sobre Proibição ou Restrição ao Uso de Certas Armas com Efeitos Excessivamente Danosos ou Indiscriminados» relativos às Armas Laser (1995) e às Minas (1996), a «Convenção sobre Proibição do Desenvolvimento, Produção, Armazenagem e Uso de Armas Químicas e sobre a sua Destruição», de 1993, o «Tratado Geral de Proibição de Testes Nucleares», de 1996 e a «Convenção sobre Proibição do Uso, Armazenagem, Produção e Transferência de Minas Anti-Pessoais e sua Destruição», de 1997. Em questões ambientais a actividade não tem sido menor, traduzindo-se na negociação e adopção de tratados que vão desde a Convenção Espoo («Convenção sobre o Impacto Ambiental num Contexto Transfronteiriço», de 1991) e a «Convenção-Quadro das Nações Unidas sobre Alterações Climáticas», de 1992, completada pelo tão recentemente referido Protocolo de Quioto, de 1997, à «Convenção sobre Diversidade Biológica», adoptada no âmbito da ECO92 e à «Convenção sobre Protecção da Camada de Ozono», de 1985 e vários Protocolos[23].

Esta pequena amostra é significativa da intensidade dos trabalhos e da possibilidade de consensos que tem sido possível neste período de transição, não igualável a outro período anterior.

5. Adopção Crescente da Jurisdição Universal a Nível Interno

Nesta última década tem-se assistido a uma adopção progressiva de princípios de jurisdição universal pelas leis penais e processuais penais internas. O exemplo clássico (e praticamente único) que nos legou o séc. XIX foi o da punição do crime de pirataria, que, na realidade foi julgado por vários tribunais nacionais, independentemente da nacionalidade do autor, do local da prática dos factos e, até, da nacionalidade das vítimas. Claro que houve outros crimes candidatos a tal regime, mormente o de escravatura, mas nem mesmo esse recolheu um consenso semelhante, pelo menos na prática, aquele de que gozou o crime de pirataria.

O século XX assistiu a um recrudescer desta matéria, sobretudo após a 2ª Guerra Mundial, com a adopção em 1948 e entrada em vigor em 51 da «Convenção sobre Prevenção e Punição do Crime de Genocídio», em que se refere a obrigação de julgamento no território em que ocorreu o crime, extradição

---

[23] Para os textos e situação de ratificação destas convencões, ver *Multilateral Treaties Deposited with the Secretary-General* e *United Nations Treaty Series*, United Nations Documents ou, na internet, International Law, Treaties. Ver ainda *World Conference on Human Rights The Vienna Declaration and Programme of Action–June 1993* United Nations, Nova Iorque, 1995.

ou entrega a tribunal internacional (arts. VI e VII[24]). Não se trata ainda de jurisdição universal propriamente dita, já que a que se prescreve não é independente, salvo no caso de um tribunal internacional (que, aliás, não foi criado) dos vínculos tradicionais do território, da nacionalidade do autor ou das vítimas ou da segurança do estado. Contudo, prescreve-se que todos os Estados-Partes têm que aprovar legislação para aplicar efectivamente a Convenção, em especial quanto a penas (art. V[25]), e que os autores dos crimes devem ser julgados por tribunal interno ou internacional competente (art. VI).

Um marco notável no caminho da jurisdição universal viria no ano seguinte, com a adopção das quatro Convenções de Genebra sobre, respectivamente, Protecção de Membros das Forças Armadas Feridos e Doentes (em terra e no mar), de Civis e de Prisioneiros em Tempo de Guerra, de 1949. As Convenções estabeleceram um tipo de crimes mais sérios, as «violações graves» (homicídio, tortura ou tratamento desumano, danos graves físicos, destruição extensiva ou apropriação de propriedade não justificados por necessidade militar, se contra pessoas ou bens protegidos pelas Convenções, nos artigos 50.º, 51.º, 130.º e 147.º, respectivamente). Relativamente a estas «violações graves», o art. 49.º da 1ª Convenção (e os artigos 50.º, 129.º e 146.º das restantes[26]) prescrevem que as Partes têm a obrigação de busca, captura e apresentação aos seus tribunais de pessoas acusadas de terem cometido as ditas violações, independentemente da sua nacionalidade, salvo se as extraditarem para outro estado que o tenha requerido com vista ao seu julgamento. Para tal, todas as Partes têm que aprovar legislação necessária à efectiva punição das pessoas em causa.

Se acaso estas convenções representam o marco mais assinável da consagração do princípio da jurisdição universal a nível internacional, o certo é que os desenvolvimentos mais marcantes se vão processar a nível nacional. O caso Eichmann, certamente um exemplo notável da aplicação do dito princípio, já que não havia vínculo territorial ao estado de Israel, não havia conexão quanto

---

[24] Prescreve o Artigo VI: «As pessoas acusadas de genocídio, ou de qualquer outro dos actos enumerados no Artigo III, serão julgadas por um tribunal competente do Estado do território em que o acto foi praticado, ou por um tribunal penal internacional que tenha competência em relação às Partes Contratantes, que terão aceite a sua jurisdição.». Afirma o Artigo VII: «O genocídio e os outros actos enumerados no Artigo III não serão considerados crimes políticos para efeitos de extradição. As Partes Contratantes comprometem-se, nestes casos, a conceder a extradição, de acordo com as suas leis e os tratados em vigor.» (tradução da autora).

[25] O Artigo V afirma que «As Partes Contratantes comprometem-se a promulgar, de acordo com as respectivas Constituições, a legislação necessária para dar efeito às normas da presente Convenção e, em particular, prever as penas efectivas a aplicar a pessoas condenadas por genocídio ou qualquer outro dos actos enumerados no Artigo III.»(tradução da autora).

[26] O artigo 49.º prescreve: «...Cada uma das Altas Partes Contratantes tem a obrigação de procurar pessoas que tenham cometido ou ordenado a comissão de tais violações graves e apresentará essas pessoas, independentemente da sua nacionalidade, perante os seus tribunais...» (tradução da autora).

28 *O Direito Internacional Público nos Princípios do Século XXI*

a nacionalidades do autor ou mesmo das vítimas e não se tratava de um caso de segurança de Israel, manteve-se isolado durante vários anos, até presenciarmos desenvolvimentos como o de Pinochet[27], o actual de Ariel Sharon devido a alegado envolvimento no ataque a um campo de refugiados no Líbano, em 1982, ou o das freiras ruandesas julgadas, por genocídio, na Bélgica[28]. Já havia indícios, a nível de legislação interna, de possibilidade de julgamento de autores deste tipo de crimes, sendo de sublinhar, sobretudo, a legislação americana que permite o pedido de indemnização por actos que ofendam a lei das nações e que foi, pela primeira vez, usada no caso Filartiga, em que um torturador paraguaio (Pena-Irala) foi condenado pela morte de um cidadão do Paraguai, naquele estado[29]. A este caso, vários outros se têm seguido (incluindo o do general indonésio Panjaitan por morte de cidadão neo-zelandês, aquando do massacre de Santa Cruz[30]), mas trata-se de um processo civil que origina mera indemnização. Não se passa o mesmo com as leis internas pós Guerra-Fria de vários países, entre os quais se destaca a Bélgica.

Estas leis internas, relativamente a crimes considerados de gravidade internacional, usam progressivamente o vínculo da nacionalidade das vítimas (como no caso do pedido de extradição de Pinochet por tribunal espanhol), vínculo este considerado, pelo anterior modelo, como pouco próprio e, até, abusivo (vejam-se as reacções à decisão do controverso caso Lotus[31]). Mais do que isso, prescindem progressivamente de qualquer dos vínculos tradicionais em

---

[27] Ver, fundamentalmente, «Opinion of the Lords of Appeal for Judgment in the Cause Regina v. Bartle and the Commissioner of Police for the Metropolis and Others (Appellants) Ex Parte Pinochet (Respondent) (On Appeal from a Divisional Court of the Queen's Bench Division)», de 25 de Novembro de 1998.

[28] Quanto a este último caso, ver Amnesty International «Rwanda: Belgian Court Judgment Is A Great Step In the Fight against Impunity», comunicado de imprensa de 8 de Junho de 2001, disponível em www.amnesty.org, e Keller, Linda «Belgian Jury to Decide Case Concerning Rwandan Genocide», ASIL Insights, Junho 2001, relativo à condenação, por um tribunal belga, de quatro ruandeses envolvidos no genocídio dos Tutsis que ocorreu no Ruanda.

[29] Para extractos da sentença neste caso, ver, da autora, *Colectânea de Jurisprudência de Direito Internacional*, Almedina ed., Coimbra, 1992, pp.173 -175.

[30] Ver «United States District Court, District of Massachusetts, Civil Case n. 92--12255WD, Complaint for Summary Execution, Wrongful Death, Assault and Battery and Intentional Infliction of Emotional Distress – Helen Todd, individually and as administratrix of the estate of her son, Kamal Bamadhaj, Plaintiff v. Sintong Panjaitan, Defendant», 1992.

[31] Para extractos deste caso, ver, da autora, *Colectânea*, op. cit., pp. 237-248, ou, para a versão integral, *Permanent Court of International Justice*, Ser. A n.10, 1927. O acórdão final foi apenas aprovado devido ao voto de desempate do Presidente do Tribunal, tendo gerado grande controvérsia, na altura, nos meios marítimos. Tendo ocorrido uma colisão em alto mar entre um navio francês, o S.S. Lotus, e um navio turco, que se afundou, com a perda de várias vidas, o comandante francês foi sujeito à condenação por um tribunal turco quando acostou. Estavam aqui em jogo os vínculos da nacionalidade das vítimas e da territorialidade (efeitos do acto que ocorrem no navio turco, equiparado, em alto mar, a território turco). Como se vê, muito se evoluiu no sentido do alargamento da jurisdição nacional desde os princípios do século XX.

Lição de Síntese – Provas de Agregação 29

certos casos (no caso da Bélgica, o sistema mais acabado, nos casos de genocídio, crimes contra a Humanidade e das «violações graves» das Convenções de Genebra) e permitem, assim, o julgamento, por tribunais nacionais, de actos criminosos que ocorreram em território estrangeiro, praticados por cidadão estrangeiro e sobre vítimas também estrangeiras.

Independentemente dos eventuais benefícios ou prejuízos para a justiça que a acção dos tribunais nacionais vá despoletar, o que me interessa, neste ponto, é observar o fenómeno em si da generalização e aplicação do sistema de jurisdição universal no período pós Guerra Fria. Parece-me tratar-se de mais uma das manifestações, e talvez uma das mais impressionantes, pelos efeitos práticos que tem, da quebra do antigo modelo de soberanias territoriais e consequente exclusivo de jurisdição penal. A base do anterior modelo que, em última instância, se fundamenta na ideia de que o interesse exclusivo na punição de criminosos reside no país do território onde os actos foram perpetrados ou, quanto muito, num estado a que os intervenientes estejam ligados pelo vínculo da nacionalidade, encontra-se profundamente atingida por valores distintos, mormente de que há actos que afectam gravemente toda a comunidade internacional, sendo irrelevantes quaisquer nexos territoriais ou de nacionalidade, pelo que qualquer tribunal pode, e deve, julgá-los[32].

Outra vez, parece-me que o tempo que vivemos é de transição porque o sistema já não é o do modelo anterior mas ainda se apresenta fraccionado, incipiente e não teorizado ou aplicado institucionalmente de modo compreensivo e coerente para podermos afirmar que constitui um novo modelo. Assim, julgo que nos encontramos numa situação em que se quebraram algumas linhas

---

[32] Como afirmou a Sra. Mary Robinson, Alta Comissária das Nações Unidas para os Direitos Humanos, «O princípio da jurisdição universal baseia-se na noção de que certos crimes são tão danosos para os interesses internacionais, que os estados têm o direito – e mesmo a obrigação – de processar o autor, independentemente do local do crime ou da nacionalidade do autor ou da vítima.» (tradução da autora) in «Foreword», *The Princeton Principles on Universal Jurisdiction*, Program in Law and Public Affairs, Princeton University, USA, 2001. Este estudo reflecte bem a importância decisiva que a jurisdição universal adquiriu nos nossos dias, sendo propostos 14 princípios «com o fim de fazer progredir a constante evolução do Direito Internacional e a aplicação do mesmo nos sistemas nacionais»(p. 28) sobre: fundamentos da jurisdição universal, crimes graves segundo o Direito Internacional, utilização da jurisdição universal na ausência de leis nacionais, obrigações internacionais, imunidades, prescrição, amnistias, conflitos de jurisdições nacionais, non bis in idem, fundamentos para recusa de extradição, aprovação de legislação nacional, inclusão da jurisdição universal em futuros tratados, reforço da jurisdição universal e resolução de conflitos.

Ver, ainda, quanto aos desenvolvimentos da jurisdição universal, o artigo muito informativo de Glaberson, William «U.S. Courts become Arbiters of Global Rights and Wrongs» New York Times, 21 de Junho de 2001, bem como o caso da condenação, pelos tribunais americanos, dos bombistas das instalações militares americanas na Arábia Saudita, em Kirgis, Frederic «Indictments Regarding the Bombing of US Quarters in Saudi Arabia», ASIL Insight, Junho 2001. Para uma visão mais generalizada desta questão, ver Slaughter, Anne-Marie e Bosco, David «Plaintiff's Diplomacy» Foreign Affairs vol. 79 n.5, Set./Out. 2000, pp. 102 a 116.

30 O Direito Internacional Público nos Princípios do Século XXI

estruturais da anterior moldura concepto-institucional mas em que não existe ainda uma nova estrutura que a substitua totalmente. É indefinido se o nosso novo mundo vai ter predominantemente um sistema de jurisdições penais nacionais para julgamento destes crimes, se vai ter predominantemente um sistema judicial regional ou internacional ou se se viverá num sistema misto, neste último caso não se sabendo ainda como serão as relações de coordenação entre justiças nacionais, regionais e internacional, entre outras que poderão vir a surgir.

6. Alteração da importância relativa das fontes de Direito Internacional

Um dos aspectos basilares de qualquer modelo jurídico são as suas fontes, modos de criação e revelação das normas, práticas e instituições orgânicas que o compõem. Todo o aluno de Direito Internacional, por menos experiente que seja, sabe da referência clássica das fontes constante do art. 38.º do Estatuto do Tribunal Internacional de Justiça, designadamente, as convenções, o costume internacional, os princípios gerais de Direito e, como meios auxiliares, a jurisprudência e a doutrina internacionais[33]. Normalmente, o estudante é também avisado de que outros meios têm vindo a assumir uma importância crescente, como as decisões das organizações internacionais ou, mesmo, os actos unilaterais dos estados.

A situação, contudo, parece-me bem mais complexa nos dias de hoje. Por um lado, o imenso trabalho de codificação rendeu, pelo menos na larga maioria dos campos jurídico-internacionais, o costume como fonte secundária, o que se acentuou na última década com a intensidade do trabalho jurídico da redacção e aprovação de convenções, não permitindo, muitas vezes, o tempo necessário à formação do direito consuetudinário. Por outro lado, surgiram muitos novos instrumentos jurídicos de carácter quasi-convencional que não são tecnicamente tratados, como sejam as muitas declarações (sobre situações sociais, ambiente, economia mundial, etc) aprovadas, não já, ou não exclusivamente, no âmbito de organizações internacionais, mas sim em conferências, por vezes abertas a todos os estados mas, também, por vezes, limitadas a muito poucos (como sejam as de grandes potências económicas ou militares), as leis-quadros,

---

[33] O artigo 38.º afirma: «1. O Tribunal, cuja função é decidir em conformidade com o direito internacional as controvérsias que lhe forem submetidas, aplicará: a) As convenções internacionais, quer gerais, quer especiais, que estabeleçam regras expressamente reconhecidas pelos Estados litigantes; b) O costume internacional, como prova de uma prática geral aceite como direito; c) Os princípios gerais de direito, reconhecidos pelas nações civilizadas; d) com ressalva das disposições do artigo 59, as decisões judiciais e a doutrina dos publicistas mais qualificados das diferentes nações, como meio auxiliar para a determinação das regras de direito. 2. A presente disposição não prejudicará a faculdade do Tribunal de decidir uma questão *ex aequo et bono*, se as partes assim convierem.».

ou as leis-modelo (muito correntes no seio da UNCITRAL, por exemplo) que exigem um esforço de cooperação por parte de entidades nacionais mas que são, normalmente, de grande aplicação prática.

Por outro lado, como o tempo é de mudança, nota-se uma influência cada vez maior, não tanto da doutrina em termos clássicos, mas das ideias de alguns indivíduos, normalmente que misturam o seu passado académico com o conhecimento da prática de instituições internacionais, na aplicação das suas ideias a problemas novos, através de estudos encomendados pela ONU (caso do relatório Brahimi[34], para dar um só exemplo), pelo Banco Mundial ou mesmo pelos tribunais internacionais ou comissões para resolução de conflitos.

Parece-me, contudo, que a fonte que mais decisivo papel tem tido nestes tempos de transição tem sido a jurisprudência internacional, sobretudo pela criação de tribunais internacionais de jurisidição obrigatória e pela referência cada vez mais frequente para tribunais internacionais para resolução de disputas derivadas de muitas convenções. Se é certo que o precedente judicial não vigora teoricamente, o que é reforçado pelos termos expressos do artigo 59.º do Estatuto do Tribunal Internacional de Justiça[35], o que tem acontecido, na realidade, é que, não só os próprios tribunais em causa como todos os restantes actores internacionais se têm comportado, as mais das vezes, como se o precedente fosse, efectivamente, vinculativo, sendo prática corrente a invocação de acórdãos anteriores e a utilização do conteúdo dos mesmos como guia para a decisão a alcançar[36]. A criação recente de vários tribunais internacionais tem dado força renovada à crescente importância desta fonte e, o que é ainda mais importante, à custa da diminuição de importância de outras, sobretudo se confrontadas com decisões recentes judiciais. Como as situações sobre que os tribunais se debruçam são, muitas vezes, novas, assistimos a uma verdadeira criação do Direito por estes órgãos sem recurso a limites que instrumentos como tratados anteriores, não pensados para estas situações, poderiam implicar. Os tribunais têm actuado com a consciência de que têm que preencher lacunas do modelo anterior e, ao fazê-lo, têm, efectivamente, criado novo Direito Internacional[37].

---

[34] Este Relatório, produzido por um grupo de peritos em questões de manutenção da paz, presidido pelo Embaixador Brahimi, veio propor uma série de princípios e regras (muitos dos quais inovadores) para a actuação das forças das Nações Unidas e tem sido objecto de intenso debate no seio da ONU. Para leitura do texto, ver a página das Nações Unidas, já citada, peacekeeping.

[35] Artigo 59.º: «A decisão do Tribunal só será obrigatória para as partes litigantes e a respeito do caso em questão».

[36] Por exemplo, as pretensões de Portugal, no caso de Timor perante o Tribunal Internacional de Justiça, foram particularmente afectadas pelo precedente do caso do Ouro Monetário, acórdão este em que o Tribunal se tinha pronunciado especificamente sobre a questão do litisconsórcio necessário. Ver «East Timor Case» n. 84 da Lista Geral, de 30 de Junho de 1995, em -international law-ICJ-judgements e «Monetary Gold Removed from Rome in 1943», de 1954, ibid.

[37] Muitos poderiam ser os casos a referir de verdadeira criação do Direito Internacional, mesmo antes do fim da Guerra Fria. Contudo, como mencionado, esta tendência tem-se

7. Actuação do Conselho de Segurança

Uma das principais diferenças dos nossos tempos face ao modelo anterior é o tipo de actuação recente do Conselho de Segurança. Paralisado durante a Guerra Fria, o Conselho tem demonstrado uma vitalidade imensa nos últimos tempos e tem actuado constantemente fora da estrutura tradicional das funções que lhe são incumbidas na Carta, de tal modo que situações marginais têm passado, na prática, a constituir a norma.

Talvez que este sinal da mudança de modelo se reflicta sobretudo em quatro aspectos: o uso intenso e cada vez mais inovador das operações de manutenção da paz; o número e o carácter mutante do tipo de sanções aplicadas; a extensão da competência para discussão e decisão sobre virtualmente todos os problemas mundiais pela conexão estabelecida entre qualquer deles e a paz e segurança mundiais; e a criação de órgãos judiciais independentes com competência para casos de criminalidade individual internacional[38].

Relativamente ao primeiro aspecto, é sabido que a própria ideia de forças de manutenção da paz é uma inovação decorrente de necessidades práticas e do engenho da delegação canadiana nas Nações Unidas, que a propôs, pela primeira vez, como ajuda para resolução da questão do Canal do Suez, em 1956, tendo então sido criada a UNEF (United Nations Emergency Force), que seria a primeira de uma série de quase meia centena deste tipo de forças. Muitos vieram a chamar-lhes o Capítulo 6,5 da Carta (entre as formas de resolução pacífica de conflitos e os meios sancionatórios decorrentes de uma ameaça ou quebra da paz). Se acaso os «capacetes azuis» foram um meio que se generalizou, o certo é que assumiram, na última década, um papel preponderante, pela intensidade da sua utilização e, sobretudo, pelas formas tão pouco tradicionais que os levaram a constituir, como nos casos do Kosovo e de Timor Leste, verdadeiras administrações englobantes na reconstituição de territórios e mesmo, no segundo caso, de preparação para o nascimento de um novo estado. Originadas sem suporte legal tradicional claro (no sentido positivista, estabelecido pela Carta), estas forças e os seus dirigentes, em particular, têm assumido

---

acentuado na última década: um dos acórdãos mais paradigmáticos, nos nossos dias, foi o do caso Foca, em que a Secção II do Tribunal Penal para a Ex-Jugoslávia acabou por considerar que actos de violência sexual praticados em mulheres e crianças num campo de detenção em Foca, Bósnia, constituiam crimes de tortura e de escravatura sexual, crimes estes não previstos no Estatuto do Tribunal. Para o texto do caso, ver «Kunarac, Kovac and Vukovic», de 22 de Fevereiro de 2001, na morada, já citada, das Nações Unidas na internet, ICTY; para uma análise do mesmo, ver Mertus, Julie «Judgment of Trial Chamber II in the Kunarac, Kovac and Vukovic Case», ASIL Insight, Março 2001.

[38] Para uma análise mais profunda destes aspectos, ver, da autora, «Quatro Anos nas Nações Unidas – Testemunhos, Impressões, Especulações» Política Internacional, vol.20, Outono/Inverno 1999, pp. 129 a 157, que se anexa, e reproduzido no livro, também da autora, *Reflexões sobre Temas de Direito Internacional: Timor, a ONU e o Tribunal Penal Internacional*, ISCSP, Lisboa, 2001 pp. 191-214. Anexo 3.

Lição de Síntese – Provas de Agregação 33

poderes semelhantes aos dos detentores do poder estatal, o que não deixa de ser uma evolução surpreendente que quebra com a matriz da Carta (que previa apenas os territórios sob tutela, uma figura legalmente distinta).

Quanto à questão das sanções, não só têm estas sido utilizadas com uma frequência que só a ausência do veto no período pós-Guerra Fria permitiu, havendo hoje 15 regimes de sanções em vigor, mas, mais uma vez, têm assumido formas que não se coadunam com a traça concepto-institucional da Carta. Na realidade, as sanções foram previstas, no Capítulo VII, designadamente nos arts. 41.° e 42.°[39], para serem aplicadas a estados que, aliás, são o pilar básico em que assenta o mundo vestefaliano. Hoje, contudo, e apesar de tal não ser reconhecido na Carta, já não vivemos nesse mundo, sendo as sanções impostas a movimentos, como a UNITA, ou mesmo a indivíduos, como os dirigentes do Haiti. A personalização de sanções leva, por vezes, a que o Conselho de Segurança se comporte como um órgão julgador de comportamentos de indivíduos, isto é, um órgão quasi-judicial, com critérios políticos.

Em relação à competência do Conselho de Segurança, a alteração que se tem vindo a processar desde a redacção da Carta e, sobretudo, nestes últimos anos, é verdadeiramente prodigiosa: a Carta, no artigo 24.°, é muito clara ao atribuir competências ao Conselho apenas quanto a questões de manutenção da paz e segurança internacionais, enquanto confere competência residual à Assembleia Geral, no artigo 10.°, e cria o Conselho Económico e Social, no Capítulo X, para especificamente se encarregar de questões sociais e económicas[40].

---

[39] Prescrevem os artigos 41.° e 42.°, respectivamente: «O Conselho de Segurança decidirá sobre as medidas que, sem envolver o emprego das forças armadas, deverão ser tomadas para tornar efectivas as suas decisões e poderá instar os membros das Nações Unidas a aplicarem tais medidas. Estas poderão incluir a interrupção completa ou parcial das relações económicas, dos meios de comunicação ferroviários, marítimos, aéreos, postais, telegráficos, radioeléctricos, ou de qualquer outra espécie, e o rompimento das relações diplomáticas.» e «Se o Conselho de Segurança considerar que as medidas previstas no artigo 41 seriam ou demonstraram ser inadequadas, poderá levar a efeito, por meio de forças aéreas, navais ou terrestres, a acção que julgar necessária para manter ou restabelecer a paz e a segurança internacionais. Tal acção poderá compreender demonstrações, bloqueios e outras operações, por parte das forças aéreas, navais ou terrestres dos membros das Nações Unidas.».

[40] O artigo 24.° afirma: «1. A fim de assegurar uma acção pronta e eficaz por parte ds Nações Unidas, os seus membros conferem ao Conselho de Segurança a principal responsabilidade na manutenção da paz e da segurança internacional e concordam em que, no cumprimento dos deveres impostos por essa responsabilidade, o Conselho de Segurança aja em nome deles; 2. No cumprimento desses deveres, o Conselho de Segurança agirá de acordo com os objectivos e os princípios das Nações Unidas. Os poderes específicos conferidos ao Conselho de Segurança para cumprimento dos referidos deveres estão definidos nos capítulos VI, VII, VIII e XII; 3. O Conselho de Segurança submeterá à apreciação da Assembleia Geral relatórios anuais e, quando necessário, relatórios especiais.»

O artigo 10.° prescreve: «A Assembleia Geral poderá discutir quaisquer questões ou assuntos que estiverem dentro das finalidades da presente Carta ou que se relacionarem com os poderes e funções de qualquer dos órgãos nela previstos e, com excepção do estipulado no artigo

Na prática do pós-Guerra Fria, contudo, o Conselho de Segurança, ao conseguir fazer vingar a ideia de que todos os temas têm que ver, em última instância, com a paz e segurança mundiais, tem-se debruçado sobre problemas como a SIDA, a pobreza mundial, questões de desenvolvimento económico, etc.

Isto conduz-nos ao último aspecto que seleccionei e que se relaciona com a administração da justiça penal internacional a nível individual. A criação dos dois tribunais penais internacionais ad hoc, para a ex-Jugoslávia e o Ruanda, e a participação nos tribunais especiais da Serra Leoa e do Camboja, foram justificados com base no Capítulo VII, mais particularmente nos artigos 39.° (ameaça da paz ou quebra da paz) e 41.° (decisão sobre quais os meios que não envolvem uso da força adequados para fazer cumprir as decisões do Conselho)[41]. Contudo, a justificação jurídica para a sua existência corresponde a uma interpretação não tradicional da Carta, que não foi provavelmente pensada com base nas premissas de que a impunidade de criminosos internacionais constituia uma ameça ou quebra da paz e segurança mundiais e de que o Conselho poderia, por isso, criar tribunais que se encarregassem de os julgar. Assim, embora me pareça que tal interpretação seja possível, ela só foi viável num momento em que a bipolarização mundial desaparecera e em que se tornou óbvio que o modelo anterior teria que ser interpretado extensivamente, sob pena de perecer totalmente.

8. Reforma das instituições internacionais, sobretudo ONU

Um sinal óbvio de qualquer transição de modelo é o sentimento de que são necessárias mudanças estruturais no mesmo[42]. Julgo que a situação actual, a nível da reforma das instâncias internacionais, mormente a ONU, se caracteriza por estar numa fase inicial de formação de polarizações e pela ausência de uma estrutura supra-institucional com legitimidade reconhecida para mediar diferenças, o que anuncia uma situação de transição, pré-revolucionária.

Na realidade, como já foi referido, a ONU tem vindo a sentir uma necessidade de reforma, pelo menos desde os princípios da década de 90, mas, ao mesmo tempo, a tensão entre forças reformistas e as de manutenção do status quo tem-se feito sentir com intensidade, levando a que a magnitude dessa reforma, que parece inevitável (aliás, já bastante acentuada a nível de restruturação interna do Secretariado), seja ainda uma incógnita, bem como os órgãos

---

12, poderá fazer recomendações aos membros das Nações Unidas ou ao Conselho de Segurança, ou a este e àqueles, conjuntamente, com a referência a quaisquer daquelas questões ou assuntos.».

[41] O artigo 41.° já foi transcrito. Afirma o artigo 39.°: «O Conselho de Segurança determinará a existência de qualquer ameaça à paz, ruptura da paz ou acto de agressão e fará recomendações ou decidirá que medidas deverão ser tomadas de acordo com os artigos 41 e 42, a fim de manter ou restabelecer a paz e a segurança internacionais.».

[42] Ver Kuhn, *op. cit.*, sobretudo pp. 93 e segs.

Lição de Síntese – Provas de Agregação   35

e práticas sobre que irá predominantemente incidir, levando a que se desconheça o equilíbrio futuro que se irá estabelecer. Dos cinco Grupos de Trabalho sobre a Reforma criados na década passada e já referidos anteriormente, Grupo Ad Hoc sobre uma Agenda para o Desenvolvimento[43], Grupo de Alto Nível sobre a Situação Financeira das Nações Unidas[44], Grupo Ad Hoc sobre uma Agenda para a Paz[45] – subdividido nos grupos referentes à Diplomacia Preventiva e Construção da Paz, Questões sobre Sanções Impostas pelas Nações Unidas, Reconstrução da Paz após Conflitos e Coordenação –, Grupo de Trabalho de Alto Nível sobre o Reforço do Sistema das Nações Unidas[46] e Grupo de Trabalho sobre a Questão sobre Representação Equitativa e Aumento de Membros do Conselho de Segurança[47], só o último continua a ter reuniões periódicas, mantendo-se os restantes numa existência jurídica que não tem suporte na realidade, não se prevendo, contudo, a sua extinção enquanto não forem produzidos resultados concretos. Por outro lado, a única resolução da Assembleia Geral que foi possível aprovar, em 1998, sobre o assunto, a res. 53/30, de 23 de Novembro de 1998, reafirma, no seu parágrafo único, conservadoramente, a necessidade de qualquer alteração à composição do Conselho de Segurança, ou qualquer outro assunto sobre representação equitativa no dito órgão, ser aprovada por voto afirmativo de, pelo menos, 2/3 dos Membros da Assembleia Geral.

Esta situação reflecte bem o período de transição que vivemos, em que há consenso quanto ao carácter ultrapassado da ordem anterior e até quanto aos aspectos de prática e composição institucional que deverão ser alterados, mas em que não existe um compromisso aceitável face a todos esses aspectos que são fonte de insatisfação.

9. Transformação da autodeterminação em formas preferenciais de autonomia com garantia de direitos humanos

Um dos sinais de um período de transição reside na tentativa de compromisso de princípios opostos, cuja prática tornou imperativo conciliar. O modelo anterior assistiu ao desenvolvimento, no âmbito de um mundo de estados soberanos territorialmente, da ideia de autodeterminação, que se manifestou, sobretudo, pelo afastamento, nos continentes asiático e africano, do colonia-

---

[43] Grupo criado pela res. da Assembleia Geral 49/126 (1994), in A/49/49 (Vol.I). Ver supra, nota 20.

[44] Criado pela res. da Assembleia Geral 49/143 (1994), ibid.

[45] Criado no seguimento do relatório de Junho de 1992 do Secretário-Geral Butros--Ghali «Uma Agenda para a Paz» (doc. A/47/277; S/24111) e do «Suplemento a uma Agenda para a Paz» (A/50/60; S/1995/1), de Janeiro de 1995.

[46] Criado pela res. da Assembleia Geral 49/252 (1995).

[47] Criado pela res. da Assembleia Geral 48/26 (1993).

36   *O Direito Internacional Público nos Princípios do Século XXI*

lismo europeu, mas que nunca se limitou apenas a tal aplicação prática, já que o conceito teve sempre potencialidades muito mais profundas e, desde logo, foi também aplicado à luta dos palestinianos face a Israel e ao regime de apartheid na África do Sul, ambos transformados, através da nomenclatura utilizada em declarações e resoluções das Nações Unidas, em formas de colonialismo[48].

Na realidade, o conceito de autodeterminação tem implicações tão profundas como a advocacia da revolução e a legitimidade da mesma. Talvez que a melhor interpretação para a sua existência num modelo de soberanos territoriais seja a de que certo regime gera sempre o seu oposto e esse par de opostos leva à assumpção de formas de vivência comum através de limites artificiais colocados ao conceito desafiador (a autodeterminação) pela exigência da existência de situações específicas, como uma soberania europeia em continente extra-europeu com população local distinta étnica e/ou culturalmente da da metrópole (como prescrito na famosa resolução da Assembleia Geral n.1541 (XV), de 15 de Dezembro de 1960[49]). Formas diferentes, como as situações referidas da África do Sul e do Médio Oriente, acabaram por ser assimiladas a colonização, mas outras situações, em tudo semelhantes, como a questão curda, do Tibete, do Sara Ocidental e, durante muito tempo, a de Timor, não o foram.

A desagregação da União Soviética, com a consequente criação de numerosos estados independentes na Europa e Ásia e as alterações profundas na Europa de Leste (unificação das duas Alemanhas, separação da Checoslováquia, fraccionamento da Jugoslávia) vieram tornar impossível manter a ideia da autodeterminação como conceito marginal, limitado a situações específicas muito contadas, já que nenhuma destas novas realidades nela cabia. A realidade ultrapassou em muito qualquer tentativa de teorização da nova realidade da autodetermnação e esta não foi sequer tentada a nível de declarações ou resoluções de organizações ou conferências internacionais. Assim, este período de transição caracteriza-se pelo sancionamento real de situações decorrentes da invocação da autodeterminação, pela ausência de teorização ou mesmo de estabelecimento de práticas coerentes sobre o exercício da mesma (incluindo os casos em que esta envolve métodos terroristas, cuja definição é, também, controversa) e, ainda, pela tentativa, em certos casos, de assimilar a autodeterminação a formas de autonomia mais ou menos extensas, como foi tentado em Timor Leste e parece estar a ser aplicado no Kosovo e na Macedónia.

---

[48] Para um estudo sobre o conceito de autodeterminação no período anterior à queda do Muro de Berlim, ver, da autora, *Formation of Concepts in International Law: Subsumption under Self-Determination in the Case of East Timor*, Fundação Oriente, Lisboa, 1993 e «O Que É a Autodeterminação? – Análise Crítica do Conceito na sua Aplicação ao Caso de Timor» Política Internacional, vol.1 n.7/8, Outono 1993, (artigo este que se anexa – Anexo 4), bem como a bibliografia neles referida.

[49] Para o texto desta resolução, ver, da autora, *Colectânea de Leis de Direito Internacional*, 2ª ed., ISCSP, Lisboa, 1998 ou a morada das Nações Unidas na internet, já referida.

Lição de Síntese – Provas de Agregação

Deste modo, vivemos um tempo em que os limites criados pelo modelo anterior (designadamente, pelas suas instituições orgânicas e parte da doutrina) ao exercício da autodeterminação foram rompidos e em que há tentativas, muitas vezes inovadoras, de estabelecer novas fronteiras à acção e resultados desse conceito, como seja a sua subsumpção, cada vez mais sofisticada, ao regime de autonomia interna, mas em que tais esforços são ainda incipientes, desconhecendo-se o rumo que o futuro irá tomar[50].

10. Incapacidades crescentes de vocabulário adequado

Outro sinal da decadência de um modelo é o da incapacidade de tradução satisfatória, em termos conceptuais, da realidade que se vive: o vocabulário torna-se desadequado para reflectir novas situações que exigem serem assinaladas e, por outro lado, mantem-se preso a expressões e conceitos que são apresentados como compreensivos quando, cada vez mais, reflectem uma parte mais marginal da realidade.

Claro que todo o processo é progressivo e os sinais de inadequação conceptual têm vindo a manifestar-se desde há muito, com esforços doutrinais para encaixe de realidades que não cabem no modelo existente porque, de algum modo, vão contra os seus fundamentos. Para dar só alguns exemplos, são esses os casos de situações como acordos de investimento de larga escala entre companhias privadas e estados (por vezes, mais próximos de tratados internacionais do que de contratos, não só pelos imensos efeitos na economia de muitos países mas também pelo Direito que os gere, frequentemente o Direito Internacional, e pelos métodos de resolução de conflitos, entre outros aspectos) ou como a existência e regime internacional de entidades territoriais distintas dos estados, tais como as antigas tutelas, os territórios em vias de descolonização (como o Sara Ocidental) e os actuais territórios sob administração das Nações Unidas (Timor Leste, Kosovo).

A desadequação linguístico-conceptual leva-nos ao ponto de confusão de novas realidades com as anteriores, num processo de reificação de vocábulos e às consequentes aplicações de regimes desadequados porque se baseiam no anterior modelo: o caso da entrega de criminosos a tribunais penais internacionais

---

[50] Entre os projectos académicos mais destacados neste campo conta-se o «Liechtenstein Project on Self-Determination through Self-Administration», entretanto transformado em Instituto de Estudos sobre Autodeterminação da Woodrow Wilson School of Public and International Affairs da Universidade de Princeton, que tem produzido várias obras sobre o tema. Entre essas obras contam-se *Self-Determination and Self-Administration: a Sourcebook*, edited by Wolfgang Danspeckgruber and Sir Arthur Watts, Lynne Rienner Publishers, USA, August 1997, em que se inclui uma contribuição da autora, «Self-Administration and the Politics of Ethnic Accommodation in China – Commentary».

é, talvez, um dos exemplos mais claros e mais recentes de tal situação, com a invocação a ser feita, por alguns estados, de limites constitucionais pensados para uma justiça internacional horizontal, baseada numa desconfiança de parcialidade e falta de garantia de meios de defesa do arguido, situação esta que não se pode colocar face a uma justiça vertical consensualmente aceite, qualitativamente diferente[51].

11. Ambiguidade construtiva

Nos dias de hoje há outro fenómeno linguístico com grande importância na criação do Direito Internacional. A nível dos órgãos legislativos internacionais, mormente da 6ª Comissão das Nações Unidas e das variadas conferências internacionais sob a égide da ONU, reunidas para aprovação de convenções internacionais, existe a consciência, cada vez mais clara, de que o esforço de compromisso quanto a pontos controversos se traduz num trabalho de redacção consensual de preceitos, mais do que de formação de compromissos substantivos face à realidade. Isto é, o mundo das palavras tomou o lugar das posições de substância e tal processo foi cunhado, mais ou menos inconscientemente, na gíria da ONU, com a expressão «ambiguidade construtiva».

Ambos os vocábulos são curiosamente representativos: o termo «ambiguidade» reflecte a pretensão de chegar a palavras ou expressões cujo sentido seja tão pouco unilinear quanto o desacordo face à situação real, mas que, simultaneamente, tenham um potencial de abrangência proporcionalmente amplo; o termo «construtiva» traduz a capacidade para chegar a um acordo escrito e a consequente sensação de progresso e de consenso mundial que este produz, e, talvez num sentido mais ambicioso, a capacidade de facilitar, e certamente tal acontecerá cada vez mais frequentemente, a aplicação por órgãos internacionais (comités no âmbito de convenções sobre direitos humanos, tribunais internacionais, comissões internacionais de apuramento de factos, etc) de tais vocábulos e expressões, permitindo assim estabelecer uma prática interpretativa futura.

De qualquer modo, um período que se baseia conscientemente na «ambiguidade construtiva» demonstra, não só a actividade intensa de produção,

---

[51] O aspecto da reificação dos vocábulos tem sido uma preocupação constante da autora, pelo que está presente na maioria dos seus escritos. Quanto ao aspecto específico da entrega de acusados aos tribunais internacionais, ver «Quando o Mundo das Soberanias se Transforma no Mundo das Pessoas: o Estatuto do Tribunal Penal Internacional e as Constituições Nacionais», que se anexa, a publicar brevemente na Revista Thémis. Para um estudo anterior que reflecte a preocupação da desadequação do vocabulário, embora em âmbito diferente, anexa-se, da autora, «O Motor Económico-Político: Alteração de Modelos no Direito Internacional Público», in «Revista Portuguesa de Instituições Internacionais e Comunitárias», vol.1, Lisboa, 1995 – Anexos 5 e 6.

codificação e aplicação do Direito Internacional, mas, e sobretudo, um tempo em que a realidade galopa muito à frente da teorização e regimentação da mesma, dando grande liberdade de acção aos aplicadores do Direito. Mais uma vez, considero serem estas características típicas de um período de mudança entre modelos, em que há que confiar aos órgãos no terreno a decisão sobre um mundo frequentes vezes novo, para o qual não há ainda um sistema de ordenamento dominante[52].

12. Fraccionamento de teorias explicativas

Sob um ponto de vista mais tradicionalmente académico, parece-me que o período de mudança que vivemos se reflecte no fraccionamento de teorias explicativas e de métodos ou estilos da doutrina, sem que nenhum se possa considerar predominante. É interessante notar que até mesmo os esquemas explicativos da realidade jurídico-internacional raras vezes, nos nossos dias, se consideram «escolas» mas, muito mais modestamente, apenas «métodos», quando não ainda menos, como «estilos».

Julgo que a mais recente e representativa tentativa para apurar o estado do pensamento teórico sobre Direito Internacional se deve à American Society of International Law que organizou, em 1998, um «Simpósio sobre Método em Direito Internacional», cujos resultados foram publicados no «American Journal of International Law», em 1999, e no qual foram identificados sete métodos fundamentais que reflectem, no entender desta organização, o panorama da doutrina nos nossos dias[53]. A pesquisa foi bastante abrangente e, pelo menos face ao mundo ocidental, parece-me reflectir a presente situação de pensamento sobre o Direito Internacional Público. Assim, analisaram-se, não apenas as bases teóricas deste ramo do Direito, mas também a resposta a uma pergunta prática (responsabilidade individual por violações da dignidade humana em conflitos internos, tanto em relação ao Direito substantivo como quanto aos mecanismos de aplicação do mesmo) dadas pelas escolas do positivismo jurídico, da jurisprudência das políticas, do processualismo jurídico internacional, dos Estudos Críticos de Direito, da escola de Direito Internacional e Relações Internacionais, da jurisprudência feminista e da escola do Direito e Economia.

---

[52] Sobre a necessidade prática de chegar a soluções e sobre a falta de direcção que o Direito Internacional nos dá, ver, com fundamentos diferentes dos apresentados neste texto, Koskenniemi, Marti «Letter to the Editors of the Symposium» Symposium on Method, American Journal of International Law vo. 93 n.2, Abril 1999, pp. 351 a 361.

[53] American Journal of International Law, vol. 93 n.2, Abril de 1999, págs. 291 a 423. Ver, ainda, Simpson, Gerry «The Situation on the International Legal Theory Front: the Power of Rules and the Rule of Power» European Journal of International Law, vol. 11 n.2, 2000.

Com efeitos meramente situacionais e de argumento para o fraccionamento que se defende existir, passarei a uma síntese brevíssima de cada uma delas, não ambicionando, contudo, conseguir aqui dar conta da grande diversidade de premissas em que assentam e consequentes visões distintas do fenómeno jurídico-internacional.

A escola positivista, com muita implantação, sobretudo na Europa continental, por influência de Triepel e Kelsen[54], tende a ver o Direito Internacional como uma série de regras acordadas pelos Estados, seus actores principais (e, para o positivismo clássico, únicos), dando um carácter meramente auxiliar ou subsidiário à actividade de outros actores e a outros meios de criação do Direito que não envolvam directamente o consentimento estatal. Estas regras jurídicas internacionais são vistas como apoiadas por sanções, formalmente previstas.

A escola da jurisprudência das políticas, fundada em Yale por Laswell e McDougal[55], logo após a 2ª Guerra Mundial, veio a ter um impacto decisivo na América do Norte e, mais genericamente, no mundo anglo-saxónico, tendo, contudo, defendido alguns dos pontos salientados, já no séc. XIX, pela escola europeia da jurisprudência dos interesses[56]. Rejeitou a ideia de que o Direito Internacional era um sistema de normas, defendendo que este era um processo de tomada de decisões em que vários actores pretendem fazer valer os seus interesses. Contudo, apenas as decisões com conteúdo prescritivo que provêm de entidades com legitimidade para tal, que utilizam critérios e derivam de perspectivas de autoridade, aceites genericamente na sociedade, com suficiente poder efectivo para manter um controlo posterior, constituem Direito.

A escola do Processo Jurídico Internacional, fundada em Harvard nos anos 60, por Chayes e Lowenfeld, no seguimento de Hart[57], centra a sua aten-

---

[54] Ver Triepel, Heinrich *Volkerrecht und Landesrecht*, Hirschfeld, Leipzig, 1899 e Kelsen, Hans *Principles of International Law*, ed. Tucker, 1967 e *Pure Theory of Law*, University of California Press, 1967. Entre outras destacadas obras desta escola contam-se Oppenheim, Lassa *International Law: a Treatise*, 2d ed., 1912 e, mais modernamente, Hart, H.L.A. *The Concept of Law*, Claredon Press, Oxford, 1961 e Simma, Bruno e Paulus, Andreas «The Responsibility of Individuals for Human Rights Abuses in Internal Conflicts: a Positivist View» American Journal of International Law, ibid.

[55] Para uma visão muito completa sobre esta escola, ver Lasswell, Harold e McDougal, Myres *Jurisprudence for a Free Society: Studies in Law, Science and Policy*, 1992 e, para uma aplicação ao Direito Internacional, ver McDougal, Lasswell e Reisman «Theories About International Law: Prologue to a Configurative Jurisprudence» Virginia Journal of International Law, vol. 8, 1968.

[56] A ideia de que a lei é o resultado de um processo de confrontos de interesses e que só se mantem enquanto houver quem defenda esses interesses é comum às duas escolas. Talvez que a obra mais representativa seja von Jhering, Rudolf *Der Kampf um's Recht*, Vienna, 1872.

[57] Ver, sobretudo, Hart, Henry and Sacks, Albert *The Legal Process: Basic Problems in the Making and Application of Law*, Eskridge and Frickey ed., 1994 e Chayes, Abram, Ehrlich, Thomas e Lowenfelf, Andreas *International Legal Process: Materials for an Introductory Course*, Harvard, 1968.

ção nos processos de utilização do Direito pelos actores das relações externas dos Estados mais do que na análise do conteúdo dessas normas, sendo assim como que um «suplemento» para as lacunas do positivismo, e concluindo que o Direito Internacional limita, justifica e organiza as acções dos actores internacionais, ainda que nem sempre as dite[58].

A escola de Estudos Críticos de Direito, que veio a ser conhecida, na área do Direito Internacional, como NAIL (New Approaches to International Law), de que o expoente mais representativo é Martii Koskenniemi[59], utiliza uma perspectiva desconstrutivista, afirmando que o carácter indeterminado das regras jurídicas não lhe advem de interpretações exteriores influenciadas por diferentes agendas políticas ou interesses, mas que é intrínseco ao próprio Direito em si mesmo. Contudo, considera que a linguagem jurídico-internacional é, ao mesmo tempo, substantivamente indeterminada mas, formalmente, muito estrita, composta por oposições binárias (em que há sempre uma hierarquia entre a ideia dominante e o seu oposto) e regras de transformação pré--estabelecidas, baseando-se nestes aspectos formais a legitimidade do argumento jurídico. Qualquer que seja o «estilo» (vocábulo preferido em detrimento de «método», já que se trata de uma questão de «linguagem») utilizado, ele cria os seus actores e não é nunca neutral.

A escola do Direito Internacional e Relações Internacionais pretende, fundamentalmente, fornecer ao Direito Internacional os pontos de vista das teorias sobre relações Internacionais, sobretudo quanto ao comportamento dos actores internacionais e aos modos como tal pode influenciar o conteúdo das normas jurídico-internacionais[60]. Assim, os cultores desta escola têm utilizado

---

[58] Esta escola está muito mais interessada nos processos pelos quais os vários actores da política internacional afectam o curso dos acontecimentos internacionais do que no conteúdo das normas em si. Assim, eram estas as suas quatro questões fundamentais: «First, the allocation of decision-making competence in international affairs... Second, the reasons why a particular regulatory arrangement is adopted for a particular subject-matter area, rather than another mode of control or none at all. Third, the ways in which particular institutions and the system as a whole develop to restrain and organize national and individual behavior. And finally, the elements of the political, economic and cultural setting that predispose to success or failure in that development.» American Journal of International Law, vol. cit. pag. 337, citando Chayes, Ehrlich e Lowenfeld *International Legal Process: Materials for an Introductory Course*, 1968, pág. XII.

[59] Ver, sobretudo, deste autor *From Apology to Utopia: the Structure of International Legal Argument*, Finnish Lawyers' Publishing Company, Helsinki, 1989. Entre outras obras fundamentais desta escola contam-se Kennedy, David *International Legal Structures*, 1987 e «When Renewal Repeats: Thinking Against the Box», Journal of International Law and Politics, New York University, vol.32, n.2, Winter 2000, pp. 335 a 500. Numa tendência que se serve de métodos desconstrutivistas para criar um novo sistema, ver Allott, Philip *Eunomia: a New Order for a New World*, Oxford University Press, Oxford, 1990.

[60] Para um panorama geral das premissas desta escola ver, sobretudo, Slaughter, Anne--Marie, Tulumello, Andrew e Wood, Stepan «International Law and International Relations Theory: a New Generation of Interdisciplinary Scholarship» American Journal of International Law vol. 92, 1998, p.367 e segs.

métodos analíticos e premissas de várias teorias de Relações Internacionais, mormente das escolas realista (com o papel determinante a ser atribuido aos estados poderosos), institucionalista (com papeis adicionais de outros estados e instituições e de normas de operação de mudanças), liberal (com a ideia de que as divisões entre internacional, transnacional e doméstico são artificiais e em desaparecimento, sendo os indivíduos e os grupos privados os principais actores actuais) e construtivista (com o sublinhar da variedade de instrumentos de mudança e o impacto que têm no modo subjectivo de perceber a própria identidade, o interesse a defender e o comportamento a seguir)[61].

A escola feminista do Direito Internacional desenvolveu-se sobretudo na década de 90, originariamente na Austrália, tendo como principais expoentes Hilary Charlesworth e Christine Chinkin[62]. Utilizando técnicas da teoria feminista, este método analisa o modo como as regras e processos de Direito Internacional reflectem a hegemonia masculina neste campo e propõe várias alterações, de carácter mais ou menos estruturante, que visam modificar esta hegemonia, desde o suprimento da falta de participação de mulheres nas instituições internacionais, passando pelo vocabulário jurídico-internacional que, pelo seu silêncio, esquece os problemas das mulheres, pela forma como regras internacionais se aplicam de modo diferente aos dois sexos, até a problemas fundacionais mais profundos como a existência de conceitos, como «estados», «segurança», «ordem», etc, que não são neutros, mas sim pró-status quo, e a própria divisão fundacional entre os domínios público e privado, que também implica escolha prévia de valores[63].

A escola do Direito e da Economia, que descreve as leis existentes como as mais eficientes e que prescreve as mudanças que maximizem os recursos, começou a aplicar-se ao Direito Internacional sobretudo nas áreas da regulamentação da economia mundial e do ambiente, não só através de análises de custos-benefícios, mas também de análises de transações de custos e de teoria dos jogos em contextos político-internacionais, tendo actualmente seguidores em todo o mundo[64].

---

[61] Para uma visão destas diferentes tendências, ver Abbott, Kenneth «International Relations Theory, International Law, and the Regime Governing Atrocities in Internal Conflicts» American Journal of International Law, vol. 93 n.2, Abril 1999, pp. 361 a 379.

[62] O artigo que consagrou esta visão como método na análise do Direito Internacional foi, muito provavelmente, Charlesworth, Hilary, Chinkin, Christine e Wright, Shelley «Feminist Approaches to International Law» American Journal of International Law, vol. 85, 1991, p. 613 e segs.

[63] Quanto a este último aspecto, estruturante do presente Direito Internacional, ver Charlesworth, Hilary «Worlds Apart: Public/Private distinctions in International Law» in Thornton ed. *Public and Private: Feminist Legal Debates*, 1995.

[64] Ver, sobretudo, Dunoff, Jeffrey e Trachtman, Joel «Economic Analysis of International Law» Yale Journal of International Law, vol. 24, 1999, pp.1 e segs. e o clássico de Posner, Richard *Economic Analysis of Law*, Litlle, Brown and Company, Chicago, 1997.

Esta série de escolas de pensamento jurídico-internacional a que, pelo menos na Europa continental, se poderia juntar a escola do Direito Natural (que, apesar da aceitação do relativismo cultural e das críticas de subjectivismo, acabou por sentir algum renascimento no período pós-2ª Guerra Mundial, sobretudo na defesa de direitos humanos não codificados), demonstram bem o fraccionamento de posições quanto, pelo menos, ao entendimento de qual a natureza do Direito Internacional, de quem são os seus actores, de qual é o Direito efectivamente vigente e aquele que se pretenda que exista (um ponto intimamente ligado ao entendimento de quais são as fontes do Direito Internacional) e de quais são as vantagens comparativas da utilização de métodos diferentes.

Creio que esta situação é própria de períodos de transição, em que os esquemas explicativos e operativos predominantes do modelo anterior (provavelmente, na Europa romano-germânica, o positivismo e, no sistema anglo--saxónico, algum tipo de realismo, como a jurisprudência das políticas ou processualismos internacionais) deixam de ser prevalecentes, surgindo novas escolas de pensamento que disputam a hegemonia explicativa mas em que nenhuma consegue reunir um consenso suficiente para se considerar paradigmática do momento presente.

IV – DOIS ASPECTOS PRINCIPAIS DA EROSÃO DO MODELO ANTERIOR: A AUTODETERMINAÇÃO E A INSTITUCIONALIZAÇÃO DA DEFESA DOS DIREITOS HUMANOS

De todos os aspectos referidos anteriormente, parece-me que há dois que, pelo modo profundo como contrariam as premissas básicas do anterior modelo, merecem atenção especial: são eles o conceito e aplicação da ideia de autodeterminação, por um lado, e a protecção institucionalizada de direitos humanos, sobretudo através da criminalização internacional de certas violações dos mesmos, por outro.

1) A Autodeterminação – Como tenho vindo a afirmar repetidamente[65], o conceito de autodeterminação corresponde, em última instância, ao de «revolução» e a sua aceitação, apesar de rodeada de limitações, marca a introdução, por um modelo cuja estabilidade era garantida, sobretudo, pela defesa vestefaliana de fronteiras territoriais que determinavam a divisão entre os actores internacionais, os estados, do seu oposto lógico. A autodeterminação, que, no sentido mais comum, pode ser descrita como a possibilidade de um povo

---

[65] Ver os escritos da autora referidos na nota 48.

escolher o seu estatuto jurídico-internacional[66], vai contra os dois princípios basilares da Carta da ONU: a divisão estatal do mundo, já que os seus actores não são estados e o seu resultado é, normalmente, alguma alteração territorial de, pelo menos, um estado; e a não utilização da força, já que, salvo raras excepções, a autodeteminação assume a forma de luta armada, seja esta tradicional, de guerrilha ou mesmo utilizando métodos terroristas, porque as resistências ao seu exercício são normalmente muito grandes.

O modelo anterior conseguiu conviver com o conceito de autodeterminação (que, naturalmente, seria muito mais afim de um sistema fluido de demarcações territoriais e de actores principais constituidos por grupos de indivíduos, por exemplo), através de uma série de limitações impostas ao seu exercício e à ambiguidade de conteúdo atribuido ao conceito. Assim, impôs-se, na resolução 1541 (XV) da Assembleia Geral, que não se aplicasse a povos que vivessem em contiguidade geográfica (como os do Tibete, das Repúblicas Bálticas ou das restantes repúblicas soviéticas) nem a povos que fossem étnica e/ou culturalmente semelhantes à metrópole (como a Irlanda do Norte ou Gibraltar), sendo que as situações abarcadas acabaram por se restringir às de colonização europeia na Ásia e na África. Quando novos povos independentes, por sua vez, viram reivindicações surgir no interior das suas fronteiras, como o caso dramático do Biafra ilustrou, logo nos primeiros tempos, o direito foi considerado como não existente, como se for a um direito à revolução, que apenas se pode exercer uma vez.

O princípio da integridade territorial, tão no núcleo do anterior modelo, serviu de justificação a estas limitações, tendo sido consagrado no ponto 6 da resolução 1514 (XV) da Assembleia Geral, nos seguintes termos: «Qualquer tentativa destinada à quebra parcial ou total da unidade e integridade territoriais de um país é incompatível com os objectivos e princípios da Carta das Nações Unidas»[67]. Parece difícil, se tomarmos esta norma à letra, ver como seria possível alguma vez exercer uma autodeterminação que implicasse secessão, já que parece que apenas situações de autonomias dentro da mesma unidade territorial seriam permitidas.

Por outro lado, o conceito não conseguiu produzir os efeitos lógicos da sua proposição, constantes do ponto 2 da referida res. 1514(XV) («Todos os povos têm o direito de autodeterminação; em virtude de tal direito podem determinar livremente o seu estatuto político e o seu desenvolvimento económico, social e cultural»), mesmo em situações não limitadas expressamente pelas leis

---

[66] Claro que a ideia de autodeteminação tem conotações muito mais amplas e, em última instância, pode ser equacionada com «liberdade», vista esta como a possibilidade de escolha de identidade e de separação daqueles que são percebidos como diferentes.

[67] Para o texto desta resolução, ver, da autora, *Colectânea de Leis de Direito Internacional, op.cit.* ou a morada da ONU na internet, já referida.

Lição de Síntese – Provas de Agregação   45

vigentes, como foram as de colonização por anterior povo colonizado, de que são exemplos mais marcantes os casos de Timor Leste e do Sara Ocidental[68].

O modelo em que se inseriu este conceito não permitiu, na prática, a aplicação de todo o seu potencial e pretendeu restringi-lo a situações de descolonização. Como, evidentemente, situações de opressão por entidades consideradas exteriores são muito mais amplas que situações de colonialismo, as reivindicações sucederam-se e o modelo teve que as ir assimilando o melhor que podia, considerando que as situações no Médio Oriente e na África do Sul eram colonialismo, equiparando artificialmente o sionismo e o racismo a colonização.

A situação alterou-se dramaticamente com a queda do muro de Berlim e as reivindicações de autodeterminação dos povos da Europa de Leste e Ásia Central. O conceito, limitado que estava pelo anterior esquema concepto--institucional, acabou por explodir e aplicar-se a vários grupos a que tinha sido negada a identidade de povos, como os bálticos, os eslovacos, os povos dos Balcãs, os povos muçulmanos da Ásia Central, etc.

Hoje em dia permanecem muitos casos em que os povos reividincam o direito de autodeterminação, como sejam as situações dos curdos, dos palestinianos ou dos tibetanos, mas em que o mesmo lhes é negado, sendo este conferido a outros, o que julgo ser típico de um tempo de transição, em que se romperam anteriores barreiras do modelo passado mas em que a incoerência dos resultados decorre da ausência de um modelo operante que estabeleça limites. É certo que o sistema anterior nunca foi capaz de prescrever limites claros e não disputáveis, pelo que a incoerência de aplicação esteve sempre presente, mas o grau dessa incoerência aumentou nos nossos dias precisamente porque foram rasgados os limites anteriores da integridade territorial e da separação geográfica, pelo menos.

2) A Protecção Institucionalizada dos Direitos Humanos – O outro aspecto que veio a contestar seriamente o modelo anterior foi a consagração de uma protecção, através de órgãos próprios, dos direitos humanos dos indivíduos.

Os direitos humanos começaram a ser protegidos a nível internacional sobretudo em casos dramáticos, como guerras (pelo Direito da Haia e, sobre-

---

[68] Ambos os casos foram sujeitos à jurisdição do Tribunal Internacional de Justiça: para um Parecer Consultivo, no caso do Sara Ocidental, proferido em 16 de Outubro de 1975 (1975 ICJ 12) e para um Acórdão no uso da competência litigiosa, no caso de Timor Ocidental, em 30 de Junho de 1995 (Lista Geral n.84). Para extractos do primeiro, pode consultar-se, em português, da autora, *Colectânea de Jurisprudência de Direito Internacional*, op. cit. Ambos os casos estão, naturalmente, acessíveis na internet, na morada das Nações Unidas, já referida. O Tribunal reafirmou, em ambas as situações, a necessidade do respeito pelo princípio da autodeterminação dos povos, considerando que, em nenhum deles, tal direito tinha ainda sido exercido. Para uma síntese da história jurídica de Timor, ver, da autora, «Um Mundo em Mudança: Timor, a ONU e o Direito Internacional», que se anexa, como já referido supra, nota 11.

46   *O Direito Internacional Público nos Princípios do Século XXI*

tudo, pelas Convenções de Genebra de 1929 e 49[69]) ou, noutras situações, através de declarações, mormente a Declaração Universal dos Direitos Humanos[70], que não implicavam mecanismos de aplicação efectiva.

A situação veio progressivamente a alterar-se com a entrada em vigor de numerosos tratados, amplamente ratificados, de protecção dos direitos humanos, designadamente os dois Pactos de Direitos de 1966 e seus Protocolos, a Convenção sobre a Tortura, a Convenção sobre Não Discriminação Racial, a Convenção sobre não Discriminação contra as Mulheres e a Convenção sobre os Direitos da Criança[71]. Estas seis convenções estabeleceram, a partir de 1969, comités de fiscalização da sua aplicação, por vezes com possibilidade de petições individuais, que têm tido um impacto notório na prática dos estados, como é o caso do Comité de Direitos Humanos, no âmbito do Pacto Internacional de Direitos Civis e Políticos, de 1966, que, através dos inquéritos e recomendações aos estados tem levado a mudanças legislativas profundas nos respectivos Direitos internos e na sua aplicação[72]. Claro que estes comités só dificilmente convivem com um modelo de soberania territorial e reserva de jurisidição interna, pelo que os seus recursos financeiros são inadequados, muitos estados têm resistido ao aumento das suas funções, têm utilizado reservas aos tratados para não ficarem sob a sua alçada, têm limitado as possibilidades de petições individuais, têm controlado os membros que os compõem, quanto mais não seja pelo processo de eleição, etc.

Contudo, a realidade é que a actividade destes comités tem tido efeitos inegáveis, sobretudo através da aprovação de Princípios Gerais em que se abordam questões de interpretação das Convenções e da legitimidade de certas

---

[69] O chamado «Direito da Haia» é, fundamentalmente, a codificação do Direito da Guerra (armas, métodos e outras acções proibidos no cenário de guerra) feito pelas 3 convenções da Conferência da Paz da Haia de 1899 e pelas 13 convenções da 2ª Conferência da Haia de 1910. O «Direito de Genebra» refere-se às normas de carácter humanitário codificadas pelas Convenções de Genebra de 1929 e revistas pelas Convenções de 1949 e pelos dois Protocolos de 1977. Para extractos destas Convenções, ver, da autora, *Colectânea de Leis de Direito Internacional, op. cit.* ou, para o texto integral *The Geneva Conventions of August 12, 1949* e *Protocols Additional to the Geneva Conventions of 12 August, 1949*, International Committee of the Red Cross Publications, Geneva.

[70] Para o texto da mesma, ver, entre outros, da autora, *Colectânea de Leis, op. cit.* ou, nas línguas oficiais, a morada da ONU na internet.

[71] O texto destes tratados pode ser encontrado na «UN Treaty Series», em numerosas compilações, designadamente em Blaustein, Albert, Clark, Roger e Sigler, Jay, *Human Rights Source-Book*, Paragon House, New York, 1987 e na morada das Nações Unidas na internet.

[72] Por todos, ver a publicação compreensiva, editada por Alston, Philip e Crawford, James *The Future of UN Human Rights Treaty Monitoring*, Cambridge University Press, Cambridge, 2000. Para uma análise crítica da situação presente, ver Bayefsky, Anne «Making the Human Rights Treaties Work» in *Human Rights: an Agenda for the Next Century*, editado por Henkin e Hargrove, Washington, 1994 e «The Human Rights Regime: Is It Effective?», 91, Proceedings of the Annual Meeting of the American Society of International Law of 1997, Washington, DC, 1998.

reservas, bem como através das conclusões finais sobre a actuação de determinados estados, em que se dá grande peso aos relatórios submetidos por ONGs, parecendo, assim, um fenómeno imparável, com crescentes pressões no sentido do seu urgente reforço. Estas pressões têm sido particularmente fortes no período pós-Guerra Fria e têm tido a sua origem no activismo de organizações não governamentais (que, em alguns destes casos, podem mesmo intervir oralmente na discussão do cumprimento dos direitos humanos pelos estados), no mundo académico e, sobretudo, na opinião pública geral. Assim, a adopção destes documentos e a realização institucional de princípios que, em última instância, vão contra a soberania interna dos estados, gerou um movimento que rompeu com o quadro teórico-conceptual existente e tem vindo a reforçar-se com a queda do referido quadro.

Mas os nossos tempos têm ido ainda mais além na erosão do modelo anterior numa área específica de protecção de direitos humanos que consiste na criminalização internacional de certos actos particularmente graves e na punição efectiva dos seus actores. Surpreendentemente, o «activismo institucional» nesta área partiu, por um lado, do Conselho de Segurança e, por outro, dos legisladores internos dos estados, com a criação de Tribunais Internacionais Ad Hoc e com a consagração mais alargada da jurisdição universal, respectivamente. O grande passo, contudo, está ainda para se concretizar definitivamente e corresponderá à entrada em vigor do Estatuto de Roma do Tribunal Penal Internacional, de 1998, e ao funcionamento efectivo do Tribunal Penal Internacional.

O aspecto verdadeiramente revolucinário destes fenómenos reside no facto de as suas premissas fundamentais (isto é, de que há acções, independentemente de onde e de quem provenham, que causam um sofrimento de tal dimensão a outros seres humanos, que tribunais próprios, independentemente da sua ligação territorial com o crime, podem punir os autores), não se coadunarem com um mundo dividido territorialmente em soberanias que instituem órgãos judiciais para julgarem acções que tenham uma ligação com a dita soberania, mormente de carácter territorial.

Se acaso houve, no modelo anterior, instâncias de jurisdição universal, elas foram raríssimas e visavam fazer frente a fenómenos transnacionais ou mesmo internacionais a que se tinha que pôr um fim, como a pirataria, muitas vezes exercida em alto mar, sem que nenhuma jurisdição pudesse invocar uma ligação territorial. Se, no modelo anterior, houve também casos de tribunais que julgaram criminosos nazis, como sejam os casos de Nuremberga e Tóquio ou dos tribunais israelitas, no caso Eichmann[73], o certo é que esses tribunais não foram criados pela comunidade internacional no seu conjunto, embora tenham

---

[73] Ver Attorney General of Israel v. Eichmann, International Law Reports vol. 5, pp. 5 e segs. (Israel)

visto a sua actividade confirmada, ou pela aprovação unânime pela resolução de 1946 da Assembleia Geral sobre os princípios em que assentaram, no caso dos tribunais internacionais, ou não tenham sido objecto de qualquer reprovação significativa, no caso dos tribunais internos[74].

O alargamento da jurisdição universal, não só no seu âmbito, com a inclusão de muitos mais crimes, designadamente as violações graves das Convenções de Genebra de 49, os crimes contra a humanidade e o genocídio, mas também em relação aos aparelhos legislativos que a prescrevem, sendo cada vez mais os estados que, na sua legislação penal a consagram, corresponde, mais uma vez, a um sinal claro da mudança de paradigma. A criação de tribunais internacionais, com juízes e procuradores eleitos pela comunidade internacional, é outro passo neste sentido.

Contudo, o período que vivemos é um tempo de compromissos entre projectos de sociedades internacionais, como bem o demonstra o Estatuto de Roma do Tribunal Penal Internacional[75]. Não só a sua própria existência foi um empreendimento árduo e persistente, mas as soluções consagradas revelam o carácter misto desta instituição[76]. Assim, embora tenha sido possível consagrar a sua competência, no artigo 5.º, para julgar crimes de genocídio, contra a humanidade, de guerra e de agressão, este último continua sem consagração efectiva enquanto se não conseguir um consenso quanto ao conteúdo e condições de exercício (mormente, qual o papel do Conselho de Segurança face ao Tribunal[77]). O crime de genocídio limitou-se aos grupos tradicionais (nacionais, raciais, étnicos, culturais ou religiosos) não tendo sido possível incluir os casos

---

[74] Para o estudo da evolução histórica da justiça penal internacional e, sobretudo, pela riqueza das referências bibliográficas, ver Bassiouni, Cherif «Historical Survey: 1919-1998» in *ICC Ratification and National Implementing Legislation*, Association Internationale de Droit Pénal, érès, 1999.

[75] O texto do Estatuto, constante do documento PCNICC/1999/INF/3, de 17 de Agosto de 1999, pode ser consultado, nas línguas oficiais, na internet, na página, repetidas vezes referida, da ONU; para a tradução portuguesa, ver, da autora, *Reflexões sobre Temas de Direito Intenacional, op.cit.*, pp. 297 a 366.

[76] Para um sumário dos pontos mais contenciosos da negociação, ver, da autora «O Tribunal Criminal Internacional – Aspectos da Negociação» in *Reflexões sobre Temas de Direito Internacional, op. cit.*, pp. 255 a 265.

[77] Afirma o n.2 do artigo 5.º: «O Tribunal poderá exercer a sua competência em relação ao crime de agressão desde de que, nos termos dos artigos 121.º e 123.º [artigos sobre revisão do Estatuto], seja aprovada uma disposição em que se defina o crime e se enunciem as condições em que o Tribunal terá competência relativamente a este crime.Tal disposição deve ser compatível com as disposições pertinentes da Carta das Nações Unidas.».

Para uma visão das disputas presentemente existentes sobre a relação entre o Tribunal Penal Internacional e o Conselho de Segurança, ver, da autora, «The ICC and the Security Council on Aggression: Overlapping Competencies?», intervenção apresentada no Seminário de Trento sobre Agressão, em Maio/Junho de 2001, que se anexa (Anexo 7), a ser publicado brevemente no livro *The Rome Statute of the International Criminal Court vol. II,* Politi, Mauro e Nesi, Giuseppe edts., Dartmouth Publishing Company, Reino Unido.

tão tristemente correntes de grupos políticos ou sociais. As normas sobre crimes de guerra consagram uma protecção muito mais ampla em relação a guerras internacionais, praticamente inexistentes nossos dias, do que quanto a guerras internas, de ocorrência muito numerosa, designadamente pela não criminalização da utilização de certos tipos de armas nos conflitos deste segundo tipo. Aliás, mesmo nas guerras internacionais, a utilização de muitas armas não foi criminalizada, pelo menos expressamente, como sejam os casos das armas nucleares, das armas laser ou das minas anti-pessoais[78].

Quanto às condições de exercício da jurisdição, se foi possível dispensar o consentimento de vários estados, é ainda necessário o acordo do estado da nacionalidade do presumível autor ou o do território, se acaso não forem partes no Tratado (e a acção não for intentada pelo Conselho de Segurança)[79]. No entanto, veja-se a notável inovação que reside na possibilidade de um estado não ter ratificado o Estatuto e os seus cidadãos virem a ser julgados pelo Tribunal, o que certamente não vai contra a Convenção de Viena sobre Direito dos Tratados, de 1969, e o seu regime quanto a terceiros[80], já que não é o estado que está a ser julgado, mas constitui, pelo menos na prática, uma séria excepção ao paradigma da soberania e ao consequente laço do território com os indivíduos, através do vínculo da nacionalidade, tanto mais que, muitas vezes, estes tipos de crimes graves são praticados por pessoas enquanto se encontram no poder e utilizando as possibilidades oferecidas pela detenção desse mesmo poder.

---

[78] Ver artigos 6.º, 7.º e 8.º do Estatuto para as definições, respectivamente, de crimes de genocídio, contra a humanidade e de guerra, bem como os «Elements of Crimes», que as completam, constantes do documento PCNICC/2000/1/Add.2, de 2 de Novembro de 2000, «Report of the Preparatory Commission for the International Criminal Court – Addendum Part II Finalized Draft Text of the Elements of Crimes».

[79] O artigo 12.º (Condições prévias ao exercício da jurisdição) prescreve: «1. O Estado que se torne Parte no presente Estatuto, aceitará a jurisdição do Tribunal relativamente aos crimes a que se refere o artigo 5.º 2) Nos casos referidos nas alíneas a) ou c) do artigo 13.º [quando o Estado Parte ou o Procurador tiverem iniciado o processo], o Tribunal poderá exercer a sua jurisdição se um ou mais Estados a seguir identificados forem Partes no presente Estatuto ou aceitarem a competência do Tribunal de acordo com o disposto no n. 3: a) Estado em cujo território tenha tido lugar a conduta em causa, ou, se o crime tiver sido cometido a bordo de um navio ou aeronave, o Estado de matrícula do navio ou aeronave; b) Estado de que seja nacional a pessoa a quem é imputado um crime. 3. Se a aceitação da competência do Tribunal por um Estado que não seja Parte no presente Estatuto for necessária nos termos do n. 2, pode o referido Estado, mediante declaração depositada junto do Secretário, consentir que o Tribunal exerça a sua competência em relação ao crime em questão. O Estado que tiver aceite a competência do Tribunal colaborará com este, sem qualquer demora ou excepção, de acordo com o disposto no Capítulo IX [Cooperação Internacional e Auxílio Judiciário].». Parêntesis rectos da autora.

[80] Ver Secção IV (Tratados e Estados Terceiros), arts. 34.º a 38.º da Convenção sobre Direito dos Tratados, de 23 de Maio de 1969, United Nations Treaty Series, que se pode encontrar, na tradução para português, da *Colectânea de Leis..., op. cit.*, da autora, pp.15 a 40.

Os poderes que foram conferidos ao Procurador são outro exemplo claro do carácter misto do Tribunal: enquanto este pode receber queixas de qualquer fonte e, por sua própria iniciativa, intentar uma acção no Tribunal, também esta actividade foi sujeita a vários condicionalismos, como a aprovação por um juízo de instrução do Tribunal para que a acção possa prosseguir[81], demonstrando os obstáculos que o modelo anterior sempre colocou à actividade de indivíduos na cena mundial, domínio, por excelência, reservado dos estados.

Finalmente, os poderes do Conselho de Segurança são paradigmáticos dos nossos tempos de transição e reflectem os limites que certos estados (neste caso, os cinco mais poderosos, pelo menos na estrutura da ONU) face a uma realidade, o Tribunal, que intrinsecamente vai contra o modelo pré-estabelecido. Assim, o Conselho de Segurança pode intentar uma acção perante o Tribunal sem que seja necessário o consentimento de qualquer estado (art. 13.º b) e art. 12.º) e pode requerer uma moratória nos trabalhos do Tribunal sempre que o achar conveniente (art. 16.º)[82]. Por outro lado, permanece sem acordo qual o papel que terá relativamente ao crime de agressão, com posições que vão desde a sua não interferência até outras que exigem uma pré-determinação pelo Conselho de Segurança de que houve agressão do estado para que o caso possa prosseguir, contra determinado indivíduo, no Tribunal. Estão, assim, em discussão aberta os limites dos poderes do Conselho de Segurança e, a um nível mais estrutural, a relação futura entre o Direito Internacional e as decisões de um órgão político, com a discussão básica sobre que actividades da cena internacional deverão ficar sob a égide da lei e sobre quem deverá aplicar essa dita lei[83].

---

[81] Ver, sobretudo, art. 15.º do Estatuto. Afirmam os números 1 e 4 do referido artigo: «1) O Procurador poderá, por sua própria inciativa, abrir um inquérito com base em informações sobre a prática de crimes da competência do Tribunal; ... 4) Se, após examinar o pedido e a documentação que o acompanha, o juízo de instrução considerar que há fundamento suficiente para abrir um inquérito e que o caso parece caber na jurisdição do Tribunal, autorizará a abertura do inquérito, sem prejuízo das decisões que o Tribunal vier a tomar posteriormente em matéria de competência e de admissibilidade.».

[82] O artigo 12.º já foi referido; o artigo 13.º (Exercício da jurisdição) alínea b), prescreve: «O Tribunal poderá exercer a sua jurisdição em relação a qualquer dos crimes a que se refere o artigo 5.º, de acordo com o presente Estatuto, se: ... b) O Conselho de Segurança, agindo nos termos do Capítulo VII da Carta das Nações Unidas, denunciar ao Procurador qualquer situação em que haja indícios de ter ocorrido a prática de um ou vários desses crimes;». O artigo 16.º (Transferência do inquérito e do procedimento criminal) afirma: «O inquérito ou o procedimento criminal não poderão ter início ou prosseguir os seus termos, com base no presente Estatuto, por um período de doze meses a contar da data em que o Conselho de Segurança assim o tiver solicitado em resolução aprovada nos termos do disposto no Capítulo VII da Carta das Nações Unidas; o pedido poderá ser renovado pelo Conselho de Segurança nas mesmas condições.».

[83] Remeto aqui para vários textos, que anexo, em que expus o meu pensamento quanto a alguns destes temas, sobretudo quanto à relação entre o Conselho de Segurança e o Tribunal quanto ao crime de agressão Ver, sobretudo, em anexo, «The ICC and the Security Council on Aggression: Overlapping Competencies?», referido supra, nota 77.

Lição de Síntese – Provas de Agregação   51

Pode, pois, concluir-se, que a criação do Tribunal Penal Internacional[84] aparenta ser o esforço último de sobrevivência do anterior modelo mas, pelas mudanças profundas que introduz na ordem jurídica internacional, corresponde já mais significativamente a um modelo novo de regulamentação. A sua própria existência representa o triunfo da ideia de protecção dos direitos humanos face à reserva de soberania, de uma forma tão clara que atinge os próprios detentores do poder, para os quais não existem quaisquer imunidades e os executores dessas ordens, para quem a hierarquia não serve de exculpação[85]. Depois, as suas normas sobre jurisdição, que dispensam o consentimento necessário do estado da nacionalidade do presumível autor do crime, correspondem, na prática, à submissão do que chamarei o «reflexo de soberania em cada indivíduo», (isto é, o vínculo da nacionalidade), aos interesses das vítimas dos crimes praticados e das suas famílias. Para mais, a consagração do crime de agressão levará, mesmo que uma posição conservadora venha a ser adoptada (pré-determinação obrigatória de situação de agressão pelo Conselho de Segurança), a que este órgão se veja, de algum modo, pressionado a pronunciar-se sobre situações que constituem agressão, o que, até hoje, só o fez muito esporadicamente[86], o que demonstra, de qualquer modo, uma preeminência do jurídico face ao político[87].

V – A REVOLUÇÃO E O FUTURO

Uma verdadeira revolução paradigmática ocorre, não por acumulação de novas características mas por real substituição das mesmas [88]. Certamente que

---

[84] Como já referido supra, nota 17, prevê-se que o Estatuto de Roma entre em vigor em finais de 2002 ou princípios de 2003. Em 29 de Agosto de 2001, 139 Estados tinham-no assinado (sendo que o período de assinaturas terminou em 31 de Dezembro de 2000) e 37 tinham-no ratificado ou a ele aderido. São necessárias 60 ratificações ou adesões para que o Tratado entre em vigor.

[85] Há, claro, certas situações, mormente deficiência mental ou coacção com ameaça de morte, em que a responsabilidade do autor é excluida. Ver, sobretudo, artigo 31.º (Causas de exclusão da responsabilidade criminal).

[86] Ver meu artigo «The ICC and the Security Council...», referido supra, nota 77, que se anexa.

[87] Para um desenvolvimento da tese de que o Tribunal Penal Internacional é uma figura de transição, ver o artigo da autora *Prelúdios de uma Nova Ordem Mundial: o Tribunal Penal Internacional"*, in Nação e Defesa, 2003, que se anexa – Anexo 8.

[88] Num paralelo entre revoluções científicas e políticas, Kuhn escreve, *op. cit.*, p. 93, o seguinte: «As revoluções políticas visam alterar as instituições políticas de maneira proibida por essas mesmas instituições. O seu sucesso, por isso, exige o abandono de um conjunto de instituições em favor de outro, sendo que, no período intermédio, a sociedade não é de todo totalmente governada por instituições. ... Cada vez mais um maior número de indivíduos se afasta da vida política e se comporta de modo excêntrico dentro dela. Então, à medida que a crise se agudiza,

esta não ocorreu ainda na ordem jurídico-internacional que temos, em que se mantêm os sujeitos fundamentais (estados e organizações internacionais, sendo que a estrutura da principal, a ONU, permanece virtualmente inalterada) e em que as suas funções e os princípios por que se regem, apesar de estarem modificados, não se poderá afirmar facilmente que se alteraram radicalmente.

No entanto, parece-me que há sinais de claros traços de alteração e que é possível vislumbrar, pelo menos, algumas direcções dessa mudança: entre elas, contam-se, sem dúvida, a crescente importância de actores não tradicionais (como o indivíduo, os media, as empresas multinacionais, os grupos de interesses, os movimentos) e a influência crescente do Direito Internacional na regulamentação das relações entre os actores, com traços inovadores no sentido de uma hierarquia teórico-institucional em relação a estes.

Estes traços, que se começam a esboçar, de uma ordem vertical, assumem formas institucionais em tribunais internacionais, cada vez mais numerosos (para além do Tribunal Internacional de Justiça, com um número de casos nesta última década superior ao dos que vinha tendo desde 45, o Tribunal do Direito do Mar, os Tribunais Ad Hoc para a Ex-Jugoslávia e o Ruanda e o futuro Tribunal Penal Internacional, para não referir a série de tribunais arbitrais, cada vez mais correntes, sobretudo para disputas de carácter económico, por vezes inseridos na orgânica de várias instituições internacionais) e a que cada vez mais se recorre, mas também formas legislativas de campos anteriormente deixados à prática diplomática e ao jogo de forças consequente, como seja o caso da regulamentação da responsalibidade dos Estados por actos ilícitos ou da responsabilidade objectiva, projectos estes recentemente aprovados pela Comissão de Direito Internacional[89].

A alteração dos actores, tanto na sua composição como nas funções desempenhadas, bem como o reforço da regulamentação jurídica da maioria das acções na cena internacional, parecem ser alguns dos mais profundos traços de mudança para o novo modelo.

As teorias seguir-se-ão, naturalmente, ao desenrolar dos acontecimentos, pretendendo dar-lhes coerência, organização e explicá-los de modo a que o futuro se possa enquadrar em esquemas relativamente previsíveis. Actualmente,

---

muitos desses indivíduos comprometem-se com uma proposta concreta para a reconstrução da sociedade com uma nova estrutura institucional... uma vez que a polarização [na sociedade] ocorre, o *recurso político* falha. Como discordam quanto à matriz institucional em que a mudança política deve ser conseguida e avaliada e como não reconhecem nenhuma estrutura supra-institucional para a adjudicação da diferença revolucionária, as partes num conflito revolucionário têm que, em última instância, recorrer a técnicas de persuasão de massas, incluindo, frequentes vezes, o uso da força.» (tradução da autora).

[89] Ver International Law Commission «Report on the work of its fifty-third session» General Assembly Official Records, doc. A/56/10, também disponível na morada de internet das Nações Unidas, já referida (International Law – International Law Commission), constante dos capítulos, respectivamente, «State responsibility» e «International liability for injurious consequences arising out of acts not prohibited by international law».

existe uma fragmentação notória de tais teorias no campo do Direito Internacional, consequência, em meu entender, da fragmentação de uma realidade em evolução cujos traços básicos são ainda difíceis de captar. Aliás, a tendência é para salientar que diferentes visões não são mais que métodos de captação da realidade e não construções elaboradas que visam uma explicação global da realidade jurídico-internacional. Parece-me provável que, num mundo relativista, as futuras teorias não tenham tanto a preocupação de saber o que é a lei e mais uma visão pragmática e funcionalista de saber para que pode servir. Se a sociedade futura se caracterizar por mudanças muito frequentes, o que parece provável face ao desenvolvimento exponencial da tecnologia, essa característica certamente se fará reflectir em teorias que se preocuparão fundamentalmente com processos de alteração concepto-institucional, o que será reforçado se prevalecer um ambiente activista, na prossecução, através desses mecanismos, de variadas agendas políticas.

O que julgo ser mais importante, num momento de transição como o presente, é a preparação, na medida do que já se pode vislumbrar com segurança, de um Direito adequado aos tempos presentes. Para tal será necessária flexibilidade na aplicação de normas provenientes do modelo anterior, o que se tem vindo a verificar, sobretudo pela acção de instituições decisórias internacionais, desde órgãos meramente consultivos a judiciais e a entidades mobilizadoras da opinião pública, e a consciência, na elaboração de novas normas, de que o sistema concepto-institucional passado não pode servir de modelo para os novos regimes mas, quanto muito, de guia geral no sentido de facilitar uma passagem suave entre os mesmos.

Finalmente, as novas regras terão, inevitavelmente, que passar por um período wittgensteiniano em que teremos que usar palavras em certo sentido enquanto ainda se encontra em formação o sentido colectivo que lhes é dado pela resposta ao uso particular por actores internacionais e terá que haver a consciência de que, de algum modo, o Direito (e o Direito Internacional, por maioria de razão, face à complexidade das situações) é um modo de regulamentação de interacções que só imperfeitamente se conseguem captar em conceitos e regimes. Num paralelo com a individualidade de cada um nós, parece-me que é necessário ter presente, como dizia Fernando Pessoa, no Livro do Desassossego, que «Nós nunca nos realizamos. Somos dois abismos – um poço fitando o Céu.». O desafio consiste, por isso, em tornar esse abismo tão pequeno quanto possível, de tal modo que o Direito Internacional consiga captar os aspectos fundamentais de uma nova sociedade e regulamentá-los de forma a que, pelo menos, possa fazer minimizar o sofrimento humano e viabilizar os nossos sonhos colectivos.

PAULA ESCARAMEIA

Lisboa, 29 de Agosto de 2001

NOTA FINAL – Já depois de completada esta lição, o World Trade Center, em Nova Iorque, e o Pentágono, em Washington, foram atacados por aviões comerciais de passageiros que tinham sido desviados, causando um número muito elevado de mortos. Enquanto escrevo, não se conhecem totalmente os contornos do sucedido, designadamente quais os autores morais do mesmo. Este acontecimento é um exemplo marcante das teses que se têm vindo a defender supra, já que se trata de um ataque perpetrado por um grupo de indivíduos, sem base territorial completamente definida, que, no entanto, tem efeitos devastadores superiores aos da maioria das guerras internacionais. Não deixa de ser interessante, face à incapacidade do modelo passado de Direito Internacional de tratar situações como esta, a assimilação que foi prontamente feita pelas autoridades americanas entre este acto de terrorismo e uma guerra internacional (em relação à qual é permitida, pelo modelo em que temos vivido, a legítima defesa, nos termos do art. 51.º da Carta), embora tal não seja, definitivamente, o que está previsto na Carta, bem como a identificação de um grupo ou organização terrorista com o estado que lhe dá asilo (o que também não consta expressamente da Carta), de modo a que um ataque militar tradicional seja possível. Muitos dirigentes tiveram plena consciência das incapacidades do sistema anterior para dar uma resposta adequada, salientando, numerosas vezes, que tinha começado um novo período, com «a 1ª guerra do século XXI», qualitativamente diferente das anteriores.

ANEXO 1 (NOTA 11)

UM MUNDO EM MUDANÇA:
TIMOR, A ONU E O DIREITO INTERNACIONAL

I – Introdução

Este artigo visa, fundamentalmente, fazer uma análise crítica, ainda que sumária, da evolução do tratamento jurídico da questão de Timor Leste nas Nações Unidas desde a invasão indonésia até à presente data. O tema insere-se numa área (direito de auto-determinação e sua efectivação, papéis do Conselho de Segurança e da Assembleia Geral, caracterização de forças de manutenção da paz e de administrações transitórias das Nações Unidas, reavaliação da própria natureza e das funções da Organização, etc), em que as transformações de carácter jurídico-internacionais são frequentes, sobretudo num período, como o actual, de transição entre modelos na ordem internacional, em que é de prever que essas alterações se venham a manifestar intensamente nos tempos futuros.

Nesta breve análise, far-se-á um resumo de uma resenha histórica, dividida em fases, do papel da ONU relativamente ao problema, sob o ponto de vista funcional dos resultados jurídicos obtidos, para depois nos debruçarmos sobre o presente e provável futuro envolvimento da Organização, tentando encontrar no mesmo as características de uma instituição em mutação num ambiente jurídico-internacional em fase de transição.

Há, provavelmente, duas ideias estruturantes nesta exposição: uma, mais ime-diata, de que o tratamento de Timor pelas Nações Unidas foi, em certa medida, o reflexo da inadequação do aparelho jurídico-conceptual para tratar da questão, só tendo sido possíveis resultados eficazes quando as condições político-internacionais permitiram o seu abandono; a outra, mais subtil, de que no período pós Guerra Fria de relativa anar-quia que vivemos, em que nenhum modelo jurídico-internacional tem um domínio tão prevalecente que se imponha monopolisticamente na prática internacional, a liberdade de opções permite, na prática, uma riqueza de soluções efectivas, como é o caso da administração transitória da ONU em Timor Leste.

Estas duas ideias estruturantes estão subjacentes à análise que se segue mas não serão abordadas directamente salvo nas conclusões finais, prosseguindo a exposição com uma tentativa de demonstração de como a evolução de factores não emergentes das condições no Território influenciaram o modo como o caso foi e continua a ser tratado pela ONU.

II – As Fases do Envolvimento da ONU no caso de Timor

Parece-me que, fundamentalmente, há três períodos no tratamento do caso de Timor pelas Nações Unidas desde a invasão do território pela Indonésia em finais de 1975 até aos nossos dias[1]: 1 – uma fase de reacção (de 1975 a 1982); 2 – uma fase de estagnação (de 1983 a 1998) e 3 – uma fase de envolvimento activo (de 1999 aos nossos dias).

1 – A primeira fase é fundamentalmente caracterizada por ser uma resposta aos recentes acontecimentos da invasão, ocupação do território e prática sistemática de violações, em larga escala, dos direitos humanos dos timorenses. As Nações Unidas reagem através de oito resoluções da Assembleia Geral e duas do Conselho de Segurança, tendo sido as primeiras (uma de cada um dos órgãos referidos) aprovadas, respectivamente, 5 e 10 dias após a invasão[2].

É, contudo, interessante analisar a evolução destas resoluções, tanto sob o ponto de vista do apoio político pelas mesmas suscitado como quanto aos seus conteúdos. Tanto num aspecto como no outro, o padrão evolutivo não é dos mais animadores e revela, apesar dos muitos esforços desenvolvidos junto da Organização pela resistência timorense, por muitos indivíduos, algumas ONGs e alguns Estados, encabeçados por Portugal[3], uma falta de conexão com os acontecimentos realmente ocorridos no Território. Efectivamente, enquanto a primeira resolução da Assembleia contou com 72 votos a favor e só 10 contra, tendo sido 43 as abstenções, a última resolução desta fase, de 1982, foi aprovada por uns meros 4 votos, tendo sido 50 os votos a favor, 46 contra e 50 as abstenções[4]. O mesmo padrão pode ser encontrado nas duas resoluções do

---

[1] Para fontes informativas quanto aos dados históricos e jurídicos da questão, nos períodos imediatamente anterior e posterior à invasão, ver, entre outros, Dunn, James *Timor – a People Betrayed*, Jacaranda Press, Milton, QLD, 1983, Clark, Roger «The 'Decolonization' of East Timor and the United Nations Norms on Self-Determination and Aggression» 7 Yale Journal of World Public Order, 1980-81 e, da autora, *Formation of Concepts in International Law – Subsumption under Self-Determination in the Case of East Timor*, Fundação Oriente, Lisboa, 1993. Para uma síntese da evolução histórico-política até aos nossos dias, ver, entre outros, Andersen, Benedict, «O tempo está do nosso lado. O colapso do colonialismo indonésio em Timor-Leste», Política Internacional, vol.3, n.º 21, Primavera/Verão 2000.

[2] As resoluções da Assembleia Geral têm os n.ºs 3485(XXX), de 12 de Dezembro de 1975, 31/53, de 1 de Dezembro de 1976, 32/34, de 28 de Novembro de 1977, 33/39, de 13 de Dezembro de 1978, 34/40, de 21 de Novembro de 1979, 35/27, de 11 de Novembro de 1980, 36/50, de 24 de Novembro de 1981 e 37/30, de 23 de novembro de 1982; as resoluções do Conselho de Segurança têm os n.ºs 384 (1975), de 22 de Dezembro de 1975 e 389(1976), de 22 de Abril de 1976. Os textos das mesmas podem ser encontrados no site das Nações Unidas na internet, sob o título Peace Operations, East Timor.

[3] Estes esforços são conduzidos, a nível institucional da orgânica da ONU, primariamente no Comité Especial para Aplicação da Declaração para Concessão de Independência a Povos e Países Colonizados, vulgarmente conhecido por Comité dos 24, criado na sequência da adopção da resolução 1415 (XV) da Assembleia Geral, pela res. 1654 (XVI) . Para dados sobre este órgão e actual composição, ver, entre outros, *United Nations Handbook*, New Zealand Ministry of Foreign Affairs and Trade, Wellington, 1999.

[4] Ver *United Nations General Assembly Official Records*, 37th session (1982), pág. 1231.

Anexo 1 57

Conselho de Segurança, em que há unanimidade em 1975 mas já duas abstenções (dos Estados Unidos e do Japão) no ano seguinte, não tendo havido mais possibilidade nenhuma de aprovação de uma resolução por este órgão nesta fase.

Parece ser ainda de notar que o número muito elevado de abstenções que se verifica nesta fase deveu-se, no início, ao desconhecimento do território e da sua situação por parte das delegações e permaneceu enquanto tal devido a uma deliberada política indonésia de isolamento total do território ao mundo exterior, incluindo às actividades humanitárias de ONGs e de outros grupos e à cobertura dos media, o que surtiu resultados efectivos aquando destas votações. O esquecimento de Timor foi, na realidade, o maior drama que atingiu os seus habitantes. Xanana Gusmão deu recentemente relevância a este aspecto, ao afirmar: « O povo de Timor-Leste acaba de sair de uma longa e difícil luta pela sua libertação, onde a indiferença internacional foi o aspecto mais relevante.»[5]

Mais perturbador se torna o padrão de votações se olharmos para a substância das resoluções que a ONU vai aprovando. Na realidade, se nas primeiras resoluções a questão da invasão é central, exigindo-se a retirada das forças indonésias, este aspecto passa a ser posto de lado e substituido, sobretudo a partir de 1978 ou 79, com a entrada de algumas organizações humanitárias no território e a vinda a público de atrocidades cometidas, pela questão da violação dos direitos humanos que, por sua vez, vai dar lugar a meras distribuições de tarefas dentro da orgânica da ONU na última resolução a ser aprovada pela Assembleia Geral nesta fase. Assim, o padrão invasão/ violações de direitos humanos/ aspectos processuais revela uma tendência preocupante de progressivo abandono substantivo do tema.

A análise da resolução 37/30, de 23 de Novembro de 1982 (a última resolução desta fase), é particularmente reveladora pela quase total ausência de conteúdo substantivo que possui, sendo praticamente um lugar vazio em que se procede a mera distribuição de funções por órgãos e fundos distintos da Assembleia que a aprova, como sejam o Programa Alimentar Mundial, a UNICEF ou o Alto Comissariado para os Refugiados, referidos no seu ponto 3, ou as negociações de que o Secretário-Geral passará a estar encarregado, mencionadas no seu primeiro ponto.[6]

Durante esta fase, a única medida concreta tomada pelo Conselho de Segurança foi a decisão de envio a Timor, no seguimento do prescrito no n.° 5 da resolução n.° 384 (1975), de um representante especial do Secretário-Geral ao Território, o Sr. Vittorio Guicciardi, Director-Geral da ONU em Genebra . Este esteve no Território apenas dois dias, tendo visitado somente três cidades e acabado por concluir, no seu relatório, que não tinha sido possível verificar qual a real situação no terreno[7].

---

[5] Gusmão, Xanana «O presente e o futuro de Timor-Leste», Política Internacional, vol.3 n.° 21, Primavera/Verão 2000. A ignorância do que realmente se passava em Timor permitiu, por exemplo, ao Japão, aquando do debate da resolução de 1976 do Conselho de Segurança, apresentar uma proposta, que acabou por não ser aprovada, em que se afirmava que a Indonésia deveria «Retirar as suas forças, *se acaso as tivesse em Timor Leste*» (tradução e itálico da autora), UN Yearbook, 1976, pág.731.

[6] Para uma análise mais aprofundada do padrão evolutivo destas resoluções, ver, da autora, «The Meaning of Self-Determination and the Case of East Timor» in *International Law and the Question of East Timor*, CIIR/IPJET, UK, 1995 ou «O Que É a Autodeterminação?», Política Internacional, vol.1, n.ᵒˢ 7/8, 1993.

[7] UN Doc. S/12011, Annex, de 12 de Março de 1976, página 9.

Assim, o Conselho de Segurança nunca utilizou os artigos 40.° e 41.° do Capítulo VII da Carta (Acção em Caso de Ameaça à Paz, Ruptura da Paz e Acto de Agressão), que possibilitam a imposição de sanções, limitando-se a ordenar a retirada das tropas invasoras e a enviar, como vimos, um representante do Secretário-Geral a Timor. Por outro lado, parece óbvio que o padrão evolutivo das resoluções aprovadas na ONU não teve correspondência directa com o desenrolar dos acontecimentos no Território e o agravamento dos mesmos.

Esta fase vem a terminar com a decisão de Portugal, face às últimas votações, de não interpôr mais nenhumas propostas de resoluções na Assembleia Geral e o acordo, reflectido no já referido n.° 1 da resolução 37/30, de passar a uma fase de negociações entre as partes interessadas, sob a égide do Secretário-Geral.

2 – A segunda fase, que abarca os anos de 1983 aos finais de 98, pode ser designada como um período de quase estagnação quanto aos resultados produzidos pela ONU para resolução efectiva do problema. Esta fase cifrou-se numa série de conversações bilaterais entre Portugal e a Indonésia, mediadas por sucessivos representantes do Secretário-Geral, que não conseguiram produzir resultados sensíveis.

No entanto, este período vai ser crucial noutras instâncias que, por sua vez, acabarão por afectar de modo determinante a futura actuação da ONU. É, de facto, durante este período que Portugal aderiu à Comunidade Europeia e é nesse âmbito e, posteriormente, no da União Europeia, que se gera uma actividade intensa, com a produção de várias declarações do Parlamento Europeu e, a partir de, pelo menos, 1996, do próprio Conselho, tendo deste modo este grupo de países começado a considerar mais informada e seriamente o caso de Timor[8]. É ainda neste período que o isolamento a que tinha sido votada a questão timorense vai ser definitivamente quebrado, passando o mundo a tomar contacto com a mesma, primeiramente através da filmagem do massacre de Santa Cruz, em 1991, que foi transmitida por várias cadeias televisivas do mundo ocidental e, depois, pela atribuição, em 1996, do Prémio Nobel da Paz a Ximenes Belo e Ramos Horta. Estes acontecimentos fizeram mais pelo alertar da opinião pública mundial para o drama de Timor que muitos anos de esforços diplomáticos e de grupos afectos à questão.

Contudo, esta fase, a nível da ONU e apesar da continuação das negociações sob a égide do Secretário-Geral, caracteriza-se por uma quase total ausência de resultados efectivos, sendo que o recurso ao seu órgão judicial, o Tribunal Internacional de Justiça, também não os irá produzir. De facto, é também neste período, mais precisamente em Fevereiro de1991, que Portugal intenta uma acção no Tribunal contra a Austrália por causa do Acordo do Timor Gap, concluido entre esta e a Indonésia em 1989[9]. O acórdão

---

[8] Para uma análise deste período e do envolvimento a nível europeu, ver Galvão Teles, Patrícia «Estatuto Jurídico de Timor – Case-Study sobre as Relações entre os Conceitos de Autodeterminação e Soberania» Política Internacional, 15/16, 1997 e Neves, Fernando «Timor-Leste: Processo Diplomático», Política Internacional, n.° 3, vol.21, Primavera/Verão 2000.

[9] Para um sumário sobre as negociações que levaram à conclusão deste Acordo e uma análise jurídica do mesmo, ver, entre outros, Stepan, Sasha «Credibility Gap – Australia and Timor Gap Treaty» Australian Council for Overseas Aid, Development Dossier n.° 28, Canberra, 1990.

Anexo 1

foi proferido em 30 de Junho de 1995[10] e afastou as pretensões de Portugal de conseguir uma análise jurídica de fundo do problema, já que se limitou a dar vencimento à objecção australiana do litisconsórcio necessário, considerando que a Indonésia teria que ser parte perante o Tribunal para que este pudesse pronunciar-se sobre uma questão que a iria necessariamente afectar, não o podendo ser contra a sua vontade por não ter aceite a jurisdição do mesmo, de acordo com a declaração voluntária constante do n.° 2 do artigo 36.° do Estatuto do Tribunal.

Portugal havia tentado vários modos para contornar esta objecção, procurando fundamentalmente demonstrar que a acção da Austrália ao concluir o Acordo do Timor Gap não se ligava exclusivamente à Indonésia mas violava directamente o Direito Internacional, usando, sobretudo, três linhas de argumentação: a de que em causa estavam os direitos de um território não-autónomo de que Portugal era a potência administrante, a de que o direito de autodeterminação dos povos era um direito erga omnes, cujo respeito, assim, se impunha a todos os Estados, e a de que as resoluções do Conselho de Segurança e da Assembleia Geral obrigavam à negociação com Portugal de todos os assuntos referentes a Timor. O Tribunal concluiu, quanto a este último ponto, que tal ilação não se poderia retirar do texto dos referidos documentos. Quanto aos dois primeiros pontos, afirmou que a questão se não podia separar da Indonésia e que, fundamentalmente, para o Tribunal, o proferir de um acórdão dependia sempre da aceitação da sua jurisdição por parte de um Estado que viesse a ser afectado pelo mesmo[11].

Se acaso o resultado não foi muito encorajador, dando fundamentalmente razão às pretensões australianas, pelo menos o acórdão teve o mérito de reconhecer o direito inalienável e erga omnes do povo de Timor à autodeterminação, tendo, por isso, contrariado a tese internacionalmente defendida pela Indonésia de que tal direito já se tinha exercido através da decisão de integração[12].

---

[10] O texto do acórdão encontra-se no site da internet das Nações Unidas, anteriormente referido, na entrada do Tribunal, «International Court of Justice – Judgements». O acórdão tem o número 84 da Lista Geral.

[11] Apesar do art. 59.° do Estatuto do Tribunal Internacional de Justiça não admitir a regra do precedente, o certo é que a prática do Tribunal (bem como a de quase todos os tribunais internacionais) é a contrária. No caso de Timor teve particular relevância o acórdão de 1954 do «Ouro Monetário» – ver, «Monetary Gold Removed from Rome» in 1943, *ICJ Reports*, 1954, page 32. Para uma posição contrária à da maioria e favorável à pretensão de Portugal, ver a excelente Opinião Dissidente do Juíz Weeramantri, *ibid*. Para uma análise do caso pelos juristas nele envolvidos, ver Galvão Teles, Miguel e Canelas de Castro, Paulo «Portugal and the Right of Peoples to Self-Determination»Archiv des Volkerrechts, vol.1 n.° .34, 1996.

[12] Juridicamente, esta tese, defendida durante todo o período da ocupação, baseava-se na resolução da Assembleia Geral n.° 1541 (XV), de 15 de Dezembro de 1960, que, no seu Princípio VI, considera, como modos de exercício do direito de autodeterminação, a independência, a associação com um estado independente e a integração num estado independente. Os requisitos, contudo, exigidos para que esta última situação se origine e constantes do Princípio IX da dita resolução (estado avançado de governo próprio com instituições políticas livres, escolha livre e informada baseada num sufrágio directo e universal da população adulta, normalmente supervisionado pela ONU), estiveram completamente ausentes da deliberação da chamada «Assembleia Popular Representativa», cujos membros foram escolhidos pela Indonésia. Em 31 de Maio de 1976, em menos de duas horas, esta assembleia discutiu a aprovou, por unanimidade, uma

3 – A terceira fase surgiu, surpreendentemente[13], logo nos inícios de 1999, com a abertura política na Indonésia após a grave crise económica que se iniciou em Agosto/ /Setembro de 1997 e pode ser considerada como a de um envolvimento activo por parte das Nações Unidas. Esta fase, em que ainda vivemos, produz o primeiro resultado substantivo com a celebração dos Acordos de 5 de Maio, em Nova Iorque, no âmbito das negociações na ONU sob a égide do Secretário-Geral, negociações estas que se tinham iniciado em princípios de 1983.

Trata-se de três acordos: o mais extenso e substantivo, que foi celebrado entre Portugal e a Indonésia e testemunhado pelo Secretário-Geral, depois intitulado Acordo Geral pelo Conselho de Segurança sua primeira resolução desta fase, prevê, no seu art. 1.°, uma consulta popular baseada num escrutínio directo, secreto e universal, sobre a aceitação ou rejeição duma proposta de autonomia, que inclui em anexo, estatuindo o art. 6.° que, caso tal proposta seja rejeitada, a Indonésia restaurará a situação que existia antes de 17 de Julho de 1976 (data já referida da aprovação, pelo Parlamento indonésio, da integração de Timor Leste como 27ª província). Os outros dois acordos são muito menos extensos e são trilaterais, já que as Nações Unidas são parte dos mesmos, e dizem respeito, respectivamente, às modalidades de consulta popular e à segurança durante esse período[14].

Parece ser de relevar o facto de estes acordos serem juridicamente verdadeiras convenções internacionais, o que conduz à aplicação aos mesmos das normas, respectivamente, da Convenção de Viena sobre Direito dos Tratados de 1969 e da Convenção de Viena sobre Direito dos Tratados entre Estados e Organizações Internacionais ou

---

petição para a integração de Timor Leste na Indonésia, o que veio a ser consumado pelo Parlamento indonésio que, em 17 de Julho desse ano, incorporou o Território como 27ª província da Indonésia. Para os aspectos jurídico-internacionais de todo este processo, ver Clark, Roger, artigo citado.

[13] Havia, evidentemente, sinais de que uma mudança se estava a operar: em 1998, uma troika de embaixadores em Jacarta de países da UE visitou Timor, tendo elaborado um relatório em que se concluia pela necessidade de consulta ao povo timorense sobre o seu estatuto, o que veio a influenciar a atitude dos Estados Unidos sobre a matéria. A partir de Agosto desse ano, Portugal e a Indonésia concordam em discutir um estatuto de autonomia para o Território, parecendo, em Dezembro, que a Indonésia poderia vir a concordar com a sua aplicação efectiva. Ver Neves, Fernando, artigo citado. Contudo, as declarações do Presidente Habibie, em Janeiro de 1999, no sentido de uma consulta popular como requisito para a aplicação do dito estatuto de autonomia, não deixaram de colher de surpresa os observadores e até os intervenientes mais atentos. A aceitação por parte das restantes forças políticas e militares da consulta à população de Timor deve-se, em grande parte, na opinião de Benedict Anderson, artigo cit., aos resultados eleitorais de Timor nas eleições gerais indonésias de 6 de Junho de 98, em que o Golkar, o partido eleitoral do Governo, ganhou com 49% dos votos e o Partido Nacionalista, de Sukarnoputri, ficou em 2.° lugar, obtendo 35% dos mesmos. Parece, assim, que o poder em Jacarta estava convencido de que, na consulta de 30 de Agosto, a autonomia venceria face à independência.

[14] A conclusão dos acordos foi assinalada, com satisfação, pelo Conselho de Segurança, na resolução n.° 1236 (1999), de 7 de Maio de 1999, que, como referido, intitulou o primeiro acordo como Acordo Geral. Para uma análise destes Acordos ver Galvão Teles, Miguel «As Nações Unidas e a Questão de Timor-Leste», Política Internacional, vol.3 n.° 20, Outono/ /Inverno 1999.

entre Organizações Internacionais, de 1986. Estatuem os artigos 1.os destas Convenções que as mesmas se aplicam aos tratados concluidos, respectivamente, entre Estados e entre um ou vários Estados e uma ou várias organizações internacionais. A Convenção de 69 define tratado, no seu art. 2.°, como «...um acordo internacional concluido por escrito entre Estados e regido pelo Direito Internacional...e qualquer que seja a sua denominação particular», o que nitidamente se aplica ao primeiro Acordo de 5 de Maio, entre Portugal e a Indonésia, e a Convenção de 86, também no seu artigo 2.°, define-o como «...um acordo internacional regido pelo Direito Internacional e celebrado por escrito: i) entre um ou vários Estados e uma ou várias organizações internacionais;...», o que se aplica claramente aos dois restantes Acordos, em que as Nações Unidas também são parte[15].

A importância prática da aplicação das Convenções de Viena, está sobretudo ligada à violação dos deveres da Indonésia de manutenção da paz e segurança em Timor. De facto, o artigo 3.° do Acordo bilateral de 5 de Maio, prescreve: «O Governo da Indonésia será responsável pela manutenção da paz e segurança em Timor-Leste de modo a garantir que a consulta popular se processará pacífica e justamente, num ambiente sem intimidação, violência ou interferência de qualquer parte.». O Acordo trilateral intitulado «Acordo sobre as Modalidades da Consulta Popular aos Timorenses de Leste através de um Escrutínio Directo» dedica a sua secção G igualmente à questão da segurança, afirmando: «As autoridades indonésias garantirão um ambiente seguro para uma consulta popular livre e justa e serão responsáveis pela segurança do pessoal das Nações Unidas. Um certo número de seguranças das Nações Unidas será colocado no terreno para garantir a segurança do pessoal e propriedade das Nações Unidas. Um certo número de polícias civis internacionais estará disponível em Timor-Leste para aconselhar a polícia indonésia durante as fases operacionais da consulta popular e para, no altura da consulta, orientar e levar os boletins de voto e as urnas de e para as estações de voto.». Finalmente, o 3.° acordo é completamente dedicado a questões de segurança, prescrevendo, logo no seu artigo 1.°, que «Um ambiente seguro sem violência ou outras formas de intimidação é um pré-requisito para a realização de um escrutínio livre e justo em Timor Leste. A responsabilidade para garantir tal ambiente bem como a manutenção geral do Direito e da ordem pertencem às autoridades de segurança indonésias adequadas. A neutralidade absoluta das TNI (Forças Armadas indonésias) e da Polícia indonésia é essencial neste aspecto.»[16]

A aplicação das Convenções de Viena a estes acordos permite que em relação aos mesmos vigorem as regras consuetudinárias sobre tratados (uma vez que cabem na caracterização, até mais restrita, das ditas Convenções) e daí as normas de responsabilidade internacional pelos danos causados pela falta de cumprimento pela Indonésia das suas obrigações referentes à manutenção da segurança e da paz, responsabilidade esta que Timor Leste poderá fazer valer, como sucessor de Portugal, se considerar tal politicamente adequado. Por outro lado, a celebração dos Acordos reconfirmou Portugal como Potência Administrante de Timor, afastando definitivamente, desse modo, inter-

---

[15] Os textos destas Convenções constam de numerosas compilações. Entre outras, ver, da autora, *Colectânea de Leis de Direito Internacional*, ISCSP, 2ª ed., Lisboa, 1998, págs. 15 e segs.

[16] Traduções da autora. O texto dos Acordos pode ser encontrado na internet, no site já indicado para Timor-Leste.

pretações extensivas do acórdão do Tribunal Internacional de Justiça que, como vimos, não considerou que as resoluções aprovadas pela ONU necessariamente levassem à conclusão de que a Austrália só poderia ter celebrado o Acordo do Timor Gap com Portugal[17].

Esta fase vai também presenciar uma actividade intensa do Conselho de Segurança, que produz seis resoluções, a que se junta uma resolução da Assembleia Geral[18]. De todas elas, as mais importantes são a que cria a UNAMET (res. 1246 (1999), de 11 de Junho de 1999) para organizar e conduzir o processo de consulta à população sobre o seu estatuto jurídico-internacional, a resolução n.° 1264 (1999), de 15 de Setembro, após os trágicos incidentes que se seguiram ao anúncio do resultado da consulta de 30 de Agosto, autorizando a intervenção de uma força multilateral no Território (a INTERFET) e, finalmente, a resolução 1272 (1999), de 22 de Outubro, pela qual foi constituida a UNTAET com uma duração até, pelo menos, Janeiro de 2001[19].

De grande importância foi também a aprovação de uma resolução pela Comissão dos Direitos Humanos, em Genebra, em 27 de Setembro, pela qual se solicita ao Secretário-Geral a constituição de uma Comissão Internacional de Inquérito, que foi, efectivamente, nomeada pela Alta Comissária da ONU para os Direitos Humanos, Sra. Mary Robinson, em 15 de Outubro, e apresentou o seu relatório nos princípios de 2000[20].

---

[17] O caso da Namíbia fornece, provavelmente, o exemplo mais claro, na história das Nações Unidas, de uma proibição dos Estados negociarem quaisquer assuntos referentes a este Território com a África do Sul, que detinha o poder efectivo sobre o mesmo. O Tribunal Internacional de Justiça foi categórico, no seu Parecer, intitulado «Consequências Jurídicas para os Estados da Presença Continuada da África do Sul na Namíbia (Sudoeste Africano) apesar da Resolução do Conselho de Segurança 276(1970). Ver 1971 ICJ 16 ou, para um resumo em portguês, da autora, *Coletânea de Jurisprudência de Direito Internacional*, Almedina, Coimbra, 1992, pág. 59 e segs.

[18] A única resolução da Assembleia Geral sobre Timor no período pós-Guerra Fria foi aprovada em 15 de Dezembro de 1999 (res.54/194) e foi proposta conjuntamente por Portugal e a Indonésia. Fundamentalmente, exprime satisfação pelo resultado da consulta eleitoral e pela deliberação de 19 de Outubro de 1999 da Assembleia Popular Consultiva Indonésia considerando que Timor Leste deixara de ser uma província indonésia, alterando ainda o título do ponto de futuras agendas da Assembleia Geral de «Questão de Timor Leste» para «A Situação em Timor Leste durante a sua Transição para a Independência».

[19] Para os factos referentes a este período, sobretudo até ao início da intervenção da INTERFET, ver Taylor, John «A Indonésia e a Transição para a Independência em Timor Leste», Política Internacional, vol. 3, n.° 20, Outono/Inverno 1999. Para a acção desenvolvida pela UNAMET e pela INTERFET, ver Martin, Ian «A consulta popular e a Missão das Nações Unidas em Timor-Leste», Política Internacional, vol.3, n.° 21, Primavera/Verão 2000.

[20] É interessante ler o Relatório da Comissão de Direitos Humanos, especialmente reunida, sob proposta de Portugal, para decidir sóbre meios a utilizar relativamente à violação em grande escala de direitos humanos em Timor, no período imediatamente após a consulta à população.

O resultado mais substantivo da longa resolução 1999/S-4/1consiste na decisão, constante do parágrafo 6, de constituição de uma comissão internacional de inquérito «...com uma representação adequada de peritos asiáticos, tendo em vista, em cooperação com a Comissão Nacional Indonésia de Direitos Humanos e relatores temáticos, reunir e compilar sistematicamente informação sobre possíveis violações de direitos humanos e actos que possam constituir violações de direito internacional humanitário praticados em Timor Leste desde o anúncio, em Janeiro de

III – Reflexos em Timor das Transformações da ONU

O tratamento de Timor na ONU reflecte duma forma relativamente fiel as transformações por que a Organização passou, mormente com o fim da Guerra Fria. Estas alterações são sobretudo visíveis no papel activo assumido pelo Conselho de Segurança (e o relativo apagamento da Assembleia Geral) em directo contraste com o que se passou até 1982, no alargamento de funções do dito Conselho, reflectidas na constituição de uma verdadeira administração do Território, bem como na relevância que actores não-estatais assumem na nova ordem, designadamente movimentos de libertação, indivíduos, organizações não-governamentais, os media e a opinião pública mundial. Assim, as rápidas transformações em Timor são, em parte, o resultado e, por sua vez, infuenciam também, as mudanças que se vivem na nova restruturação de forças e consequentes estruturas orgânicas na ONU e no momento de perturbação teórica do Direito Internacional, que, como quase todos os momentos de re-arranjo de estruturas, é propício a uma actividade criativa de grande riqueza porque a perda de rigidez de esquemas anteriores e a ausência de consenso quanto às estruturas que virão a ser prevalecentes, levam ao multiplicar de experiências e à tentativa pragmática de encontrar soluções que, normalmente, estão mais adequadas às situações concretas porque são mais livres.

1 – O papel do Conselho de Segurança – A actividade do Conselho de Segurança, paralisado por muitos anos de Guerra-Fria, tornou-se evidente nestes últimos anos. Contudo, não se trata apenas do número de questões que têm originado resoluções substantivas deste órgão mas, e este aspecto talvez seja estruturalmente mais importante, o tipo de resoluções adoptadas, isto é, focando aspectos e determinando soluções em áreas que anteriormente estavam reservadas a outros órgãos, designadamente à Assembleia Geral[21]. Assim, as numerosas resoluções sobre Timor durante o ano de 1999 revelam, não só uma capacidade de intervenção anteriormente inexistente, mas também um alargamento por áreas não confinadas estritamente à segurança mundial, como sejam os campos sócio-económicos e jurídicos.

Um exemplo paradigmático desta posição é a resolução 1272 (1999), de 25 de Outubro de 1999, que, no seu n.º 1, «Decide constituir, de acordo com o relatório do

---

1999, da votação e fornecer ao Secretário-Geral [das Nações Unidas] as suas conclusões, de modo a permitir-lhe fazer recomendações sobre acções futuras, bem como tornar o relatório da Comissão Internacional de Inquérito conhecido do Conselho de Segurança, da Assembleia Geral e da Comissão [dos Direitos Humanos] durante a 56ª sessão;» (tradução e parêntesis rectos da autora).

As concessões feitas à Indonésia relacionam-se sobretudo com o facto de esta ser membro da Comissão de Direitos Humanos, ao contrário do que sucede com Portugal, e de ter contado com o apoio de vários estados-membros da região. A resolução teve a votação de 32 votos a favor, 12 contra e 6 abstenções. Ver Report of the Fourth Special Session (23-27 September 1999) of the Commission on Human Rights, Economic and Social Council Official Records, 1999, Supplement No. 3A (E/1999/23/Add.1).

[21] Para uma visão mais aprofundada desta posição, designadamente das alterações estruturais e de procedimento, ver, da autora, «Quatro Anos nas Nações Unidas: testemunhos, impressões, especulações», Política Internacional, vol.3, n.º 20, Outono/Inverno 1999.

64   *O Direito Internacional Público nos Princípios do Século XXI*

Secretário-Geral, uma Administração Transitória das Nações Unidas para Timor Leste (UNTAET), que será incumbida de uma responsabilidade geral pela administração de Timor Leste e terá poderes para exercer todas as funções legislativas e executivas, incluindo a administração da justiça;» (tradução da autora) e que, de acordo com o seu n.º 7, «... vigorará por um período inicial até 31 de Janeiro de 2001;». A longa resolução refere ainda, no seu n.º 2, que a UNTAET terá as seguintes funções: segurança e manutenção da ordem, administração efectiva, assistência no desenvolvimento civil e de serviços sociais, coordenação e entrega de assistência humanitária, de reabilitação e desenvolvimento, apoio à formação de governo próprio do Território e assistência na criação de condições para um desenvolvimento sustentado. Para tal, de acordo com o n.º 3, terá três componentes: uma componente de administração pública e governo (incluindo polícia internacional), uma componente de assistência humanitária e uma componente militar.

A referência, relativamente longa, visa simplesmente ilustrar o ponto focado da diversidade e complexidade de funções da UNTAET, que, na prática, corresponde a um verdadeiro governo do Território. Se acaso no período de Guerra Fria há uma instância, o Congo, em que a dimensão e diversidade de funções das Nações Unidas é visível[22], o que é certo é que a intervenção do Conselho de Segurança é sobretudo notória nos conflitos pós 1989, sobretudo nos casos do Iraque/Kuwait, Somália, ex-Jugoslávia, Ruanda, Camboja e Timor e as administrações que preenchem as funções estatais tradicionais são sobretudo notórias nos casos presentes do Kosovo e de Timor.

Na realidade, estas funções administrativas cabem, pelo menos nas suas componentes não militares, muito mais na esfera de funções da Assembleia Geral que do Conselho. Como é sabido, a Carta atribui funções específicas ao Conselho de Segurança, relacionadas com a sua responsabilidade primeira na manutenção da paz e segurança internacionais (art. 24.º), deixando à Assembleia Geral uma competência residual nessa matéria (arts. 11.º e 12.º), ao passo que lhe atribui competências no domínio sócio-económico (entre outros, art. 13.º e Capítulos IX e X, sobre Cooperação Internacional Sócio-Económica e Conselho Económico e Social, respectivamente). Assim, nos tempos que correm, tem prevalecido, na prática, uma interpretação extensiva do art. 24.º, considerando-se que os aspectos sociais, económicos e de garantia dos direitos humanos são parte integrante, em muitos casos, das questões de manutenção da paz e segurança mundiais.

Esta ligação entre funções que a Carta distinguia, pelo menos quanto aos órgãos a que eram atribuidas, tem levado a um alargamento real dos assuntos em que o Conselho de Segurança tem tido poder deliberativo e a uma redefinição do conceito, aliás ausente de qualquer documento jurídico-internacional, de forças de manutenção da paz, bem como ao gradual aparecimento do conceito, ainda mais indefinido, de administração internacional transitória das Nações Unidas.

No campo mais estritamente jurídico, há também que referir uma alteração fundamental nos temas e deliberações do Conselho de Segurança nos nossos dias: trata-se

---

[22] De facto, a ONUC desenvolveu actividades até então desconhecidas das forças de manutenção da paz, tendo sido envolvida na reconstrução infra-estrutural de um novo Estado. Ver, entre outros, Bowett, D.W. *The Law of International Institutions*, Stevens & Sons, Londres, 1982, pág. 89 e segs. e *UN Peacekeeping – 50 Years*, UN Publications, New York, 1998.

do estabelecimento de um nexo entre a justiça e a paz e segurança mundiais, com repercussões práticas notáveis, de que é exemplo máximo a criação dos dois tribunais ad hoc, relativos, respectivamente, à ex-Jugoslávia e ao Ruanda[23]. A possibilidade de criação de um tribunal internacional para julgamento dos crimes contra a humanidade cometidos em Timor teria, assim, precedentes, não parecendo, no entanto, que tal seja viável por razões político-financeiras internas, pelo menos a curto ou médio termo. Uma solução, se acaso for essa a vontade política dos Timorenses, de utilização dos futuros tribunais de Timor ou de constituição de tribunais especiais, na linha do que se está a negociar para os crimes do Camboja, parece muito mais provável.

2 – A relevância dos Novos Actores – O caso actual de Timor é também paradigmático no que se refere ao papel que os novos actores da cena internacional passaram a desempenhar, designadamente os movimentos de libertação ou organizações políticas, alguns indivíduos e as organizações não governamentais. É certo que, desde há muito, e, com relevância institucional, pelo menos desde os inícios dos anos 60, com a aprovação da resolução da Assembleia Geral n.° 1514 (XV), de 15 de Dezembro de 1960, a «Declaração de Concessão de Independência aos Povos e Países Colonizados» e a constituição do Comité dos 24, os movimentos de libertação passaram a ter um reconhecimento jurídico-internacional[24].

---

[23] Os Tribunais foram criados pelas resoluções do Conselho de Segurança, respectivamente, n.° 808 (1993) e 955 (1994). Actualmente, as Nações Unidas encontram-se envolvidas na constituição de um tribunal para o Camboja que, no entanto, embora com alguma supervisão internacional, é, fundamentalmente, de natureza distinta da dos Tribunais da ex-Jugoslávia e do Ruanda, já que se pode considerar quase como um tribunal interno que aplica normas e padrões de Direito Internacional Humanitário. Para além do seu empenhamento neste Tribunal para o Camboja, os Estados Unidos lançaram recentemente a ideia da criação de um Tribunal para o Iraque.
A reacção à criação de tribunais ad hoc pelo Conselho de Segurança tem tido aplicação prática da constituição de um Tribunal Internacional Penal permanente. Assim, à margem daqueles tribunais para assuntos específicos, as Nações Unidas, através de uma Comissão que funciona no âmbito da Assembleia Geral, têm estado intensamente envolvidas, pelo menos desde finais de 1994, na criação efectiva de um Tribunal Penal Internacional, cujo Estatuto foi aprovado em Roma, em 17 de Julho de 1998 e que só entrará em vigor quando 60 Estados o ratificarem (presentemente, já 14 o fizeram, tendo 98 assinado o dito documento).
[24] A famosa Declaração, apesar de ter a forma de simples resolução da Assembleia Geral, e, portanto, não vinculativa, foi aprovada por unanimidade (com apenas 9 abstenções, entre as quais se encontrava Portugal, por razões óbvias relacionadas com a política ultramarina então seguida), o que foi considerado pela doutrina e, posteriormente, pela jurisprudência, como reflexo do consenso mundial de que os seus preceitos têm uma força jurídica vinculativa. Sobretudo os acórdãos sobre o caso de Timor (já citado) e os pareceres consultivos nos casos da Namíbia (1971 ICJ 16) e do Sara Ocidental (1975 ICJ 12) confirmam este entendimento, hoje considerado pacífico. Parte significativa da doutrina considera mesmo que o direito de autodeterminação pertence ao ius cogens, isto é, ao Direito Internacional imperativo, que, nos termos do art. 53.° da Convenção de Viena sobre Direito dos Tratados, é constituido por toda a norma «...que for aceite e reconhecida pela comunidade internacional dos Estados no seu conjunto como norma à qual nenhuma derrogação é permitida e que só pode ser modificada por uma nova norma de Direito Internacional geral com a mesma natureza.». No sentido de que o direito de autodeterminação é ius cogens, ver Hannikainen, Lauri *Peremptory Norms (Ius Cogens) in*

66   *O Direito Internacional Público nos Princípios do Século XXI*

No caso de Timor, contudo, vai-se muito mais longe porque o Regulamento n.º 1999/2 constituiu o Conselho Consultivo Nacional para aconselhar a UNTAET em todos os assuntos relacionados com o exercício de funções executivas e legislativas (art. 1.º), sendo este composto pelo Administrador Transitório, 3 outros membros da UNTAET por ele nomeados e 11 Timorenses, sete dos quais do CNRT, três de outros grupos políticos existentes ao tempo da consulta à população em 30 de Agosto de 1999 e um da Igreja Católica de Timor (art. 2.º)[25]. Foi notória a importância que estes movimentos e organizações tiveram na conclusão dos Acordos de 5 de Maio e é, assim, visível a importância jurídico-internacional que a sua acção tem na definição do estatuto internacional de Timor e na sua efectiva concretização.

Se acaso o Direito Internacional ainda não encontrou um vocabulário e, até, uma estrutura básica que reflicta adequadamente estas entidades, o certo é que o seu papel tem vindo a crescer e a assumir formas institucionalizadas em situações, como esta de transição de administrações que, também elas, não encontram adequado enquadramento nos esquemas teóricos jurídicos existentes. Designdamente, as relações de maior importância passam-se hoje, no meu entender, a nível intra-instituições, sendo que o vocabulário e a organização estrutural jurídica se baseia ainda em relações, primariamente, bipolares e sinalagmáticas. O nível a que falam é demasiado elevado e abstracto, conduzindo ao distanciamento entre a realidade e as necessidades dos indivíduos envolvidos e o aparelho que lhes pretende dar resposta.

No meu entender, este formato teórico nunca conseguiu captar devidamente a realidade jurídico-internacional, em que as relações compreendem sujeitos complexos em que as intra-relações são fundamentais e a origem das mesmas poderá estar distanciada por acontecimentos históricos e atitudes emocionais assimiladas ao longo de largos períodos, mas parece ainda mais desajustado na nova ordem em formação porque é incapaz de captar a riqueza de uma multiplicidade de actores e a diversidade de projectos internacionais que irromperam, com o gradual desaparecimento do monopólio estatal, como voz activa na cena internacional[26].

International Law, Finnish Lawyers Publishing Company, Helsinki, 1988, págs. 357-424 ou, mais recentemente, Cassese, Antonio *Self-Determination of Peoples*, Grotius Publication, Cambridge University Press, Cambridge, 1996. pp. 133-140. Para uma interessante análise da relação do direito de autodeterminação com os direitos das minorias, ver Higgins, Rosalyn *Problems and Process – International Law and How We Use It*, Clarendon Press, Oxford, 1995, pp. 111 e segs. Para uma visão alargada das questões dos direitos dos povos, em que se insere a autodeterminação, ver Crawford, James *The Rights of Peoples*, Clarendon Press, Oxford, 1995.

A jurisprudência citada do Tribunal Internacional de Justiça pode encontrar-se através do site da internet das Nações Unidas, no ponto referente ao Direito Internacional e, mais especificamente, ao Tribunal, como foi referido supra.

[25] UNTAET/REG/1999/2, de 2 de Dezembro de 1999. Todos os Regulamentos da UNTAET constam do site da internet relativo a Timor Leste, já referido.

[26] Para uma análise estrutural dos modelos teóricos de que se serviram os jusinternacionalistas ao longo dos tempos e uma crítica aos mesmos, no sentido de que há uma repetição constantes dos mesmos, sem que nenhum progresso seja conseguido, ver o artigo perturbante de Kennedy, David «When Renewal Repeats Itself: Thinking Against the Box» Journal of International Law and Politics, New York University, vol. 32, n. 2, Winter 2000.

Anexo 1 67

A situação de Timor é também paradigmática no que respeita ao papel crucial que certos indivíduos desempenham na cena internacional, referindo-me aqui, sobretudo, ao Secretário-Geral das Nações Unidas e ao Administrador Transitório, Sérgio Vieira de Mello. Se é certo que o papel dos indivíduos começou a ser directamente relevante com a crescente protecção internacional dos direitos humanos, ao ponto de que hoje se invocam os mesmos até como fundamento para intervenções militares, levando à prevalência, na prática, do princípio da sua protecção sobre a proibição de ataque armado a um Estado soberano[27], algo que certamente não estaria nas previsões dos redactores da Carta da ONU, não é este aspecto que agora se considera especificamente.

O que está aqui em questão é o papel fundamental que certos indivíduos têm vindo a desempenhar na cena internacional. Esta situação tem vindo a desenvolver-se

---

[27] O exemplo mais paradigmático é, evidentemente, a intervenção da NATO no Kosovo. Para além das limitações que a própria carta constitutiva da NATO impõe, a dita intervenção corresponde ao abandonar da supremacia do pilar básico da Carta da ONU, constante do n.° 4 do art. 2.° (proibição da ameaça ou uso da força contra a integridade territorial ou independência política de qualquer estado), ao relegar da ideia de que o respeito pelos direitos humanos é um assunto essencialmente da esfera doméstica de cada estado (n.° 7 do art. 2.°) e ao conferir de prevalência ao princípio da protecção internacional dos direitos humanos sobre os anteriores. Este último princípio consta logo do 2.° parágrafo do Preâmbulo e do n.° 3 do art. 1.° da Carta, para além de várias referências, sobretudo nos Capítulos IX e X, mas em lugar algum se tenta uma compatibilização com os princípios de não-intervenção armada e não ingerência nos assuntos internos, que são vistos como compatíveis e não como possíveis contrapostos à protecção dos direitos humanos.

A intervenção da NATO suscitou também uma questão institucional que poderá ter sido ainda mais fundamental: a do papel do Conselho de Segurança e da sua relação com organizações regionais, como a NATO. O n.° 1 do art. 53.° parece ser explícito ao referir que «...Nenhuma acção coercitiva será...levada a efeito em conformidade com acordos ou organizações regionais sem a autorização do Conselho de Segurança...». Contudo, já houve precedentes de acções semelhantes à da intervenção no Kosovo, sendo talvez o paralelo mais semelhante o da «quarentena» de Cuba aquando da crise dos mísseis, em 1962. Nessa altura, o Departamento de Estado americano apresentou, entre outras justificações jurídicas para a intervenção pela Organização dos Estados Americanos sem autorização do Conselho de Segurança, fundamentalmente o argumento de que a Carta só impediria essa intervenção se o CS a tal se tivesse oposto, vigorando, caso contrário, o preceituado no art. 54.°, isto é, que o «Conselho de Segurança será sempre informado de toda a acção empreendida ou projectada em conformidade com os acordos ou organizações regionais para a manutenção da paz e da segurança internacionais.».

Para a tradução oficial da Carta para português, ver Diário da República I Série A, n.° 117, de 22-5-91, págs.2771 e segs. ou, da autora, *Colectânea de Leis de Direito Internacional*, ISCSP, Lisboa, 1998 (2ª ed.), págs. 125 e segs. Para a questão da Crise dos Mísseis de Cuba, ver, entre outros, Department of State Memorandum: Legal Basis for te Quarentine of Cuba, Office of Legal Adviser, Department of State, Washington, October 23, 1962. Para a questão jurídica da intervenção no Kosovo, ver, entre o muito que se tem escrito, sobretudo Cassesse, Antonio «A Follow-Up: Forcible Humanitarian Countermeasures and Opinio Necessitatis» European Journal of International Law, vol.10. n.° 4, 1999, pp. 791-799, Henkin, Louis «Kosovo and the Law of Humanitarian Intervention», Chinkin, Christine «Kosovo: a «Good» or a «Bad» War?», Frank, Thomas «Lessons of Kosovo», Reisman, Michael «Kosovo's Antinomies», todos eles, bem como Wedgewood, Charney e Falk, no American Journal of International Law, vol. 93, n.° 4, October 1999.

progressivamente mas adquire, como seria de esperar, maior relevância com o aumento das solicitações de uma organização em que esses indivíduos trabalham, com a própria confiança que essa organização vai tendo nos seus poderes e, claro, com a gradual aceitação, derivada em parte da multiplicação de actores na cena internacional, de que as funções de determinado indivíduo tenham repercussões mundiais.

Assim, o Secretário-Geral, através do seu representante, tem poderes sobre a administração de Timor neste período de transição que se revestem de aspectos verdadeiramente constitucionais, cobrindo todas as áreas vitais para a sobrevivência de uma entidade internacional. Logo em 27 de Novembro de 1999, o Regulamento n.° 1 da UNTAET, estabeleceu os grandes princípios, e, designadamente, nos seus artigos 2.° e 3.°, quais as leis internacionais e nacionais que se aplicariam ao Território e a questão da administração do património, para além de reafirmar os poderes da própria UNTAET, constantes da resolução 1272 (1999), já referida. O Regulamento n.° 2, de 2 de Dezembro, teve uma preocupação fudamentalmente organizacional, ao estabelecer as estruturas governativas do Território, começando por constituir o Conselho Nacional Consultivo (art. 1.°) e os seus comités sectoriais por funções (art. 5.°).

Os Regulamentos têm vindo a suceder-se a ritmo intenso e abarcado assuntos como a constituição de serviços judiciais, o estabelecimento de uma autoridade fiscal central, questões monetárias, e assim sucessivamente. Apesar de transitórios, poucos governantes contemporâneos têm tido tantos poderes, o que demonstra o elevado nível de legitimidade, não só das Nações Unidas, mas também dos indivíduos que a representam. E se acaso alguns indivíduos não ligados aos Estados sempre tiveram um papel preponderante, o certo é que as situações na actualidade são múltiplas e implicam um acervo de poderes cada vez mais extenso.

Para além dos movimentos ou organizações de povos e dos indivíduos, nunca é demais frisar a importância das organizações não governamentais nos dias de hoje. Mais uma vez, a sua crescente relevância reflecte-se no caso de Timor. O Território deve muito da solução dos seus problemas diários à sua continuada actividade, sobretudo no campo da ajuda humanitária, assim como lhes deve também pelo contínuo alertar para problemas e pela sua difusão, a nível mundial.

De facto, desde a invasão de 1975, foram constantes as pressões por parte de várias ONGs requerendo autorização para visitarem o Território, o que só foi permitido, pela primeira vez, a uma delas, a organização religiosa americana, Catholic Relief Services, em 1979, quase quatro anos depois depois da ocupação militar. Nesse ano operou, a par do Comité Internacional da Cruz Vermelha, a quem tinha finalmente sido também dada autorização para se deslocar ao Território, com uma presença muito limitada e controlada. Os relatórios das sucessivas organizações a quem foi dada autorização para operarem no terreno foram fundamentais para o quebrar do isolamento de Timor, a estratégia tão bem elaborada e com resultados tão surpreendentemente eficazes conduzida sobretudo durante os primeiros anos dos quase vinte e quatro de ocupação indonésia.[28]

Finalmente, entre os actores não-estatais que assumem particular importância na realidade que hoje vivemos, estão, indubitavelmente, os media e a opinião pública mundial (muito vezes formada pelos anteriores, sobretudo devido à falta de contacto directo

---

[28] Para pormenores sobre este período e a acção destas organizações, ver Dunn, James op. cit.

Anexo 1 69

com as situações). A importância destes novos actores no evoluir dos acontecimentos tem-se mostrado essencial, sobretudo no período pós-Guerra Fria[29], e tem, claro, reflexos óbvios em Timor.

Como já foi referido, as imagens filmadas do massacre de Santa Cruz contribuiram definitivamente para a qualificação de Timor como a de uma situação que não poderia sobreviver por muito mais tempo. Numa geração profundamente influenciada, em quase todos os aspectos da vida, pelos meios audio-visuais, a emissão de imagens tornou-se fundamental para a alteração de estatutos jurídico-internacionais. Em parte, foi também devido às imagens do terror que se seguiu ao anúncio do resultado da consulta popular e às que retrataram a devastação da propriedade, e à consequente revolta causada por elas em numerosas opiniões públicas nacionais, mormente as de Portugal e da Austrália, que o Conselho de Segurança aprovou, como resposta, a resolução n.° 1264 (1999), pela qual autorizou a intervenção de uma força armada no Território, a INTERFET, que acabou por repôr a ordem.

É evidente, contudo, que a operação dos media não tem como critério único o sofrimento humano, entrando em jogo muitos outros aspectos que levam, por vezes, a disparidade de tratamento de situações em que este é semelhante, pelo que toda esta nova realidade tem que ser repensada nas suas implicações jurídico-internacionais.

É interessante citar os comentários do Secretário-Geral das Nações Unidas, no último «Relatório sobre o Trabalho da Organização», sobre os perigos da influência da comunicação social: «O desafio humanitário é maior pelo facto de a comunidade internacional não responder de modo consistente às emergências humanitárias. A atenção dada pelos media é parte do problema. A crise no Kosovo, por exemplo, foi coberta até à saturação. A guerra mortífera e mais prolongada entre a Eritreia e a Etiópia e o recomeço da guerra civil selvagem em Angola, tiveram muito pouca cobertura. Outras guerras ocorreram sem que fossem sequer relatadas. Em parte por isso, as respostas a apelos para assistência humanitária e de segurança têm sido igualmente distorcidas. Tal assistência não deveria ser dada por causa da cobertura pelos media, por razões políticas ou de geografia. O seu único critério deveria ser o da necessidade humana.»[30]

IV – Conclusão

Timor foi o exemplo da incapacidade, não só das estruturas orgânicas internacionais mas também dos conceitos jurídico-internacionais para enquadrarem um problema porque não se encaixava na matriz predominante de uma descolonização em relação ao

---

[29] É em grande parte devido aos media, e, sobretudo, à televisão, que a opinião pública reagiu fortemente aos acontecimentos na ex-Jugoslávia, designadamente na Bósnia e no Kosovo e a ideia de intervenção humanitária ganhou novo peso. A criação inovadora dos Tribunais ad hoc para a ex-Jugoslávia e o Ruanda deve-se, em parte, às pressões dos indivíduos, organizados ou não, sobre os seus representantes para que fosse feita justiça. Este alertar da opinião pública mundial e da influência que exerce sobre os governantes é um elemento novo dos dias que vivemos.

[30] «Report of the Secretary-General on the work of the Organization», General Assembly Official Records, 54th Session, Supplement N.°1 (A/54/1), ponto 8. Tradução da autora.

70   *O Direito Internacional Público nos Princípios do Século XXI*

colonizador europeu e de uma assumpção dos valores e estruturas da região. O povo timorense continuou a lutar contra o que considerou uma ocupação por parte da Indonésia e não se identificou, mesmo ao fim de quase um quarto de século, com o ocupante, mantendo ligações com o antigo colonizador, que foi a voz estatal mais coerente, e, frequentes vezes, quase que completamente isolada, na luta para a sua independência. Em última instância, não pode haver dúvidas que foi devido a essa persistência e coragem admiráveis desse povo que a presente situação de transição para a independência é possível. Contudo, ela não o foi mais cedo em parte devido à inadequação de um esquema que se recusava a aceitar o conceito de colonização por uma antiga colónia e de luta pela independência por um antigo colonizador.

O fim da Guerra Fria iria trazer alterações dramáticas a toda esta situação, que presentemente espelha algumas características ausentes da anterior ordem internacional. Assim, enquanto o padrão evolutivo das resoluções aprovadas pelas Nações Unidas se caracterizou, no passado, por uma progressiva diminuição de votos de apoiantes e um gradual esvaziamento do conteúdo substantivo e operativo das mesmas, as resoluções desde 1999 reflectem um empenhamento profundo, com consequências de tal modo operacionais que se concretizam numa completa administração do Território e provêm maioritariamente do Conselho de Segurança, pelo que as numerosas decisões delas constantes são obrigatórias, de acordo com o art. 25.° da Carta[31].

Timor reflecte ainda, nos nossos dias, um Conselho de Segurança revitalizado, que assume as responsabilidades quase ciclópicas, delegadas no Secretário-Geral, de construir um novo estado partindo de infraestruturas praticamente nulas.

Por outro lado, a presente situação que Timor vive é, em grande parte, o resultado da importância crescente de actores não-estatais e não inter-estatais na cena internacional, designadamente através da relevância das estruturas pré-existentes dos movimentos de libertação, das funções do administrador transitório e do papel das numerosas organizações não-governamentais na reconstrução do Território. Por fim, o seu passado e o seu futuro estão agora necessariamente ligados à opinião pública mundial, o que certamente se virá a reflectir, entre outros aspectos, no eventual julgamento dos crimes contra a humanidade cometidos após a consulta eleitoral[32].

---

[31] Este artigo prescreve: «Os membros das Nações Unidas concordam em aceitar e aplicar as decisões do Conselho de Segurança, de acordo com a presente Carta.». Não existe artigo semelhante para a Assembleia Geral, pelo que, normalmente, as resoluções deste órgão têm um carácter meramente recomendatório. As excepções estão frequentemente relacionadas com codificações de Direito anteriormente existente, usualmente feitas sob o formato de declarações, como seja a Declaração Universal dos Direitos Humanos, ou com o reflexo de um consenso mundial por serem aprovadas por unanimidade, como seja o caso de Declaração sobre Concessão de Independência a Povos e Países Colonizados (que, para alguns, reflecte também o Direito pré--existente).

Quanto às resoluções do Conselho de Segurança, note-se que são apenas as que contêm decisões que têm carácter vinculativo, havendo algumas que poderão ser meramente declaratórias e, daí, não obrigatórias.

[32] Como já se referiu, a decisão quanto ao julgamento será, em última instância, política e pertencerá aos representantes do povo timorense. Contudo, a condenação dos crimes contra a humanidade praticados no período entre o anúncio dos resultados eleitorais e a entrada da INTERFET no Território, tem sido constantemente referida, desde logo no n.° 1 da resolução

Anexo 1

Timor ficou, assim, inexoravelmente ligado à actividade da ONU e é, em certa medida, o resultado das vicissitudes por que a Organização tem passado. É ainda difícil antever qual o quadro teórico que explicará esta nova ordem que se está a formar e da qual já alguns aspectos parecem visíveis. A nível da Organização, é provável que, a curto e médio prazos, assistamos a uma continuação do reforço dos poderes do Conselho de Segurança, sobretudo na área da criação de limites e padrões para as sanções que deverá continuar a aplicar[33], que questões relacionadas com os aspectos preventivos dos conflitos se reforcem e que sejam aprovados padrões comuns para actuação das várias forças de manutenção da paz e para as administrações de territórios. A relação com as organizações regionais e a questão das intervenções armadas humanitárias estará também no centro dos debates futuros em que é de prever uma participação cada vez mais forte de indivíduos, movimentos, ONGs, multinacionais, os media e outros actores não tradicionais. A longo prazo, estes produzirão certamente mudanças estruturais profundas nas actuais organizações e estados e no modo do seu funcionamento e relacionamento com entidades exteriores. Finalmente, a importância do Direito Internacional não deverá ser de subestimar, podendo levar à criação de jurisdições obrigatórias na cena internacional, como, aliás, já o são os Tribunais da ex-Jugoslávia e do Ruanda e à própria sujeição de todas as decisões políticas à revisão judicial.

A importância do Direito Internacional não tem deixado de ser assinalada nos nossos dias: assim, o Secretário-Geral da ONU enviou, em 15 de Maio do ano corrente, uma carta a todos os Chefes de Estado ou de Governo, convidando-os a tirarem partido da Cimeira do Milénio, que decorrerá de 6 a 8 de Setembro, na sede da ONU, para assinarem, ratificarem ou aderirem às convenções multilaterais depositadas junto do Secretariado, tendo seleccionado 25 entre os 514 tratados como sendo os que se referem a aspectos e fins fundamentais das Nações Unidas. Nessa carta, Kofi Annan afirma: «A expansão do Direito nas relações internacionais tem sido a base de muito do progresso político, social e económico atingido em anos recentes. Indubitavelmente, ele facilitará ainda mais o progresso no novo Milénio.»[34]

A cadeia de acontecimentos em Timor tem-se desenrolado a um ritmo muito rápido, sobretudo se for feita a comparação com os longos anos de ocupação indonésia em que o seu estatuto, na prática, se manteve inalterado. Este ritmo, contudo, parece--me ser ao mesmo tempo o exemplo mas também o espelho das mudanças por que estão a passar as estruturas político-jurídicas internacionais. Na realidade, é o próprio modelo institucional e teórico das organizações e do Direito Internacional que está em mutação. E se por ventura tais alterações de há muito se adivinhavam, tendo talvez sido Richard Falk o primeiro a inseri-las num todo histórico ligado às necessidades da existência do

---

1264 (1999), de 15 de Setembro, e repetida várias vezes pelo Secretário-Geral e pela Alta Comissária para os Direitos Humanos, para além de constituir um dos principais temas da campanha de várias organizações não-governamentais especialmente se ligadas a questões jurídicas, como seja a Plataforma Internacional de Juristas por Timor Leste (IPJET).

[33] Quanto aos esforços presentemente em curso nas Nações Unidas no sentido da reavaliação do sistema de sanções, ver o informativo artigo de Monteiro, António «As Sanções e as Nações Unidas» Política Internacional, vol.3 n.º 21, Primavera/Verão 2000.

[34] Para este e outros documentos com ele relacionados, ver «Millenium Summit Multilateral Treaty Framework: an Invitation to Universal Participation», United Nations, New York, 2000. Tradução da autora.

Estado[35], é actualmente que elas se fazem sentir na realidade internacional do dia-a-dia, com uma acrescida identificação de cada um com situações para as quais é irrelevante a divisão territorial estatal, com uma actuação cada vez mais audaciosa das estruturas internacionais numa variedade cada vez maior de situações, e com os re-arranjos, feitos, muitas vezes, de modo ad hoc, pelas instituições e o Direito Internacional para darem resposta a essa nova realidade que não cessa de se manifestar e de surpreender pelas suas formas.

Não me parece que seja agora o momento adequado para propor novos esquemas teóricos jus-internacionalistas que visem retratar e orientar a nova realidade existente, precisamente porque ela é ainda muito fluida e escapa a uma estruturação que tem sempre alguma rigidez. Para muitos, mesmo o tempo de métodos ou esquemas teóricos explicativos há muito que passou, sendo o movimento no sentido inevitável de um antiformalismo. Parece-me, contudo, que, sem preocupações de coerência a um nível abstracto, algumas propostas teóricas farão sentido a um nível intermédio, num sentido de uma uniformização normativa que evite sempre abusos do poder (assim, por exemplo, os já referidos definição de parâmetros para a aplicação, limites e categoria de sanções, estabelecimento de princípios jurídicos a que devem estar submetidas as operações de paz da ONU, acordo quanto a traços básicos do estatuto de território sem administração própria e assim sucessivamente). Parece-me que vai ser este o caminho que colocará mais desafios às estruturas internacionais e ao Direito Internacional nos tempos que virão, na luta constante deste para eliminar os abusos do poder político. Isto, contudo, é um tema imenso, que ficará para outra altura.

Entretanto, o que é fundamental é que, mercê do esforço de muitos, e, sobretudo devido à coragem dos timorenses, Timor conseguiu libertar-se dos esquemas rígidos teórico-institucionais em que tinha sido catalogado e, com a progressiva erosão dos mesmos, encontrar um conjunto de circunstâncias na ordem do pós-Guerra Fria que levaram a uma situação, quase experimental, que garante o seu caminho para um estatuto jurídico-internacional de independência.

PAULA ESCARAMEIA

14 de Agosto de 2000

---

[35] Ver Falk, Richard em muitos dos seus escritos mas, sobretudo, em *Revitalizing International Law*, Iowa State University Press, Iowa, 1989. O autor afirma, no capítulo intitulado «Um Novo Paradigma para os Estudos de Direito Internacional: Perspectivas e Propostas», página 5: «A mudança de ordem internacional que actualmente se processa parece ser o reverso da alteração completada em meados do século XVII, pela qual a Europa medieval tinha dado lugar ao sistema estatal moderno. O século XVII completou um longo processo de movimento histórico de uma chefia central não territorial para uma descentralização territorial, ao passo que a transição contemporâneaparece dirigir-se de volta a esta chefia central não--territorial.»

ANEXO 2 (NOTA 11)

UMA LEITURA DA CARTA
DA ORGANIZAÇÃO DAS NAÇÕES UNIDAS

Ao Professor Adriano Moreira, com a admiração que se tem por um grande intelectual e o reconhecimento ímpar que se deve ao ser humano que depositou a sua confiança num momento em que todas as outras portas se fechavam.[1]

> «[A Carta das Nações Unidas] De facto começa por indicar que se trata de uma associação de povos, mas termina por claramente afirmar que é uma associação interestática.»
>
> ADRIANO MOREIRA, «Direito Internacional Público», *Estudos Políticos e Sociais*, ISCSP, Vol. X n.ºs 1-2, Lisboa, 1982, pág. 169.

1. INTRODUÇÃO

A Carta da Organização das Nações Unidas abre com o enunciado dum nexo de causalidade entre a estrutura institucional (consequência) que, após referência no art. 7, irá desenvolver ao longo de todo o seu articulado, e os povos do planeta (causa), dos quais se subentende que emana a legitimidade do que é prescrito. Assim, reza a 1.ª linha do Preâmbulo: «Nós, os povos das Nações Unidas, decididos: ...» à qual se segue o enunciado de ideais para um mundo melhor e uma lista de acções para a resolução das quais «...os nossos respectivos governos ... adoptaram a presente Carta das Nações Unidas e estabelecem, por meio dela, uma organização internacional que será conhecida pelo nome de Nações Unidas.»[2]

---

[1] O tema escolhido pretende, de algum modo, prestar igualmente homenagem a este grande Mestre, de quem lamento nunca ter tido o privilégio de ter sido aluna, já que se debruça sobre matérias relacionadas com a cadeira «Sistema das Nações Unidas», inserida no Mestrado de Relações Internacionais do ISCSP, em cuja regência sucedi ao Professor Adriano Moreira no ano lectivo de 1991/92.

[2] Nestas passagens da Carta e nas que dorante se lhes seguirem usou-se a redacção constante do Aviso n.º 66/91, de 22 de Maio, do Diário da República n.º 117, I Série-A, por ser essa a tradução oficial da Carta para língua portuguesa. A autora, contudo, teria, por vezes, escolhido outros termos ao fazer a tradução de alguns dos textos originais da mesma. Ver, quanto a este ponto, o art. 111 da Carta, sobre os textos autênticos, que fazem igualmente fé, ou sejam, o chinês, o francês, o russo, o inglês e o espanhol.

74 O Direito Internacional Público nos Princípios do Século XXI

Deste modo, quem se nos dirige confunde-se com o destinatário tendo, desde 1945, as Nações Unidas alimentado o mito, construido previamente, de que é cada um de nós, seja individualmente, seja num conjunto chamado «povo», que está realmente representado a nível internacional. Pois não é por isso mesmo que se «reafirma a nossa fé na dignidade dos direitos fundamentais...» ou se «preserva as gerações vindouras do flagelo da guerra...» e se promove «...o progresso social e melhores condições de vida» (Preâmbulo), afirmações que são constantemente repetidas ao longo de todo o documento?

A este mito junta-se um outro, mais subtil e, por isso, provavelmente mais forte, de que as palavras utilizadas na Carta têm um sentido mais ou menos preciso. Na realidade, os termos utilizados no referido texto, como em outros tratados internacionais do mesmo género, no que respeita à amplitude da sua aplicação, isto é, nos tratados multilaterais que estabelecem normas gerais cuja aplicação não se esgota num só momento (que, com algumas divergências pontuais, são frequentes vezes chamados tratados--leis), não são, na sua maioria, conceitos jurídicos que contenham implicações operativas.

O seu alargado nível de generalidade leva a que se possam retirar conclusões para justificar acções tão variadas que podem ser empregues, na prática, por agentes com posições frontalmente opostas. Assim, é frequente que o Direito Internacional, sobretudo em áreas politicamente mais sensíveis, se transforme num mero ojecto de argumentação retórica, em que as palavras se comportam como grandes espaços passíveis de serem preenchidos com conteúdos operacionais opostos. A reificação[3] é, pois, uma constante.

Estes dois aspectos enunciados, o mito de que a nossa organização mundial representa os povos do planeta que determinaram a respectiva estrutura institucional internacional, e a existência de conceitos na Carta que mais não são que espaços para actuações concretas díspares, conduz-nos aquilo que penso ser o problema mais fundamental da nossa ordem jurídica mundial: a tremenda distância entre todo este aparelho institucional e conceptual e a vida de cada ser humano, tantas vezes profundamente afectada pelo mesmo aparelho, sem que haja canais adequados de comunicação entre estes dois polos.

O problema, claro, é agravado pela aparência dos referidos canais, isto é, pelos já referidos mitos de que são os povos que governam o mundo (como nos ensina a Carta) e de que existe um sistema jurídico apurado permanentemente capaz de destrinçar entre

---

[3] Estou a usar este conceito no sentido de transformação de uma palavra num objecto propriamente dito, numa coisa, passando a discussão a centrar-se não no que significado mas apenas no significante. Para um estudo de processos pelos quais palavras substituem a realidade dos factos e acabam por influenciá-los de modo significativo, ver, entre outros, Adorno, Theodor, *Negative Dialectics*, Continuum Books, the Seabury Press, New York, 1983, White, James Boyd «Thinking About our Language» 96 Yale Law Journal, pág. 1962, 1987, Roderick, Rick *Habermas and the Foundation of Critical Theory*, St. Martin's Press, New York, 1986, Dworkin, Ronald «How Law is Like Literature» in *A Matter of Principle*, Harvard University Press, Cambridge, 1986, pág. 146, Tushnet «An Essay on Rights» 62 Texas Law Review, pág. 1363, 1984, e, sobretudo, Boyle, James «Ideals and Things: International Legal Scholarship and the Prison-House of Language» 26 Harvard International Law Journal, pág. 329, 1985.

Anexo 2

as boas e as más acções e fornecer apenas a uma das partes os argumentos legais necessários para que a sua posição vença[4].

Este pequeno artigo propõe-se, assim, uma vez enunciado o problema, tentar apresentar algumas das instâncias em que este mais agudamente se faz sentir, e aventar caminhos para a formação de uma ordem jurídica internacional mais adequada a um mundo que tem progressivamente vindo a conotar a protecção dos direitos humanos com o progresso da humanidade.

2. O ASPECTO INSTITUCIONAL

a) Breve Evolução Histórica

A Organização das Nações Unidas é descendente de uma série de conferências ad hoc para resolução de determinados problemas políticos concretos que acabaram por evoluir para reuniões regulares com órgãos permanentes. Foi o início do século XIX que assistiu, com o Congresso de Viena de 1814/15, não apenas a uma série de conferências internacionais para sancionar uma nova situação territorial (como já tinha sido, por exemplo, entre tantos outros, a conferência de que resultou o Tratado de Vestefália de 1648) após a queda de Napoleão, mas à dissolução de um sistema de manutenção dessa mesma paz através duma série de conferências que se vieram a alargar até 1914 e a que foi chamado Concerto Europeu[5].

Se bem que esta série de conferências políticas não tenha evoluido no sentido da criação de órgãos permanentes, embrião das futuras organizações internacionais, são elas que inauguram a prática de uma diplomacia já não meramente bilateral mas desenvolvida através de reuniões conjuntas e que introduzem a inovação do tratado multilateral, inaugurado na Conferência de Paris de 1856 que sancionou o fim da Guerra da Crimeia.[6]

Ora é precisamente nesta ideia de tratado multilateral, que facilitou o desenvolvimento de tratados-leis (que, como já se afirmou, poderão ser descritos como acordos constituidos por normas gerais e abstractas cuja execução não é instantânea mas que antes originam direitos e deveres que se prolongam no tempo) que vamos encontrar

---

[4] Não me refiro aqui, evidentemente, à velha questão das sanções em Direito Internacional, mas sim a algo que lhes é anterior: a própria utilização dos conceitos jurídicos para deles retirar implicações operativas, não tanto em termos de acção (em que, a certo ponto, teríamos inevitavelmente que abordar a questão das sanções), mas mais a um nível prévio de argumentação.

[5] Inserem-se neste campo as Conferências de Paris de 1856, de Londres de 1871 e de 1912-13, os Congressos de Berlim de 1878 e 1884-85, e o Congresso de Algeciras de 1906, entre outros. Para mais pormenores sobre esta evolução ver «Relatório da Comissão de Direito Internacional» in Kirgis *International Institutions in Their Legal Setting*, West Publishing Co., Minn., USA, 1977. págs. 1-6.

[6] O Acto Final do Congresso de Viena de 1815 apresenta já uma inovação face à até então exclusividade dos tratados bilaterais pois foi assinado pelos representantes de todos os estados participantes, contendo a obrigação de concluir os tratados bilaterais dele derivados. Não é ainda, contudo, em termos técnicos, um tratado multilateral.

76   *O Direito Internacional Público nos Princípios do Século XXI*

a génese formal da Carta da ONU. A nível substantivo, contributos fundamentais para esta futura Carta seriam as numerosas Convenções de 1899 e 1907, resultado das Conferências de Paz da Haia, já que estas são verdadeiros tratados-leis visando, sobretudo, limitar e humanizar a guerra e congregando a larga maioria dos estados então existentes.

Contudo, a estrutura orgânica que viria a servir de base às actuais instituições internacionais começou por se desenvolver num âmbito mais restrito, tendo sido formulada ou para resolver problemas políticos regionais, como é, sobretudo, o caso do Sistema Pan-Americano, criado em 1889, em que se institucionalizou um órgão administrativo permanente[7], ou para resolução de assuntos técnicos especializados.

Este segundo tipo de esforço associativo internacional veio a culminar nas uniões administrativas internacionais, na nomenclatura da Comissão de Direito Internacional ou, como lhe chamam outros autores, em uniões internacionais públicas, sobretudo para as contrapôr às uniões internacionais privadas, cujos membros não são os estados, como sejam o Comité Internacional da Cruz Vermelha, fundado em 1863 e a Associação de Direito Internacional, criada em 1873, entre muitas outras, precursoras do que actualmente se chama Organizações Não Governamentais (ONGs)[8].

Contam-se entre as agências do primeiro tipo, isto é, entre as encarregadas da resolução de problemas técnicos, a Comissão Central de Navegação do Reno, criada pelo Congresso de Viena em 1815, a Comissão Europeia do Danúbio, fundada em 1856, a Comissão para a Navegação no Rio Douro, de 1835, a União Telegráfica Internacional, fundada em 1865, a União Postal Geral, criada em 1874, e muitas outras que se lhes seguiram. Estas agências tinham reuniões periódicas em que as votações, por vezes, chegaram a dispensar a unanimidade, tendo mesmo, em certos casos, vindo a adoptar-se um sistema de voto e de contribuições financeiras ponderados. Possuiam, igualmente, um secretariado administrativo permanente que constituiu, desse modo, a primeira estrutura orgânica internacional. Essa estrutura orgânica vir-se-ia a multiplicar e especializar sobretudo a partir do Tratado de Versalhes, criador da primeira organização mundial com funções políticas, a Sociedade das Nações, e da Organização Internacional do Trabalho que, tendo as suas raízes numa união internacional privada dos finais do séc. XIX, veio a sobreviver à 2.ª Guerra Mundial e a integrar-se na família das instituições especializadas da ONU. Aliás, esta integração correspondeu a uma inovação da Carta destinada a uma acção muito ampla em campos técnicos, cuja interligação nunca fora satisfatoriamente conseguida pela Sociedade das Nações, embora essa coordenação fosse prevista no art. 24 do respectivo Pacto.

É assim que, com a Sociedade das Nações, chegamos a um mundo em que se inaugura um sistema centralizado de segurança colectiva, em que se prescreve o desarmamento (art. 8 do Pacto), a garantia colectiva das independeências nacionais (arts. 10 e 11), um sistema de sanções (arts. 16 e 17) e a resolução pacífica de conflitos (sobretudo, art. 12). Contudo, o sistema instituido era complexo e dum idealismo que a breve

---

[7] Foi a Conferência de Washington de 1889 que esteve na origem deste sistema que veio a culminar com a fundação da Organização dos Estados Americanos em 1948. A inauguração, no campo político, de um sistema de reuniões cuja periodicidade era de cinco anos, sendo as respectivas agendas preparadas pela União Pan-Americana, o órgão administrativo permanente, que desenvolveu regras processuais sofisticadas, foi também uma inovação deste sistema.

[8] Para este tipo de divisão de organizações internacionais, ver, entre outors, Bowett *The Law of International Institutions* Stevens & Sons, London, 1982, págs. 4-9.

trecho se tornou patente. Nos casos de conflitos entre estados, estes podiam escolher entre a arbitragem, a sentença judicial ou a deliberação do Conselho da Sociedade como meios pacíficos para a resolução do mesmo, sendo, contudo, apenas obrigatórias as sentenças, arbitrais ou judiciais, e as deliberações, por unanimidade, do Conselho. Não sendo este o caso, os estados teriam, mesmo assim, que se respeitar um período moratório de 3 meses antes de recorrerem à guerra, sob pena de poder o Conselho decretar sanções obrigatórias de carácter económico ou relativas a corte de comunicações (n.º 1 do art. 16). As medidas de carácter militar eram sempre meramente recomendatórias, cabendo a cada estado decidir se desejava ou não segui-las (n.º 2 do art. 16).

De qualquer modo, a prática foi ainda mais tímida que o preceituado no Pacto já que só uma vez foram decretadas sanções económicas contra a Itália, em termos tão fracos que não afectaram este estado, nunca tendo sido adoptadas medidas recomendatórias de carácter militar.

A invasão japonesa da Manchúria em 1931, a guerra Italo-Abissínia de 1934/35 e o crescente expansionismo territorial alemão de 1936 a 1939, que culminou com a 2.ª Guerra Mundial, foram alguns dos conflitos graves que demonstraram a incapacidade da Sociedade das Nações para solucionar casos de agressão que ultrapassassem pequenas disputas fronteiriças como foram as que se registaram entre a Finlândia e a Suécia, a Grécia e a Bulgária, a Turquia e o Iraque e a Colômbia e o Perú, entre outras.

Apesar do muito que se tem escrito sobre o falhanço da Sociedade, o certo é que esta é o símbolo do triunfo das organizações internacionais enquanto sistemas administrativos permanentes, com um secretariado, funcionários e orçamento próprios que, em termos substantivos, teve a ambiciosa coragem de, pela primeira vez, pretender controlar e ordenar, a nível central, fins tão fundamentais como a paz e a cooperação mundiais.

b) A Carta das Nações Unidas

Mas voltemos à questão central desta secção: quem fez a Carta das Nações Unidas? Como surgiu o mito de que eram os povos que a redigiam, eram eles que nela estavam representados e, finalmente, eram os seus interesses que seriam defendidos e as suas aspirações que seriam atendidas?

Decorria ainda a 2.ª Guerra Mundial quando surgem iniciativas como a Carta do Atlântico, de Agosto de 1941, proclamando um sistema geral e permanente de segurança colectiva, a Declaração das «Nações Unidas», proclamada por 26 países que, em Junho de 1942, se opunham aos países do Eixo, o Plano das Quatro Potências, de Agosto de 1942, a Conferência de Moscovo, de Outubro de 1943 (em que participaram o Reino Unido, os Estados Unidos e a União Soviética) que visava estabelecer uma organização internacional, aberta a todos os estados, que seriam considerados soberanos e iguais, cuja função fundamental seria a manutenção da paz e segurança mundiais, embora se previsse um leque muito amplo de competências, a Conferência de Teerão, no mês seguinte, e, finalmente, a Conferência de Dumbarton Oaks, de 1944 (em que participaram os três estados acima enunciados e a China), em que é apresentada uma proposta americana de Carta da futura organização.

Nesta conferência a quatro, a proposta no que respeitava ao sistema de segurança mundial, foi aceite sem que praticamente fossem sugeridas quaisquer alterações de fundo, apesar do anterior pendor de Churchill para um sistema descentralizado de segurança colectiva. Esta tendência, veio, no entanto, a assomar no texto através da consagração de organizações regionais com poder para resolução de disputas, embora a imposição de sanções dependesse de autorização do Conselho de Segurança (actual art. 53)[9].

Até então, o projecto de Carta tinha sido o resultado de uma proposta norte-americana que levou em conta alguns contributos britânicos e soviéticos. Na realidade, é só em Dumbarton Oaks que a China passa a ser um dos países presentes nas negociações e é apenas nesta conferência que os quatro estados deliberam convidar a França, então ainda ocupada, para integrar o que viria a ser o Conselho de Segurança, na qualidade de Grande Potência. Para além da referida tensão segurança colectiva centralizada v. segurança regional, surge nesta reunião uma outra tensão reveladora: soberania v. protecção de direitos humanos. Este ponto virá a ser desenvolvido posteriormente mas parece-me de sublinhar a intensidade da discussão quanto à eventual competência da Assembleia Geral na esfera da protecção dos direitos humanos por ir contra a ideia de não interferência nos assuntos internos de cada estado. Este pormenor junta-se, assim, a tantos outros que abonam a favor da tese de que a Organização havia sido concebida primariamente como defensora dos interesses estatais e só secundariamente dos do indivíduo. De qualquer modo, acabou por vencer a ideia de que a futura Assembleia se poderia debruçar sobre o referido assunto.

Na realidade, é também interessante olhar para quais as matérias que não foram então objecto de consenso, provavelmente por que consideradas fundamentais. Este só veio a concretizar-se em Yalta, no ano seguinte, e abarcou questões como a possibilidade de veto pelos grandes no Conselho de Segurança quando estes se encontravam envolvidos nos respectivos conflitos (com os Estados Unidos e o Reino Unido a defenderem a abstenção nessas situações e a URSS a defender a posição de que o poderiam utilizar) e a questão da admissão de membros, defendendo a URSS, através de Gromyko, a admissão de cada uma das então 16 repúblicas soviéticas com base num paralelismo com a Commonwealth, em que cada estado seria admitido separadamente. Assim, fácil é de verificar que o nível a que as objecções foram colocadas tem que ver com equilíbrios estatais e não com «interesses dos povos».

Na Conferência de Yalta, em Fevereiro de 1945, a questão do veto veio a ser resolvida no sentido de que este apenas seria excluído se se tratasse de medidas de resolução pacífica de conflitos (o que veio a ser consagrado no ambíguo n.º 3, parte

---

[9] Esta tensão entre segurança colectiva centralizada e descentralizada levou ao equilíbrio instável de que o referido art. 53 da Carta é exemplo. Na prática, conduziu a numerosas situações de fuga a essa indefinição que têm, provavelmente, o seu ponto mais alto na argumentação jurídica utilizada pelos Estados Unidos aquando da crise dos mísseis de Cuba. Esta tensão, à qual, no meu entender, a doutrina não tem dado tanta atenção como a que me parece ter, nunca foi completamente resolvida num sentido ou noutro e ressurge ciclicamente na cena mundial. Um exemplo presente é o do debate entre a ONU e a NATO, por um lado, e a CEE e a UEO, por outro, relativamente ao desmembramento sangrento da antiga Jugoslávia, multiplicando-se as iniciativas não articuladas por parte destas entidades.

Para mais pormenores quanto às origens da Carta ver, entre outros, Moreira, Adriano «Direito Internacional Público» in Estudos Políticos e Sociais vol.X-ns.1-2, 1982, Instituto Superior de Ciências Sociais e Políticas, págs. 7-201 e Luard, Evan *A History of the United Nations*, MacMillan Press, Ltd., London, 1982, cap.I.

final, do art. 27 da Carta), tendo tal compromisso, como é natural, vindo a originar grandes dúvidas no futuro, e a questão da representação no sentido de que haveria três votos na Assembleia Geral para a União Soviética (Rússia, Ucrânia e Bielorrússia). Finalmente, concordou-se, ainda, em Yalta, na instituição de um sistema de tutela, herdeiro do antigo sistema de mandatos da Sociedade das Nações.

É apenas nesta fase, quando já todos os princípios directores haviam sido acordados, que as propostas de Dumbarton Oaks e Yalta são apresentadas aos restantes estados que tinham declarado guerra aos países do Eixo, vindo então estes a ser convocados para a Conferência de S. Francisco. Há um aspecto verdadeiramente espantoso relativo ao método de trabalho desta conferência que constitui um exemplo perfeito da tese de que o processo não é neutro mas, pelo contrário, pode ser determinante na substância das normas finais aprovadas. Trata-se do facto de que, para além das quatro comissões sobre, respectivamente, Princípios Gerais, Assembleia Geral, Conselho de Segurança e Organização Judicial, e três comités sobre aspectos processuais, as alterações fundamentais às propostas de Dumbarton Oaks e Yalta resultaram de reuniões entre os 5 Grandes (estando então a França já representada) que criaram a regra de que as ditas propostas só seriam rejeitadas se os restantes estados se pronunciassem por uma maioria de 2/3 contra as mesmas. Por muito difícil que possa ser compreender a aceitação desta regra processual pelos restantes estados, já que, evidentemente, ela resulta na monopolização quase total do poder de redacção da Carta pelos 5 Grandes, o certo é que a mesma vingou.

As pequenas potências conseguiram apenas ver aprovadas algumas das várias alterações que propuseram ao já delineado quadro geral, de que se destacam a introdução do Conselho Económico e Social (cap. X), subordinado, embora, à Assembleia Geral, e a Declaração Relativa a Territórios Não Autónomos (cap. XI), prescindindo, contudo, da referência à independência dos mesmos.

Desta breve análise histórica, podemos, assim, concluir que quem fez a Carta não foram os povos (primeiro mito) e nem mesmo a maioria dos governos dos povos (1.º submito) mas sim, servindo-se de normas processuais aparentemente neutras (2.º submito, o de que o processo das instituições não altera a substância das decisões), os representantes dos 5 Grandes e, de entre estes, sobretudo os dos Estados Unidos, da União Soviética e do Reino Unido.

c) Acesso a Instâncias Internacionais por indivíduos

Após ter olhado brevemente para a influência do processo na génese da Carta, é altura de nos debruçarmos sobre a estrutura orgânica por esta criada, estrutura esta fechada ao acesso de quem não tivesse a categoria de representante governamental e potencialmente multiplicadora de si própria em termos quase sempre meramente repetitivos. Quero com isto afirmar que todos os órgãos principais referidos no n.º 1 do art. 7 (a Assembleia Geral, o Conselho de Segurança, o Conselho Económico e Social, o Conselho de Tutela, o Tribunal Internacional de Justiça e o Secretariado) ou são compostos exclusivamente por representantes governamentais ou, quando ocupados por indivíduos que agem, no dizer da Carta, com independência, são o resultado de eleições, (seguidas por escolhas pelo eleito, no caso do Secretariado), em que intervêm exclusivamente a Assembleia Geral e o Conselho de Segurança[10].

Com a ideia da multiplicação repetitiva de estruturas quero referir-me ao n.° 2 do art. 7 da Carta que permite a criação de órgãos subsidiários, possibilidade esta largamente utilizada pela Assembleia Geral ao abrigo do art. 22 («A Assembleia Geral poderá estabelecer os órgãos subsidiários que julgar necessários ao desempenho das suas funções.») e que esteve na origem de órgãos como a Comissão de Direito Internacional, a UNICEF, o Tribunal Administrativo, o Alto Comissariado para os Refugiados, a UNCTAD, a UNITAR e a UNIDO (que passou a organização especializada em 1986), entre muitos outros.

Este potencial multiplicador é alargado pela possibilidade de criação, pela Assembleia Geral, ao abrigo dos arts. 96 e 102 das respectivas Regras Processuais, de comités e subcomités cuja estrutura e regras de funcionamento vieram a reproduzir, na prática, a estrutura, em menor escala, da Assembleia Geral[11].

A esta máquina fantástica adiciona-se a relação (estranha) entre dois dos órgãos principais, a Assembleia Geral e o ECOSOC, e a relação entre este último e uma série de dezasseis organizações especializadas.

Poder-se-ia supor que tão lato universo tivesse originado uma criatividade estrutural assinável (da qual, já nos princípios do século, a OIT dava sinais, ao admitir uma representação tripartida, por exemplo), mas tal não foi o caso. Vejamos, pois, em maior

---

[10] Ver, neste contexto, o processo relativamente simples de eleição do Secretário-Geral do art. 97 da Carta e a complexidade do processo de eleição dos juízes do Tribunal Internacional de Justiça, herdado do Tribunal Permanente de Justiça Internacional na sequência da proposta do Comité Root-Philimore, constante dos arts. 4 a 12 do Estatuto do TIJ. Não deixa de ser interessante notar que, apesar da «independência» dos juízes (art. 2 do Estatuto), não pode haver mais do que um nacional do mesmo estado (n.° 2 do art. 3 do Estatuto) e poderá a parte em processo, se não dispuser de um juíz da sua nacionalidade, nomear um juíz ad hoc (n.° 3 do art. 31 do Estatuto). Para realçar ainda mais este aspecto, parece ser de notar que os Cinco Grandes, à excepção da China, têm contado sempre, ou quase sempre, com um juíz de cada uma das suas nacionalidades, apesar de, na sua maioria, nunca terem aceite (ou terem deixado de aceitar a certo ponto) a jurisdição do Tribunal. Muito elucidativo é igualmente o estudo da jurisprudência do Tribunal e dos padrões de votação: um caso marcante é o do Pessoal Diplomático e Consular no Irão em que os dois juízes que votaram contra o pagamento de uma indemnização aos Estados Unidos por parte do Irão eram nacionais, respectivamente, da União Soviética e da Síria.

[11] Assim, presentemente, há, para além do Comité Político Especial, 6 outros Comités principais sobre, respectivamente, Política e Segurança (incluindo desarmamento), Assuntos Económicos e Financeiros, Assuntos Sociais, Humanitários e Culturais (incluindo a protecção dos direitos humanos), Assuntos referentes aos Territórios sob Tutela (que se veio a ocupar igualmente da Descolonização), Assuntos Administrativos e Orçamentais e Assuntos Jurídicos. Existem ainda 2 comités processuais (um para assuntos gerais e outro para credenciais) e 2 comités permanentes, sendo um consultivo para questões administrativas e orçamentais e outro para assuntos referentes a contribuições dos estados-membros. Para mais pormenores ver, entre muitos outros, Virally, M. *L Organisation Mondiale*, Armand Colin, Paris, 1972, Bowett, *op. cit.*, Schermers, Henry *International Institutional Law*, vols.1-3, A.W. Sijthoff, Leiden, Holanda, 1972, Sohn, Louis *Cases on United Nations Law*, USA, 1967, Claude, Inis *Swords into Plowshares*, Random House, New York, 1971, Kirgis, *op. cit.*, UN, *Basic Facts About the United Nations*, UN Publications, New York, 1991.

Anexo 2

pormenor, esta série de vínculos entre órgãos. Se bem que o ECOSOC apareça como um órgão principal, é interessante verificar que a «apresentação» do referido Conselho é feita no art. 60 (incluido no cap. IX, referente à cooperação económica e social internacional) como que para deixar claro que as funções e poderes enunciados no Cap. X, que a ele se refere especificamente, serão investidas na «... Assembleia Geral e, sob a sua autoridade» no «...Conselho Económico e Social, que dispõe, para esse efeito, da competência que lhe é atribuida no capítulo X...» (art. 60).

Isto é, mesmo entre os órgãos principais, estabeleceu-se um sistema de hierarquia, sobretudo patente na relação Assembleia Geral/ECOSOC. Esta relação é de extrema importância pois determina o modelo que se seguirá em muitos outros campos tanto mais que ele é inaugurado no campo dos aspectos mais técnicos e humanitários, à partida provavelmente menos adequados a uma relação hierárquica e de reprodução de estruturas. Ironicamente, e no seguimento do que sucedia em relação à Sociedade das Nações, tem sido neste campo de acção que as duas organizações mundiais, pensadas basicamente para assegurar um sistema centralizado de paz e segurança mundiais, se destacaram mais. Este aspecto é, aliás, reflectido claramente nas verbas de sucessivos orçamentos, em que o grosso do montante não burocrático é precisamente destinado a acções de ajuda nos campos social ou económico[12].

Para que não restassem dúvidas quanto à subordinação das funções, o art. 63 sublinha que o ECOSOC pode concluir acordos com outras organizações intergovernamentais mas apenas desde de que aprovados pela Assembleia Geral, aprovação essa novamente exigida quando, nos termos do n.º 2 do art. 66, o ECOSOC prestar serviços a pedido de estados ou de organizações especializadas[13].

O processo não termina, contudo, aqui. O própio ECOSOC, para além de aparecer ele mesmo como uma «extensão» da Assembleia Geral e de servir de estrutura de ligação e coordenação das várias agências especializadas, reproduziu-se a si próprio pela criação, ao abrigo do art. 68, de uma série de comissões funcionais, de comissões regionais, de ligações com órgãos subsidiários da Assembleia Geral e da própria divisão interna em vários comités, alguns permanentes, outros com duração temporária.

Nesta série imensa de órgãos, sub-órgãos, comités, comissões, etc, o mais impressionante é, provavelmente, não o seu número, mas a sua semelhança estrutural e os processos pelos quais as decisões são tomadas. Aliás, esta estrutura complexa é facilmente potenciadora de situações em que aspectos processuais se sobrepõem a decisões substantivas, contribuindo assim para um afastamento ainda maior entre cada um de nós e as instâncias com poder para determinar, muitas vezes, as nossas vidas de modo fundamental.

---

[12] Quanto a este ponto, consultar, para uma descrição da distribuição dos montantes orçamentais, as sucessivas publicações anuais de *Basic Facts About the United Nations*, UN edition, já referida ou, na sua versão espanhola, *ABC de las Naciones Unidas*.

[13] Os artigos enunciados referem-se ao que tradicionalmente se tem chamado agências especializadas (se bem que a tradução oficial da Carta tenha optado pela nomenclatura constante do texto) cuja integração no sistema da ONU foi muito mais conseguida do que a ligação que existia entre elas e a Sociedade das Nações. De facto, aquando desta 1.ª organização mundial, as agências especializadas encontravam-se sob a égide do Conselho, o que originou paralizações nas respectivas actividades e consequentes críticas. Já nos últimos anos da Sociedade, o Comité Bruce recomendou que fosse criado um órgão próprio, com a nota original de ser constituido por representantes de estados e por peritos, que estivesse exclusivamente encarregado destas funções.

82 *O Direito Internacional Público nos Princípios do Século XXI*

Um exemplo interessante que pode ilustrar este ponto e que se refere, de algum modo, a Portugal, é o caso dos estatutos internacionais de Macau e de Hong Kong. Ao abrigo da resolução da Assembleia Geral n.º 1514 (XV), de 15 de Dezembro, designada normalmente abreviadamente por Declaração sobre Descolonização, foi criado, em 1961, o Comité Especial para a Descolonização, vulgarmente denominado Comité dos 24, já que era esse o número originário dos seus membros. Este Comité elaborou, guiando-se pelos critérios estabelecidos na resolução da Assembleia Geral n.º 1541(XV), uma lista de territórios não autónomos a que se aplicaria o direito de autodeterminação (através da independência, associação ou integração noutro estado), tendo então Macau e Hong Kong sido incluidos na referida lista.

Contudo, pouco após a resolução do problema da questão chinesa, com a aceitação, em 1971, dos representantes da República Popular da China como representantes do povo chinês, questão esta também extremamente interessante pois caiu na dicotomia, inevitável face ao tipo de estrutura da ONU, de retirar voz internacional a todos os habitantes do continente chinês ou de excluir todos os habitantes de Taiwan, o embaixador chinês solicitou ao Comité de Descolonização que Hong Kong e Macau fossem retirados da lista de territótios não autónomos. Invocou, para tal, a integridade territorial chinesa, que levava a que a questão fosse considerada assunto interno ao abrigo do n.º 7 do artigo 2 da Carta, aliada ao facto de as aquisições territoriais terem sido baseadas em tratados desiguais[14].

Para situar brevissimamente o problema, deve referir-se que a origem histórica difere largamente nos dois casos. Fundamentalmente, em relação a Macau, para os que defendem que houve aquisição territorial pelos portugueses, muitos são os argumentos e teses contraditórias quanto à mesma. De concreto, e sob o ponto de vista jurídico, embora a presença portuguesa date, provavelmente, de 1557, existe um tratado de 1887, Tratado de Amizade e Comércio entre Portugal e a China (após o malogro da não ratificação pela China do projecto de tratado de Tianjin de 1862), no qual a China «Confirma a perpétua ocupação de Macau por Portugal», concluido num período de extrema fraqueza chinesa, derrotada em duas Guerras do Ópio e desejosa de conseguir a colaboração portuguesa no controlo da entrada do ópio nos braços do delta do Rio das Pérolas adjacentes a Macau.

Em relação a Hong Kong, a sua origem prende-se com a derrota da China na 1.ª Guerra do Ópio em consequência da qual foi assinado, em 1942, em Namquim, o Tratado de Paz e Amizade entre a Coroa Britânica e a China, pelo qual, entre várias concessões, sobretudo de índole comercial, é cedida, em termos perpétuos, a Ilha de Hong Kong. Após a 2.ª Guerra do Ópio, foi concluida em Pequim, em 1860, a Convenção de Paz e Amizade, pela qual, entre outras concessões feitas pela China, houve a cessão do Território de Kowloon e da Ilha de Stonecutters como dependências de Hong Kong. Finalmente, por um tratado de 1898, foi dado de arrendamento, por 99 anos, o que viria

---

[14] Existe numerosíssima bibliografia sobre a origem histórica das questões de Macau e de Hong Kong. Para um resumo esclarecedor dos aspectos jurídicos das questões ver, em relação a Macau, Conceição, Lourenço Maria *Macau entre Dois Tratados com a China*, Instituto Cultural de Macau, Macau, 1988 (que inclui documentação relevante), e, em relação a Hong Kong, Jayawickrama, Nihal «The Right to Self-Determination» in *Hong Kong s Basic Law: Problems and Prospects*, Proceedings from a Seminar held at the University of Hong Kong, Hong Kong, May 5, 1990, págs. 85-98.

a ser designado como Novos Territórios. Contudo, nunca foi paga renda alguma, tendo a Coroa britânica integrado estes territórios na colónia de Hong Kong, como se não existisse nenhuma diferença de estatutos entre os mesmos.

Voltando agora a 1971, é de referir que não foi a força dos argumentos jurídicos invocados pela República Popular da China, tanto mais que são virtualmente impossíveis de fazer valer face à presente ordem jurídica mundial, que levou à exclusão dos referidos territórios da lista de territórios não-autónomos. Na realidade, o então presidente do Comité para a Descolonização, simpatizante da posição chinesa, entregou a questão a um sub-grupo, igualmente por ele presidido, que, a 17 de Maio de 1972, recomendou, após breve análise da questão, a retirada dos ditos territórios. Esta recomendação foi posteriormente aprovada pelo Comité dos 24 e, quando o relatório anual deste órgão foi apresentado à Assembleia Geral, em Novembro do mesmo ano, a questão apareceu inserida no meio de muitos outros assuntos, não lhe tendo sido feita a referência especial que era de esperar num caso de fundamental importância como este, sobretudo porque a resolução 1541 (XV), já citada, aplica o direito de autodeterminação aos povos constantes dessa lista, prescrevendo um processo particularmente exigente no caso de integração noutro estado.

A Assembleia Geral veio a aprovar em bloco o relatório do ECOSOC, pelo que Macau e Hong Kong deixaram de constar da referida lista. Acabara, assim, de nascer, um forte argumento, favorável à República Popular da China, no sentido da não aplicação de qualquer referendo ou outro tipo de consulta às populações envolvidas quanto à integração na China. Este resultado, foi, sem dúvida, fruto de simpatias políticas, mas só foi possível por uma estrutura complexa e auto-reprodutiva, em que normas processuais se sobrepõem várias vezes à análise substantiva de muitas questões. Com esse voto, cerca de 6,5 milhões de pessoas viram os seus destinos serem traçados por instâncias cuja ligação real às suas vidas era praticamente nula.

d) Acesso a Instâncias Internacionais pelas Organizações Não-Governamentais e pelos Indivíduos

Neste ponto da argumentação parece-me que poderei ser acusada de deliberamente omitir ligações directas que, de facto, existem entre indivíduos e estruturas internacionais para reforçar os aspectos que tenho vindo a pretender demonstrar. Analisemos, pois, este aspecto.

De facto, o artigo 71 da Carta afirma que «O Conselho Económico e Social poderá concluir acordos sempre que tal ache adequado para consulta com organizações não governamentais que respeitem a matérias dentro do seu campo de competências. Tais acordos poderão ser concluidos com organizações internacionais e, sempre que apropriado, com organizações nacionais após consulta com o respectivo Membro das Nações Unidas.»

Baseando-se neste artigo, as ONGs que concluiram acordos com a ONU foram divididas em três categorias, consoante o grau de importância segundo o tipo de funções desempenhadas: organizações com interesse na maioria das actividades do Conselho, organizações com competência específica em relação a certas matérias sob a alçada do ECOSOC e organizações que poderiam apenas contribuir pontualmente, numa base ad hoc. Apesar de o conhecimento de situações de catástrofe, do alerta para questões ambientais, da divulgação dos abusos de poder estatal no tratamento prisional ou policial, da ajuda alimentar ou medicamentosa e de muitas outras situações e acções para a sua solução, isto é, praticamente todos os aspectos que, nos dias de hoje, afectam ou podem vir a afectar cada um de nós sem que nos seja possível dar-lhes resposta que não seja internacional, dependam fundamentalment da actividade das ONGs mais do que de qualquer forma de colaboração intergovernamental, que é necessariamente sempre lenta, a ligação das mesmas à ONU é relativamente fraca e cheia de restrições.

Deste modo, só aquelas que têm acordos com o ECOSOC (uma minoria) é que podem enviar observadores às reuniões do dito órgão, sendo apenas permitido às que pertencem aos dois primeiros tipos fazer circular documentos entre os membros do Conselho e somente às mais importantes fazer exposições orais e propor assuntos para serem incluidos na agenda do ECOSOC.

Na prática, a situação pode ainda ser pior do que aquilo que o esquema apresentado aparenta. Na realidade, a evolução parece até ter sido no sentido da restrição de poderes, já que nos primeiros tempos o termo «consulta» constante do artigo 71 era entendida como a possibilidade de emitir opiniões sempre que tal fosse pedido e incluia a existência de um grupo permanente em que alguns dos representantes das ONGs pudessem exprimir os seus pontos de vista. Posteriormente, contudo, veio a notar-se que raras vezes era pedida qualquer opinião às ONGs e que estas apenas se têm feito ouvir na cena mundial através das suas publicações ou dos meios de comunicação[15].

De uma análise comparativa de várias questões perante os órgãos das Nações Unidas, fácil é de concluir que há diferentes graus de legitimidade para ter voz internacional. Assim, tanto o esquema lógico que é pressuposto da Carta como as regras processuais que os vários órgãos vieram a adoptar e a prática que às mesmas se seguiu, apontam para uma hierarquia bem definida. Vozes de pleno direito, neste forum internacional, são os representantes governamentais (e uns mais que outros). Seguem-se a estes os representantes das agências especializadas, após os quais surgem os representantes das organizações não governamentais. Correspondentemente, os direitos que detêm, isto é, o grau da sua voz internacional, vai, naturalmente, diminuindo. No fim da escala estão os indivíduos, cujo testemunho é raras vezes pedido, sobretudo se não possuem nenhuma afiliação institucional.

Deste modo, as vozes que são ouvidas para a decisão sobre um problema concreto estão hierarquizadas na razão inversa do seu contacto directo com o problema e, consequentemente, com o sofrimento que do problema advem. Este pendor pró-institucional é, pois, um exemplo marcante das teses anti-burocráticas que criticaram a necessidade de sobrevivência de estruturas e da sua multiplicação permanente numa dinâmica própria que as afasta progressivamente da substância das questões para cuja resolução elas foram originariamente criadas.

---

[15] Clark, Roger «The International League for Human Rights and South West Africa 1947-1957: The Human Rights NGO as Catalyst in the International Legal Process» in Human Rights Quarterly, 1981, The Johns Hopkins University Press, USA, pág. 103, nota 3.

Este artigo ilustra, no caso concreto do antigo Sudoeste Africano, as imensas dificuldades que a Liga Internacional para os Direitos Humanos, uma das mais antigas ONGs, teve que enfrentar para se fazer ouvir nas Nações Unidas. Referindo-se, mais genericamente, a este problema, o autor desabafa, na pág. 105: «A questão fundamental por detrás de cada caso é a seguinte: como é que um indivíduo ou uma ONG se encaixam no esquema da Carta da ONU e no trabalho diário desta organização mundial?».

e) Conclusão

Onde estão, pois, «Nós, os Povos das Nações Unidas...» que nos aparecem como os fundadores desta organização? Basicamente, a Carta foi redigida por três chefes de estado ou governo e assentou, quase que sem excepções, no pressuposto de que o mundo tem uma estrutura exclusivamente estadual. Curiosamente, os povos são apenas invocados no Preâmbulo, para servirem de base de legitimação para a actuação dos representantes estatais ou supletivamente como meio de recurso nas (raras) situações territoriais indefinidas em que se invoca a autodeterminação, de que são exemplos únicos o n.° 2 do art. 1 e o art. 55. O próprio Capítulo XI «Declaração Relativa a Territórios Não-Autónomos» é, mais uma vez, um exemplo do subconsciente estatal dos redactores, já que é o território que surge como não autónomo (dedução directa da ideia de que o mundo está naturalmente retalhado em termos territoriais) e não os povos que, na substância dos factos, são, verdadeiramente, aqueles que são não autónomos. E, coerentemente, esta mesma atitude é reproduzida no Capítulo XII, em relação ao Sistema Internacional de Tutela.

Uma análise, por breve que seja, da capitalização dos termos utilizados na Carta (utilização de maiúsculas no início da palavra) comprova, mais uma vez, esta tese. Assim, «Organização», «Nações Unidas», «Membros», «Carta», «Territórios», cada um dos Órgãos, etc, têm direito a especial destaque, o que é contraposto pela utilização, sempre com minúsculas, de conceitos como «povos», «paz e segurança mundiais», «autodeterminação», «resolução pacífica de conflitos», etc.

O problema não reside, evidentemente, apenas na redacção, já que, posteriormente, a prática reforçou, em vez de atenuar, as referidas características. Assim, os vínculos de ligação com as pessoas vítimas dos problemas que as Nações Unidas se propõem resolver, não teve o necessário incremento[16]. Nos nossos dias, após o findar da guerra-fria, em que circulam várias propostas de alteração de órgãos tão importantes como o Conselho de Segurança e a activação de outros, como a Comissão do Estado-Maior militar, parece que, novamente, se irá perder este momento único de recriação institucional, ausente desde 45, para incentivar uma ligação mais directa entre o indivíduo e as referidas estruturas orgânicas internacionais[17].

---

[16] Um bom exemplo deste aspecto foram os inquéritos privados conduzidos após a votação, na Assembleia Geral, da resolução n.° 3485 (XXX) de 12 de Dezembro de 1975, referente a Timor, em que muitos representantes governamentais afirmaram, não apenas desconhecer de todo o problema, como nem mesmo saber em que zona do mundo o dito território se encontrava situado. Foram esses representantes, no entanto, que votaram esssa resolução, muitas vezes não recorrendo à abstenção, já que o resultado final foi de 72 votos a favor, 10 votos contra e 43 abstenções. Foram também representantes governamentais que votaram as resoluções relativas à parte ocidental da Papua Nova Guiné (Irian Jaya), sancionando a sua integração na Indonésia contra toda a evidência dos desejos dos habitantes do território. Para um relato pormenorizado dos factos relacionados com os primeiros anos de ocupação de Timor e referência a situações similares ver, entre muitos outros, Dunn, James *Timor – a People Betrayed*, Jacaranda Press, Milton, Qld, Australia, 1983.

[17] Têm sido, com alguma frequência, veiculadas pela imprensa internacional algumas destas propostas de alteração institucional. As que maior repercussão mediática têm tido são as do Secretário-Geral Boutros-Ghali relativamente à inclusão do Japão, da Alemanha, do Brasil, da Nigéria e da Índia como membros permanentes (e, consequentemente, com direito de veto) do Conselho de Segurança, bem como da activação do órgão militar permanente das Na-

3 – O ASPECTO CONCEPTUAL

a) **A Questão**

Passarei agora à segunda questão do problema enunciado no início deste artigo, isto é, às insuficiências conceptuais do Direito Internacional como causa do alargamento desta distância entre cada um de nós e quem decide, internacionalmente, do nosso futuro. Este ponto parece-me de fundamental importância sobretudo por resistir ao argumento, constantemente utilizado, de que é exclusivamente a política internacional que determina as normas jurídicas que regem o nosso mundo. Creio já ter apontado, na 1.ª parte, alguns dos aspectos que não decorrem necessariamente dessa prepotência política mas penso que, no campo conceptual, a situação é mais clara no sentido de que muito cabe à doutrina jusinternacionalista na resolução do problema.

Contudo, antes de entrar nessa análise conceptual, gostaria de fazer algumas considerações prévias. De tal modo é persistente, no campo do Direito Internacional, a questão das sanções, que gostaria de começar por referir que o assunto a que aqui me refiro é completamente distinto. A problemática das sanções tem sido tão prevalente que se enraizou no estudo da disciplina a tal ponto que não existe praticamente nenhum manual introdutório que não aborde o problema da sua ineficácia ou, para alguns, inexistência, e o ligue com a eventual jurisdicidade do sistema de normas internacionais. O debate vai cair inevitavelmente na questão da natureza do que é jurídico e na sua inclusão necessária, por definição, da existência ou não de poder coercitivo efectivo. Para a larga maioria da doutrina, defensora da ideia de que existem verdadeiras sanções no Direito Internacional, os argumentos mais invocados são os que se relacionam com a diferença qualitativa dos meios, isto é, que não se devem assimilar mais ou menos simplisticamente os meios coercitivos internacionais aos existentes a nível interno. A doutrina que utiliza a dita comparação, mas defende a jurisdicidade do Direito Internacional, cai normalmente na seguinte dicotomia: ou as sanções em Direito Internacional são tão (ou mais) eficazes que as da ordem interna, sendo este ramo do Direito cumprido, de facto, num larguíssimo espectro de situações, ou as sanções são, na vida real, tão difíceis de concretizar na ordem internacional como na interna, sendo os numerosos casos de crimes, em que nenhuma pena é efectivamente aplicada, inevitavelmente invocados como argumento para esta posição.

Ora não se trata deste debate que nos ocupa agora: o ponto de contacto entre a questão das sanções e o que pretendo expôr está apenas na insuficiência de implicações operativas dos conceitos internacionais. Contudo, o aspecto que pretendo focar aqui é o do conteúdo dos conceitos com que operamos e não o dos mecanismos exte-

---

ções Unidas, que até agora não passou do papel, com a constituição dum pequeno exército permanente.

Embora estas propostas e outras circulem, obviamente, internamente, a autora não conseguiu ter acesso aos respectivos textos numa visita à sede das Nações Unidas em Agosto de 92, já que não existe nenhuma publicação referente às mesmas que possa ser posta ao dispor do público.

Contudo, do que tem sido noticiado, a reforma parece limitar-se à adaptação dos órgãos interestatais à nova ordem do pós-guerra fria, tendo sido esquecido o aspecto que é focado neste artigo.

Anexo 2

riores de efectivação de medidas. Pode, assim, afirmar-se, ser algo que lhes é logicamente prévio e que pode dispensar a questão posterior das medidas coercitivas a aplicar.

Uma segunda prevenção que gostaria de fazer relaciona-se com outro dos aspectos mais constantemente invocados no campo jusinternacionalista: a controvérsia factual. Ora o argumento que tentarei defender é, igualmente, distinto deste ponto, isto é, não se pretende afirmar que a insuficiência conceptual é resultado da dificuldade que há, na ordem internacional, de apuramento de factos, que, obviamente, e sobretudo em situações muito complexas, são normalmente muito controversos. Na realidade, o que se pretende afirmar é que, se acaso neste campo deparamos, por vezes, com esta dificuldade acrescida, há que desenvolver um trabalho prévio de apuramento de instrumentos teóricos (no sentido de conceitos, a que me tenho referido) que não foi ainda suficientemente desenvolvido na maioria dos casos. Mais é afirmado que, mesmo nos casos em que os factos são pacíficos, a solução para os problemas pode não ser conseguida por falta de concretização, de especificação, dos termos utilizados para os qualificar, para os subsumir e que serviriam, supostamente, para conferir direitos ou posições de exigência a alguma ou algumas partes em detrimento de outras.

Feitas estas breves prevenções, é altura de entrar na análise propriamente dita. Devido a numerosos factores, de entre os quais se destacam, provavelmente, a constante alteração de situações, por um lado, e a necessidade de cobrir, frequentes vezes, largos períodos históricos e numerosos sujeitos, a insuficiência conceptual jusinternacionalista tem sido uma constante. Talvez a situação tenda a agudizar-se nos nossos dias, provavelmente pelo acelerar dos acontecimentos, a difusão do conhecimento dos mesmos e o acumular de muitas experiências. Não há apenas um desfazamento temporal entre situações que deviam ser juridicamente qualificadas, através da utilização de termos adequados aos factos, mas existe mesmo um esquema conceptual prévio que bloqueia o progresso em muitas instâncias.

Um exemplo ilustrativo e curioso, já de alguns anos, pode encontrar-se na leitura do parecer consultivo do Tribunal Internacional de Justiça sobre o Sara Ocidental[18] em que, face ao quase-dogma de que o mundo é organizado em estados e, deparando-se com a situação territorial do séc. XVIII do que é hoje a Mauritânia, os juízes não encontraram melhor termo para a designar que aquele que é o mais abrangente, chamando-lhe «entidade Mauritânia».

Esta insuficiência não se limita, naturalmente, a coartar a análise de situações factuais historicamente distantes mas impede, também, o progresso do Direito Internacional. Para além das inúmeras dificuldades que a qualificação como crimes de certas actividades internacionais tem vindo a causar, talvez que a ilustração mais corrente deste ponto seja o que se passa hoje em dia em relação às grandes empresas multinacionais. Partindo do pressuposto de que só (ou quase só) os estados têm personalidade internacional, e veja-se, quanto a isto, que só com o parecer do Tribual Internacional de Justiça de 1949 relativo à Reparação por Danos Sofridos ao Serviço das Nações Unidas[19] é que se esclareceram dúvidas sobre a capacidade internacional dessa Organização para

---

[18] Ver ICJ Yearbook 1975, pág. 12, ou, para excertos traduzidos do mesmo, Escarameia, Paula *Colectânea de Jurisprudência de Direito Internacional* Almedina, Coimbra, 1992, págs. 119-129.

[19] I.C.J. Yearbook 1949, pág. 174 ou, para excertos, Escarameia *ibid*, págs. 133-145.

reclamar contra um estado, neste caso Israel, por danos sofridos por um representante seu de um modo semelhante aquele que os estados detêm face a cidadãos seus, e não apenas pelos danos sofridos pela Organização em si, os juízes internacionais deparam--se, de algum tempo para cá, com dificuldades extremas quanto ao regime a aplicar a entidades que, como as grandes multinacionais, têm orçamentos e, consequentemente, poder económico e político[20] muito superior a muitos estados. Particularmente interessantes são as dúvidas quanto à classificação de acordos de investimento ou de concessão de exploração de sectores fundamentais da economia que são frequentes vezes concluidos entre as ditas empresas e estados. A resolução de disputas que surgiram, sobretudo devido a expropriações mais ou menos encobertas, têm sido maioritariamente resolvidas por tribunais arbitrais cuja própria qualificação como internacionais é ainda objecto de dúvidas. A caracterização dos referidos documentos tende mais ou menos para os tratados internacionais clássicos consoante factores como o tipo de Direito que os rege, o tipo de função atribuida à empresa em causa, o tribunal previsto para dirimir futuros conflitos, etc: assim, são, por vezes, chamados «contratos híbridos», outras «contratos internacionalizados» e, até, «tratados-contratos»[21].

b) **Causas das Insuficiências da Doutrina**

Deste modo, o sistema conceptual desenvolvido pelo Direito Internacional impede-o, pela sua rigidez, de analisar situações passadas, pois impõe-lhe os preconceitos da actual ordem mundial. Adicionalmente, leva, por vezes, à incapacidade para lidar eficazmente com situações como o desaparecimento de fronteiras na ordem económica e financeira actual e muitas outras questões não abordadas como sejam o terrorismo internacional, o tratamento dos cidadãos pelo seu estado ou o ambiente.

Muita da elaboração teórica foi herdada (ou apenas ligeiramente adaptada) do Direito Interno, encontrando-se largamente desajustada na cena internacional. Um bom exemplo, entre os muitos que se poderiam apontar, talvez seja o processo judicial. Tipicamente, nos Direitos Internos, uma situação é individualizada e dicotomizada em duas partes antagónicas, sendo a resposta judicial igualmente dicotomizada, não se podendo o tribunal demitir, normalmente, da sua tarefa de decidir qual a parte vencedora.

No Direito Internacional, a individualização da situação é, por vezes, extremamente difícil, sobretudo em casos que envolvem situações muito complexas em que vários factores não jurídicos (ou tradicionalmente como tal vistos) se interligam, abarcando um longo período histórico. Este estado de coisas leva a que a objecção da admissibilidade, isto é, da possibilidade da questão ser resolvida por um órgão jurisdicional, se coloque frequentes vezes, em termos preliminares em relação à análise da substância da questão, enquanto a referida objecção é inexistente em numerosos Direitos Processuais internos, como é o caso do português. São particularmente interessantes as considerações quanto a este ponto emitidas pelo Tribunal Internacional de Justiça, entre

---

[20] Quanto à análise da relação entre o poder económico e o político é interessante consultar Milliband, Ralph and others *The Socialist Register 1985/86*, The Merlin Press, London, 1986.

[21] Entre as muitas decisões arbitrais, ver, pela exposição clara destes problemas, o caso Texaco Overseas Petroleum et al. v. Libyan Arab Republic, Decisão Arbitral de 19 de Janeiro de 1977, *International Legal Materials* n.° 17, pag.1, 1978.

Anexo 2

89

outros, no caso do Pessoal Diplomático e Consular Americano no Irão (Estados Unidos v. Irão), no caso referente às Acções Militares e Paramilitares na e contra a Nicarágua (Nicarágua v. Estados Unidos) e nas opiniões nem sempre coincidentes dos juízes quanto ao Pedido de Medidas Provisórias referente ao Incidente Aéreo de Lockerbie (Líbia v. Estados Unidos)[22].

Para além disso, o prolongamento no tempo de situações que vão ser analisadas pelo tribunal num determinado momento, conduz a inevitáveis e ainda não totalmente esclarecidas opções, sobretudo visíveis nos casos que envolvam aquisições territoriais, sendo uma boa ilustração deste ponto o caso da Ilha das Palmas, submetido, pelos Estados Unidos contra a Holanda no Tribunal Permanente de Arbitragem Internacional[23], em que não fica clara a linha de raciocínio que leva a sobrepôr o título da presença efectiva ao da descoberta e ocupação, e o Parecer Consultivo do Tribunal Internacional de Justiça sobre o Sara Ocidental, já mencionado, em que o Tribunal de reporta à data da colonização espanhola para depois aplicar as normas actualmente vigentes relativamente à autodeterminação dos povos[24].

Uma crítica extremamente aguda e, talvez por isso, provavelmente exagerada, mas que não deixa de ser reveladora do cristalizar duma experiência histórica numa análise dum incidente, é patente na carta que o Ministro dos Negócios Estrangeiros do Irão enviou ao Tribunal Internacional de Justiça a 9 de Dezembro de 1979, aquando do pedido de medidas cautelares pelos Estados Unidos em relação aos seus reféns, de que se segue um excerto: «1. ...o Governo da República Islâmica do Irão pensa que o Tribunal não pode nem deve tomar conhecimento do caso que o Governo dos Estados Unidos submeteu ou, mais propriamente, de um caso que se limitava à questão dos «reféns da Embaixada americana em Teerão». 2. Isto porque esta questão representa apenas um aspecto marginal e secundário dum problema global, que não pode ser estudado separadamente e que envolve, inter alia, mais de 25 anos de interferência contínua pelos Estados Unidos nos assuntos internos do Irão, a exploração descarada do nosso país, e numerosos crimes perpetrados contra o povo iraniano, contrários e em conflito com todas as normas internacionais e humanitárias.»[25]

Assim, por se servir dum esquema que é demasiado próximo do do Direito Interno, o Direito Internacional tem demonstrado incapacidade de inovação conceptual, quer no que respeita ao acompanhamento dum mundo em vertiginosa mudança, quer no que se refere à capacidade de analisar situações invulgares nos outros ramos do Direito, como sejam as que se arrastam ao longo do tempo, envolvem grupos complexos e dependem em larga escala da relação entre esses grupos.

---

[22] Ver, respectivamente, Acórdãos de 24 de Maio de 1980, *I.C.J. Yearbook 1980*, pág. 3 (ou, para excertos em português, Escarameia, *op. cit.*), de 10 de Maio de 84, *I.C.J. Yearbook 1984*, págs. 169 e 392 e Communiqué n.º 92/8, de 14 de Abril de 1992 – Questions of Interpretation and Application of the 1971 Montreal Convention arising from the Aerial Incident at Lockerbie (Libyan Arab Jamahiriya v. United States).

[23] Ver *United Nations Reports on International Arbitral Awards*, vol. 2, pág. 829.

[24] Para uma análise factual e jurídica do problema do Sara Ocidental, ver, em língua portuguesa, Pinto de Leite, Pedro *O Caso do Sahara Ocidental: um Modelo para Timor-Leste?*, Movimento Cristão para a Paz, Coimbra, 1992.

[25] Caso Respeitante ao Pessoal Diplomático e Consular em Teerão, Procedimentos Cautelares, 15 de Dezembro de 1979, *op. cit.*, pág. 7 (tradução da autora).

O Direito Internacional Público nos Princípios do Século XXI

c) Consequências da Presente Situação

Este problema radica, pois, na caracterização que é feita das situações e nas implicações substantivas que tal operação pode ter. É que a caracterização implica, no sistema internacional, o tipo de órgão que se vai debruçar sobre a situação em causa. Assim, o processo de subsumpção adquire uma importância acrescida não acompanhada pela evolução nos meios para a realizar, já que há uma tendência para caracterizações cada vez mais desajustadas. Só para referir um exemplo, mais uma vez particularmente ligado a Portugal, olhemos agora brevemente para a questão de Timor Oriental.

Ao longo dos anos, e sobretudo a partir de 1960, assistiu-se ao que muitos autores chamaram uma verdadeira revisão da Carta quanto à regulamentação da autodeterminação dos povos[26].

Como já foi referido na breve introdução histórica, a Carta foi pensada fundamentalmente como um instrumento de manutenção da paz e segurança mundiais e toda a sua lógica repousa nesse pilar fundamental e na ordem mundial surgida no pós-guerra. A ideia de autodeterminação aparece apenas, timidamente, no n.° 2 do artigo 1, no qual se apresenta como objectivo das Nações Unidas «...Desenvolver relações de amizade entre as nações baseadas no respeito do princípio da igualdade de direitos e da autodeterminação dos povos, e tomar medidas apropriadas ao fortalecimento da paz universal;...» e no artigo 55, a propósito da cooperação económica e social internacional, em que se afirma: « Com o fim de criar condições de estabilidade e bem-estar, necessárias às relações pacíficas e amistosas entre as Nações, baseadas no respeito do princípio da igualdade de direitos e da autodeterminação dos povos, as Nações Unidas promoverão: ...» seguindo-se a indicação de alguns princípios de carácter económico, social e de respeito pelos direitos humanos.

Não há dúvida de que, entre estas normas e a invocação jurídica do conceito de autodeterminação como base para a independência das antigas colónias europeias na África e Ásia vai um esforço titânico que procurarei referenciar brevemente[27].

---

[26] Ver, quanto a esta posição, autores como Ronen, Dov *The Quest for Self-Determination*, Yale University Press, New Haven, 1979, Pomerance, Michla *Self-Determination in Law and Practice*, Martinus Nijhoff, The Hague, 1982 e Moreira, Adriano, «Anti-Colonialism in the UNO» Revista do Instituto Superior de Estudos Ultramarinos de Lisboa, Lisboa, 1957. Quanto à questão mais geral da autodeterminação, ver, entre outros Rigo Surega, Andres *The Evolution of the Right of Self-Determination– A Study of the United Nations Practice*, Sijthoff, Leiden, 1973, Ofuatey-Kodjoe, W. *The Principle of Self-Determination in International Law*, Nellen Publishing Co., New York, 1977, Umozurike, U.O. *Self-Determination in International Law*, Archon Books, Handem, USA, 1972 e Cobban, A. *National Self-Determination*, The University of Chicago Press, Chicago, 1944.

[27] A razão de ser deste movimento político que originou a descolonização, surgido num período em que muito poucos países da África ou da Ásia tinham assento na Assembleia Geral, pode encontrar-se, como refere Virally *op. cit.*, pág. 233, no facto de que, dos 51 membros fundadores da ONU, 32 haverem sido antigas colónias (sobretudo os estados do continente americano) e 44 serem, de algum modo, anti-colonialistas, como era o caso dos estados socialistas, dos escandinavos e dos (poucos) estados membros asiáticos e africanos. Fundamental, igualmente, foi o apoio, pelo menos inicial, das duas superpotências, os USA e a URSS, embora os norte-americanos viessem a alterar um pouco a sua posição, devido, sobretudo, à influência soviética nos novos estados independentes.

Anexo 2

Da Carta consta o Capítulo XI, sob a epígrafe «Declaração Relativa a Territórios Não Autónomos», designação eufemística de colónias, mas nele não nos aparecem as palavras «autodeterminação» nem, muito menos, «independência». Espantosamente, contudo, a alínea e) do artigo 73, aparentemente inócua para os redactores da Carta com interesses coloniais (dos quais se destacava a Grã-Bretanha), que refere que, para garantir o bem-estar dos habitantes de territórios cujos povos não se governem completamente a si próprios, terão as potências administrantes que «e) Transmitir regularmente ao Secretário-Geral, para fins de informação ... informações estatísticas ou de outro carácter técnico relativas às condições económicas, sociais e educacionais dos territórios ...», vai servir de motor a todo o processo.

De facto, com base neste artigo, a informação requerida passou a ser cada vez mais de ordem política (algo não referido no artigo) e acabou por criar-se um órgão, cujas origens se encontram num comité constituido em 1946, especificamente para desenvolver o preceituado na alínea e), que veio a chamar-se, a partir de 1952, Comité para Informações Relativas aos Territórios Não Autónomos, tendo uma resolução da Assembleia Geral de 1953 estabelecido alguns factores que a comunidade mundial considerava determinantes para que um território fosse considerado não autónomo[28].

A admissão de Portugal e da Espanha em 1955 e a consequente recusa do cumprimento da alínea e) do artigo 73 por parte destes estados, que consideravam os territórios ultramarinos como parte integrante dos seus territórios nacionais, pode ter funcionado como uma das causas determinantes da crescente importância de que o problema se vai revestir, conduzindo, em 1960, como já foi referido, à aprovação das resoluções 1514(XV) (Declaração de Concessão de Independência aos Povos e Países Colonizados) e 1541(XV) que sintetiza os critérios para caracterizar um território como não autónomo e, perante a contínua recusa de Portugal de fornecer informações sobre o que considerava províncias ultramarinas e, consequentemente, um assunto interno, a resolução 1542(XV), em que foram enumerados os territórios portugueses considerados não autónomos.

A resolução 1514 (XV) foi um marco fundamental na equação entre os conceitos de autodeterminação e de descolonização de potências ocidentais, tendo provocado

---

Consequência muito interessante deste aspecto é o estudo dos processos de admissão de novos membros. Ver, sobretudo, Claude, Inis *op. cit.*, págs.85-101, Kirgis, *op. cit.*, págs. 76-100 e Sohn, *op. cit.*, págs.96-104. A entrada de novos estados esteve sobretudo paralisada até 1955, devido ao veto no Conselho de Segurança, levando a duas tentativas por parte da Assembleia Geral no sentido de prescindir da intervenção deste órgão, através de pedidos de pareceres consultivos ao Tribunal Internacional de Justiça (ver Pareceres Consultivos n.º 1, de 28 de Maio de 1948, e n.º 2, de 3 de Março de 1950, respectivamente, sobre se as condições impostas pelo artigo 4 eram exaustivas e quanto ao significado da palavra «recomendação» relativamente à proposta a fazer pelo Conselho de Segurança à Assembleia para admissão de um novo membro). Particularmente acidentados foram os processos de admissão de estados divididos, como foram os casos das duas Coreias, dos dois Vietnames e das duas Alemanhas, mas outras situações houve que talvez valha a pena sublinhar, como sejam as de Portugal (vetado pela URSS e só admitido em 1955), do Bangladesh (vetado pela República Popular da China e só admitido em 1974), do Vietnam reunificado (vetado pelos USA e só admitido em 1977) e de Angola (também vetada pelos Estados Unidos em 1975, que invocaram a presença de tropas cubanas, e só admitida em 1976, por abstenção norte-americana).

[28] Ver Virally, *op. cit.*, págs. 232-253.

alterações estruturais importantes na ONU através da criação, pela Assembleia Geral, de um órgão próprio para concretizar os princípios que enunciava, o já referido Comité dos 24. Este substituiu o antigo Comité para Informações e veio a assumir um papel muito activo, tanto na mobilização de outors órgãos (propondo resoluções no 4.° Comité da Assembleia Geral, encarregado de assuntos de descolonização, perante o Secretário- -Geral, o Conselho de Tutela e várias agências especializadas, e fazendo recomendações a numerosos estados), como na sua própria multiplicação institucional, com a criação de muitos sub-comités, grupos de trabalho, de observadores, etc.

A resolução 2621(XXV), aprovada pela Assembleia Geral em 1970, veio ainda reforçar a sua actuação através do estabelecimento de um programa de acção para aplicação integral da resolução 1514(XV).

Já desde há cerca de duas décadas que vivemos num mundo largamente pós-des- colonizado mas em que o conceito de autodeterminação se coloca (e, recentemente, cada vez mais insistentemente) sem ter um quadro político que lhe sirva de reboque, como sucedeu anteriormente. E precisamente aqui que reside o cerne do problema. É que, não havendo uma elaboração própria de especificação do conceito, as situações que surgem têm que, necessariamente, ser encaixadas na grelha anterior. E aqui reto- mamos Timor Leste, caracterizado, talvez por analogia, como uma questão de descolo- nização e tratado, nas Nações Unidas, pelos órgãos criados para tal efeito, designada- mente, o 4.° Comité da Assembleia Geral e o Comité sobre Descolonização. Simples- mente, na realidade dos factos, o que temos não é uma situação clássica de uma colónia que procura a independência de uma potência europeia, mas sim a integração de um território num estado, a Indonésia, ela própria colónia até 1949.

Tão interessantes podem ser as repercussões desta incapacidade de subsumpção que elas se vão reflectir na própria substância das resoluções da ONU quanto ao pro- blema. Deste modo, as primeiras resoluções (de 1975 a 1977) colocam o acento tónico na questão da invasão indonésia e da correspondente ausência de um processo de in- tegração voluntária por parte dos timorenses. Sem que tenha havido a mínima alteração do problema do estatuto territorial, este passa a segundo plano a partir de 1978, sendo então a questão vista sobretudo sob a óptica da violação dos direitos humanos. Mas esta evolução é ainda mais curiosa: a última das resoluções aprovada pela Assembleia Geral (resolução 37/30, de 23 de Novembro de 1982) é um exercício primoroso de deslocação do problema para órgãos exteriores aquele que a aprova, sem que nada de substan- tivo seja verdadeiramente invocado: a própria palavra «autodeterminação» não consta do texto.

Assim, o traçado é sintomático: substância, consequência dessa substância que a substitui como se fosse ela a causa e não o efeito e, finalmente, puro processo, no sen- tido de técnicas de substituição cuja indefinição é tal que não têm potencial para, só por si, produzirem qualquer resultado concreto.

Com este argumento, o que pretendo defender é que não foi apenas a excelência da diplomacia indonésia ou a posição político-económica privilegiada desse estado que estiveram por detrás desta evolução nas Nações Unidas. Teve que haver certos meca- nismos institucionais e conceptuais que permitissem estas sucessivas substituições.

Anexo 2

d) Proposta de reformulação conceptual

Voltando ao enunciado deste artigo, repetirei que julgo serem fundamentalmente dois estes aspectos: a estrutura orgânica internacional e a estrutura dos conceitos jurídicos que são usados. A ONU não está preparada para lidar com problemas como o de Timor, como também o não está para apresentar soluções para o Tibete, a Eritreia, o Sara Ocidental, as repúblicas da antiga Jugoslávia, as da antiga União Soviética e assim por diante. Mas a própria doutrina e os aplicadores do Direito também não possuem instrumentos adequados para o fazer: os conceitos que usam são, normalmente, muito abstractos, demasiado abrangentes, e, consequentemente, desprovidos de conteúdos que impliquem uma linha de conduta (as tais consequências operativas a que me tenho vindo a referir) em detrimento de outra ou outras[29].

Olhemos, por um momento, para o conceito de autodeterminação, eventualmente o conceito potencialmente mais revolucionário da nossa ordem mundial. De facto, ele encerra em si a capacidade de subverter a ordem existente numa outra completemente diferente, como seria, por exemplo, uma ordem em que os sujeitos internacionais fossem os indivíduos, em que desaparecesse a entidade estatal, em que a economia mundial se passasse a basear na ideia de património comum e assim sucessivamente[30].

Como tantos outros conceitos de Direito Internacional, a ideia de autodeterminação foi uma criação política (tenha ela sido originada pelo Presidente Wilson, como pretendem alguns, no ponto 5 da sua Mensagem ao Congresso em Janeiro de 1918, por Lenine, como defendem outros, perante a Segunda Internacional Socialista em 1896 ou pelo «Decreto de Paz» de 1917[31], ou pela ideia de democracia ocidental cujas origens remontam, pelo menos ao século XVIII) adoptada pela teoria jusinternacionalista sem praticamente quaisquer alterações.

Como o seu conteúdo é abrangente até ao ponto de poder significar o poder de um ente decidir do seu destino, ela pode aplicar-se à luta para conquista de direitos fundamentais, como o direito de voto ou de acesso à educação (e relevante se torna, aqui, o facto de o direito de autodeterminação estar prescrito, logo nos artigos 1.ᵒˢ dos dois

---

[29] Para um desenvolvimento muito mais alargado da insuficiência orgânica e conceptual da doutrina jurídica internacional, ver Escarameia, Paula *Formation of Concepts in International Law: Subsumption under Self-Determination in the Case of East Timor*, SJD thesis, Harvard Law School, Cambridge, USA, 1988, prestes a ser publicada pela Fundação Oriente.

[30] Talvez que fosse a visão deste cenário de permanente mudança, em que não se pode colocar um travão sem cair em contradição com o próprio conceito, que tivesse originado o comentário do Secretário de Estado americano Lansing para o Saturday Evening Post, de Nova Iorque, em Maio de 1921, a propósito da enunciação pública da ideia de autodeterminação pelo Presidente Wilson, em 1918: «A ideia de auto-determinação devia ser esquecida. Não tem qualquer cabimento no esquema da prática das relações internacionais. Já causou desespero, sofrimento e anarquia que cheguem.» Lansing chegou mesmo ao ponto de, na sua obra *The Peace Negotiations – a Personal Narrative*, Houghton and Mifflin Co., The Riverside Press, Cambridge, 1921, pág. 21, afirmar: «Que calamidade que tal expressão [autodeterminação] tenha sido alguma vez proferida! Que desgraças ela irá causar!».

[31] Quanto à tese soviética de que havia sido a sua teoria a primeira a conceptualizar a autodeterminação dos povos, ver, sobretudo, Starushenko, G. *The Principle of National Self--Determination in Soviet Foreign Policy*, Foreign Languages Publishing House, Moscovo, (não consta do livro a data de publicação).

94 O Direito Internacional Público nos Princípios do Século XXI

Pactos Internacionais de Direitos Fundamentais de 1966, respectivamente, sobre Direitos Civis e Políticos e Direitos Económicos, Sociais e Culturais). Também se pode aplicar a intenções de autonomia, seja esta geral ou restrita a algum ou alguns aspectos particulares, a intenções de associação com outra entidade, a pretensões de independência de um estado em que determinado povo se encontra integrado, a melhoria de condições económicas de vida, a não discriminação de minorias, etc.

Há, pois, todo um imenso trabalho a que a doutrina jusinternacionalista se pode dedicar neste campo, desdobrando esta ideia geral numa série de conceitos que possuam, pelo menos, as características de: a) poderem ser objecto de subsumpção para situações em que haja um fim comum pretendido por indivíduos ou grupos envolvidos na referida situação (seguindo-se, pois, um critério funcionalista) e de b) poderem conter em si implicações operativas, isto é, poderem servir de objecto de discussão entre agentes internacionais para que se lhe atribuam, através de regulamentação, determinados efeitos concretos.

A doutrina internacional ocupou um papel determinante no desenvolvimento deste ramo, desde Grotius, Vitoria, Suarez, etc. Já no nosso século, ela tem levado à criação de conceitos anteriormente inexistentes, como seja o de zona contínua, no Direito do Mar, que foi originado, não na prática estatal, que não distinguia, antes da Conferência de Genebra de 1958, entre as zonas de pesca exclusiva então reclamadas por muitos e as zonas de controlo por razões de segurança ou outras, mas sim na mente de Gidel[32], vindo a ter repercussão nos trabalhos da Comissão de Direito Internacional aquando da preparação das Convenções de 1958.

Outro caso recente que, embora tenha surgido num contexto político, já que o seu autor era o embaixador de Malta nas Nações Unidas, não deixa de ter origem e desenvolvimento doutrinário, é o de mar como património comum da humanidade, lançado por Arvid Pardo em 1967 e posteriormente adoptado pelo Comité para os Fundos do Mar, criado nesse ano pela Assembleia Geral para estudar a questão dos fundos marinhos para além da jurisdição nacional, que esteve na base da redacção adoptada pela Convenção sobre o Direito do Mar de 1982[33].

Assim, mesmo nos dias do primado do tratado e da codificação, a doutrina muito pode contribuir para a formação das normas internacionais. Claro que se torna especialmente difícil estabelecer o nível de especificação a que um conceito jurídico-internacional se deve situar. Mas o dilema alto nível de generalidade, conduzindo a reificação/ /baixo nível de generalidade, levando a conceitos tão específicos que, num mundo complexo e sempre original, só seriam aplicáveis uma vez, a um determinado caso particular, é, necessariamente, baseado numa falsa dicotomia. O que temos, pelo contrário, é uma escala imensa de níveis e a necessidade de optar por aqueles que poderão ser viáveis em termos de aceitação política e de satisfação de desejos dos destinatários.

Parece-me, por exemplo, que, sem perder o quadro conceptual fértil em novas utilizações, isto é, mantendo a ideia de autodeterminação como princípio referencial que possa dar organização a aspirações sociais ainda por nascer, poderíamos quebrar esta ideia geral em sub-conceitos correspondentes a intenções que se podem identificar,

---

[32] Ver Gidel, Gilbert *Le Droit International Public de la Mer* (3 vols.), Paris, 1932-34.

[33] Para pormenores sobre este processo, ver Churchill, R. and Lowe, A. *The Law of the Sea* Manchester United Press, 2nd edition, Manchester, 1991, págs. 13 e 179.

Anexo 2

mais ou menos no sentido do que exemplifiquei anteriormente, passando assim a trabalhar com conceitos como «autononomia administrativa» ou «cultural», «secessão» ou «integração territorial», «democracia interna» e tantos outros. O que não podemos, claro, é continuar a multiplicar sentidos e fazê-los corresponder ao mesmo termo, a ponto de englobarmos as intenções dos revolucionários que, no século XVIII, invadiram a Bastilha, com a guerra do povo do Biafra para se separar da Nigéria ou a luta dos Sarauis para terem um estado próprio.

Ora é precisamente isto que a doutrina tem vindo a fazer e que se espelha nos vários documentos internacionais que se ocupam do conceito, já que ele não tem o mesmo significado quando enunciado, por exemplo, na resolução 1541 (XV) e no Pacto Internacional de Direitos Civis e Políticos. Não é de surpreender, pois, que não se possam retirar conclusões operativas da sua invocação.

Parece-me que, aplicando este método a muitos dos nossos conceitos actuais, isto é, percorrendo um caminho que envolve a descoberta das patologias que há na passagem dos factos aos conceitos, a descoberta das causas destas distorções e a proposta de novos conceitos mais específicos que possam captar as intenções e fins dos que se encontram envolvidos nas referidas situações, estes teriam potencial para se tornarem verdadeiros instrumentos de trabalho (no sentido de poderem ser utilizados na argumentação e na condução a resultados práticos), em vez de permanecerem apenas importantes elementos de retóricas políticas, prestando-se à justificação de posições completamente antagónicas em relação à mesma situação factual.

A nossa Carta está repleta deste tipo de conceitos: são os casos, entre muitos, para além da já referida «autodeterminação», de «assuntos internos» (n.° 7 do art. 2) e de «soberania» (n.° 1 do art. 2), «igualdade» (n.° 2 do art. 1, n.° 1 do art. 2, art. 55), só para citar alguns.

Esta questão do nível de abstracção dos conceitos tem acompanhado a ciência jurídica provavelmente desde sempre, tendo atingido pontos críticos em períodos de renovação intelectual. Um desses pontos é, sem dúvida, a descoberta das forças sociais por detrás das normas, exemplificada pela obra de Jhering «Jurisprudência dos Conceitos», e pelo desenvolvimento que esta escola vai ter para se transformar no Realismo americano dos anos 30. Um dos maiores expoentes deste movimento, Llewellyn é, de entre os autores que conheço, aquele que mais directamente se debruçou sobre este ponto.

Este aspecto, contudo, foi, de certo modo, posteriormente esquecido pelas escolas sociológicas que se seguiram e pode afirmar-se que quase ignorado por teorias actuais como a de Rawls, Dworkin, a Escola do Direito e da Economia e, em certa medida, pela Escola de Estudos Críticos de Direito, embora se note, relativamente a esta última, e sobretudo em Unger, a constante insatisfação com uma nomenclatura incapaz de exprimir novas ideias e um esforço imenso para a criação de novos termos[34], para além de um ramo que procura pontos de contacto com a teoria crítica literária e que se tem também, de algum modo, debruçado sobre o tema.

---

[34] Ver, quanto a este autor, sobretudo *Knowledge and Politics*, The Free Press, New York, 1964, *Law in Modern Society: Toward a Criticism of Social Theory*, The Free Press, New York, 1976, *The Critical Legal Studies Movement*, Harvard University Press, Cambridge, 1986 e, no que se refere à incapacidade conceptual, os indícios constantes de *Politics, a Work in Constructive Social Theory – False Necessity: Anti-Necessitarian Social Theory in Service of Radical Democracy*, Cambridge University Press, Cambridge, 1987.

4. CONCLUSÃO

Concluindo, a Carta apresenta-nos, fundamentalmente, dois mitos: o primeiro, de que são os povos que dirigem os seus destinos, quando, na realidade, cria uma pesada máquina administrativa que tem uma lógica própria propícia ao distanciamento da realidade dos factos; o segundo, de que os termos que utiliza têm implicações jurídicas, quando, na realidade, muitos há que não passam de instrumentos de retórica.

Nos dias de hoje, em que assistimos a uma revolução na ordem mundial (não apenas pelo fim da guerra-fria mas, mais significativamente, pela criação de entidades, sob forma de regiões autónomas ou de grandes entidades regionais que afastaram o monopólio da divisão estatal que vigorou até agora e em que surgiram sujeitos não-ortodoxos como os indivíduos ou as multinacionais), não podemos perder a oportunidade de restruturação institucional, que não tinhamos desde há cerca de meio século.

Mas, se acaso este processo de reconstrução institucional escapar à doutrina jusinternacionalista, pelo menos poderemos fazer o esforço de redefinição e apuramento dos nossos conceitos jurídicos. Estes, como espero ter provado, acabam por influenciar, de modo definitivo, vidas e sonhos de cada um e de todos nós. Por isso, não podemos continuar a pretender que tais aspirações não existem ou a transformá-las em algo menos verdadeiro do que elas na realidade são.

PAULA VENTURA DE CARVALHO ESCARAMEIA
Setembro de 1992

ANEXO 3 (NOTA 38)

QUATRO ANOS NAS NAÇÕES UNIDAS
– TESTEMUNHOS, IMPRESSÕES, ESPECULAÇÕES[1]

I. INTRODUÇÃO

De princípios de 1995 a meados de 1998 exerci funções de conselheira jurídica na Missão Permanente de Portugal junto das Nações Unidas, em Nova Iorque, tendo trabalhado, fundamentalmente, na 6.ª Comissão da Assembleia Geral (Comissão Jurídica). O presente artigo pretende traduzir, de algum modo, a riqueza e perturbação intelectual que tal actividade me causou, aventando a conceptualização de alguns traços dos processos de trabalho das Nações Unidas e alguma especulação sobre os mesmos e o seu eventual desenvolvimento futuro.

Após vários anos de estudo e ensino sobre a ONU, que, contudo, se limitaram a aspectos teóricos da dita Organização e a contactos com outros académicos ou diplomatas que tinham participado em alguns dos seus trabalhos, houve aspectos que muito me surpreenderam no funcionamento da mesma[2]. Alguns serão, provavelmente, fruto dos anos de transição específicos abarcados, mas creio que muitos são resultado de causas estruturais mais profundas e mais duradouras. Assim, começarei por expôr aquilo que chamei o paradoxo dos nossos dias no funcionamento da ONU, para

---

[1] O tom pessoal, quase que biográfico, que é utilizado neste artigo, é intencional, visando reflectir a convicção da autora de que as impressões agora descritas são necessariamente subjectivas, sendo provável que outro indivíduo, imerso no mesmo mundo de experiências agora referidas, as tivesse percebido e interpretado de modo distinto. Intenção semelhante explica a razão por que se optou por dar preferência a referências documentais sobre bibliografia doutrinária: assim, os poucos os autores citados são-no apenas em pontos em que as suas obras são fundamentais para a visão exposta, que se baseou em experiências vividas, algumas das quais exaradas em fontes primárias, como sejam os documentos da ONU, várias vezes referidos.

[2] Continua a existir uma grande separação entre o mundo académico e o da prática diplomática no âmbito do Direito Internacional. Podem contar-se pelos dedos das mãos os professores que estão envolvidos, de um modo sistemático, nas negociações dos instrumentos de Direito Internacional, como membros das delegações dos seus respectivos países. O facto de os agentes envolvidos na produção jurídica da ONU não poderem, devido à grande intensidade do trabalho, ler e meditar sobre a produção doutrinária jusinternacionalista, por um lado, e o facto de alguns dos aspectos mais interessantes das negociações nunca virem a público por não haver actas ou qualquer outro registo de reuniões informais, onde os assuntos mais importantes são, efectivamente, discutidos e decididos, aliado a que os diplomatas têm normalmente o dever de confidencialidade, por outro, contribui ainda mais para esta separação entre os dois mundos referidos.

98   *O Direito Internacional Público nos Princípios do Século XXI*

posteriormente aventar possibilidades explicativas de tal paradoxo e especular sobre o futuro da Organização.

II. O PARADOXO NO ACTUAL FUNCIONAMENTO DA ONU

É interessante verificarmos que, após o fim da Guerra Fria, e ao contrário do que sucedeu com os anteriores conflitos mundiais do séc. XX, não se levantam vozes, entre quaisquer dos principais actores da cena mundial, sejam eles estados, organizações inter-estatatais, organizações não-governamentais, indivíduos com estatuto especial, multinacionais, etc, para a eliminação da Organização das Nações Unidas. Pelo contrário, salvo opiniões mais ou menos marginais, quase que há um consenso sobre a necessidade do reforço do seu papel desde que se reformem certos aspectos da dita Organização. Assim, parece que todos pretendem, não a substituição, mas antes a reforma das Nações Unidas.

Tal reforma, até agora, não foi possível. Foram criados vários «Grupos de Reforma», isto é, comités abertos a todos os Estados-membros, com agendas de trabalho sobre reformas específicas de aspectos concretos, a obter por consenso, alguns dos quais se têm reunido desde 1992, sem que nenhum resultado concreto tenha, até agora, sido obtido[3]. Este estudo voltará a este ponto na última parte, pelo que me limitarei a referir nesta instância que a única emenda da Carta até agora acordada, que entrará em vigor aquando da revisão, que se pretende global, da mesma, proveio, não dos ditos «Grupos de Reforma», recentemente constituidos, mas sim do «Comité sobre a Carta das Nações Unidas e sobre o Reforço da Organização», que funciona desde 1974[4] sob

---

[3] Desde a sua entrada em vigor, a Carta das Nações Unidas foi revista três vezes, tendo as revisões sido aprovadas, respectivamente, em 1963, 1965 e 1971 e entrado em vigor em 1965, 1968 e 1973. A primeira das revisões incidiu sobre os artigos 23.º (alargando o número de membros do Conselho de Segurança de 11 para os actuais 15, acrescentando 4 membros não-permanentes), 27.º (consequência do referido alargamento, passando a maioria para efeitos de votação no Conselho de Segurança de 7 para 9) e 61.º (alargando de 18 para 27 o número de membros do Conselho Económico e Social). A revisão de 65 é também consequência do alargamento do número de membros do Conselho de Segurança mas centra-se apenas no n.º 1 do art. 109.º, referente à Conferência de revisão, fazendo passar o número de membros necessários para aprovação pelo Conselho de Segurança de 7 para 9, mantendo, contudo, o número inalterado no n.º 3. Finalmente, a revisão de 71 incidiu novamente sobre o número de membros do ECOSOC, constante do art.61.º, tendo este sido elevado de 27 para 54. Ver, entre outros, a «Nota Introdutória» da tradução conjunta oficial da Carta para língua portuguesa in Portugal. *Diário da República* – I Série-A, n.º 117, 22-5-1991, pág. 2771.

[4] O dito Comité foi criado pelas resoluções da Assembleia Geral n.ºs 3349 (XXIX), de 17 de Dezembro de 1974, e 3499 (XXX), de 15 de Dezembro de 1975, tendo então uma composição restrita, situação esta que se veio a alterar apenas em 1995, pela aprovação do n.º 5 da res. 50/52, que o abriu a todos os membros das Nações Unidas. Portugal, que se bateu pela aprovação desta resolução, passou então de observador a membro efectivo. O Comité tem um mandato muito geral, podendo ocupar-se de todos os assuntos que respeitem à reforma das Nações Unidas e ao reforço do seu papel, pelo que tem discutido e aprovado propostas em áreas tão diversas como a paz e segurança mundiais, o papel do Conselho de Tutela, a regulamentação de forças da ONU de manutenção da paz, a questão das sanções, procedimentos da Assembleia Geral, etc.

Anexo 3 99

a égide da 6.ª Comissão. A referida revisão refere-se à eliminação das referências a «estados inimigos» nos artigos 53.°, 77.° e 107.°[5].

Talvez seja previsível que uma década não seja suficiente para produzir as tão esperadas revisões da Carta, já que os condicionalismos do art. 108.° são apertados, exigindo-se a aprovação por 2/3 dos membros da Assembleia Geral, ratificações de 2/3 dos Estados-Membros da Organização e, fundamentalmente, a inclusão obrigatória, entre estas, das ratificações dos membros permanentes do Conselho de Segurança[6]. As possibilidades processuais abertas pelo art. 109.°, que se refere a uma Conferência Geral dos membros das Nações Unidas destinada a rever a Carta, a ser convocada por dois terços dos membros da Assembleia Geral e nove quaisquer membros do Conselho de Segurança, evitando, deste modo, o bloqueio pelo veto (embora, nos termos do n.° 2, o mesmo funcione aquando das ratificações, em que tudo se passa como no art. 108.°), nunca foram utilizadas. As pressões políticas impediram mesmo o cumprimento do preceituado no n.° 3 do referido artigo, que exige meramente uma maioria simples e o voto de quaisquer sete membros do Conselho de Segurança para a inclusão na agenda da Assembleia Geral da sua convocação, se acaso a mesma se não tivesse realizado até à 10.ª sessão anual da Assembleia.

Apesar de não ter sido ainda possível a aprovação de reformas da Organização, algumas das quais não implicam a revisão da Carta e nem mesmo das Regras Processuais da Assembleia Geral[7], seria razoável esperar que os aspectos mais criticados, e em relação aos quais mais consenso há para serem objecto de uma urgente reforma, como sejam a desigualdade entre os Estados-Membros, a preponderância dos membros permanentes do Conselho de Segurança (chamados correntemente, na gíria das Nações Unidas, P5, de «Permanent 5»), a falta de democraticidade na existência e funcionamento de vários órgãos, mormente o Conselho de Segurança, o aumento do fosso entre

---

[5] Resolução da Assembleia Geral n.° 50/52.

[6] Prescreve o artigo 108.°da Carta: «As emendas à presente Carta entrarão em vigor, para todos os membros das Nações Unidas, quando forem adoptadas pelos votos de dois terços dos membros da Assembleia Geral e ratificadas, de acordo com os seus respectivos métodos constitucionais, por dois terços dos membros das Nações Unidas, inclusive todos os membros permanentes do Conselho de Segurança.» – tradução oficial conjunta para língua portuguesa, referida supra. Para uma análise em pormenor do prescrito no art. 108.°, ver Simma, Bruno, ed. e outros, (1994). *The Charter of the United Nations – a Commentary.* Munchen, New York:C.H. Beck, Oxford University Press, 1163-1178.

[7] Doc. A/502/Rev.16. A última revisão das Regras Processuais da Assembleia foi proposta por Portugal, através da autora do presente artigo, na sessão de 1997 do «Comité sobre a Carta das Nações Unidas e o Reforço da Organização» e incidiu sobre a Regra 103: foi aprovado que o número de Vice-Presidentes das Comissões Principais da Assembleia passasse de dois para três, para que estes assegurassem a representação de todos os grupos regionais na Mesa de cada Comissão (presidente, vice-presidentes e relator, que passaram a ser cinco), para fazer face ao trabalho acrescido de algumas Comissões, como a 5.ª, sobre assuntos administrativos e orçamentais, e a 6.ª, sobre assuntos jurídicos, e para estabelecer uma paridade com os vários comités subsidiários que, já de há muito, tinham mesas compostas por cinco elementos. A proposta de Portugal foi aprovada por consenso pela Assembleia Geral e consta da res. n.° 52/163, de 15 de Dezembro de 1997, *UNGeneral Assembly Official Records- 52d session.* A morosidade e dificuldade na reforma da ONU está patente no facto de que as meras Regras Processuais da Assembleia tinham sido pela última vez emendadas 13 anos antes, em 1984.

O Direito Internacional Público nos Princípios do Século XXI

os níveis de desenvolvimento dos vários Estados, etc, se estivessem a atenuar nestes tempos que se esperam ser de pré-reforma da Organização. Ora aqui reside o paradoxo de que tenho vindo a falar. É que, ao contrário duma atenuação destes aspectos, considerados quase consensualmente como negativos, o oposto parece estar a passar-se, isto é, uma acentuação dessas tendências que vão contra o caminho que parece ser o escolhido para a reforma.

Da minha experiência, salientarei fundamentalmente quatro aspectos em que o agravar de desigualdades no acesso e concretização do trabalho das Nações Unidas me parece patente, cingindo-me aos processos utilizados na Assembleia Geral e no Conselho de Segurança.

Conselho de Segurança

1. *Manutenção da Paz* – Seria talvez de esperar que o Conselho de Segurança, no confronto de competências com a Assembleia Geral, se limitasse às funções de manutencão da paz e segurança internacionais[8] para ele prescritas no n.° 1 do art. 24.°, não entrando por campos em que eventualmente poderá haver colisão com a Assembleia Geral, único órgão principal em que os princípios da representatividade e igualdade dos Estados se encontram assegurados, maxime através dos n.°s. 1 dos arts. 9.° e 18.°[9]. Contudo, a realidade do pós-Guerra Fria tem sido precisamente a inversa: o Conselho de Segurança tem alargado o âmbito das suas funções, designadamente passando a pronunciar-se, sobretudo através de várias resoluções referentes às forças de manutenção da paz, sobre aspectos relativos à reconstrução sócio-económica e política do território em causa. Deste modo, não apenas o fim da Guerra Fria levou ao aumento do número de forças de manutenção da paz (há, presentemente, 18 a operar[10]), o que, em si mesmo, poderá levantar algumas objecções (pelo menos dos mais puristas, já que a própria figura não se encontra consagrada na Carta[11] e à mesma se recorreu, adoptando uma

---

[8] Afirma o n.° 1 do art. 24.°: «A fim de assegurar uma acção pronta e eficaz por parte das Nações Unidas, os seus membros conferem ao Conselho de Segurança a principal responsabilidade na manutenção da paz e da segurança internacionais e concordam em que, no cumprimento dos deveres impostos por essa responsabilidade, o Conselho de Segurança aja em nome deles.»

[9] O n.° 1 do art. 9.° prescreve que «A Assembleia Geral será constituída por todos os membros das Nações Unidas» e o n.° 1 do art. 18.° afirma que «Cada membro da Assembleia Geral terá um voto.». A competência genérica da Assembleia consta do art. 10.°, que reza: «A Assembleia Geral poderá discutir quaisquer questões ou assuntos que estiverem dentro das finalidades da presente Carta ou que se relacionarem com os poderes e funções de qualquer dos órgãos nela previstos, e, com excepção do estipulado no art. 12.°, poderá fazer recomendações aos membros das Nações Unidas ou ao Conselho de Segurança, ou a este e àqueles, conjuntamente, com a referência a quaisquer daquelas questões ou assuntos.».

[10] Ver, entre outros, UN (1998) *UN Peacekeeping – 50 Years*, New York: UN Publications, 16 e 17, actualizada com a recente força no Kosovo.

[11] É corrente dizer-se que as forças de manutenção da paz constituem o capítulo 6,5 da Carta, pois, embora as suas funções divirjam consoante a missão específica em causa, parecem estar, de algum modo, colocadas entre o capítulo VI, «Solução Pacífica de Controvérsias» (arts. 33.° a 38.°) e o capítulo VII, «Acção em caso de ameaça à paz, ruptura da paz e acto de agressão» (arts. 39.° a 51.°). De algum modo, a criação desta figura tornou-se quase inevitável após

Anexo 3 101

proposta do Canadá a que o Secretário-Geral Dag Hammarskjold deu forma concreta, a pedido do Conselho de Segurança, em 1960, aquando da guerra do Congo), mas também através da atribuição de funções às mesmas que a Carta não atribui sequer ao Conselho.

2. *Sanções* – Até 1989, o Conselho não aplicou praticamente sanções, tendo as excepções sido apenas os casos da Rodésia e da África do Sul. As sanções passaram a proliferar posteriormente, havendo presentemente sanções decretadas contra o Iraque, Angola (UNITA) e a Somália[12]. Mais uma vez, não foi apenas o número que aumentou mas, mais significativamente, o conteúdo das mesmas. Estas sanções passaram, em alguns casos, a visar entidades que não são Estados, como é o caso óbvio da UNITA, e, por vezes, a visar indivíduos enquanto tal, como sejam os dirigentes da UNITA ou o ex-presidente do Haiti. Este tipo de prática transforma, de algum modo, o Conselho de Segurança num órgão proferidor e executante de sentenças, o que agrava a sua imagem de parcialidade política e conduz a reacções sobre o modo como entende presentemente o seu papel.

3. *Tribunais Internacionais Ad Hoc* – A criação, pelo Conselho de Segurança, dos Tribunais Internacionais para a Ex-Jugoslávia e o Ruanda[13], representa, provavelmente, o ponto mais arrojado no exercício de funções do pós-Guerra Fria. Os Tribunais foram criados ao abrigo do Cap. VI (Solução Pacífica de Controvérsias), como meios, segundo o parecer justificativo do Departamento de Assuntos Jurídicos do Secretariado, dissuasores de situações que levem à quebra da paz e segurança mundiais. No entanto, nenhum artigo prevê expressamente a dita possibilidade, pelo que foi ressentido, a nível

---

a impossibilidade, ainda hoje não ultrapassada, de aplicar o art. 43.°, referente às forças armadas das Nações Unidas, e às situações, que foram surgindo, em que houve consenso, pelo menos numa fase inicial, da necessidade de intervenção de forças da ONU, não se podendo permanecer na indefinição incómoda causada pela intervenção da ONU na Coreia, de 1950 a 53. Ver, entre muitos outros, para uma perspectiva histórica da criação das ditas forças, Luard, Evan (1989) *A History of the United Nations (vol.1 – The Years of Western Domination 1945-1955)*. London: The Macmillan Press Ltd.

[12] As sanções contra o Iraque foram decretadas pela res. do Conselho de Segurança n.° 661 (1990) e completadas pelas res.687(1991) e 986(1995), as contra a Somália foram impostas pela res.733(1992) e completadas pela res.751(1992) e as contra a UNITA pela res. 864 (1993). Recentemente foram levantadas as sanções anteriormente impostas à Líbia pelas res. 748 (1992) e 883(1993), aguardando-se o julgamento dos suspeitos do atentado de Lockerbie. Quanto à Jugoslávia, as sanções impostas pelas res. 724(1991), 787(1992) e 942(1994) foram suspensas indefinidamente pela res.1022(1995). Ver Nova Zelândia. Ministry of Foreign Affairs and Trade. *United Nations Handbook*. Wellington: 1999 (publicado e actualizado anualmente desde 1961).

[13] O «Tribunal Internacional para a Prossecução de Pessoas Responsáveis por Violações Graves do Direito Internacional Humanitário cometidas no Território da Ex-Jugoslávia desde 1991» foi criado pela res. 808(1993) do Conselho de Segurança e o seu Estatuto foi aprovado pela res. 827(1993); o «Tribunal Internacional para a Prossecução de Pessoas que Cometeram Genocídio e outros Crimes contra a Humanidade no Território do Ruanda e nos Territórios Vizinhos no ano de 1994» foi criado pela resolução do Conselho de Segurança n.° 955(1994), que também aprovou o seu Estatuto. Note-se que o primeiro destes tribunais tem um mandato temporal virtualmente ilimitado, pelo que tem jurisdição sobre os recentes crimes cometidos no Kosovo.

102   *O Direito Internacional Público nos Princípios do Século XXI*

de vários órgãos da ONU, o exercício destes poderes pelo Conselho, tendo precisamente esta atitude de desagrado impulsionado a criação, pelo trabalho da Assembleia Geral, através de um seu órgão subsidiário, do Tribunal Criminal Internacional, cujo estatuto foi aprovado em Roma, em 17 de Julho de 1998. Para alguns estados, a criação dos dois tribunais ad hoc foi ilegal, recusando-se o México, ainda hoje, a votar na eleição dos respectivos juízes.

Assembleia Geral

1. *Posição dos Membros Permanentes do C.S. na Assembleia Geral* – Estranhamente, é na própria Assembleia Geral que estas tendências para a desigualdade, anteriormente referidas, são mais visíveis. O caso mais óbvio é o dos P5, que detêm, hoje mais que nunca, um poder imenso na Assembleia Geral e nos seus órgãos subsidiários, ao ponto de se poder mesmo afirmar que presentemente são «permanentes» em praticamente todos os órgãos da Organização. A este respeito, é particularmente elucidativo o excelente documento produzido pela Argentina em que se prova estatisticamente, através da presença destes Estados em praticamente todos os órgãos, grupos de trabalho, etc, o que foi designado por esta delegação como «efeito de cascata»[14]. Em sede de outro órgão principal que não a Assembleia, importa referir que os membros permanentes tiveram sempre juízes das suas nacionalidades no Tribunal Internacional de Justiça, à excepção da China, e esta apenas durante o período da revolução cultural, por não ter querido apresentar candidato. Tirando o Reino Unido, nenhum destes membros aceita hoje, contudo, a jurisdição do dito Tribunal, o que mostra o poder que reside no simples facto de se ser membro permanente do Conselho de Segurança[15].

---

[14] Documento das Nações Unidas A/49/965, de 15/9/95, que inclui a proposta da Argentina, originariamente apresentada no documento A/AC.247/a, no Capítulo V, página 51 (versão inglesa; pág. 46, versão espanhola).

[15] A jurisdição do Tribunal só é obrigatória para os Estados que a aceitem, designadamente através da declaração referida no n.º 2 do art. 36.º do Estatuto do Tribunal. Preceitua a dita norma: «Os Estados partes do presente Estatuto poderão, em qualquer momento, declarar que reconhecem como obrigatória ipso facto e sem acordo especial, em relação a qualquer outro Estado que aceite a mesma obrigação, a jurisdição do Tribunal em todas as controvérsias jurídicas que tenham por objecto:

    a) A interpretação de um tratado;

    b) Qualquer questão de direito internacional;

    c) A existência de facto que, se verificado, constituiria violação de um compromisso internacional;

    d) A natureza ou a extensão da reparação devida pela ruptura de um compromisso internacional.»

Tanto a França como os Estados Unidos da América tinham aceite a jurisdição do Tribunal através de declarações do art. 36.º, mas ambos retiraram o seu consentimento, respectivamente, após o «Caso das Experiências Nucleares», em 1974 e o «Caso Nicarágua», em 1986. Para leitura destes acórdãos ver os respectivos anuários do Tribunal Internacional de Justiça, UN. *ICJ Yearbook*, Haia.

Anexo 3

2. *Posição Particular dos Estados Unidos da América* – Entre os membros permanentes, destacam-se, naturalmente, pela sua actual posição de única superpotência, os Estados Unidos. Seria possível pensar que, se seguisse a tónica dominante em praticamente todos os discursos oficiais sobre as Nações Unidas, em que várias autoridades, desde a Administração americana ao Senado, têm defendido a necessidade de reforma da ONU, pelo menos a do Secretariado, que a sua atitude fosse de cooperação com a Organização e que, em relação aos outros Estados-Membros fosse, de algum modo, patronizante. Não é essa, contudo, a posição que os Estados Unidos têm tido, havendo, presentemente, um estranho e quase que total isolamento deste Estado mesmo face aos seus tradicionais aliados e um quase que aberto antagonismo em relação à Organização.

A atitude de isolamento é visível em quase todos os órgãos e em quase todos os temas e chega a atingir proporções inesperadas, como aquando do voto contra o Estatuto no novo Tribunal Criminal Internacional, já referido, em que os Estados Unidos me parece que tiveram apenas como seus parceiros, para além de Israel, a China, o Iraque, a Líbia, o Iémen e o Qatar, estados estes normalmente não associados com a concepção de direitos humanos defendida pelo mundo ocidental[16].

Mas o isolamento não se limita a instâncias fundamentais como a agora referida, estando presente em todos os momentos: um exemplo ilustrativo pode ser o que se passou aquando da aprovação da resolução sobre as relações com o País Anfitrião, na 6.ª Comissão, em 1997. Todos os anos é aprovada, geralmente por consenso, uma resolução relativa a questões decorrentes do facto de a sede da ONU ser nos Estados Unidos e, mais particularmente, em Nova Iorque. O ano de 1997 tinha sido muito agitado no âmbito do Comité sobre as Relações com o País Anfitrião, não tanto devido às tradicionais limitações a viagens de membros da delegação cubana, mas sobretudo por causa da posição da cidade de Nova Iorque quanto ao estacionamento diplomático[17]. A questão tinha tido uma cobertura mediática muito grande, só igualável pelo Conselho de Segurança em relação a intervenções armadas em algum estado, e muitas delegações tinham-se manifestado contra o facto de o Comité ser um órgão restrito, composto ape-

---

[16] O voto não foi registado e efectivou-se apenas por «braço no ar», pelo que há certeza apenas quanto ao número de votos contra e não quanto aos estados que especificamente votaram desse modo, pelo que me baseei em informações colhidas verbalmente.

[17] Este Comité foi constituido pela res. da Assembleia Geral n.º 2819(XXVI) (1971) e substituiu o anterior «Comité Informal Conjunto sobre Relações com o País Anfitrião», criado, dois anos antes, pela res. n.2618(XXIV). Era até ao ano passado composto por 3 estados do Grupo Africano (Costa do Marfim, Mali e Senegal), 3 do Grupo Asiático (China, Chipre, que detem a presidência, e Iraque), 2 estados do Grupo da Europa de Leste (Bulgária e Federação Russa), 2 Estados do Grupo da América Latina e Caraíbas, normalmente designado GRULAC, (Costa Rica e Honduras) e 5 Estados da Europa Ocidental e Outros, correntemente designado WEOG, (Canadá, França, Espanha, Reino Unido e, naturalmente, os Estados Unidos da América). A res. 53/104, de 8 de Dezembro de 1998, alargou o número de membros para 19, sendo os quatro adicionais pertencentes a cada um dos grupos regionais à excepção do «Grupo da Europa Ocidental e Outros», mais representado que os restantes.

O Comité tem como funções principais a análise de questões relacionadas com a segurança das missões junto das Nações Unidas e do seu pessoal, questões relativas a dívidas de missões e seu pessoal e todos os assuntos decorrentes do Acordo de Sede entre as Nações Unidas e os Estados Unidos da América (em que a questão do estacionamento e das multas a diplomatas se inseria).

104 *O Direito Internacional Público nos Princípios do Século XXI*

nas por 15 membros (o país anfitrião e 14 outros, escolhidos pelo Presidente da Assembleia Geral) quando as deliberações do mesmo interessavam a todos os estados da Organização. Assim, Cuba propôs que, do mandato do ano de 1998 do Comité constasse a questão da sua composição, incluindo o alargamento da mesma. Ora foi precisamente o país anfitrião que, tendo praticamente todos os membros a favor duma adopção por consenso da dita resolução, pede a votação da mesma, tendo a sua posição sido derrotada por larguíssima maioria, já que só contou com cerca de dois ou três votos a seu favor[18].

Se acaso há numerosas instâncias deste isolamento, há também zonas de aberta hostilidade, sobretudo visíveis nas questões orçamentais e na constante recusa dos Estados Unidos em pagarem as suas quotas em dívida. Segundo a escala de pagamentos aprovada pela Organização nos primórdios da sua existência e hoje objecto de vários trabalhos para a sua revisão, que ainda não produziram os frutos desejados, os Estados Unidos pagam 25% do montante do orçamento regular[19] da ONU, que corresponde à prestação máxima. O art. 19.° da Carta prescreve que, se o montante em dívida à Organização igualar ou exceder a soma das contribuições devidas nos dois anos anteriores completos, o Estado em causa perde o direito de voto na Assembleia Geral[20]. Assim, os Estados Unidos têm mantido uma dívida que quase chega ao montante em questão, sem, contudo, o atingir, não perdendo, deste modo, o direito de voto, e têm usado este mecanismo como arma para pressionar a ONU, que fica assim privada de recursos financeiros muito significativos.

3. *Importância Acrescida dos Estados Poderosos* – Como já referido anteriormente, seria de esperar que, pelo menos na Assembleia Geral, órgão representativo por natureza, as tendências para a progressiva democraticidade do sistema fossem mais

---

[18] É difícil precisar números neste tipo de votações em que a delegação pede que os votos não fiquem registados («non-recorded vote», nos termos das Regras ns. 87 b), para o plenário da Assembleia Geral, e 127 b), para as Comissões, das Regras Processuais da Assembleia Geral).

[19] Existem presentemente dois tipos de orçamentos na ONU: o orçamento regular, de que agora nos ocupamos, e o orçamento especial para operações de paz, que foi necessário criar com a multiplicação e funções acrescidas das mesmas nos últimos anos. Para dados sobre o orçamento da ONU e repartição dos encargos pelos Estados-Membros, ver *Basic Facts...*, op. cit., págs. 305-306 e 287-291.

[20] Prescreve o art. 19.°: «O membro das Nações Unidas em atraso no pagamento da sua contribuição financeira à Organização não terá voto na Assembleia Geral, se o total das suas contribuições atrasadas igualar ou exceder a soma das contribuições correspondentes aos dois anos anteriores completos. A Assembleia Geral poderá, entretanto, permitir que o referido membro vote, se ficar provado que a falta de pagamento é devida a circunstâncias alheias à sua vontade.». É evidente que esta excepção se não pode aplicar aos Estados Unidos. Presentemente, como praticamente todas as votações não secretas são feitas por meios electrónicos, a ligação é automaticamente cortada quando o referido montante é atingido, evitando-se, assim, delicadas situações políticas para outros Estados-Membros ou para a Mesa de terem que impedir o voto dos estados em dívida que insistissem no mesmo.

Informaram-me os meus colegas da 5.ª Comissão (Assuntos Administrativos e Orçamentais), que a dívida dos Estados Unidos, de facto, chega a ser de quase três anos, devido ao método orçamental da ONU, que apenas contabiliza as receitas e despesas no fim de cada ano civil.

Anexo 3 105

visíveis. Precisamente o contrário me foi dado observar, pela conjunção de uma série de factores que, em última instância, levam precisamente ao resultado oposto.

O trabalho em praticamente todas as Comissões da Assembleia tem aumentado muito nestes últimos anos, não só devido à necessidade de fazer frente à nova realidade do pós-Guerra Fria mas também porque o findar desse conflito levou ao redobrar de ânimo em muitos projectos novos, ao retomar de muitos projectos anteriormente abandonados e assim sucessivamente. Esta particular intensidade dos trabalhos da Assembleia conduziu ao multiplicar de instâncias orgânicas constituidas especificamente para levar avante determinado projecto, pelo que o número de comités, sub-comités, grupos informais, grupos informais-informais, etc, não pára de aumentar[21].

Esta intensidade dos trabalhos, que se revela na sua multiplicidade orgânica e temporal, leva a que as grandes delegações controlem efectivamente todas as negociações, já que só elas têm o número suficiente de membros para estarem presentes em várias reuniões simultâneas e para manterem a sua presença durante longas horas ininterruptamente. Devido ao acréscimo de trabalho e à incapacidade que a ONU tem, por causa da presente crise financeira, de garantir equipas de intérpretes, muitas das reuniões passam a assumir o papel de encontros informais, em pequenas salas sem tradução, em cujo aspecto da transparência dos trabalhos fica seriamente comprometida. Na prática, estas reuniões, chamadas, na gíria da ONU, «informais-informais», não são anunciadas previamente de modo oficial, mormente através do «Jornal das Nações Unidas», publicado diariamente e contendo a lista e locais das reuniões do dia em questão. Assim, a intensidade dos trabalhos conduz à proliferação de grupos informais e a uma série de reuniões fechadas. As longas horas e a simultaneidade das mesmas torna virtualmente impossível a participação, não apenas das delegações de pequena dimensão, mas mesmo das de dimensão média.

A tudo isto alia-se outro factor determinante para a morosidade das negociações e o reforço do papel dos estados mais poderosos: o quase que completo abandono, sobretudo a nível de Comissões mais «técnicas», como a 5.ª e a 6.ª, de votações e a sua substituição pelo método do consenso. Tal método não consta da Carta e nem mesmo é mencionado nas Regras Processuais da Assembleia, tendo sido utilizado, pela 1.ª vez,

---

[21] Só no âmbito da 6.ª Comissão, e apenas no período em que fui delegada, funcionaram, para além da sessão anual ordinária de 4 meses, os seguintes comités, criados por resolução da Assembleia Geral: o Comité Ad Hoc para a Criação de um Tribunal Criminal Internacional, depois substituido pelo Comité Preparatório para a Criação de um Tribunal Criminal Internacional, o Comité para Elaboração da Convenção sobre Proibição de Atentados Terroristas à Bomba, o Comité para a Elaboração da Convenção sobre Proibição de Terrorismo Nuclear (ambos os Comités foram criados pela resolução n.º 51/210, de 17 de Dezembro de 1996, «Medidas para Eliminar o Terrorismo Internacional», que prevê ainda uma convenção geral sobre terrorismo, no seu n.º 9), o Comité para Elaboração de Convenção sobre Usos Não-Navegacionais de Cursos de Água Internacionais, o Comité Especial sobre a Carta das Nações Unidas e sobre o Reforço da Organização, o Comité sobre as Relações com o País Anfitrião, Comité Preparatório do 50.º Aniversário das Nações Unidas e o Comité Consultivo sobre o Programa das Nações Unidas de Assistência no Ensino, Estudo, Disseminação e Apreciação Alargada do Direito Internacional. A quantidade de grupos de trabalho no âmbito de cada um deles e a série imensa de reuniões informais para negociação de resoluções ou de meras redacções de pontos particulares é, simplesmente, incontável.

106   *O Direito Internacional Público nos Princípios do Século XXI*

com relevo, na Conferência das Nações Unidas sobre Direito do Mar de 1982[22]. Se acaso este método tem aspectos positivos, já que, em princípio, facilitará o futuro cumprimento pelos Estados do preceituado em convenções por eles acordadas, as desvantagens surjem, não só pelo tempo acrescido que demoram as negociações, o que, como anteriormente referido, beneficia as grandes delegações, mas também, e sobretudo, quando se converte quase que na única forma possível de aprovação, fazendo proscrever o método da votação para algo que só poderá ser exigido por «revolucionários». Na realidade, o método do consenso, quando aplicado a temas politicamente controversos, corresponde, em termos práticos, ao veto das grandes potências: se um pequeno país está relativamente isolado numa posição, não tem a força política para fazer parar um processo de consenso, enquanto tal é relativamente fácil para a China ou para os Estados Unidos, por exemplo, por questões que, para esses estados, poderão ser de muito menor importância do que o assunto pode ser para o dito país pequeno que não conseguiu fazer valer a sua posição contra os restantes membros.

III. UMA HIPÓTESE

Por que se passa tudo isto? Por que será que estamos, hoje em dia, quando se fala mais de reforma que nunca, perante uma Organização em que o poder dos fortes é cada vez maior e o dos fracos cada vez menos visível? Perante uma Organização que dá cada vez maior relevância aos membros permanentes do Conselho de Segurança, fazendo-o através de métodos processuais e orgânicos aparentemente inócuos?

Muitas poderiam ser as explicações, nestes tempos de transição paradigmática do Direito Internacional e das relações internacionais[23]. A que vou aventar é uma mera

---

[22] A dita Conferência arrastou-se por 9 anos, de 1973 a 82, e serviu de lição a evitar em futuras negociações. O seu «fantasma» esteve sempre presente nas negociações sobre o Estatuto do Tribunal Criminal Interncional, que, felizmente, levou apenas 3 anos a negociar. Na Conferência sobre o Direito do Mar foi acordado que o método de aprovação da Convenção seria o consenso (a não objecção por nenhuma delegação) e que todo o documento (bastante volumoso), seria aprovado na sua globalidade, como um «package-deal». A Convenção entrou finalmente em vigor em 16 de Novembro de 1994, após novo acordo sobre a Parte XI, referente aos fundos marinhos. Portugal só se tornou parte da mesma em 3 de Dezembro de 1997. Para uma apreciação geral sobre a Convenção, ver, entre muitos outros, Churchill, R.R. e Lowe, A.V. (1991). *The Law of the Sea*, Manchester: Manchester University Press.

[23] Cabe aqui uma nota especial para o extraordinário trabalho de Richard Falk, o primeiro dos jusinternacionalistas a clarificar e racionalizar a mudança de paradigmas nos nossos dias. Entre as suas numerosas obras, destacarei, pela relevância da análise para o que é referido no presente artigo, a excelente obra de 1989 *Revitalizing International Law*. Iowa: Iowa State University Press. Neste contexto, mas no âmbito de uma escola de pensamento diversa, merecem referência especial os trabalhos de Martii Koskenniemi, sobretudo o seu já clássico (1989) *From Apology to Utopia. The Structure of International Legal Argument*. Helsínquia: Lakimiesliiton Kustannus, que analisa, com uma profundidade notável, os modos de argumentação estatal (ascendente, da realidade do comportamento para a norma e descendente, das ideias normativas para os factos) para justificação legal das posições assumidas. Para uma análise muito interessante e única entre nós da mudança de paradigmas no Direito Internacional, ver Pureza, José

Anexo 3

possibilidade, ainda mal consolidada pela invasão de informação que recebi nestes últimos anos e a falta de maturação na reflexão sobre a mesma. É provavelmente uma explicação menos óbvia do que a que derivaria do simples reflexo na Organização do jogo de forças políticas no mundo exterior à mesma mas, talvez por ser mais profunda, esteja mais enraizada e cause mais determinantemente o comportamento em causa.

Na realidade, creio que a ONU é hoje palco duma série de conflitos de forças, algumas das quais lhe são internas e outras externas e o modo como se tem comportado como instituição reflecte a reacção que lhe tem sido possível nestes tempos que correm.

Internamente, talvez que a força mais constantemente sentida pelas grandes potências, que as leva à defesa e reforço dos seus privilégios por métodos sobretudo processuais, seja o confronto de poderes entre a Assembleia Geral e o Conselho de Segurança. É longa a história desta tensão, derivada da reacção contra a composição não--democrática do Conselho e o poder de veto, tendo tido momentos mais ou menos altos no decorrer destes quase 55 anos de existência da ONU. Como base jurídica argumentativa para as partes, serviram sempre os artigos 11.º e 12.º da Carta, invocados num ou noutro sentido[24]. Provavelmente, o ponto mais visível desta tensão surgiu logo nos princípios da vida da instituição, com a aprovação da resolução da Assembleia Geral «Unidos para a Paz» (res. 377A (V), de 3/11/1950), que, fundamentalmente, permite que este órgão delibere sobre questões de paz e segurança internacionais (incluindo a recomendação sobre o envio de forças das Nações Unidas) mesmo que o Conselho de Segurança se encontre a discutir o assunto, se este não for capaz de se pronunciar sobre a questão, e desde de que quaisquer 9 membros do Conselho ou a maioria dos membros da Assembleia requeiram uma reunião extraordinária da Assembleia para se debruçar

---

Manuel (Outono 98) «Eternalizing Westphalia? International Law in a Period of Turbulence», *Nação e Defesa*, 87-2.ª Série, 31-48.

[24] Refere o art. 11.º: «1 – A Assembleia Geral poderá considerar os princípios gerais de cooperação na manutenção da paz e da segurança internacionais, inclusive os princípios que disponham sobre o desarmamento e a regulamentação de armamentos, e poderá fazer recomendações relativas a tais princípios aos membros ou ao Conselho de Segurança, ou a estes e àqueles conjuntamente.

2 – A Assembleia Geral poderá discutir quaisquer questões relativas à manutanção da paz e da segurança internacionais, que lhe forem submetidas por qualquer membro das Nações Unidas, ou pelo Conselho de Segurança, ou por um Estado que não seja membro das Nações Unidas, de acordo com o artigo 35.º, n.º 2, e, com excepção do que fica estipulado no artigo 12.º, poderá fazer recomendações relativas a quaisquer destas questões ao Estado ou Estados interessados ou ao Conselho de Segurança ou a este e àqueles. Qualquer destas questões, para cuja solução seja necessária uma acção, será submetida ao Conselho de Segurança pela Assembleia Geral, antes ou depois da discussão. «[foram omitidos os n.ºs 3 e 4 do artigo por não serem relevantes para o aspecto agora focado].

Por sua vez, o n.º 1 do art. 12.º prescreve: «Enquanto o Conselho de Segurança estiver a exercer, em relação a qualquer controvérsia ou situação, as funções que lhe são atribuidas na presente Carta, a Assembleia Geral não fará nenhuma recomendação a respeito dessa controvérsia ou situação, a menos que o Conselho de Segurança o solicite.»

É do jogo entre estes dois artigos que nasce a resolução «Unidos para a Paz» que, na sua aplicação prática, levou a verdadeiras «acções», contrariamente ao disposto no n.º 2 do art. 11.º, sobretudo em relação à Guerra da Coreia e, posteriormente, à Guerra do Congo, em que as forças das Nações Unidas se envolveram em combates de larga escala.

108   O Direito Internacional Público nos Princípios do Século XXI

sobre o assunto[25]. A resolução surgiu no contexto do conflito na Coreia, em consequência dos esforços dos Estados Unidos, que ainda detinham, em 1950, quando a resolução é aprovada, uma maioria significativa de apoiantes na Assembleia, tentando assim contornar o veto da União Soviética no Conselho[26].

O que é novo nos tempos presentes, não é, assim, a tensão existente entre os dois órgãos, já visível na própria atribuição de funções aquando da redacção da Carta[27] e comprovada variadas vezes na prática: o que é diferente agora é que a tradicional «paralisia» do Conselho de Segurança, devido ao uso do veto, e o tradicional «dinamismo» da Assembleia Geral, resultante da força do bloco predominante, fosse ele constituido pelos aliados do poder ocidental, nos primeiros tempos, ou pelos países do chamado 3.º mundo, em tempos mais recentes, parece que quase se inverteram nos dias de hoje. A transferência dessa «paralisia» do Conselho para a Assembleia não é total, já que ainda há situações em que o consenso não tem sido possível no Conselho, mormente nos casos dos bombardeamentos de 1998 ao Iraque ou da recente intervenção da NATO no Kosovo, mas o grau de transferência é notável[28]. Ao mesmo tempo que o Conselho de Segurança adquiriu um dinamismo nunca antes visto, a Assembleia tem-se tornado cada vez mais incapaz para tratar de assuntos politicamente muito controversos. Talvez que haja duas razões principais para esta situação: o número de membros da ONU tem vindo a aumentar com o fim da Guerra-Fria e o consequente desmembramento de vários Estados, o que torna mais difícil a tomada de posições conjuntas e, sobretudo, tem-se assistido à diluição do poder anteriormente predominante dos Não-Alinhados. O Movimento congrega hoje mais membros que nunca, tendo mais que 2/3 da maioria na Assembleia, o que lhe permitiria, em princípio, a adopção de quaisquer resoluções[29] neste

---

[25] Para o texto completo da resolução consultar Escarameia, Paula (1998). *Colectânea de Leis de Direito Internacional*, 2.ª ed. Lisboa: ISCSP.

[26] Para pormenores sobre a elaboração da dita resolução,ver, entre outros, Luard, Evan, *op. cit.*,.229-274, e para comentários aos artigos 11.º e 12.º ver Simma, Bruno, *op. cit.*, 242-264.

[27] É já em S. Francisco que, por pressão dos participantes na Conferência que não tinham intervindo nas negociações anteriores, que a competência da Assembleia para tratar de questões da paz e segurança mundiais é incluida. Ver Luard, Evan, *op. cit.* e Simma, Bruno, *op. cit.*.

[28] A intervenção no Kosovo foi profundamente sentida na ONU e discutida acaloradamente em muitas instâncias, desde o Conselho de Segurança à 6.ª Comissão. As consequências a nível institucional e de alinhamento de forças ainda não se podem analisar claramente, já que se encontram em desenvolvimento no momento presente. Contudo, parece ser de sublinhar que, se por um lado a intervenção gerou um sentimento de "marginalização" do Conselho de Segurança em relação a acções para manutenção da paz mundial (o que já tinha acontecido anteriormente com a Crise dos Mísseis de Cuba em 1962, em que os Estados Unidos tiveram uma conduta processual muito semelhante à que foi usada no Kosovo, servindo então a Organização dos Estados Americanos propósito similar, pelo menos do ponto jurídico-institucional, ao da NATO agora) também é certo que foi o primeiro caso pós-Guerra Fria em que houve uma cisão nítida dos membros do mesmo, levando a que outros estados, mormente mais fracos, se apercebessem da importância do Conselho de Segurança como órgão de controlo de políticas nacionais ou regionais. Ainda é muito cedo para saber se essa cisão inaugurará um período de futura paralisia do Conselho ou se, o que talvez seja mais provável, constituirá em episódio isolado.

[29] Os n.ᵒˢ 2 e 3 do artigo 18.º prescrevem: «2 – As decisões da Assembleia Geral sobre questões importantes serão tomadas por maioria de dois terços dos membros presentes e votantes. Estas questões compreenderão: as recomendações relativas à manutenção da paz e da

órgão. O que se passa, contudo, é que não há coesão no Movimento, sendo muito díspares as posições sempre que há necessidade de passar da petição de princípios a acções ou posições que exigem maior especificidade. Presentemente, o movimento é controlado pelos tradicionais actores principais do mesmo, como sejam o Egipto, Cuba, a Indonésia ou a Costa Rica que, normalmente, recebem um mandato muito genérico para representarem em reuniões e negociações a posição do Movimento e que, frequentes vezes, face à dinâmica inevitável dos debates e à impossibilidade prática de reuniões frequentes de tão numeroso grupo, têm que o exorbitar, o que leva, em alguns casos, a que o resultado final e o modo como exercem o voto os restantes membros não venha a ser exactamente o mesmo que o porta-voz expressou.

Assim, actualmente, a Assembleia tem uma atitude de «alergia» e mesmo de quase hostilidade em relação ao Conselho de Segurança, como reacção ao engrandecimento daquele e correspondente enfraquecimento de si própria. Por seu turno, o Conselho, ou, melhor dizendo, as grandes potências, que, ou estão presentes no mesmo ou são aliadas de algum dos membros com veto, sentem que o caminho se encontra aberto para a aplicação dos seus pontos de vista, devido à incapacidade que a Assembleia tem de lhes fazer frente.

Contudo, esta posição de «engrandecimento dos grandes», pode ser resultado de causas mais profundas e que têm origem em movimentos externos à Organização. Certamente que muitos factores poderiam ser invocados, mas vou apenas sublinhar quatro de entre eles, limitando-me a categorias de novos actores internacionais e ao modo como interactuam com a ONU. Destacarei aqui quatro desses novos agentes, que, apenas pela sua simples existência e, ainda mais, pela importância que têm vindo a adquirir nas relações internacionais, ameaçam de algum modo a ortodoxia de uma Organização baseada e fundamentada na ideia de que os Estados são, se não quase que exclusivamente, pelo menos quanto ao núcleo duro das relações internacionais, o fundamento último em que assenta a lógica da estruturação mundial. Os actores em questão são, por ordem cronológica do seu aparecimento como peças relevantes nas relações internacionais, os indivíduos, os movimentos com base territorial, as empresas multinacionais e as organizações não-governamentais.

a) *Os indivíduos* – Certamente desde há muito que lhes é reconhecido algum peso nas relações entre estados, pelo menos no que respeita à protecção internacional dos direitos humanos, tanto na própria Carta, designadamente nos artigos 1.º n.º 3 e 55.º[30], como com aprovação do marco histórico que é a

---

segurança internacionais, a eleição dos membros não permanentes do Conselho de Segurança, a eleição dos membros do Conselho Económico e Social, a eleição dos membros do Conselho de Tutela de acordo com o n.º 1, alínea c), do artigo 86.º, a admissão de novos membros das Nações Unidas, a suspensão dos direitos e privilégios de membros, a expulsão de membros, as questões referentes ao funcionamento do regime de tutela e questões orçamentais. 3 – As decisões sobre outras questões, inclusive a determinação de categorias adicionais de assuntos a serem debatidos por maioria de dois terços, serão tomadas por maioria dos membros presentes e votantes.».

[30] Afirma o n.º 3 do artigo 1.º: «Os objectivos das Nações Unidas são: 3 – Realizar a cooperação internacional, resolvendo os problemas internacionais de carácter económico, social, cultural ou humanitário, promovendo e estimulando o respeito pelos direitos do homem e pelas liberdades fundamentais para todos, sem distinção de raça, sexo, língua ou religião;».

110 *O Direito Internacional Público nos Princípios do Século XXI*

«Declaração Universal dos Direitos Humanos», de 1948 e a entrada em vigor e ampla ratificação da «Convenção sobre Prevenção e Punição do Crime de Genocídio», também de 1948, e dos Pactos Internacionais de «Direitos Civis e Políticos» e de «Direitos Económicos, Sociais e Culturais», de 1966[31]. É inevitável que a protecção dos direitos humanos vá sempre, de algum modo, contra a ideia de soberania de um estado, já que são impostas regras sobre tratamento dos seus cidadãos, e, se acaso a maior parte das vezes estas regras são aceites pelo mesmo voluntariamente, mormente através da ratificação de tratados, muitas vezes elas são-lhe efectivamente impostas, através da criação do costume internacional que, neste campo, muitas vezes assume a força de jus cogens. Assim, por exemplo, seria impensável que Portugal pudesse argumentar, até alguns meses atrás, com a falta de adesão à «Convenção sobre Prevenção e Punição do Crime de Genocídio» para, impunemente, cometer tal crime[32].

O artigo 55.º prescreve: «Com o fim de criar condições de estabilidade e bem-estar, necessárias às relações pacíficas e amistosas entre as Nações, baseadas no respeito do princípio da igualdade de direitos e da autodeterminação dos povos, as Nações Unidas promoverão: a) A elevação dos níveis de vida, o pleno emprego e condições de progresso e desenvolvimento económico e social; b) A solução dos problemas internacionais económicos, sociais, de saúde e conexos, bem como a cooperação internacional, de carácter cultural e educacional; c) O respeito universal e efectivo dos direitos do homem e das liberdades fundamentais para todos, sem distinção de raça, sexo, língua ou religião.».

[31] A «Convenção sobre Prevenção e Punição do Crime de Genocídio», que entrou em vigor em 12 de Janeiro de 1951, tem actualmente 129 Estados-Partes, sendo Portugal um deles apenas desde o ano corrente; o «Pacto Internacional sobre Direitos Civis e Políticos», que entrou em vigor em 23 de Março de 1976, tem 144 partes e foi ratificado por Portugal em 15 de Junho de 1978; o seu Procolo Opcional, de 1966, que entrou em vigor em 23 de Março de 1976, tem 95 partes e foi ratificado por Portugal em 3 de Maio de 1983; o Segundo Protocolo Opcional, de 1989, que entrou em vigor em 11 de Julho de 1991 tem 37 partes, foi ratificado por Portugal em 17 de Outubro de 1990; o «Pacto Internacional sobre Direitos Económicos, Sociais e Culturais «, que entrou em vigor em 3 de Janeiro de 1976, tem 141 partes e foi ratificado por Portugal em 31 de Julho de 1978. Ver UN. *Multilateral Treaties deposited with the Secretary-General*, ST/LES/SER.E/17, Nova Iorque, 1998. Para informação actualizada sobre a situação dos tratados depositados junto do Secretário-Geral, consultar a morada de internet http://www.un.org/ /Depts/Treaty. Os números de partes referidos são de 16 de Junho de 1999.

Foram apenas exemplificados poucos da longa lista de tratados sobre direitos humanos de que a ONU é depositária. Esta inclui, entre outros, a «Convenção Internacional para a Eliminação de Todas as Formas de Discriminação Racial», de 1966, a «Convenção sobre Supressão e Punição do Crime de Apartheid», de 1973, a «Convenção sobre Eliminação de Todas as Formas de Discriminação contra as Mulheres», de 1979, a «Convenção contra a Tortura e Outros Tratamentos e Penas Cruéis, Desumanos ou Degradantes», de 1984 e a «Convenção sobre os Direitos da Criança», de 1989.

O Direito Humanitário, sobretudo codificado nas Convenções de Genebra de 1949 e nos Protocolos Adicionais de 1977, constitui uma das mais antigas protecções de direitos humanos, neste caso em circunstâncias de guerra.

[32] Situações há em que o confronto entre soberania e protecção dos direitos humanos é particularmente agudo, como são, normalmente, os casos de crimes graves cometidos por indivíduos enquanto detentores do poder. É neste contexto que se inserem as condenações por crimes contra a paz, de guerra e contra a humanidade dos Tribunais de Nuremberga e Tóquio e, mais actualmente, os acórdãos dos Tribunais para a Ex-Jugoslávia e o Ruanda e o pedido de extra-

Anexo 3 111

Para além desta já felizmente tradicional protecção, que, cada vez se torna menos teórica[33], há indivíduos que, pelo desempenho das suas funções, assumem papeis relevantes na cena internacional. Claro que é imediato pensar-se em chefes de Estado e outros membros do aparelho estatal. Raras vezes nos referimos, contudo, a indivíduos que integram delegações a conferências ou, simplesmente, a representantes nas várias Comissões da Assembleia Geral. Neste campo, a experiência que tive nas Nações Unidas convenceu-me da importância fundamental que tem o delegado ou delegada em questão, sobretudo em Comissões de carácter mais técnico (em que as opções políticas estão sempre presentes, mas nem sempre imediatamente visíveis porque encobertas por uma série de conhecimentos que envolvem um vocabulário próprio, conhecimentos estruturais de base, etc), sobretudo se o país que representa tem a flexibilidade própria dos estados de dimensão média ou pequena. O facto é de tal modo conhecido na 6.ª Comissão que se afirma que, por vezes, quando um novo delegado substitui o antigo, é como se o país tivesse mudado e não apenas o representante.

Há, contudo, pessoas que não são representantes estatais mas cuja influência, enquanto indivíduos, é muito grande, como sejam os juízes dos tribunais internacionais, mormente do Tribunal Internacional de Justiça, e, claro, os altos funcionários do Secretariado, encimados, naturalmente, pelo Secretário-Geral.

Quanto aos juízes do Tribunal Internacional de Justiça, a consciência de que a sua actividade seria decisiva para o desenvolvimento do Direito Internacional vem de muito longe e já se aplicara aos seus antecessores do Tribunal Permanente de Justiça Internacional. Fundamentalmente, os receios dos Estados, maxime dos Estados fortes, em relação à imposição de limites à sua actuação reflectiu-se em dois aspectos: o facto de a jurisdição de ambos os tribunais não

---

dição do General Pinochet, que envolve ainda a questão da instância judicial adequada para o julgamento, com a argumentação, por parte do Chile, de que constitui uma ofensa à sua soberania o julgamento por tribunais estrangeiros. Quanto ao último ponto, ver o acórdão da Câmara dos Lordes de 25 de Novembro de 1998, «Regina v. Bartle and Evans (Ex Parte Pinochet)» in www.parliament.the-station9899/ldjudgmt/jd981125/pino09.htm.

[33] A criação de numerosas instâncias internacionais tem tornado esta protecção mais efectiva: não só a nível regional há vários tribunais com jurisdição sobre direitos humanos, mormente, a nível europeu, o Tribunal Europeu dos Direitos Humanos no âmbito da Convenção Europeia sobre Direitos Humanos, de 1959, mas a nível internacional contamos com os já referidos dois tribunais penais, ainda que ad hoc, para os casos da ex-Jugoslávia e do Ruanda, de jurisdição obrigatória, e, em breve, com a constituição efectiva do Tribunal Criminal Internacional. Ver, entre nós, para o Tribunal da Ex-Jugoslávia, o estudo de Mota Campos, João (1996): «A Justiça Criminal Internacional – Novas Perspectivas». *Revista Portuguesa de Instituições Internacionais e Comunitárias*, 2.

Face às repetidas críticas de que o Direito Internacional não seria um «verdadeiro» Direito, maxime por lhe faltarem mecanismos de sanção efectivos, pode hoje contrapôr-se um forte aparelho institucional, do qual se salientam as instâncias judiciais. Para uma reflexão sobre a posição positivista-realista de que o Direito Internacional não seria verdadeiramente «jurídico», ver o excelente artigo sobre os fundamentos gnoseológicos das disciplinas do Direito e das Relações Internacionais de Pureza, José Manuel (1998): «O Lugar do Direito num Horizonte Pós-Positivista». *Política Internacional*, 18:2.

112 *O Direito Internacional Público nos Princípios do Século XXI*

ser obrigatória, apesar dos esforços de, há pelo menos, um século[34], e o facto de se ter estabelecido um complexo processo de eleição dos juízes, com um papel decisivo do órgão político por excelência, hoje o Conselho de Segurança. Na realidade, o processo de eleição provem já do sistema adoptado para o Tribunal Permanente de Arbitragem Internacional, criado pelas Conferências da Paz da Haia de 1899 e1907, e desenvolvido no seguimento de proposta pelo Comité Root--Phillimore, nomeado para o efeito pelo Conselho da Sociedade das Nações[35]. Actualmente, encontra-se consagrado, fundamentalmente, nos artigos 4.º a 12.º do Estatuto do Tribunal, começando pela nomeação pelos grupos nacionais, passando pela votação simultânea no Conselho de Segurança (onde não opera o veto) e pela Assembleia Geral e por um complicado sistema para preenchimento de vagas caso não seja possível uma coincidência de escolhas entre a Assembleia e o Conselho[36]. Contudo, e apesar da intervenção do Conselho de Segurança,

---

[34] Muitos foram os juristas que propugnaram pela jurisdição obrigatória de um tribunal internacional. É interessante ler, como curiosidade, as palavras de Oppenheim, nos princípios do século que agora finda, relativas à nova organização mundial a estabelecer após a I Grande Guerra, em que a jurisdição compulsiva do tribunal aparece como um dos pilares básicos de qualquer ordem que visasse prevenir novos conflitos mundiais, (1919) *The League of Nations and Its Problems – Three Lectures*, Londres: Longmans, Green and Co. As tentativas de tornar obrigatória a jurisdição do Tribunal Internacional de Justiça falharam aquando da redacção da Carta e, apesar dos esforços que se têm vindo a realizar no âmbito do «Comité Especial sobre a Carta das Nações Unidas e sobre o Reforço da Organização», designadamente através de propostas muito menos ambiciosas, como as da Guatemala e Costa Rica, para alargar a jurisdição a organizações não especializadas, não tem havido resultados concretos (as ditas propostas foram retiradas na reunião do Comité de Abril do ano corrente). Os membros permanentes temem, para além da aplicação do Direito às suas políticas nacionais, que o Tribunal venha a exercer uma «revisão jurídica» das deliberações do Conselho de Segurança. Portugal tem sempre defendido o alargamento da jurisdição do Tribunal a organizações e órgãos presentemente por ela não cobertos, o alargamento da competência consultiva (que, na prática, não abarca o Secretariado, representado pelo Secretário-Geral, apesar do teor do n.º 2 do art.96.º, que lhe permite solicitar um parecer desde de que autorizado pela Assembleia Geral) e, finalmente, a obrigatoriedade de jurisdição contenciosa do Tribunal em relação aos Estados. Também o Prof. Freitas do Amaral, aquando da sua presidência da Assembleia Geral, em 1995/96 (50.ª sessão da Assembleia), fez deste último ponto uma das tónicas mais constantes das suas intervenções.

[35] Para pormenores sobre o processo que conduziu ao actual sistema ver, entre outros, Bowett, D.W. (1988). *The Law of International Institutions*. Londres: Stevens & Sons, 260 e segs.

[36] Devido ao grande número de artigos em causa, salientam-se apenas o n.º 1 do art. 4.º, o art. 8.º e os n.ᵒˢ 1 e 2 do art. 10.º Prescrevem os referidos artigos, respectivamente: «Os membros do Tribunal serão eleitos pela Assembleia Geral e pelo Conselho de Segurança de uma lista de pessoas apresentadas pelos grupos nacionais do Tribunal Permanente de Arbitragem, em conformidade com as disposições seguintes.» (n.º 1 art. 4.º); «A Assembleia Geral e o Conselho de Segurança procederão, independentemente um do outro, à eleição dos membros do Tribunal.» (art. 8.º); «1 – Os candidatos que obtiverem maioria absoluta de votos na Assembleia Geral e no Conselho de Segurança serão considerados eleitos. 2 – Nas votações no Conselho de Segurança, quer para a eleição dos juízes, quer para a nomeação da comissão prevista no artigo 12.º [comissão mista composta por 3 membros eleitos do Conselho e 3 da Assembleia, para escolha de nomes para vagas ainda existentes] não haverá qualquer distinção entre membros permanentes e não permanentes do Conselho de Segurança.» (art. 10.º).

Anexo 3 113

houve uma tentativa de manter ao máximo a independência dos juízes, não só pelos tradicionais requisitos pessoais para a sua candidatura[37], pela origem da propositura da mesma nos grupos nacionais[38] e não nos governos de cada Estado Membro e pela ausência de veto nas votações no Conselho. Seria de pensar que, no período que se pretende reforma, tais traços fossem sublinhados e exigidos com reforçado empenho. Entretanto, o que pude observar foi, mais uma vez, precisamente o contrário: o papel dos juízes é visto como uma ameaça e, como resultado, as eleições para o órgão judicial tornaram-se, com a excepção das eleições para os membros não-permanentes do Conselho de Segurança, as mais politizadas de todas, no sentido de que o envolvimento dos aparelhos estatais em todo o processo é verdadeiramente pronunciado, conduzindo, cada vez mais, a que os candidatos sejam pessoas da confiança do regime dos países de que são nacionais.

Contudo, é, talvez, na eleição do Secretário-Geral que mais visível é a reacção dos Estados que mais têm a ganhar com a manutenção da presente ordem a esta nova força que seria o papel reforçado dos indivíduos, enquanto tais, na cena mundial. Nunca foi clara a inserção das funções de um indivíduo numa estrutura em que o monopólio, pelo menos teórico, pertence a entidades estatais e interestatais. Foram muitos os debates na Conferência de S. Francisco sobre os poderes do Secretário-Geral e foi apenas por pressão dos estados que não haviam participado nas negociações anteriores que surge o artigo 99.º, que permite ao Secretário-Geral chamar a atenção do Conselho de Segurança para assuntos referentes à paz e segurança mundiais, poder este antes nunca conferido a um indivíduo, na sua capacidade pessoal e não como representante de um estado[39]. Ora tais pode-

---

[37] Afirma o artigo 2.º do Estatuto: «O Tribunal será composto por um corpo de juízes independentes eleitos sem ter em conta a sua nacionalidade, de entre pessoas que gozem de alta consideração moral e possuam as condições exigidas nos seus respectivos países para o desempenho das mais altas funções judiciais, ou que sejam jurisconsultos de reconhecida competência em direito internacional.». Acrescenta o n.º 1 do art.3.º que «O Tribunal será composto por 15 membros, não podendo haver entre eles mais de um nacional do mesmo Estado.» e afirma o art.9.º que «Em cada eleição, os eleitores devem ter presente não só que as pessoas a serem eleitas possuam individualmente as condições exigidas, mas também que, no seu conjunto, seja assegurada a representação das grandes formas de civilização e dos principais sistemas jurídicos do mundo.».

[38] Os «grupos nacionais» nada mais são que órgãos constituidos por indivíduos nomeados pelos governos, na sua capacidade pessoal, por serem peritos na matéria, pelo que é corrente que sejam compostos por jusinternacionalistas, normalmente académicos ou investigadores, sendo, por vezes, também integrados por juízes de tribunais nacionais superiores.

[39] Afirma o art. 99.º: «O Secretário-Geral poderá chamar a atenção do Conselho de Segurança para qualquer assunto que em sua opinião possa ameaçar a manutenção da paz e da segurança internacionais.». A par deste artigo, vários outros reforçam a figura de um indivíduo com amplos poderes na cena internacional, como seja a elaboração do relatório sobre a Organização que anualmente apresenta à Assembleia e do qual constam, não só as suas perspectivas sobre os assuntos mais importantes e a descrição do desenrolar dos trabalhos sobre eles, mas também chamadas de atenção para pontos particulares e, sobretudo, numerosas sugestões sobre a substância do mesmos e o curso que entende que devem seguir. Assim, por exemplo, em relação a assuntos da 6.ª Comissão, o Secretário-Geral pronunciou-se, em 1996, entre outros, sobre o futuro do Conselho de Tutela, em que, fundamentalmente, apoiou a proposta de Malta para

114   O Direito Internacional Público nos Princípios do Século XXI

res e a figura crescentemente mediática e emblemática do Secretário-Geral em tempos de transição entre ordens, têm sido vistos, por vezes, como uma ameaça pelos Estados que detêm mais poder actualmente, levando a situações como a não renovação do mandato de Boutros-Ghali e aos extremos cuidados na eleição de Kofi Annan, um burocrata com larga experiência na Organização (isto é, um indivíduo que garantiria mais facilmente a resistência contra as «ameaças do exterior» de que tenho vindo falando)[40].

b) *Os movimentos* – Nunca foi confortável a inserção da ideia de autodeterminação numa estrutura estatal, não só porque, conceptualmente, tem potencial para acabar por colidir com o tão acarinhado princípio da integridade territorial, mas também porque o sujeito do próprio direito não se integra na rigidez duma estrutura estatal, já que se trata de um movimento, normalmente com uma base territorial[41]. A própria Carta, baseada, estruturalmente, na divisão estatal do mundo e no respeito pelas fronteiras territoriais, maxime através da proibição do uso da força, deu-lhe apenas um papel menor, sendo que o conceito é apenas referido nos arts. 1.º n.º 2 e 55.º, sem que nunca sejam indicados quais os sujeitos desse direito, as formas que poderia revestir ou a sua compatibilização com a proibição do uso da força[42].

---

o transformar num órgão de protecção de bens que constituam o património comum da Humanidade, mormente o ambiente, e manifestou-se sobre a posição de 3.ºs Estados afectados pela imposição de sanções (art.50.º), com a constituição de um grupo de peritos para dar parecer sobre a situação.

[40] A situação reproduz um pouco o que se passou com Trygve Lie (o antigo Ministro dos Negócios Estrangeiros norueguês que foi o 1.º Secretário-Geral) e Dag Hammarskjold, que tinha um passado ligado à burocracia sueca, mormente ao Banco Central. Lie tinha hostilizado vários dos membros permanentes, devido à sua posição aquando da invasão pela Coreia do Norte da Coreia do Sul e por causa da questão da representação da China. Hammarskjold, ao contrário do esperado pelos seus apoiantes, veio a revelar-se um Secretário-Geral que entendeu as suas funções como tendo uma vertente política muito forte e não apenas um carácter de chefe de uma administração internacional. Veio a pagar a sua espantosa actividade com a própria vida, em Setembro de 1961, quando se dirigia, de avião, para o Katanga, para negociar a paz no Congo.

[41] Para uma análise conceptual da autodeterminação ver Escarameia, Paula (1991). *Formation of Concepts_in International Law: Subsumption under Self-Determination in the Case of East Timor*. Lisboa: Fundação Oriente e (1993):» O que é a Autodeterminação?» *Política Internacional*. 1:.7/8; ver ainda os artigos recentes de Azeredo Soares (1998): «Autodeterminação dos Povos, Uso da Força e Responsabilidade Internacional – Algumas Questões e Poucas Respostas» *Juris et de Jure*, e Galvão Teles, Patrícia (1997): «Estatuto Jurídico de Timor – Case-Study sobre as Relações entre os Conceitos de Autodeterminação e Soberania» *Política Internacional* 15/16.

[42] O n.º 2 do artigo 1.º prescreve: «Os objectivosdas Nações Unidas são: 2) Desenvolver relações de amizade entre as nações baseadas no respeito do princípio da igualdade de direitos e da autodeterminação dos povos, e tomar outras medidas apropriadas ao fortalecimento da paz universal;». O artigo 55.º, por seu turno, refere: «Com o fim de criar condições de estabilidade e bem-estar, necessárias às relações pacíficas e amistosas entre as Nações, baseadas no respeito do princípio de igualdade de direitos e da autodeterminação dos povos, as Nações Unidas promoverão: a) A elevação dos níveis de vida......... b) A solução dos problemas internacionais económicos, sociais ....c) O respeito universal e efectivo dos direitos do homem e das liberdades fundamentais............». O conceito veio, nas décadas de 60 e 70, a ser equiparado, na

Anexo 3

O conceito continua de tal modo controverso que foi o ponto mais difícil de negociar na morosa elaboração da «Declaração por Ocasião do 50.º Aniversário das Nações Unidas», que veio a ser aprovada em 24 de Outubro de 1995 na sessão especial da Assembleia Geral que reuniu Chefes de Estado e de Governo. A Declaração demorou quase dois anos a negociar, tendo sido controverso quase tudo a seu respeito, começando pela sua estrutura, dimensão, aspectos a cobrir, ordem dos mesmos, etc, para além, naturalmente, do que substantivamente é dito sobre cada um dos temas. Acabou por ter uma parte geral introdutória seguida de partes específicas sob as epígrafes da «Paz», «Desenvolvimento», «Igualdade», «Justiça» e «Organização das Nações Unidas»[43]. A questão da autodeterminação, após muitos debates, acabou por ser inserida na parte referente à Paz (ponto 1 da Declaração) e o seu texto é de tal modo circular e conturbado que valerá a pena citá-lo: «1. Para fazer face a estes desafios, e tendo presente que a acção para assegurar a paz, segurança e estabilidade mundiais será fútil se não forem satisfeitas as necessidades económicas e sociais dos indivíduos:... Continuamos a reafirmar o direito de autodeterminação de todos os povos, considerando a situação particular dos povos sob domínio colonial ou estrangeiro ou sob ocupação estrangeira, e a reconhecer o direito dos povos à acção legítima, de acordo com a Carta das Nações Unidas, para efectivarem o seu direito inalienável de autodeterminação. Tal não será interpretado no sentido de autorizar ou encorajar qualquer acção que leve ao desmembramento ou que prejudique, total ou parcialmente, a integridade territorial ou a unidade política de Estados soberanos e independentes que actuem em cumprimento do princípio de direitos iguais e autodeterminação dos povos e, consequentemente, tenham um Governo que represente todo o povo que pertença a um território sem distinção de qualquer espécie;».

As cautelas extremas de que é rodeado este direito e as contradições em que o seu rocambolesco enunciado inevitavelmente cai, são bem o exemplo, não só das dificuldades teórico-conceptuais da sua inserção na presente estrutura, mas

---

prática das Nações Unidas, ao direito à descolonização do colonizador europeu, sobretudo através da aprovação das resoluções 1514 (XV), de 15 de Dezembro e 1541 (XV), de 16 de Dezembro, ambas de 1960. Assumiu, depois, contudo, um conteúdo diferente com a reunificação das Alemanhas, os desmembramentos da União Soviética e da Jugoslávia e a partição da Checoslováquia. Houve sempre situações que não se enquadraram na mera ideia de descolonização em território extra-europeu do colonizador europeu ocidental, com sejam os casos da Palestina, do Tibete, dos Curdos, do Sara Ocidental e de Timor Leste, para referir apenas alguns.

[43] A Declaração é um dos documentos mais fascinantes recentemente produzidos pela Organização, não tanto sob o ponto de vista substantivo do que é afirmado sobre cada tema, em que não haverá grandes novidades, mas pelo que lhe está subjacente, isto é, a organização das matérias, a inserção dos temas em cada parte, o relevo que é dado à necessidade de reforma na consagração da última parte a esse aspecto, e na sua extensão, muito superior à da Declaração aquando do 25.º Aniversário.

O Presidente do Comité de Redacção, em que representei Portugal, era o Embaixador australiano Richard Butler, que ficou mais conhecido pela sua posterior intervenção na questão do Iraque, como chefe da comissão de inspectores da ONU. As negociações foram muito difíceis e a questão da autodeterminação, aliada à questão do terrorismo, quase que fez abortar o trabalho de dois anos, tendo sido resolvida na véspera da aprovação pela cimeira de chefes de Estado e Governo, quando já parecia que qualquer compromisso estaria seriamente comprometido.

116 *O Direito Internacional Público nos Princípios do Século XXI*

também dos perigos reais para o poder estabelecido que a sua efectivação acarreta. Praticamente todos os estados envolvidos nas negociações tinham posições muito determinadas quanto ao tema porque, ou tinham territórios sob sua jurisdição noutros continentes, ou tinham movimentos secessionistas ou pré-secessionistas nos seus territórios continentais, ou consideravam que parte dos seus territórios estavam ocupados por estrangeiros, ou eram aliados de povos dominados que só através deles tinham voz nas Nações Unidas ou tinham disputas antigas quanto a fronteiras, ou ainda por uma série de outras razões.

O que parece importante referir nesta instância é que a autodeterminação foi sempre sentida como uma ameaça ao status quo pelos detentores do poder, não sendo, por isso, de estranhar, que os maiores opositores à referência e desenvolvimento do tema na Declaração tenham sido os «guardiões» da actual ordem, mormente os membros permanentes do Conselho de Segurança e que o tenham feito com muito maior força que aquando da produção da verdadeira «revolução» no conceito, obtida através das resoluções da Assembleia Geral 1514(XV) e 1541 (XV), de 1960.

c) *As Organizações Não-Governamentais* – Como é patente a qualquer um nos dias de hoje, as ONGs desenvolvem uma actividade intensa na cena internacional, cobrindo praticamente todos os sectores e aparecendo ora para colmatar, em campo, sobretudo em situações de crise, as falhas dos actores tradicionais, mormente os Estados, ora para informar a opinião pública mundial de factos que cada vez mais os indivíduos duvidam os Estados possam fornecer de modo objectivo e atempadamente. As ONGs têm vindo a adquirir um peso crescente na estrutura das Nações Unidas, tendo partido apenas da tímida redacção do art. 71.º, que permite ao Conselho Económico e Social «entrar em entendimentos convenientes para a consulta com organizações não governamentais…»[44]. Hoje em dia as ONGs estão fortemente representadas e contribuem activamente sobretudo para os trabalhos das 2.ª e 3.ª Comissões da Assembleia Geral (assuntos económicos e financeiros e assuntos sociais, humanitários e culturais), tendo começado a participar também nos trabalhos da 6.ª Comissão. O seu contributo para a elaboração do Estatuto do Tribunal Criminal Internacional, por exemplo, foi decisivo. Os estudos apresentados pelas principais ONGs neste processo, designadamente a Amnistia Internacional, a Human Rights Watch, o International Lawyers' Committee são, muitas vezes, notáveis, e representam um esforço que

---

[44] O referido artigo prescreve: «O Conselho Económico e Social poderá entrar em entendimentos convenientes para a consulta com organizações não governamentais que se ocupem de assuntos no âmbito da sua própria competência. Tais entendimentos poderão ser feitos com organizações internacionais e, quando for o caso, com organizações nacionais, depois de efectuadas consultas com o membro das Nações Unidas interessado no caso.». Actualmente há mais de 1.500 ONGs com estatuto consultivo junto do ECOSOC, estando divididas em três categorias: I, as que se ocupam da maioria das actividades do ECOSOC; II, as que têm uma competência especializada em certas áreas; as da Lista, que podem ocasionalmente contribuir para o Conselho. As ONGs podem ter observadores nas reuniões do ECOSOC e seus órgãos subsidiários e apresentar intervenções escritas, para além de terem contactos com o Secretariado.

Anexo 3

muito poucas representações governamentais seriam capazes de efectuar por não terem conhecimentos ou meios necessários para os empreender.

Contudo, as ONGs têm, nas Nações Unidas, sobretudo uma actividade de lobby dos delegados governamentais, já que, evidentemente, não participam das reuniões informais onde as decisões são realmente tomadas nem têm qualquer poder de voto[45]. A sua presença é, contudo, muito sentida e, por vezes, muito hostilizada por várias delegações estatais. Para além do sentimento de que, devido ao desconhecimento de como as negociações decorrem na realidade, as suas propostas são por vezes irrealistas, há uma objecção de fundo, às vezes ouvida, de que das ONGs não têm qualquer legitimidade democrática, já que os seus representantes não tiveram como base de apoio uma população que os tenha eleito para o cargo que agora desempenham. Claro que esta objecção não contorna a questão de que muitos dos representantes dos Estados-Membros da Organização também não foram eleitos por processos democráticos, mas o certo é que a lógica da Carta assenta numa divisão estatal (estado este nuclearmente referido a um território) do mundo, conferindo assim uma legitimidade formal a quem quer que represente um Estado. Vivemos, pois, numa época em que é crescentemente incómodo o monopólio dos estados mas em que não há ainda um modelo mais moderno, que os substitua por outras entidades, como associações de indivíduos que partilhem interesses ou características específicas comuns. Assim, como em todas as épocas de transição, tenta-se a coabitação de vários elementos, alguns do sistema vigente, outros de sistemas que talvez um dia venham a vigorar, Esta convivência aparece, de algum modo, traduzida no último parágrafo da «Declaração na Ocasião do 50.º Aniversário das Nações Unidas», na secção referente à própria Organização: «17. Reconhecemos que o nosso esforço comum será mais bem sucedido se for apoiado por todos os actores interessados da comunidade inrternacional, incluindo as organizações não-governamentais, as instituições financeiras multilaterais, as organizações regionais e todos os actores da sociedade civil. Consideraremos bem-vindo e facilitaremos tal apoio, de modo apropriado.».

d) *As Multinacionais* – Num mundo em que a economia e a finança adquirem cada vez maior importância e em que as grandes empresas multinacionais influenciam de modo determinante, não só políticas internas mas também situações internacionais, parece-me surpreendentemente limitado o debate, na ONU, sobre o seu papel. O assunto quase que é tabu, por levantar intermináveis debates entre Estados em vias de desenvolvimento e países da nacionalidade das multinacionais, não tendo sido possível, até agora, regulamentar a sua actividade ou criar um órgão dessa função encarregue. Um reflexo dessa incapacidade reside no parágrafo 17 da Declaração do 50.º Aniversário, agora mesmo transcrito, em que, após longas discussões sobre a sua inclusão como actores internacionais que a ONU apoiaria, as multinacionais foram eufemisticamente nomeadas como «ins-

---

[45] As ONGs não são um corpo uniforme quanto às suas actividades na ONU, designadamente quanto aos métodos de lobbying que usam. As mais consagradas têm normalmente pessoal altamente qualificado e utilizam métodos muito sofisticados, acompanhados pelos seus conhecimentos técnicos, sendo muito mais eficazes, por isso, junto de delegações governamentais.

118 O Direito Internacional Público nos Princípios do Século XXI

tituições financeiras multilateriais», dando impressão, ao leitor mais apressado, que nos referiamos a entidades como o Banco Mundial ou o FMI, quando, na realidade, estas são instituições especializadas do sistema da ONU e não organizações exteriores ao mesmo, que são o objecto do referido artigo[46]. Assim, há a percepção clara de que as multinacionais desempenham um papel determinante nas relações internacionais contemporâneas mas, ao mesmo tempo, há uma tentativa de mediar o conflito com o facto de que a construção teórica é baseada na estrutura estatal mundial, através da visão de que estas organizações pertencem a certos Estados e que estes têm poder de controlo sobre as mesmas, o que nem sempre corresponde à realidade.

Assim, entre muitos outros, como particulares que fazem tráfego de armas ou de narcóticos, a ONU sente a pressão da importância que os actores acima enunciados têm vindo a adquirir e a sua reacção é a da resistência possível aos esforços destes para ocuparem as funções anteriormente desempenhadas pelos Estados, através de uma retórica que os torna coadjuvantes destes e de uma estrutura orgânica que lhes dá, por vezes, algum papel, mas um papel subordinado de dependência. Estas pressões são, naturalmente, mais sentidas pelos Estados com maior poder na ONU, aqueles que mais perderiam com a sua profunda alteração, pelo que são precisamente estes que visam reforçar o seu desempenho na Organização e controlar mais apertadamente os seus destinos.

IV. PROGRESSO NOS TRABALHOS DA ONU

Não gostaria, no entanto, que a breve análise agora feita fosse de algum modo tomada como de desalento face ao trabalho presente da ONU pois tal não corresponderia, de todo, à impressão que colhi durante os anos em que junto dela exerci funções. Pelo contrário, são normalmente os momentos de transição aqueles em que mais se produz e a ONU não é excepção, sendo a actividade que eclodiu após o fim da Guerra--Fria impressionante pela sua riqueza. Relativamente à própria reforma, e apesar da mesma se ter iniciado institucionalmente em 1992, com a criação do Grupo Informal sobre uma Agenda para a Paz, a que outros se seguiram, se acaso ainda se não produziram frutos, também é correcto que a vontade de reforma se não extinguiu, já que presentemente continuam a existir, pelo menos oficialmente, 5 Grupos de Trabalho sobre a Reforma (Grupo Ad Hoc sobre uma Agenda para o Desenvolvimento[47], Grupo de Alto Nível sobre a Situação Financeira das Nações Unidas[48], Grupo Ad Hoc sobre uma Agenda para a Paz[49] – subdividido nos grupos referentes à Diplomacia Preventiva

---

[46] Um dos argumentos utilizados pelo presidente do Comité de Redacção da Declaração para persuadir algumas delegações de ideologia mais anti-capitalista da necessidade de incluir a referência às multinacionais foi o de que tinham sido estas, face à crise financeira da ONU, que tinham suportado quase todos os custos das celebrações do 50.º Aniversário da Organização.

[47] Grupo criado pela res. da Assembleia Geral 49/126 (1994), in A/49/49 (Vol.I).

[48] Criado pela res. da Assembleia Geral 49/143 (1994), ibid.

[49] Criado no seguimento do relatório de Junho de 1992 do Secretário-Geral Butros-Ghali «Uma Agenda para a Paz» (doc. A/47/277; S/24111) e do «Suplemento a uma Agenda para a Paz» (A/50/60; S/1995/1), de Janeiro de 1995.

Anexo 3 119

e Construção da Paz, Questões sobre Sanções Impostas pelas Nações Unidas, Reconstrução da Paz após Conflitos e Coordenação –, Grupo de Trabalho de Alto Nível sobre o Reforço do Sistema das Nações Unidas[50] e Grupo de Trabalho sobre a Questão sobre Representação Equitativa e Aumento de Membros do Conselho de Segurança[51]), não se prevendo a sua extinção enquanto não forem produzidos resultados concretos. Há, contudo, que acrescentar, que a maioria destes Grupos se encontra inactiva, pois, à excepção do Grupo sobre o Conselho de Segurança, os restantes não se reunem há cerca de dois anos, sendo que a única resolução que a presente sessão da Assembleia Geral conseguiu aprovar relativamente aos mesmos foi a res. 53/30, de 23 de Novembro de 1998, que, no seu parágrafo único, reafirma, conservadoramente, a necessidade de qualquer alteração à composição do Conselho de Segurança ou qualquer outro assunto sobre representação equitativa no dito órgão ser aprovada por voto afirmativo de, pelo menos, 2/3 dos Membros da Assembleia Geral.

Noutros campos, contudo, a intensidade dos trabalhos tem conduzido a resultados muito concretos. Assim, no que respeita aos temas jurídicos, a produção de convenções tem sido muito grande: só desde 1995 até 1998, participei na elaboração de duas convenções sobre o terrorismo (sobre ataques bombistas e sobre atentados terroristas nucleares), sobre regulamentação de rios internacionais, sobre variados aspectos relativos ao Direito do Mar e à instituição do Tribunal de Hamburgo e da Comissão de Limites da Plataforma Continental, sobre o Tribunal Penal Internacional, sobre o aumento do número de juízes dos Tribunais da Ex-Jugoslávia e do Ruanda, para além de estudos preliminares e comentários aos trabalhos da Comissão de Direito Internacional sobre futuras convenções na área da responsabilidade internacional dos Estados, da regulamentação da sucessão de Estados quanto à nacionalidade dos indivíduos, sobre reservas a tratados, sobre jurisdição sobre Estados, etc.

Cabe aqui, naturalmente, uma menção especial para o Tribunal Penal Internacional, agora referido, cujo estatuto foi um projecto tão absorvente que seria suficiente para justificar o trabalho de quatro anos[52]. Na realidade, foi um esforço quase homérico conseguir, em quatro anos, o acordo de cerca de 180 Estados sobre um Estatuto que é, ao mesmo tempo, um Código Penal Internacional, um Código de Processo Penal, uma Lei Orgânica de um Tribunal e até, em alguns aspectos, um Regulamento do mesmo.

Mas o que tem levado a esta produção jurídica tão notável da ONU quando a Organização se debate com problemas de renovação e até de legitimação tão sérios como os que foram referidos? Houve sempre características do trabalho da Organização

---

[50] Criado pela res. da Assembleia Geral 49/252 (1995).

[51] Criado pela res. da Assembleia Geral 48/26 (1993).

[52] Para alguns pormenores sobre a negociação, ver o artigo da autora sobre o Tribunal, a publicar brevemente pelo Ministério dos Negócios Estrangeiros, no âmbito das 1.ᵃˢ Jornadas de Direito Internacional, realizadas em 14 e 15 de Janeiro do ano corrente. Para uma análise pormenorizada do processo negocial, ver, entre muitos outros, Bassiouni, Cherif, ed (1997). *The International Criminal Court. Observations and Issues before the 1997-1998 Preparatory Committee; And Administrative and Financial Implications*, Nova Iorque: érès e (1998) *Observations on the Consolidated ICC text before the Final session of the Preparatory Committee*, Nova Iorque: érès, bem como a secção (Janeiro 1999) «Developments in International Criminal Law" do *American Journal of International* Law 93:1.

120   *O Direito Internacional Público nos Princípios do Século XXI*

que me surpreenderam e fascinaram e, muito particularmente no trabalho de criação do Direito Internacional na 6.ª Comissão, os métodos subtis que levaram à aprovação de grande número de textos. Entre eles, sem dúvida que o que mais me impressionou foi o modo como as negociações sobre textos revestem a forma de quase discussões literárias, no sentido de que se procura encontrar um termo que a todos possa satisfazer[53]. Passam-se muitas horas em torno da construção de frases e da escolha de palavras satisfatórias e o progresso é conseguido através de vocábulos sem substância, espécie de «camaleões linguísticos», verdadeiros campeões de adaptabilidade. Em tempos critiquei muito esta tendência da ONU[54] de aparentar progresso através da produção de documentos sem efectividade prática, como forma de justificação da sua existência e de manutenção da mesma à custa de técnicas de auto-sobrevivência. Sem dúvida que esta tendência existe e é muito perniciosa em muitos casos, sobretudo quando os documentos se banalizam pela sua repetição anual, através de resoluções da Assembleia Geral, desconhecidas da população mundial e sem qualquer efeito nas suas vidas reais. No entanto, como já de seguida referirei, estou hoje convencida de que, por vezes, encerra pontos muito profícuos.

Contudo, o que verdadeiramente me surpreendeu na elaboração negocial dos textos jurídicos internacionais, não foi tanto o facto de haver um trabalho linguístico intenso em vez da persuasão de ideias, mas sim o de haver, nos delegados negociadores, a plena consciência de que o seu papel consistia na escolha exacta de palavras, na procura daquilo a que se chama, na gíria das Nações Unidas, a «ambiguidade construtiva». O adjectivo «construtiva» pode, estou hoje convencida disso, não significar aqui apenas o fundamento para a manutenção duma Organização que não consegue produzir substância, mas, ao contrário, e sobretudo depois do findar da Guerra-Fria, com a criação de um aparelho institucional significativo de apoio às várias convenções (vejam-se os casos da complexa orgânica no âmbito da Convenção de 1982 sobre o Direito do Mar, os Comités de Direitos Humanos, os mecanismos convencionais de resolução de conflitos e, sobretudo, a criação dos Tribunais para a Ex-Jugoslávia e o Ruanda e a aprovação do Estatuto do Tribunal Criminal Internacional), o embrião de situações que virão a ser interpretadas por esses órgãos e praticadas pelos Estados, originando uma aplicação concreta dos ditos documentos e contribuindo decisivamente para um Direito Internacional com efectividade reforçada nas nossas vidas[55].

---

[53] Devido a esta característica, é essencial que o nível de inglês dos delegados seja excelente, já que é nesta língua que todas as negociações informais são exclusivamente conduzidas. Infelizmente, a maioria dos serviços no nosso país não está devidamente alertado para este facto.

[54] Ver, sobretudo, *Formation of Concepts...*, já referido.

[55] Numerosos exemplos poderiam ser dados para demonstrar como expressões genéricas e ambíguas acabam por adquirir um sentido mais preciso pelas práticas estatal e organizacional e, até, pela percepção que delas tem a opinião pública. Um exemplo, já antigo, poderia ser o da autodetermiação, que, pela prática do Comité dos 24, veio a centrar-se num sentido relativamente preciso e cheio de potencial para retirada de conclusões concretas. Outros exemplos poderão ser as garantias dos direitos das mulheres e das crianças, através do trabalho de objecções a reservas aos respectivos tratados, feitas por estados ou comités instituidos para receberem relatórios sobre a prática desses estados.

V. CONCLUSÃO

Este pequeno estudo é, fundamentalmente, como o nome reflecte, um testemunho dos quatro anos de negociações jurídicas no âmbito da ONU. Dos mesmos parece-me poder concluir pela importância dos métodos processuais para obtenção do resultado substantivo desejado e, daí, para a necessidade crucial de conhecimento dos mesmos e para a capacidade de propositura de novas regras de procedimento que, parecendo inócuas, trazem, quase que invariavelmente consigo, profundas implicações na resolução concreta das questões; pela energia subjacente, hoje mais rica que no passado recente, que permite a criação de muito do novo Direito Internacional e, com ela associada, a adopção de técnicas linguísticas, como a «ambiguidade construtiva», que permitem o progresso das negociações e deixam as controvérsias concretas para um plano de aplicação e execução do Direito em vez de impedirem sequer o seu nascimento; finalmente, pela importância na manutenção da ONU, aliás bem sentida, sobretudo pelos estados que nela detêm mais poder e pela inevitabilidade da sua reforma, que é pressionada não apenas por outros Estados-Membros da Organização mas por inúmeras forças exteriores à mesma, sendo que uma eventual incapacidade de renovação seria decisiva para conduzir à sua extinção, mais ou menos rápida. Assim, o paradoxo que é referido no início deste estudo terá, de algum modo, que se ir desvanecendo, no sentido, pelo menos a nível institucional, de critérios de maior igualdade de representação e equidade na resolução de problemas reais.

Muito difícil é, contudo, fazer previsões sobre o futuro, em termos globais, da Organização. Se acaso é certo que terá sempre que haver uma estrutura orgânica de grande envergadura que conduza e coordene o notável trabalho na área social, económica e humana bem como, de algum modo, que centralize a produção de Direito Internacional, ou, pelo menos, que funcione como organizadora da mesma, a sua necessidade poderá não ser já tão óbvia noutros sectores, mormente naquele que constituiu a sua raíz basilar, a manutenção da paz e segurança colectivas. Torna-se difícil de imaginar um mundo controlado por uma superpotência que utilize a ONU para legitimar, em nome de todo o planeta, as suas acções. Inevitavelmente, este tipo de atitude conduzirá a um divórcio entre as duas entidades, já visível, e, a longo prazo, ao enfraquecimento de ambas. Como a mudança da realidade político-estratégica mundial é coincidente com o começo de uma alteração de paradigmas jusinternacionalistas e no campo das relações internacionais, designadamente através do relevo de novos actores, anteriormente referidos, o sentido dessa mudança é difícil de prever, sendo provável que, no médio-prazo, ela continue num emaranhado de sentidos e tendências sem bases estruturais que possam previamente conduzir à garantia de determinado resultado.

Sem dúvida, contudo, que tudo o que as Nações Unidas possam fazer para demonstrar que estão alertas a todas estas alterações e que as pretendem acompanhar só pode reflectir-se bem na sua imagem de representantes de povos do mundo que, em última instância, foram os outorgantes da Carta, como esta refere desde a primeira linha do seu Preâmbulo: «Nós, os povos das Nações Unidas, decididos: A preservar as gerações futuras do flagelo da guerra...; A reafirmar a nossa fé nos direitos fundamentais do homem...; A estabelecer as condições necessárias à manutenção da justiça...; A promover o progresso social...; ... resolvemos conjugar os nossos esforços para a consecução desses objectivos. Em vista disso, os nossos respectivos governos... adoptaram a presente Carta das Nações Unidas e estabelecem, por meio dela, uma organização internacional que será conhecida pelo nome de Nações Unidas.». Parece, por isso, que o fio condutor predominante que deverá fazer a transição paradigmática sem quebras é, precisamente, o seu fio legitimador, isto é, a vontade dos povos do nosso mundo, que deverá ser respeitada, sendo o desafio que se nos depara presentemente aquele de saber qual a melhor interpretação dessa vontade e qual a melhor forma de a fazer cumprir.

PAULA ESCARAMEIA
Lisboa, 29 de Junho de 1999

RESUMO

Este artigo reflecte a experiência e reflexão de quatro anos da autora como conselheira jurídica da Missão de Portugal junto das Nações Unidas. Começando por equacionar o paradoxo no actual funcionamento da ONU, isto é, a retórica da necessidade de reforma e o agravar de características de sentido contrário a essa reforma, como a desigualdade efectiva entre estados e a falta de transparência nos trabalhos, o artigo prossegue tentando demonstrar a tese proposta através do aumento real dos poderes do Conselho de Segurança (manutenção da paz, sanções, tribunais ad hoc), do novo jogo de forças na Assembleia Geral (reforço do poder dos membros permanentes, posição única dos Estados Unidos e importância dos novos métodos de trabalho e de tomada de decisão), concluindo com o aventar de hipóteses para tal situação na tensão entre o Conselho de Segurança e a Assembleia e, sobretudo, em causas mais profundas ligadas à importância crescente de novos actores na cena mundial (indivíduos, movimentos, NGOs, multinacionais). O artigo termina com uma nota de esperança face à riqueza do trabalho em áreas como o Direito Internacional, apontando alguns métodos por tal responsáveis e considerando a reforma da Carta imprescindível.

ANEXO 4 (NOTA 48)

O QUE É A AUTODETERMINAÇÃO? – ANÁLISE CRÍTICA DO CONCEITO NA SUA APLICAÇÃO AO CASO DE TIMOR[1]

1. INTRODUÇÃO

O objectivo principal deste artigo é a tentativa de demonstração de que casos como o de Timor Leste podem ser consideravelmente influenciados pela falta de mecanismos de ligação entre experiências pessoais ou de grupo e a ordem jurídica internacional que temos presentemente.

Acho que as causas para tal situação podem ser agrupadas em duas categorias fundamentais, respectivamente de carácter orgânico e conceptual. Por causas orgânicas quero aqui referir-me à organização das estruturas internacionais que temos actualmente (fundamentalmente, estados e organizações internacionais) e aos actos por elas realizados; aquilo a que chamo causas conceptuais significa apenas a ausência de conceitos jurídicos internacionais suficientemente desenvolvidos em termos operativos de modo a estarem aptos a resolver problemas reais. Neste estudo não desenvolverei o aspecto institucional, indo antes analisar a estrutura conceptual do Direito Internacional. Esta opção deve-se, não apenas a limitações de ordem espacial, mas também ao facto de os aspectos conceptuais se prestarem mais facilmente a um desenvolvimento através da doutrina internacionalista, já que a reforma institucional é normalmente conduzida por quem tem poder político, requerendo um grau elevado de consenso nesse campo.

Assim, tentarei apontar brevemente as desvantagens de conceitos jurídicos que são demasiado genéricos e que podem, por isso, abarcar no seu seio realidades extremamente diferentes, catalogadas assim sob um mesmo título. Esta situação produz uma

---

[1] Este artigo corresponde, sensivelmente, à versão portuguesa do capítulo intitulado «The Meaning of Self-Determination» do livro *East Timor – Legal Aspects*, a ser brevemente publicado em Londres pelo CIIR (Catholic Institute for International Relations). Uma síntese do mesmo foi apresentada pela autora na British Law Society (Ordem dos Advogados Británica), em Dezembro de 1992, num congresso patrocinado pelo CIIR e pela Plataforma Internacional de Juristas por Timor Leste. Para o desenvolvimento das ideias expostas, ver, da autora *Formation of Concepts in International Law: Subsumption under Self-Determination in the Case of East Timor*, tese de doutoramento, Harvard Law School, 1988, prestes a ser publicada pela Fundação Oriente.

De notar, ainda, que a tradução de citações da doutrina bem como dos artigos jurídicos invocados, é da responsabilidade da autora.

124 *O Direito Internacional Público nos Princípios do Século XXI*

substituição fundamental: a da lógica das palavras (a retórica que é o resultado de se tratarem palavras como se elas fossem a realidade substantiva) pelo debate dos fins a atingir. Para provar esta tese, escolhi o conceito de autodeterminação, que é o conceito--chave no processo jurídico de Timor Leste.

Poder-se-iam facilmente, no entanto, aplicar os mesmos comentários a outros conceitos jurídicos internacionais, tais como «assuntos internos» ou «soberania», embora o argumento aqui exposto não vá ao ponto de afirmar que esta situação é verdadeira para todos os conceitos jurídico-internacionais ou, ainda menos, pretenda que os resultados práticos sejam sempre tão desastrosos como no caso de Timor. Em vez disso, o que se pretende provar é que esses resultados poderão por vezes sê-lo, o que já é suficientemente perigoso.

A ausência de mecanismos sancionatórios tem sido constantemente apontada como a principal falha da ordem jurídica internacional, sendo esses mecanismos assimilados tradicionalmente a um conjunto de acções coercitivas e não ao controlo sobre o discurso jurídico-internacional utilizado. O que se pretende defender neste estudo, contudo, é que a doutrina poderá criar uma espécie de mecanismo coercitivo através do desenvolvimento de conceitos mais sofisticados que tornarão o jogo da retórica estatal uma tarefa bem mais difícil. Pela importância da doutrina internacionalista como fonte de Direito Internacional, através de investigações como as da Comissão de Direito Internacional ou de ideias como a de Gidel, referente à «zona contígua», ou a de Pardo, em relação ao «património comum da humanidade», pode ser que a sugestão agora feita tenha alguma relevância.

2. O CONCEITO DE AUTODETERMINAÇÃO NA DOUTRINA COMO REPRODUÇÃO DO FACCIONALISMO POLÍTICO

Deste modo, a alteração que aqui é proposta consiste no concentrar de atenções na caracterização de factos sob um nome, a arte da subsumpção. Este processo tornou--se particularmente difícil em Direito Internacinal devido ao papel preponderante dos interesses (sejam estes de carácter político, económico ou outro), cuja diversidade é difícil de conceptualizar sob um nome com implicações operativas. Olhemos, então, para o exemplo do conceito de autodeterminação.

Começando com uma análise das divergências existentes na doutrina, gostaria de salientar três aspectos fundamentais em que os autores têm tomado posições tipicamente diferentes:

a) a aceitação de autodeterminação como um conceito jurídico ao qual os factos na cena internacional poderão subsumir-se;

b) o conteúdo jurídico deste conceito;

c) as implicações a nível operativo que podem ser dele deduzidas.

O primeiro aspecto está relacionado com o que poderá ser chamado uma fase pré--interpretativa[2]; o segundo aspecto diz respeito às difíceis questões relacionadas com

---

[2] O termo é aqui utilizado com um sentido semelhante ao que Dworkin lhe dá na sua análise tripartida da interpretação jurídica: fase pré-interpretativa (identificação das normas a serem interpretadas), fase interpretativa (justificação dos elementos principais na aplicação

Anexo 4 125

recipiente/conteúdo, o que nos leva para além de situações de fronteira ou «penumbra», para utilizar a nomenclatura de Hart[3]; o terceiro aspecto refere-se a questões de coercividade organizada, um problema permanente do Direito Internacional, considerado como fundamental sobretudo por positivistas e pragmatistas mais radicais.

a) A Autodeterminação como Conceito Jurídico – O termo autodeterminação, apesar do seu uso frequente e do número crescente de situações susceptíveis de categorização e de serem objecto de medidas prescritivas, enfrentou sérios obstáculos para ser aceite no mundo dos conceitos jurídicos. Gerald Fitzmaurice ainda argumentava em 1973 que «juridicamente, a noção de um «direito» jurídico de autodeterminação é um contrasenso – (pois pode uma ex hypothesi – uma entidade juridicamente ainda não existente ser a detentora de um direito jurídico?)»[4]. O uso de um raciocínio formalista e historicista como este tem sido dominante entre autores de pendor mais conservador, tendo a atitude sido reforçada pelo pensamento de políticos como Lansing, em afirmações como a que se segue: «...A autodeterminação devia ser esquecida. Não ocupa qualquer lugar no esquema prático dos assuntos internacionais. Já causou desespero, sofrimento e anarquia que cheguem»[5].

A doutrina tem reagido de formas diferentes a diversos aspectos do conceito. Para alguns autores, especialmente sensíveis a considerações de eficácia «o princípio da autodeterminação é um princípio formativo com grande potencial, mas não é ainda parte do Direito Internacional consuetudinário»[6] porque introduz «um elemento incalculavelmente explosivo e desorganizador que é incompatível com a manutenção de uma sociedade estável e organizada»[7] ou, simplesmente «não é um direito da ordem jurídica internacional»[8]. Outros autores sublinham o tipo de consequências que poderá advir do seu uso e fazem depender a existência do conceito desses mesmos resultados: é este o caso da antiga doutrina soviética que defende a natureza jurídica do conceito devido ao papel que este desempenha na manutenção da paz e segurança internacionais[9]. Outros autores dirigem mais a sua atenção para questões de operacionalidade,

---

de tais normas) e fase pós-interpretativa (ajustamentos da prática à justificação de modo que possam ser encontradas as melhores soluções de princípio) – Dworkin, R. *Law's Empire* Harvard University Press, 1986, página 90.

[3] Hart, H.L.A. *The Concept of Law*, Clarendon Press, Oxford, 1961. Nesta obra, a dicotomia núcleo/penumbra (dos conceitos jurídicos) é um dado que o autor utiliza abundantemente.

[4] Sir Gerald Fitzmaurice «The Future of Public International Law» *Livre du Centenaire*, Institut de Droit International, Editions S. Karger S.A., Bale, 1973, página 233.

[5] Lansing, R. «Self-Determination: a Discussion of a Phrase» Saturday Evening Post, May 1921, New York, página 16, citado em Ofuatey-Kodjoe, W. *The Principle of Self-Determination in International Law*, Nellen Publishing Company, Inc., New York, 1977, página 3.

[6] Schwarzenberger *A Manual of International Law* London Institute of World Affairs, London, 1960, página 75.

[7] Emerson, Rupert *Proceedings of the American Society of International Law*, 60th Annual Meeting (1966), página 135, citado por Umozurike, *op. cit.*.

[8] Green, L.C. «Report of the 47th conference of the ILA» (1956), página 58, citado em Umozurike, *Self-Determination in International Law*, Archon Books, Hamden, Conn., USA, 1972.

[9] Starushenko, G. *The Principle of National Self-Determination in Soviet Foreign Policy*, Foreign Languages Publishing House, Moscovo; Vyshinsky *The Law of the Soviet State*, 1948,

126   *O Direito Internacional Público nos Princípios do Século XXI*

fazendo afirmações como a seguinte: «...é duvidoso que possa ser traduzido em normas jurídicas suficientemente precisas para admitirem aplicação judicial»[10], ou apresentam dúvidas quanto ao seu âmbito real[11].

Uma das perspectivas mais correntes em relação ao problema da jurisdicidade da autodeterminação consiste em aceitar uma espécie de evolução de um fim ético que se veio a transformar em jurídico e que foi positivado pela prática do pós-guerra[12]. Deste modo, mesmo que esteja assente que se aceita, nos dias de hoje, após uso apreciável da palavra, que a autodeterminação é normalmente considerada um conceito jurídico em Direito Internacional pela maioria dos autores de variadas facções e zonas do mundo, tem que se admitir que até a clarificação da fase mais básica de interpretação, a fase de pré-interpretação, não reúne ainda um consenso total.

Se olharmos para a doutrina que se debruçou sobre a autodeterminação encontramos uma interligação interessante entre a sua definição e a análise histórica: alguns autores começam com um tipo de conceito que provam através de exemplos escolhidos enquanto outros iniciam-se através duma análise compreensiva da prática internacional da qual retiram o conteúdo do conceito. O resultado corrente deste tipo de análises é a variedade de definições e a falta de operatividade do conceito. Pode argumentar-se que a situação é resultado de divergências políticas profundas que não podem ser resolvidas: no fim de contas, sonhos de uma ciência jurídica exacta são meras memórias de um passado que nunca vingou no campo das relações internacionais, mesmo como simples pretensão teórica.

É assim de esperar que a doutrina soviética tenha defendido a posição da natureza jurídica do princípio de autodeterminação ligando-o à luta contra o imperialismo capitalista e afirmando que «o princípio da autodeterminação é consequência necessária do Marxismo-Leninismo, que está na base das políticas interna e externa da soviéticas.»[13]. Também não é surpreendente que autores de países em vias de desenvolvimento tenham tendência para associar o princípio com a luta anti-colonialista, assimilando-o

---

página 249; Taracouzio *The Soviet Union and International Law*, página 26; Levin *The Principle of Self-Determination of Nations in International Law* Soviet YBIL (1962), página 48; Lachs «The Law in and of the United Nations Organization» Indian J.I.L. (1961), página 432. Todos estes autores são citados em Umozurike, *op. cit*, página 178.

[10] Wright, Quincy *The Role of International Law* (1961), página 28, citado em Umozurike, *op. cit.*, página 179.

[11] Higgins, Rosalyn *The Development of International Law through the Political Organs of the United Nations* Oxford University Press, Londres, 1963, página 103.

[12] Umozurike, U. O. *op. cit.*, é particularmnete claro na formulação da evolução deste princípio, afirmando que era inicialmente uma posição filosófica, posteriormente um objectivo político e presentemente uma norma de Direito Internacional positivo, que recentemente passou a integrar do grupo dos direitos humanos. Esta posição, embora nem sempre expressa claramente, é seguida pela maioria dos autores contemporâneos.

[13] Starushenko, G. *op. cit.*, página 10. O autor acrescenta: «Se bem que haja alguns autores ocidentais que a reconhecem, negam, contudo, que tenha um carácter obrigatório e defendem tratar-se de um princípio político e não jurídico. Para além do mais, os autores ocidentais ignoram completamente o papel decisivo da União Soviética na formulação do princípio de autodeterminação e no seu reconhecimento como princípio de Direito Internacional.» – página 9.

Anexo 4

à secessão de territórios metropolitanos e advogando a necessidade do conceito de auto-determinação económica[14].

É também de esperar que os autores ocidentais tenham tido a tendência, sobretudo nos primeiros tempos, para negar a existência de um princípio cujas consequências poderiam ser a criação de mini-unidades inviáveis[15] e, mais tarde, para realçar as limitações do princípio de autodeterminação em passagens como a que se segue: «Longe de se tratar de um princípio absoluto, o seu exercício implica o respeito por outros princípios tais como o de soberania, integridade territorial e respeito pelos direitos humanos fundamentais.»[16].

Alguns sectores da doutrina têm, contudo, criticado esta politização de definições e sugerido que a única solução para sair desta situação de falta de consenso consiste na análise empírica da prática estatal e das Nações Unidas da qual se retirariam conclusões acerca da eventual natureza jurídica do princípio e do conteúdo do mesmo. Este tipo de atitude está claramente exposto na posição intelectual de Ofuatey-Kodjoe, que, após detecção dos sintomas do problema, afirma que «...a autodeterminação pauta-se por ser uma das mais confusas expressões do léxico das relações internacionais». E continua prescrevendo a solução para o problema: «Esta falha fundamental resulta de que, salvo muito poucas excepções, os autores começam a análise do princípio já equipados com a sua própria definição de autodeterminação, que deriva não da prática da comunidade internacional mas de uma dedução a priori de doutrinas políticas. Deste modo, a doutrina só contribuiu para tornar maior a confusão reinante sobre o princípio de autodeterminação. O resultado desta confusão é que se torna muito difícil manejar efectivamente as reivindicações contraditórias e as contra-reivindicações que têm vindo a ser invocadas por variados grupos.»[17]

---

[14] Como consequência da pressão dos novos estados nas Nações Unidas, esta última posição foi reconhecida em documentos tais como a resolução 626 (VII) de 12 de Dezembro de 1952 – Soberania dos Povos sobre os seus Recursos Naturais e Riqueza e Cooperação no Desenvolvimento de Países em Vias de Desenvolvimento; resolução 1803 (XVII) de 14 de Dezembro de 1962 – Soberania Permanente sobre Recursos Naturais; e Pactos Internacionais sobre Direito Humanos, 1966, artigo 1.

[15] Cobban, Alfred *National Self-Determination* The University of Chicago Press, Chicago, 1944. Este autor serve-se sobretudo da experiência do pós-Guerra e defende a necessidade pragmática de limitar a autodeterminação: «Praticamente toda a gente, incluindo o próprio Wilson, reconheceu que a autodeterminação só poderia ser aplicada em certas circunstâncias. Contudo, estas pessoas são responsáveis por não terem tornado esta posição mais clara nos seus depoimentos públicos. É difícil encontrar qualquer afirmação pública do direito de autodeterminação em que este esteja adequadamente qualificado. A opinião pública, que apreende apenas os grandes princípios, não estava de certeza alertada para as limitações que viriam a ser colocadas na prática na Conferência da Paz.» (página 46). Conclui o autor mais adiante: «... o princípio da autodeterminação provou não ser aplicável na prática. Parece, além disso, ter sido auto-contraditório em teoria.» (página 56).

[16] Umozurike, U.O., *op. cit.*.

[17] Ofuatey-Kodjoe, W. *The Principle of Self-Determination in International Law* Nellen Publishing Company, Inc., New York, 1977, Prefácio, página VII.

O que proponho neste estudo é, contudo, qualitativamente diferente do que acabou de ser referido, embora ambas as teses tenham uma raíz comum. O que se defende leva em conta considerações éticas na formação da norma, rejeitando a redução a um mero empiricismo baseado

Contudo, a incerteza existe não tanto por causa da associação do conceito com um determinado significado, mas sim porque quase todos os juristas inevitavelmente tentam criar teorias compreensivas. Da série imensa de factos confusos e variedade histórica, insistem na classificação de aspirações gerais em vez de situações factuais, subsumindo assim uma multiplicidade de realidades a uma só palavra. O resultado é a aplicação do mesmo nome a atitudes dos revolucionários franceses dos finais do séc. XIX, às reivindicações das nacionalidades europeias antes da 1.ª Guerra Mundial, às lutas anti-coloniais em África e Ásia, particularmente evidentes nos anos 60, às mais recentes invocações de autonomia por minorias dentro da estrutura de um estado ou à independência de territórios contíguos na Europa. O resultado final é que não existe uma base verdadeira para acordo (ou desacordo) porque não há uma conexão clara entre um conjunto de factos e um conceito jurídico.

Esta situação é praticamente a mesma que existiria se não houvesse melhores instrumentos para usar nos tribunais internos que os conceitos de «democracia» ou de «privacidade». É fácil de ver as dificuldades que adviriam para a solução duma disputa contratual, por exemplo, se apenas dispusessemos das referidas noções. A passagem duma invocação sociológica, política ou histórica para uma jurídica, traduzida num conceito legal, no sentido de conceito com algum poder prescritivo, ainda não foi conseguida. A consequência é que a falta de entendimento neste campo é causada pela multitude de situações que estão a ser analisadas sob o mesmo título.

Concluindo, pois, a questão centra-se em que, mesmo que haja acordo sobre a natureza jurídica do conceito, convicção esta largamente partilhada nos dias de hoje pela maioria da doutrina[18], continuam a existir muitas divergências quanto ao conteúdo e sentido da autodeterminação. Este ponto conduz-nos à segunda parte deste artigo, referente ao conteúdo do princípio de autodeterminação, deduzido de variadíssimas reivindicações de grupo, de revoluções, plebiscitos, decisões de organizações internacionais, atitudes de estados, padrões de voto, etc. De todas essas invocações, identificou-se e catalogou-se o fim da «liberdade do jugo de outrem». Vejamos então como foi analisado o decurso histórico para termos chegado a tal resultado conceptual.

b) O Conteúdo Jurídico da Autodeterminação – Pode discutir-se, numa situação concreta, se a relação ente duas pessoas poderá ser chamada contratual embora haja acordo sobre a questão de que a ideia de contrato está traduzida num conceito jurídico e de que há certas características não controversas que tipificam esta instituição. Ambos os aspectos, contudo, estão ausentes no caso da autodeterminação. O primeiro aspecto foi objecto da subsecção anterior – olhemos agora para o segundo e tentemos identificar

---

na observação de soluções propostas para os problemas surgidos na ordem internacional. Este ponto de vista defende ainda que, mesmo que estas posições políticas fossem mais uniformes, a operacionalidade do conceito jurídico continuaria a estar em causa. As divergências de convicções contribuem para agravar o problema mas não são a causa profunda da falta de eficácia da prescrição normativa.

[18] Lauterpacht «Some Concept of Human Rights» 11 Harvard L. J. (1965), páginas 270--271; Higgins, *op. cit.*; Brownlie *Principles of International Law*, 1966, página 484; Korowicz *Introduction to International Law: Present Concepts of International Law*, Haia, 1959, página 285; Nawaz «The Meaning of the Range of the Principle of Self-Determination» Duke University L.J. (1965), página 99, bem como todos os autores soviéticos anteriormente referidos.

Anexo 4 129

a causa das divergências radicais entre sectores no que diz respeito ao conteúdo do princípio de autodeterminação.

É corrente que a análise realizada pelos jusinternacionalistas comece por estudos históricos e que cubra o período que vai da Revolução Francesa até aos nossos dias. Esta tendência é, de facto, mais visível nos escritos dos autores ocidentais, já que a antiga doutrina soviética considerava a autodeterminação como um corolário da teoria Marxista-Leninista e estabelecia uma distinção nítida entre o princípio burguês das nacionalidades, predominante durante o séc. XIX, e o princípio proletário da autodeterminação, inaugurado pela revolução russa. Nas palavras de Starushenko, «O estado soviético foi o primeiro a proclamar o princípio de autodeterminação como fundamento das relações internacionais e a dar um exemplo prático de como é que o mesmo devia ser realizado.»[19].

Centrando-nos agora na tradição ocidental, é de assinalar que não sejam dadas praticamente nenhumas razões para explicar a escolha da Revolução Francesa como o ponto de partida consensualmente aceite em termos genéricos. Nos raros casos em que alguma razão é dada, parece haver uma assimilação do conceito de autodeterminação a ideias de democracia. Nas palavras de Cobban, «...o povo passou ele próprio a ser a autoridade suprema, o único princípio activo no estado. Passou de um papel de sujeito para o de soberano... Segundo as novas ideias nacionais e democráticas, o povo deixou de ser um resíduo de indivíduos considerados atomisticamente: tomou forma, fez-se um todo, foi chamado a Nação, passou a ser o detentor da soberania e a ser identificado com o estado. A teoria revolucionária de que um povo tinha o direito de estabecer a sua própria constituição e de escolher por si próprio o seu governo alargou-se facilmente à invocação de que tinha o direito de decidir por si próprio se queria estar ligado a um estado ou outro, ou se se queria constituir em estado independente. O efeito da ideologia revolucionária foi a transferência da iniciativa de constituir um estado do governo para o povo.»[20].

De vez em quando, a autodeterminação é assimilada a ideias de cariz sócio-psicológico, só possíveis pela autoconsciência despertada através de escritos de autores iluministas como Locke e Rousseau e concretizada pela primeira vez pelas revoluções liberais do séc. XVIII. Tal é a posição de Ronen, que afirma que a ideia de autodeterminação é motivada pelo desejo de liberdade em relação ao governo de outros e ao ganhar de controlo sobre si mesmo. Esta atitude é reflexo de um pendor intelectual individualista: a autodeterminação é vista essencialmente como um direito humano de cada indivíduo que, não obstante, precisa, por razões conceptuais e pragmáticas, de ser realizado por comunidades que tornam activos alguns factores unificadores como a língua, a cultura, a religião ou a etnicidade. Este ponto de vista leva também a relacionar directamente o termo com os fins expressos na Revolução Francesa, fazendo esquecer outros elementos que se tornaram historicamente muito relevantes nos tempos que se seguiram. Deste modo, podemos constatar como o ponto de partida é essencial

---

[19] Starushenko, *op. cit.*, página 10. Esta afirmação de prioridade é muito contrariada por outros sectores que consideram a Revolução Francesa como o ponto de partida e o presidente americano Woodrow Wilson como o primeiro estadista a referir a expressão «autodeterminação» com um sentido jurídico.

[20] Cobban, *op. cit.*, página 5.

130   O Direito Internacional Público nos Princípios do Século XXI

para estas teses, pois é ele que apresenta aquilo que elas invocam (a realização de uma identidade) na sua forma mais pura.[21]

Apercebendo-se de como a maioria dos autores dos princípios do século XX tinha lidado com o conceito, isto é, apresentando uma definição e extraindo corolários da mesma, grande parte da doutrina contemporânea concorda em olhar para a prática das principais estruturas internacionais para desta extrair o núcleo do significado da auto-determinação. Contudo, o que é certo é que, se acaso os factos nos levaram a aceitar o conceito como jurídico, eles pouco têm contribuido para clarificar o seu conteúdo. Deste modo, o que se tem passado é que a doutrina tem acumulado uma quantidade imensa de factos sob a égide de um mesmo conceito. É por isso que a decisão por parte do 3.º estado de se declarar a si próprio a Assembleia Nacional Francesa, em Versalhes, a 17 de Junho de 1789, ou o ataque à Bastilha, em 14 de Julho desse ano, são compa-rados aos levantamentos dos Magiares e dos Checos enquanto minorias oprimidas no Império Austro-Húngaro, ao sistema de mandatos da Sociedade das Nações, à ocupação por Hitler da zona do Reno em 1936, ao sistema de tutela e ao regime dos territórios não autónomos no seio da ONU, à luta dos negros na Rodésia e na África do Sul, à tentativa de secessão do Biafra, à resistência armada em Timor Leste, ao desmembra-mento da União Soviética e da Jugoslávia, e assim por diante.

O «truque» utilizado para unificar tão divergente realidade reside apenas no con-centrar no fim geral, o propósito final destas acções, equacionado assim gerericamente com «liberdade de opressão» ou expressão similar. Esta construção conduz, contudo, a um dilema inevitável, porque, ou se afirma o motivo em termos tão gerais como os anteriores, caindo-se então na contradição de se escolher um ponto de referência, 1789, que surge como arbitrário (por que não aplicar o conceito também às revoltas dos es-cravos no Império Romano ou às lutas religiosas do período medieval europeu?) ou se escolhe um motivo específico, a ser interpretado segundo um certo propósito político com algum reconhecimento institucional, e caimos num conceito que tem apenas capa-cidade para retratar uma situação específica, deixando de lado todas as restantes rea-lidades que nele se não podem enquadrar.

Outro tipo de perspectiva em relação a este problema consiste na caracterização de vários géneros de autodeterminação. A tipologia varia consoante os autores, mas inclui normalmente alguma forma de teoria nacionalista, predominante durante o século

---

[21] Ronen, Dov The Quest for Self-Determination Yale University Press, New Haven, 1979. Ao analisar a autodeterminação sob uma perspectiva sócio-psicológica, este autor expõe uma tese muito interessante (apesar de nem sempre se encontrar totalmente fundamentada) ao apontar a falta de naturalidade das mais básicas estruturas sócio-políticas e das características unificadoras das comunidades. Assim, afirma que, «…devemos tomar como dados somente duas entidades humanas básicas: os indivíduos e toda a humanidade. Todas as entidades entre estas duas… são formações arbitrárias criadas pela nossa percepção de nós próprios face aos outros.» (página 9). Mais adiante, sublinha: «A procura da autodeterminação, uma ideia associada a liber-dade e não a um termo jurídico, é fundamentalmente uma procura individual» (página 22) por-que, entre outros aspectos, «… o estado é uma digressão, uma aberração, fundado, em muitos casos, como resultado de guerras.» (página 113). Ao criticar o pensamento comunista, com a sua inerente dinâmica de grupo, Ronen afirma: «Os seres humanos fazem activar uma ou mais das suas identidades, não para formar grupos, mas sim para conseguir obter fins aos quais chamamos propósitos ou aspirações. O actor histórico não é o grupo, mas a causa; os grupos não causam revoluções; a causa, a aspiração é que sim.» (página 70).

Anexo 4

XIX e princípios do XX, bem como, provavelmente, nos dias que hoje correm, que usa como critério as características objectivas de um grupo ou a vontade subjectiva das pessoas em causa, apurada por forma plebiscitária; uma categoria de identidade de minorias, baseadas estas em aspectos étnicos ou culturais; uma categoria do tipo colonialista, baseada apenas em factores políticos ou também noutros factores partilhados pelas teorias anteriores.

Existe, assim, uma verdadeira amálgama, não apenas de factos mas também de ideais, que são, entre outros, a possibilidade de ter uma voz no governo de um estado, o desejo de unir os destinos de povos que sentem que as similitudes entre eles podem ser um factor de promoção de interesses comuns dentro duma mesma estrutura política e o fim de alargamento territorial, tendo em vista a partilha de estruturas políticas ou um modo de reforçar a ligação a uma comunidade nacional. Ora todos estes fins são profundamente distintos.

Não deixa, por tudo isto, de ser irónico o tipo de conclusões a que por vezes alguns autores chegam (precisamente aqueles que se embrenharam neste estranho esforço de criação teórica), de que a autodetermiação deveria ser considerada apenas um conceito político porque o seu conteúdo e sujeitos são demasiado vagos para serem definidos[22]. Na realidade, toda esta indeterminação é precisamente o resultado de uma doutrina que parece nunca questionar a sua premissa inicial de que as situações acima referidas deveriam ser categorizadas como autodeterminação. No fim de contas, porque é que «... Longe de se expressar exclusivamente através da independência, como no caso da Guerra de Independência dos Estados Unidos, a autodeterminação também se expressa através de governo próprio genuíno, como no caso da Revolução Francesa»[23]? Será que alguém é capaz de detectar algum elemento comum nestas duas situações para além da necessidade de libertação em relação aos que são percebidos como «outros» e será que tal elemento pode constituir um conceito jurídico com conteúdo, eficácia, autoridade e coercividade[24]?

Se prosseguirmos na análise história só veremos a confirmação desta tendência. A 1.ª Guerra Mundial é um ponto alto neste esforço de racionalização, já que o termo se torna corrente e aparentemente reflecte o desejo unitário de pessoas tão diferentes como as dos Estados Unidos Wilsonianos e as da Rússia Bolchevique. Embora nem Wilson, no seu discurso de 14 Pontos ao Congresso, em 8 de Janeiro de 1918, nem Lenine, em 1896, na Segunda Internacional, ou no «Decreto da Paz», de 8 de Novembro de 1917, tenham especificado qualquer dos vários conceitos (ou, melhor, sub-conceitos) dentro da ideia de autodeterminação, tais como «povos», «nações» ou «territórios», a doutrina insistiu em subsumir estes dois esforços a uma mesma categoria[25].

---

[22] Tanto Rigo Sureda, Andres *The Evolution of the Right of Self-Determination – A Study of the United Nations Practice*,A. W. Sijthoff, Leiden, 1973, como Umozurike, *op. cit.*, chegam a esta conclusão, embora ambos venham mais adiante a defender que o conceito passou de uma pré-fase de natureza filosófica ou política para uma fase em que tem natureza jurídica devido à clarificação que lhe foi dada pela prática pós-2.ª Guerra Mundial.

[23] Umozurike, *op. cit.*, página 22.

[24] A terminologia é emprestada de Fiss, Owen «Objectivity and Interpretation» 34 Stanford Law Review 739-763, 1982.

[25] O 5.º ponto de Wilson refere-se à questão das colónias e prevê «Um ajuste livre, aberto e absolutamente imparcial de todas as reivindicações coloniais, baseado no cumprimento estrito

132   *O Direito Internacional Público nos Princípios do Século XXI*

Não é por isso surpreendente que o sistema de mandatos da Sociedade das Nações, a ser aplicado, segundo o artigo 22 do Pacto, a alguns dos povos do império turco e aos das colónias alemãs, tenha sido considerado como uma realização do princípio de autodeterminação pelas potências ocidentais mas qualificado por Lenine como «... o primeiro caso na história mundial de legalização de um roubo, escravatura, dependência, pobreza e fome.»[26]. Não obstante, a doutrina jusinternacionalista continuou a insistir numa nomenclatura uniforme. A panaceia para todos os males, isto é, o salto do campo político para o jurídico, passou a ser visto formalisticamente como o acordo dos estados, revelado sobretudo em documentos como o Pacto da Sociedade, leis internas ou declarações de princípio.

É assim que, por exemplo, Starushenko afirma: «Mas o reconhecimento generalizado de um princípio político não o transforma num princípio de Direito Internacional. Para ser como tal reconhecido, precisa de ser sancionado tacitamente (prática habitual) ou por tratado multilateral (prática convencional) pela maioria dos estados, incluindo as Grandes Potências que são as principais responsáveis pelos destinos do mundo. Consequentemente, um princípio político pode tornar-se um princípio de Direito Internacional pelo acordo comum dos estados. Isto também se aplicou à reclamação pelas nações do direito à autodeterminação.»[27].

Esta atitude processual domina a doutrina, apesar das divergências políticas entre os autores: parece existir um tipo de máquina mágica algures que transforma ideais em normas de Direito através da simples redacção de documentos. Passa assim a ter importância secundária o facto de alguns jusinternacionalistas verem a autodeterminação como uma emanação das nações enquanto unidades histórico-culturais que partilham laços linguísticos, territoriais, psicológicos e económicos que promoverão o princípio do internacionalismo proletário através da união voluntária entre elas, ou que outros conotem a autodeterminação com direitos humanos individuais ou colectivos e incluam neste esquema conceptual tudo o que a prática dos actores internacionais mostrou ser um resultado viável, identificando assim o «dever ser» com o «ser».

Este método de percorrer várias instâncias como solução para um problema ocorre frequentes vezes em situações em que se pretende eliminar um assunto que intuitivamente se apresenta como insolúvel ou de muito difícil resolução: a escola cepticista actual apontaria para as contradições internas do princípio como causa para esta situa-

---

do princípio de que, ao regular todas estas questões, a soberania de interesses da população em causa tem que pesar o mesmo que as reivindicações equitativas do governo cujo título estará por definir-se»; o «Decreto da Paz» bolchevique prescreve: «De acordo com o sentido de justiça dos democratas em geral e da classe trabalhadora em particular, o governo considera a anexação ou tomada de territórios estrangeiros como a incorporação de uma nação pequena ou fraca num estado grande ou poderoso sem que tenha havido o consentimento ou o desejo precisa, clara e voluntariamente expresso por essa nação, independentemente do momento em que essa incorporação forçada ocorreu, do grau de desenvolvimento ou atraso da nação anexada pela força a um estado ou por este mantida coercivamente dentro das suas fronteiras ou, finalmente, do facto de essa nação estar na Europa ou no distante ultramar.» – citado por Starushenko, *op. cit.*, página 89.

[26] Lenin, V.I. *Collected Works* 4th Russian ed., vol. 31, página 199, citado em Starushenko, *op. cit.*, página 137.

[27] Starushenko, *op. cit.*, página 87.

Anexo 4 133

ção. A autodeterminação seria vista como um conceito que engloba em si proposições internamente conflituantes tais como a asserção da dignidade individual (presente no pensamento de Montesquieu, Locke e Kant, entre outros) que se opõe à visão colectivista dos laços exteriores de unificação (constante na perspectiva de Lenine e de Wilson). Alternativamente, esta conflitualidade poderia ser caracterizada como a contradição inerente entre uma ordem internacional estável cujas unidades (os estados) são considerados teoricamente iguais e o surgir de novas entidades (grupos, nações, movimentos) cuja existência é estranha ao actual status quo[28].

Mas voltemos novamente ao ponto em que estavamos quando deixamos a evolução histórica do conceito: a 1.ª Guerra Mundial. Nesse momento, pelo menos dois tipos fundamentais de propósitos e factos já tinham sido subsumidos ao mesmo título sem que para tal qualquer necessidade lógica ou, muito menos conceptual, apontasse. Deste modo, o erro não é tanto que «...os autores começaram a análise do conceito já equipados com definições de autodeterminação retiradas de teorias políticas ou de princípios ideológicos»[29] mas antes que a estrutura interna do conceito é ela mesma insustentável, como instrumento jurídico, por ser demasiado centralizada.

O mundo pós-Versalhes associou pela primeira vez a paz internacional à autodeterminação e apresentou-nos uma estrutura mundial composta fundamentalmente por fronteiras estáveis na Europa, protecção dos direitos das minorias e um sistema de mandatos de territórios anteriormente ligados às potências derrotadas. Esta situação foi essencialmente derivada duma situação de pós-guerra, de tal modo que, mesmo os jusinternacionalistas que defendem a análise empírica como forma de descoberta do conteúdo conceptual, nunca chegam ao ponto de defender a conclusão paradoxal de que os povos das colónias alemãs tinham o direito de autodeterminação, sob uma forma ou outra, enquanto os povos do império colonial britânico, por exemplo, não o tinham. A assimilação do Direito à prática é, sem dúvida, um processo perigoso para determinação de conteúdos jurídicos.

Para além disto, parece ser impossível conciliar as tendências empiricistas com a crítica das acções estatais que é frequente na doutrina. Sureda, por exemplo, utiliza o método de estudo da prática internacional como descoberta das normas internacionais mas, sem nos oferecer qualquer critério para tal, aponta situações em que os estados não seguiram precisamente aqueles princípios que a sua acção devia revelar. Assim, por exemplo, ao referir-se ao período que se seguiu à 1.ª Guerra Mundial e à posição de

---

[28] Ver, v.g. Berman, Nathaniel «Sovereignty in Abeyance: Self-Determination in International Law» manuscrito, J.D. thesis, Harvard Law School, 1986. O autor afirma: «A acusação de que a autodeterminação é um conceito manipulável por natureza, um conceito que, na realidade dos factos, tem efectivamnete sido manipulado cinicamente para fins políticos, passa ao largo do jogo fundamental de centralização e de descentralização que o próprio conceito pratica sobre si mesmo.» (página 43).

[29] Ofuatey-Kodjoe, *op,. cit.*, página 11. Este autor considera que o artigo 38 n.º 1 do Estatuto do Tribuanl Internacional de Justiça é fonte quanto ao âmbito e conteúdo dos princípios de Direito Internacional. Classifica as teorias dos autores que não seguiram o critério enunciado em três categorias: a teoria do nacional-determinismo (toda a nação devia ser um estado – dominam os factores objectivos), a teoria plebiscitária (as pessoas deviam decidir a que governo querem pertencer – predominam os factores subjectivos) e a teoria da igualdade nacional (todas as nações deviam atingir um estatuto de igualdade soberana).

134 *O Direito Internacional Público nos Princípios do Século XXI*

Lloyd George quanto ao alargamento do princípio de autodeterminação aos habitantes das colónias alemãs, Sureda critica a posição dos Aliados: «O que eles fizeram foi recompensar aliados fiéis como os polacos, os checoslovacos e os jugoslavos, demonstrar severidade para com os inimigos conquistados como os turcos e os alemães, e tentar estabelecer um novo equilíbrio de poderes respeitando a integridade russa.»[30].

A etapa histórica seguinte que veio acrescentar um novo conteúdo ao princípio foi o movimento de descolonização após a 2.ª Guerra Mundial. Se estes sucessivos significados tivessem progredido de um modo que permitisse que o posterior apagasse o que o precedeu ou se originassem esferas distintas, o consenso teórico teria talvez sido possível seguindo um processo semelhante ao que surge no Direito Interno, em que se não confunde a noção romana formalista de contrato de compra e venda com a definição presente no Código de Napoleão nem o conceito de divórcio na Arábia Saudita com o que existe em Itália, por exemplo. Contudo, não sucedeu assim com a autodeterminação. O que aconteceu é que as reivindicações descolonizadoras e os movimentos a favor dos direito humanos acabaram também por integrar esta tão generosa estrutura conceptual.

A Carta das Nações Unidas consagrou, após debate demorado sobre a autodeterminação aquando da Carta do Atlântico (Agosto de 1941) e na Conferência de Yalta (Fevereiro de 1945), o princípio da autodeterminação nos artigos 1 e 55, estabelecendo um sistema de tutela e um regime para territórios não autónomos (Capítulos XI e XII). A autodeterminação viria posteriormente a ser reafirmada em variadas resoluções da Assembleia Geral e no artigo 1 dos dois Pactos Internacionais de Direitos Humanos de 1966.

Foi a resolução da Assembleia Geral n.° 648 (VII) de 10 de Dezembro de 1952, que, pela primeira vez, se ocupou do assunto, definindo o que se entendia por «povo sem governo próprio», por que processos poderia exprimir a sua vontade, quem eram os vinculados por essa deliberação e quais os resultados compatíveis com a autodeterminação (independência, associação ou autonomia política). A resolução n.° 637-A (VII) estabeleceu a ligação entre os capítulos XI e XII e o artigo 1 e clarificou aspectos processuais, apontando para plebiscitos como meios a utilizar na prossecução de governo próprio total ou independência. A Declaração de Concessão de Independência a Povos e Países Colonizados (resolução n.° 1514(XV)) apelou à independência imediata dos povos colonizados e poderá ser considerada como uma interferência política no traçado do caminho de elaboração jurídica, se acaso for de aceitar este tipo de dicotomia, mas a resolução n.° 1541 (XV) é um esforço enorme para a definição do sujeito do direito de autodeterminação e dos modos que este direito poderia assumir.

Mas mesmo que se tome uma atitude drástica e se limite a aplicabilidade da palavra «autodeterminação» à prática que foi dominante nos anos 50, 60 e 70, como resultado das resoluções da Assembleia Geral, acima referidas, podem ainda sentir-se os efeitos das assimilações de conteúdo feitas anteriormente. A liberdade individual e a determinação das nações aparecem misturadas e reduzidas uma à outra embora pertençam a categorias diferentes, já que a primeira se baseia numa entidade ontológica e a segunda numa estrutura construida para promover interesses comuns. A ameaça colocada pelo princípio da autodeterminação a uma ordem estadual estabelecida está pa-

---

[30] Rigo Sureda, *op. cit.*, página 96.

Anexo 4 135

tente na série de resoluções referida (e, evidentemente, ainda muito mais na prática subsequente), no debate continuado sobre a questão independência/associação/ integração, etc. Esta tensão é ainda mais visível com a inserção do direito de autodeterminação no artigo 1.º dos dois Pactos das Nações Unidas sobre Direitos Humanos. Sob a capa de uma aparente afirmação de autodeterminação como uma questão estatal, o que se nos depara é realmente um novo sentido da palavra pelo contexto em que se encontra, isto é, inserida em documentos que prescrevem soluções legais primariamente visando as necessidades dos indivíduos ou de grupos não identificados.

Mas o desenvolvimento histórico do princípio e a sua associação com as situações de colonialismo levou a mais assimilações que vieram reproduzir mecanismos de subsumpção anteriores, provavelmente devido, sobretudo, à falta de definição de «povos» no capítulo XI da Carta da ONU e à necessidade de precisão no sistema de relatórios criado pelo artigo 73 e). Devido ao predomínio da conotação que foi feita entre autodeterminação e anti-colonialismo, a identificação entre os dois termos veio a dar-se mesmo em situações que factualmente representavam realidades diferentes, como são os casos, por exemplo, da Palestina ou da África do Sul. Como veremos mais adiante, esta conotação teve também um impacto negativo no caso de Timor Leste.

Na situação presente do mundo, após a efectivação maciça da descolonização, parece que a autodeterminação começou novamente a ser identificada com o princípio das nacionalidades, como nos primeiros tempos do nosso século, ou com algum grau de autonomia constitucional (aquilo a que se chamou «autodeterminação interna»). Esta tendência visa a existência de diferenças dentro da estrutura estadual e foi proposta desde os primeiros tempos da revolução bolchequive e da sentença judicial do caso da Ilhas Aaland[31].

Podemos assim constatar que houve novamente uma mudança nos tempos actuais, sendo disso exemplo a unificação das Alemanhas, o desmembramento da ex-União Soviética e da ex-Jugoslávia e a separação entre e República Checa e a Eslováquia, entre outros. Mesmo assim, a doutrina continua a persistir na sua tendência para categorizar estas novas situações sob o mesmo conceito, ainda que a questão das fronteiras territoriais tenha sido abandonada e substituída por noções psíquico/históricas de divisão[32].

---

[31] Trata-se de um dos primeiros casos relativos a esta temática, decorrente de um conflito entre a Finlândia e a Suécia que surgiu em 1917 quando a Finlândia se tornou independente da Rússia. As ilhas em causa tinham sido cedidas pela Suécia à Rússia em 1809 mas a população expressou o desejo de se unir à Suécia quando a Finlândia se tornou independente. Devido à oposição por parte da Finlândia, o assunto foi levado ao Conselho da Sociedade das Nações, que pediu uma opinião à Comissão de Juristas quando à questão da sua competência. O caso foi muito controverso e a conclusão apresentada foi a de que um plebiscito se devia realizar – League of Nations Official Journal Suppl. n.º 3 Outubro de 1920.

[32] Uma nota sobre a questão das fronteiras e os novos estados africanos, que rejeitaram a reprodução, dentro do seu espaço territorial, de acções semelhantes às que foram realizadas contra as potências coloniais. Tendo em vista a salvaguarda da estabilidade política e a necessidade de desenvolvimento económico, a autodeterminação foi assimilada a um momento cronológico e a algumas reivindicações contra a colonização. Esta atitude, passível de ser condenada segundo o ponto de vista da moral política ou de considerações referentes a direitos humanos, traduz uma estratégia viável na teorização dos problemas, já que recusa a aplicação do mesmo conceito a situações factuais distintas. A ser seguida teoricamente, clarificaria muito do esforço conceptual da doutrina jurídico-internacional. Ver *OAU – Basic Documents and Resolutions, Resolutions*

136   *O Direito Internacional Público nos Princípios do Século XXI*

Após termos percorrido este processo histórico e geográfico, acabamos com definições muito gerais de autodeterminação cujo conteúdo demasiado pleno as torna inoperacionais. Assim, por exemplo, para Umozurike a autodeterminação engloba praticamente tudo, pois é «O direito de todos os povos de decidir do seu futuro político e de realizar livremente o seu desenvolvimento económico, social e cultural. Politicamente manifesta-se através da independência, bem como do governo próprio, a autonomia local, a fusão, a associação, ou alguma outra forma de participação no governo. Aplica-se tanto externa como internamente para garantir um governo democrático e a ausência de opressão interna ou externa. Assim, o princípio da autodeterminação é tão relevante para povos de territórios dependentes como para os de territórios independentes.»[33]. Estas considerações levam-nos ao último dos pontos anteriormente referidos, a questão da operacionalidade.

c) As Implicações Operativas do Conceito de Autodeterminação – Que implicações operativas podem ser deduzidas do conceito de autodeterminação na forma como é actualmente entendido pela doutrina internacional? É necessário um esforço teórico muito grande para transformar em princípios operativos declarações de Wilson como a de que «Os povos não devem ser transferidos de uma soberania para outra por uma conferência internacional ou por uma acção entre rivais e antagonistas. As aspirações nacionais devem ser respeitadas; actualmente os povos devem ser escolhidos e governados somente quando derem o seu consentimento. A «autodeterminação» não é uma mera frase. Trata-se de um pricípio de acção imperativo que os estadistas não podem ignorar daqui por diante sem correrem riscos.»[34].

Embora seja tradicional neste ponto incluir questões de coercividade em sentido físico, tais como a existência de forças armadas internacionais, abster-me-ei de o fazer, não só por partilhar a opinião de que o vínculo entre a coercibilidade e o uso organizado da força não é essencial na ordem jurídica internacional, mas também porque, sobretudo, mesmo que a premissa enunciada fosse um pré-requisito, limitações de ordem teórica, que é o assunto que aqui nos ocupa, continuariam a existir como causas fundamentais para a falta de realização prática do princípio.

É óbvio que as medidas propostas pela doutrina para a criação de conceitos analíticos dentro da estrutura da autodeterminação, tais como a identificação de sujeitos ou dos fins e das medidas consequentemente propostas para os realizar (como, por exemplo, o uso de plebiscitos, o uso da força, a determinação do que são as «unidades com poder decisório», etc) reflectem frequentes vezes parcialidade política e são incapazes de gerar um consenso. Esta situação, aliada à obcessão com a coercibilidade, pode levar a perigosos argumentos formalistas e até mesmo circulares: «Negar o carácter internacional dos conflitos resultantes da efectivação do direito de autodeterminação é negar a existência de compulsividade internacional no caso deste direito. E já que não

---

and Recommendations of the Second Ordinary Session of the Council of Ministers, Lagos, Nigéria, 24-29 de Fevereiro de 1964, onde se afirma que todos os estados membros deviam respeitar a integridade territorial de outros estados e aceitar as fronteiras actualmente existentes.

[33] Umozurike, *op. cit.*, página 3.

[34] Wilson, Woodrow – Discurso ao Congresso «Quatro Princípios Adicionais» de 11 de Fevereiro de 1918, citado em Ofuatey-Kodjoe, *op. cit.*, página 75.

Anexo 4 137

existe nenhuma norma jurídica sem coercibilidade, a negação da natureza internacional do conceito em questão corresponde à negação do próprio direito de autodeterminação.»[35].

A produção de documentos não serve para colmatar esta incapacidade operacional. São numerosos os textos deste tipo, e, mesmo que nos situemos apenas no período pós-2.ª Guerra Mundial, eles incluem a Carta do Atlântico, a Declaração da Europa Livre, a Carta da ONU, numerosas resoluções da Assembleia Geral e várias declarações, dois Pactos de Direitos Internacionais, a Carta da OUA, a Carta do Pacífico, os documentos de Bandung, a Declaração de Belgrado e assim por diante.

A operatividade de um conceito parece residir na relação entre ele próprio e as subnormas que dele se podem inferir. Duncan Kennedy descreveu este processo como a sensação de que o conceito geral tem em si implícitas várias subregras concretas[36]. Quando os autores nos fornecem definições de autodeterminação como premissa para uma conclusão pré-determinada, as subnormas são inevitavelmente parciais e não são normalmente seguidas na prática. Se, pelo contrário, as definições são formadas a partir de estudos empíricos da prática internacional, acabam por também não ter efeitos operativos pois só podem ser logicamente aplicadas retroactivamente, pois atitude contrária só seria possível se se considerasse que a prática passada era superior hierarquicamente aquelas em questão no momento. Devia evitar-se tanto o sectarismo ideológico como o empirismo em relação a um conceito susceptível de ser facilmente associado com exemplos paradigmáticos que podem servir de linhas de força para famílias de situações que estão relacionadas de perto com eles: ora parece-me que isto só é possível através de um processo de descentralização conceptual, que será exposto mais adiante.

Poder-se-ia argumentar em sentido contrário à proposta teórica agora apresentada afirmando que a questão verdadeira da interpretação e realização dos conceitos reside no contexto em que estes estão inseridos e nos interesses que eles promovem. Poder-se--ia defender que a raíz dos problemas em Direito Internacional reside naquilo a que Lon Fuller chamou a falta de uma «comunidade de fins» nas relações internacionais[37]. Estou longe de afirmar que este não seja um problema em Direito Internacional e posso mesmo admitir que as deficiências processuais possam ser ultrapassadas por interesses conjuntos partilhados que levem, finalmente, a resultados operativos. Estou aqui simplesmente a tentar provar que há outras falhas na estrutura jurídica internacional e que a doutrina pode muito mais facilmente colmatá-las do que pode propor ideologias harmonicamente partilhadas por todos os povos do mundo. Ainda está por provar a tese de que o esforço conceptual será suficiente para alterar a situação, mas penso que, seguramente, se pode defender que se trata pelo menos de um requisito de mudança.

---

[35] Starushenko, *op. cit.*, página 224.

[36] Kennedy, Duncan «The Rise and Fall of Classical Legal Thought 1850-1940» manuscrito, Harvard Law School, 1975, citado em Singer, Joseph W. «The Legal Rights Debate in Analytical Jurisprudence from Bentham to Hohfeld» 6 Wisconsin Law Review, página 1015, 1982.

[37] Fuller, Lon «The Forms and Limits of Adjudication» retirado de 92 Harvard Law Review 353-409, Dezembro de 1978. Escrevendo no período de guerra fria, este autor defende a necessidade de desenvolvimento de um propósito comum nas relações internacionais, baseado, não no sentimento negativo de medo de um holocausto, mas nos vínculos positivos de reciprocidade entre os povos.

138 *O Direito Internacional Público nos Princípios do Século XXI*

Para além disso, tento provar também aqui a interligação que existe entre estes dois aspectos e os resultados negativos que «conceitos contestados»[38] têm na aceitação substantiva de fins comuns. Olhemos para as consequências que parte da doutrina tem retirado da autodeterminação: a multiplicação de faccionalismos é patente. A ideologia marxista apresentou a autodeterminação como sendo, em última instância, a libertação do proletariado da opressão dos proprietários dos meios de produção. Consequentemente, concluiu que a autodeterminação se aplica a todos os povos, consiste no direito de secessão estatal, vista como um meio para obtenção dos fins da classe trabalhadora, e que necessariamente pressupõe uma igualdade factual entre as nações, isto é, não apenas na esfera jurídico-política mas também nas áreas cultural e económica[39].

As teorias de igualdade nacional, que foram muito correntes durante o século XIX e princípios do XX, e que, como já foi referido, estão a renascer em força nos dias que correm, voltando provavelmente a ser dominantes a breve trecho, estão centradas na ideia de que todas as comunidades não-soberanas que partilhem laços comuns como os do território, língua, economia, etc, têm direito a uma igualdade soberana em relação a todas as outras nacionalidades. As conclusões em termos operacionais, obtidas na prática pelas minorias da Europa central e oriental nos princípios do século e, de certo modo, pelos soviéticos, entre outros, são as de que a autodetermiação pode ser atingida através de esquemas de autonomia regional dentro do estado, através de federação com outras nacionalidades (tal como na formação da União Soviética), pela criação de um estado independente (como ao tempo das unificações da Alemanha ou da Itália) ou, já nos nossos dias, pela secessão de um estado que anteriormente as compreendia (como nos casos recentes de várias repúblicas da ex-União Soviética ou da ex-Jugoslávia).

Por seu turno, outras teorias, que partem de raízes étnicas e de adesão a ideais de independência, conduzem à afirmação do direito de cada grupo étnico de formar um estado que deverá, por consequência, ser etnicamente homogéneo. Este tipo de teorias, avançadas desde Fichte, veio posteriormente a ser grandemente desacreditado, não tanto pela questão da falta de fronteiras claras entre as etnias, mas sobretudo porque estas teses foram acusadas de não serem democráticas, já que a inclusão de um indivíduo numa colectividade estava apenas dependente da questão étnica. Mesmo assim, foram um instrumento jurídico útil para justificar acções como a incorporação da Alsácia na Alemanha ou as actuais acções dos Sérvios ou dos Sudaneses.

Por outro lado, as teorias que assentam basicamente na eficiência e justiça dos princípios democráticos defendem a utilização de métodos que possam mostrar a ligação subjectiva entre a pessoa e o estado em causa e concluem advogando a necessidade da realização de plebiscitos para validar as transferências territoriais. Como é frequentemente difícil estabelecer em termos reais aquilo que constitui um «povo», estas teorias levam assim à substituição de um princípio de carácter substantivo por um de carácter processual (a auscultação dos potenciais interessados).

Para além das referidas, ainda há teorias que se encontram especificamente ligadas aos movimentos anticoloniais de África e da Ásia e que se baseiam em critérios de identificação racial, cultural ou mesmo continental e que propõem a secessão territorial

---

[38] Este termo é emprestado de Dworkin, Ronald «Hard Cases» 88 Harvard Law Review 1057, página 1080, Abril de 1975.

[39] Starushenko, *op. cit.*.

quando esses critérios estão presentes, mas a mera autonomia, na melhor das hipóteses, quando eles estão ausentes. Foram elas que forneceram a justificação para acções como a invasão de Goa pela República Indiana em 1961 e para a repressão dos Ibos na Nigéria em 1970.

Concluindo, pode constatar-se que esta confusão teórica conduz-nos à justificação de quase qualquer tipo de acção na cena internacional. Os artigos 1 n.º 2 e 55 e os Capítulos XI e XII da Carta da ONU[40], bem como todos os outros documentos internacionais, parecem impotentes na resolução desta situação. O desespero poderia mesmo levar-nos a juntarmo-nos a Eagleton na sua reductio ad absurdum quando se refere à falta de clareza do princípio de autodeterminação: «...parece que confere a cada ser humano o direito de se tornar um país independente.»[41].

De qualquer modo, a questão persiste: como é que se pode transformar uma aspiração num conceito jurídico e como é possível deduzir dele normas de comportamento? Como se consegue estabelecer o nível de generalidade (ou, inversamente, de pormenor) exigido pela eficácia sem cairmos no caos duma multiplicidade de situações distintas? (questão esta relacionada com a operacionalidade do conceito). Por outro lado, como é possível exprimir de modo fiel as aspirações e propósitos sem os transformar em meros aspectos técnicos desprovidos de toda e qualquer conotação emocional? (questão esta relacionada com a jurisdicidade do princípio).

Para alguns autores, a autodeterminação aparece como uma monstruosidade jurídica por não possuir um sujeito tradicional, tendo por isso rejeitado a sua natureza legal; outros, talvez porque as contradições internas surjam como igualmente monstruosas, apresentam-nos a estrutura do termo como «destruida» e afastam qualquer possibilidade de progresso, rejeitando também a sua jurisdicidade. Ainda outros aceitaram a natureza jurídica do princípio mas apresentam interpretações tão distintas, provenientes tanto de crenças políticas como do registo analítico dos factos, que tornaram a sua utilização na prática quase que impossível. Entretanto, os povos do Sara Ocidental, da Papua Ocidental, de Chipre, do Tibete, de Timor Leste, entre tantos outros, não encontram solução para os seus problemas. Esse remédio pressupõe, no mínimo, um aparelho jurídico desenvolvido.

---

[40] O artigo 1.º n.º 2 prescreve: «Os objectivos das Nações Unidas são:...

2. Desenvolver relações de amizade entre as nações baseadas no respeito do princípio da igualdade de direitos e da autodeterminação dos povos, e tomar outras medidas apropriadas ao fortalecimento da paz universal;».

O artigo 55.º afirma: «Com o fim de criar condições de estabilidade e bem-estar, necessárias às relações pacíficas e amistosas entre as Nações, baseadas no respeito do princípio da igualdade de direitos e da autodeterminação dos povos, as Nações Unidas promoverão:

a) A elevação dos níveis de vida, o pleno emprego e condições de progresso e desenvolvimento económico e social;

b) A solução dos problemas internacionais económicos, sociais, de saúde e conexos, bem como a cooperação internacional, de carácter cultural e educacional;

c) O respeito universal e efectivo dos direitos do homem e das liberdades fundamentais para todos, sem distinção de raça, sexo, língua ou religião.»

O Capítulo XI intitula-se «Declaração relativa a territórios não autónomos» e o Capítulo XII «Regime internacional de tutela».

[41] Eagleton, Clyde «Self-Determination in the United Nations» 47 American Journal of International Law 88, 1953, página 91.

140   O Direito Internacional Público nos Princípios do Século XXI

3. OS VÁRIOS SIGNIFICADOS DE AUTODETERMINAÇÃO

Comecemos pela análise dos principais documentos da ONU referentes à questão da autodeterminação em geral para prosseguirmos depois com o estudo da aplicação de tais ideias pela mesma Organização ao caso particular de Timor Leste. Tanto num aspecto como no outro, a interrogação motriz subjacente pode ser expressa da seguinte maneira: o que está por detrás da estranha evolução da série de resoluções da ONU relativas a Timor Leste nas quais modificações de vocabulário empregue, padrões de voto e exclusão de afirmações anteriores não tiveram qualquer base substantiva, isto é, não foram determinadas pela mudança da situação factual no território? Colocando a questão mais claramente, porque é que o mesmo conjunto de factos – luta entre duas facções, vitória de uma delas, guerra de guerrilha contínua pela outra, violações generalizadas dos mais básicos direitos humanos – puderam originar respostas tão diversas por parte dos actores internacionais ao ponto de o assunto cair no esquecimento? Porque é que há, como mostrarei mais adiante, um padrão de mudança nas resoluções aprovadas pela ONU referentes a Timor, patente na transformação da questão da autodeterminação em questão dos direitos humanos e sequentemente em meros mecanismos processuais?

Quando o caso de Timor Leste foi pela primeira vez apresentado na Assembleia Geral, em Dezembro de 1975, este órgão já se encontrava equipado com uma longa série de declarações e resoluções relativas à autodeterminação, apesar da afirmação do direito ser apenas muito timidamente enunciado na Carta da ONU. Como já foi mencionado anteriormente, este princípio é referido apenas no artigo 1.° n.° 2 («relações de amizade entre as nações baseadas no respeito do princípio da igualdade de direitos e da autodeterminação dos povos») e no 55.° («condições de estabilidade e bem-estar, necessárias às relações pacíficas e amistosas entre as Nações, baseadas no respeito do princípio da igualdade de direitos e da autodeterminação dos povos»). Numa primeira abordagem, parece, por isso, que a autodeterminação seria um mero ingrediente das relações amistosas entre as nações e que teria, consequentemente, um papel subsidiário em relação aos princípios fundamentais do mundo do pós-guerra.

No entanto, a Assembleia Geral desenvolveu a ideia de autodetermiação de uma maneira inesperada em numerosas resoluções e declarações. Para além disso, como foi observado de modo crítico por vários autores[42], o caminho que foi seguido foi o resultado de uma nova vontade política internacional (as reivindicações do 3.° Mundo que aspirava à independência dos colonizadores ocidentais) que não era necessariamente aquele que se apresentava como corolário dos ideais identificados nos artigos acima referidos.

---

[42] Blay, S.K.N. «Self-Determination versus Territorial Integrity in Decolonization» 18 New York University Journal of International Law and Politics 441 (1985-86); Charpentier, Jean «Autodétermination et decolonisation» Le Droit Des Peuples à Disposer D'Eux-Mêmes *Mélanges Offerts à Charles Chaumont* Editions A. Pedone, Paris, 1984; Pomerance, Michla *Self--Determination in Law and Practice* Martinus Nijhoff publishers, Haia (1982) e «Self--Determination: The Metamorphosis of an Ideal» 19 Israel Law Review 310 (1984); Swan, George Steven «Self-Determination and the United Nations Charter» Notes and Comments 22 Indian Journal of International Law 264 (1982).

Anexo 4

Na realidade, toda a lógica da Carta assenta na prioridade que é conferida à manutenção da paz como pilar fundamental da ordem mundial, sendo a prevenção do uso da força o modo principal de atingir tal fim[43]. Por outro lado, a Carta foi redigida partindo do pressuposto de que a estrutura mundial se baseava em unidades que são os estados, e não em associações ou movimentos, e que essa estrutura se mantinha constante.

Contudo, se for levada às suas últimas consequências, a autodeterminação pode ir demolindo estas duas ideias, isto é, o fim da paz mundial como princípio dominante e a presente estrutura estatal[44]. Por tudo isto, a Carta foi cautelosa ao ponto de apresentar a autodeterminação como um princípio menor, sujeito às restrições dos princípios fundamentais ou a ser assimilado por ideias de democracia interna ou de igualdade formal entre os estados.

Assim, para a Carta, a autodeterminação é como que um auxiliar para obtenção do fim da manutenção da paz internacional, que é conseguida sobretudo através da proibição do uso da força nas relações internacionais. Para além disso, também desempenha um papel relativamente à ideia de igualdade soberana entre estados porque apenas unidades autodeterminadas podem estabelecer relações com unidades similares. Por fim, contribui igualmente para situações de democracia interna dentro de cada estado e, por esse meio, reforça a paz mundial, porque há a crença de que unidades democráticas são mais estáveis. Concluindo, parece ter sido retratado na Carta como um instrumento de reforço da estrutura estatal que temos.

Contudo, a ideia de autodeterminação encerrava um potencial imenso para abarcar tipos de reivindicações muito diferentes e, naturalmente, foi apropriada pela forte vontade política anti-colonial do pós-guerra. O processo foi, no entanto, hesitante e criou muitas contradições difíceis de justificar porque o conceito jurídico de autodeterminação tem em si a capacidade inerente para cobrir inúmeras reivindicações de outro tipo que não o colonial, não podendo ser satisfatoriamente confinado apenas a este campo específico. Para além disso, todos os seus outros significados continuaram a interferir com o fim da descolonização, originando incompatibilidades teóricas e as consequentes invocações de injustiça política, como veremos mais adiante.

---

[43] Pomerance, artigo citado, página 310, salienta, de um ponto de vista algo conservador, a arbitrariedade do significado dado ao princípio pela Assembleia Gearl: «Na ONU, a autodeterminação é vista pela maioria como uma espécie de «supernorma», um princípio que foi retirado da área política e de moralidade e ascendeu ao pináculo das normas jurídicas. De acordo com este ponto de vista, até mesmo o núcleo da Carta da ONU, o princípio da proibição da ameaça ou uso da força nas relações internacionais (Art.2 n.º 4) poderá vir a ser ultrapassado em nome do mais sagrado «direito de autodeterminação»».

[44] Charpentier, no artigo citado, realça este aspecto de modo particularmente claro, referindo-se à dinâmica da autodeterminação: «A soberania é certamente necessária para que os Estados se não imiscuam nos assuntos internos de outros, mas é um conceito estático: conserva aquilo que existe, não faz progredir o que já foi conseguido. O direito dos povos – assimilados aos Estados – é, pelo contrário, uma noção dinâmica, que justifica as reivindicações dos povos no alvorecer da sua independência.» (página 131). O autor acaba concluindo que «povos» foi tomado, na prática, como sinónimo de «estados», já que apenas os factores objectivos, tais como ter sido sujeito à colonização europeia, foram considerados como excepções ao conceito de «sujeito» da ordem mundial. Concluindo, o jurista afirma: «As considerações feitas não implicam que o direito dos povos a dispôr deles próprios não exista. Isto seria negar o que é evidente. Apenas se quer salientar que este direito só se exerce através do Estado.» (página 130).

142 *O Direito Internacional Público nos Princípios do Século XXI*

Para assimilar a autodeterminação ao direito jurídico de descolonização foi necessário estabelecer uma relação entre os artigos 1 n.° 2 e 55 da Carta da ONU, por um lado, e os Capítulos XI (Territórios Não Autónomos), XII e XIII (Sistema de Tutela e Conselho de Tutela)[45]. A autodeterminação passou a ser aplicada a territórios em relação aos quais a Carta, no máximo, mencionava apenas «governo próprio».

Como já foi referido, este processo de assimilação começou timidamente com a resolução da Assembleia Geral n.° 648 (VII) intitulada «Factores que devem ser tomados em consideração ao decidir se um Território é ou não um Território cujo povo não tenha ainda atingido uma forma completa de governo próprio»[46], devido à necessidade prática de determinar quais os países que estavam obrigados a transmitir informação acerca de territórios sob a sua administração de acordo com o prescrito no artigo 73 e). Esta resolução foi seguida, cerca de um ano depois, pela res. 742 (VIII) e seu anexo[47] que se referia novamente, duma forma algo vaga, aos factores que deviam ser levados em conta ao considerar-se se um Território tinha atingido um governo próprio. Neste documento, e em termos paritários, a autodeterminação surge como podendo ter a sua concretização através da independência, de outros sistemas de governo próprio ou de associação com outro país (incluindo a metrópole), como parte integrante, admitindo--se ainda a possibilidade de outras formas.

Entre estas duas resoluções, a Assembleia Geral aprovou a resolução 637 (VII), intitulada «O direito dos povos e nações à autodeterminação», que utiliza o termo «autodeterminação» pela primeira vez[48]. A autodeterminação surge-nos aqui como um requisito para «a realização completa de todos os direitos humanos fundamentais» e como uma necessidade «para reforçar a paz mundial», embora seja precisamente a compatibilidade destes dois fins, a paz mundial e a autodetermiação, que parece mais problemática, como já foi referido. O conteúdo desta resolução especifica apenas que a realização do direito de autodeterminação envolve «um governo próprio completo ou a independência». Pode já notar-se aqui que factores alheios ao esforço da descolonização começam a interferir no processo de especificação do conteúdo da ideia de autodeterminação. O conceito é apresentado como um direito humano, o que evoca o sentido liberal de democracia, bem como um requisito para a paz, o que reforça a legitimidade da presente ordem mundial. Estas tendências viriam a estar sempre presentes em documentos posteriores.

Apesar da sua importância, estas resoluções foram apenas uma espécie de introdução ao documento fundamental que iria colocar a autodeterminação como o conceito

---

[45] Deste modo, Swan, George, *op. cit.*, página 267, tece o seguinte comentário: «É apenas em relação aos Territórios sob Tutela que a Carta menciona o objectivo da independência. Tem sido afirmado que existe uma incoerência em referir a independência no Capítulo XII mas não no Capítulo XI. A diferença foi intencionalmente estabelecida. De qualquer modo, foi só indo muito para além da letra limitativa do Capítulo XI (Declaração sobre Territórios Não-Autónomos) que os anti-colonialistas na Assembleia Geral tentaram aplicar princípios semelhantes aos do Capítulo XII a todos os territórios dependentes.»

[46] *United Nations Resolutions* Series I, vol. IV (1952-1953) compilado e editado por Dusan Djonovich, Oceana Publications, Inc. Dobbs Ferry, New York, 1984, página 119.

[47] A res. 742 tem também como título «Factores que devem ser tomados em conta ao decidir se um Território é ou não um Território cujo povo não tenha ainda atingido uma forma completa de governo próprio» e o seu anexo «Lista de Factores». *Ibid*, página 194.

[48] Resolução da Assembleia Geral n.° 637 (VII). *Ibid*, página 113.

Anexo 4 143

de transição chave da ordem mundial: a resolução 1514 (XV), intitulada «Declaração de Concessão de Independência a Países e Povos Colonizados».

Esta resolução estabeleceu nexos causais entre as ideias de autodeterminação e paz mundial, mediando, assim, a contradição latente entre estes dois objectivos, vindo a ser finalmente aprovada (sem nenhum voto contra e apenas 9 abstenções) pela Assembleia Geral, em 1960[49]. A autodeterminação, como direito humano fundamental, é conotada com a luta anti-colonialista: «A Assembleia Geral... Proclama solenemente a necessidade de acabar, rápida e incondicionalmente, com todas as formas e manifestações de colonialismo.».

Não restam dúvidas de que estamos, pela primeira vez após a 2.ª Guerra Mundial, a viver um período em que houve um alargamento significativo do âmbito tradicional da ideia de autodeterminação. Foi precisamente este aspecto que levou Emerson a afirmar que esta Declaração era uma «virtual revisão da Carta, considerando qualquer tipo de colonialismo como ilegítimo, o que não acontecia pelo Art. 73 do Capítulo XI (Declaração sobre Territórios Não-Autónomos) da Carta, aceite pelos anti-colonialistas, que constituem hoje a maioria na ONU, no sentido de lhes conferir novos poderes.»[50]. Um tal tom «revolucionário» é, contudo, temperado pelo parágrafo 6 (integridade territorial)[51], embora seja feito um esforço para apresentar estes dois princípios como compatíveis e não como contraditórios. Na realidade, cada um destes princípios exclui, de algum modo, o outro, porque a autodeterminação assume frequentemente a forma de direito a secessão territorial, sendo até esse mesmo o sentido mais comum que teve no período da descolonização.

No dia seguinte ao da aprovação da resolução 1514, a Assembleia Geral aprovou a resolução 1541 (XV), «Princípios que devem orientar os Membros ao determinarem se existe a obrigação de transmitirem a informação exigida pela alínea e) do Artigo 73 da Carta», relativa, mais uma vez, ao dever de transmitir informação, estatuído no artigo 73[52]. Os critérios baseiam-se, primariamente, no facto de o território em causa ser «geograficamente separado e distinto étnica e/ou culturalmente do país que o admi-

---

[49] *United Nations Yearbook* 1960, página 48. Abstiveram-se a Austrália, a Bélgica, a República Dominicana, a França, Portugal, a Espanha, a União Sul Africana, o Reino Unido e os Estados Unidos da América.

[50] Emerson, Rupert *Self-Determination Revisited in the Era of Decolonization* Harvard University Center for International Affairs, Occasional Papers in International Affairs no.9, Dezembro de 1964, página 29.

Pomerance defende uma posição similar, no artigo citado, concluindo, após notar que na Carta nunca se garante o direito de autodeterminação a todos os povos nem se considera o colonialismo como violação dos direitos humanos ao ponto de se admitir que o uso da força contra territórios coloniais seja permitido pelo artigo 2 n.º 4, o seguinte: «Por último, e talvez seja este o ponto mais importante, através da utilização de uma linguagem prescritiva, a Declaração sugere que a Assembleia Geral é competente para rever a Carta como entender, sem se ater ao processo de revisão adequado.» (página 318).

[51] O referido artigo afirma:

«...6. Qualquer tentativa que vise a destruição parcial ou total da unidade nacional e da integridade territorial de um país é incompatível com os propósitos e os princípios da Carta das Nações Unidas.»

[52] *United Nations Resolutions* Series I, vol. VIII (1960-1962) compilado e editado por Dusan Djonovich, Oceana Publications, Inc., Dobbs Ferry, New York, 1984.

144 *O Direito Internacional Público nos Princípios do Século XXI*

nistra.». O governo próprio, por seu turno, pode admitir as formas de independência, livre associação ou integração num estado independente.

Contudo, a síntese final entre os ideais de paz internacional, liberdade, cooperação e desenvolvimento e de governo próprio por povos colonizados é atingido apenas pela consagração da autodeterminação na «Declaração de Princípios de Direito Internacional relativos às Relações Amistosas e Cooperação entre Estados de acordo com a Carta das Nações Unidas» e seu Anexo[53]. Podemos encontrar aqui associações interessantes entre ideias que não estão logicamente relacionadas por nenhum vínculo causal ou de ligação, sendo talvez a quase completa paridade entre o princípio da autodeterminação e o da soberania e igualdade estatal o aspecto mais marcante. Deste modo, mais uma vez nos defrontamos com a presença de factores alheios ao esforço de descolonização. A autodeterminação deixa de ser a ideia subsidiária formulada na Carta da ONU, tendo atingido o estatuto de princípio fundamental. Este efeito é conseguido através de expressões no Preâmbulo tais como «... o princípio de igualdade de direitos e de autodeterminação dos povos é uma contribuição significativa para o Direito Internacional comtemporâneo ... para o estabelecimento de relações amistosas entre os Estados, baseadas no respeito pelo princípio da igualdade soberana».

No entanto, consegue atingir-se este efeito somente porque a autodeterminação é colocada numa posição de pós-actividade subversiva, como uma «revolução resolvida», a geradora de novos estados independentes cuja identidade está ao mesmo nível hierárquico de estados mais antigos. Deste modo, o que temos perante nós é um processo de deslocamento do concentrar das atenções da actividade de autodeterminação para o resultado desta.

Mesmo assim, o Direito Internacional ainda foi mais longe: colocou limites à reprodução da actividade de autodeterminação ao sublinhar a integridade territorial do novo estado independente. É como se a soberania pedisse um complemento na ideia de autodeterminação: aquilo a que Derrida teria chamado um «suplemento perigoso»[54]. Esta tendência para dissolver e ideia desestabilizadora de autodeterminação no status quo da ordem mundial está patente na res. 2625(XXV) através da importância dada à integridade territorial. O documento prescreve, sob a epígrafe «Princípio da igualdade de direitos e autodeterminação dos povos», e após ter afirmado que todos os povos de colónias ou Territórios Não-Autónomos têm direito a um estatuto próprio até exercerem o direito de autodeterminação: «Os Estados abster-se-ão de qualquer acção conducente

---

[53] Resolução da Assembleia Geral n.° 2625 (XXV) de 24 de Outubro de 1970. *Ibid*, vol.XIII (1970-1971).

[54] Derrida, Jacques *Positions*, Alan Bass trans., University of Chicago Press, Chicago 1972. O fundador do método da desconstrução desenvolve a sua estratégia do seguinte modo: «...trata-se de reconhecer que na oposição filosófica clássica não estamos perante a coexistência pacífica de um frente-a-frente, mas sim perante uma hierarquia violenta. Um dos termos dirige o outro (axiológica, logicamente, etc.), ou tem uma posição dominante. Desconstruir a oposição é, antes de mais, inverter a hierarquia em certo momento. Passar por cima desta fase da inversão é esquecer a estrutura conflitual e de subordinação da oposição.» (página 41). Se aplicarmos esta análise ao tema deste artigo, pode afirmar-se que o par soberania/autodeterminação é, na realidade, violentamente hierárquico, já que o primeiro termo domina o segundo. Ao invertermos esta hierarquia, criaríamos um mundo composto por grupos, em vez de estados, sujeito a frequentes mudanças das suas estruturas.

à destruição parcial ou total da unidade nacional e da integridade territorial de qualquer outro estado ou país». Assim, a série de associações produzidas nesta resolução reduziu a ideia de autodeterminação à libertação dos povos sob regime colonial e estabeleceu um conjunto de limites a este direito que parece assim extinguir-se no momento em que se atinge uma forma de governo próprio.

O resultado desta tendência de seguir a vontade política, tão cheia de flutuações, que acabou por ditar o conteúdo do conceito, foi o de que este caiu inevitavelmente em contradições externas (conflitos com outros princípios jurídicos internacionais igualmente implantados, tais como a integridade territorial, a igualdade e soberania ou a manutanção da paz e segurança mundiais) e em contradições internas (o sujeito não é originariamente um estado mas sim um povo e tem, contudo, de assumir o papel do primeiro, sendo, em última instância, convertido forçosamente a essa estrutura). Por estas razões, a «clarificação» do conceito de autodeterminação tem o gosto amargo de um conjunto de limitações que nos surgem como fronteiras artificiais ou mesmo como produtos cruéis de uma poderosa discrição. Têm sido muitos os autores que têm estado alertados para este ponto. Pomerance, por exemplo, na sua perspectiva algo Wilsoniana da autodeterminação como a vontade dos sujeitos, assimila este direito ao direito a uma democracia interna, comentando certeiramente: «...No fim de contas, um povo que luta pela autodeterminação está a tentar exercer um direito que não é de todo novo – o «direito de revolução». O que também não é nova é a reacção dos estados a tais tentativas. Os estados nunca reconheceram o «direito de revolução» como válido contra si mesmos.»[55].

A eventualidade de que pudessem estar a aceitar um princípio potencialmente auto-destruidor levou os estados, por isso, a estabelecer fronteiras para o exercício do direito de autodeterminação. A ideia de integridade territorial era, provavelmente, a arma mais forte de que dispunham. As precauções patentes em vários documentos atestam bem esta preocupação profunda: o parágrafo 6 da Declaração sobre Descolonização, actuando como cláusula geral, impede «...qualquer tentativa de destruição parcial ou total da unidade nacional e da integridade territorial de um país» porque é «... incompatível com os propósitos e princípios da Carta das Nações Unidas». Esta proibição viria, contudo, a ser aplicada apenas a certo tipo de situações, as referentes a estados colonizados que tinham acedido à independência[56], resolvendo deste modo as questões

---

[55] Pomerance, artigo citado, página 336.

[56] Blay, S.K.N., *op. cit.*, na página 449, conclui o seguinte: «...A aplicação do princípio da integridade territorial origina resultados diferentes consoante é aplicado a estados soberanos, a colónias antes da sua independência e a estados que reivindicam a restauração das suas fronteiras pré-coloniais. O Parágrafo 6 não se aplica a uma reivindicação de autodeterminação de um povo colonizado que esteja integrado num estado soberano. Aplica-se, contudo, a territórios colonizados que se aproximam do momento da independência. Nestes casos, o princípio da integridade territorial impede qualquer reivindicação de autodeterminação... Por último, a Assembleia Geral não tem encorajado a aplicação do parágrafo 6 a estados que pretendem reintegrar-se na potência colonizadora...». O autor apresenta, como exemplos da sua tese, os casos, entre outros, da Papua Ocidental e de Timor Leste (ambos integrados na Indonésia), de Belize e do Sara Ocidental, em que o princípio da autodeterminação impediu, na Assembleia Geral, a aplicabilidade do princípio da integridade territorial ou de qualquer outra reivindicação histórica. Por outro lado, aponta os casos de Goa, Ifni e Walvis Bay como exemplos de situações em que reivindicações históricas ou a integridade territorial impediram o direito de autodeterminação.

146   O Direito Internacional Público nos Princípios do Século XXI

levantadas pelo âmbito demasiado vago do parágrafo 6. Mesmo assim, a Indonésia veio a usar este argumento, ligando-o às reivindicações de uma história e cultura comuns, para reclamar Timor Leste como parte do seu território.

A ênfase dada à integridade territorial está também patente na Carta Africana dos Direitos do Homem, aprovada pela OUA em 1981, que reconheceu o direito de autodeterminação somente aos povos colonizados e oprimidos: são prova suficiente de como a integridade territorial tem predominado neste tipo de situações (enquanto foi totalmente posta de lado para países europeus com teritórios ultramarinos) os resultados do Biafra, do Katanga, da Eritreia ou dos Somalis[57]. Esta diferença de tratamento foi inaugurada com o aparecimento da «tese de Goa» da agressão permanente pela potência colonial em relação ao povo colonizado[58]. Para além do mais, a resolução n.° 16 (I), da OUA, de 1964, declara que «Todos os Estados Membros comprometem-se a respeitar as fronteiras existentes aquando da sua independência nacional».

O resultado é o de que não se seguiu nenhum critério jurídico interpretativo, querendo dizer com isto, pelo menos, um mínimo de regras básicas que nos orientem na interpretação de palavras e afirmações. É em situações como esta que é quase tentador adoptar a ideia Kelsiana do carácter primitivo do Direito Internacional, especialmente no modo como foi posteriormente desenvolvida por Hart, focando, não tanto a falta de

---

[57] A situação talvez se venha a alterar num futuro não muito longínquo, já que foi dado um passo decisivo nesse sentido com o recente referendo na Eritreia, que conduzirá à primeira secessão territorial num país africano no período pós-descolonização.

[58] O caso de Goa ocorreu em Dezembro de 1961, quando a Índia invadiu o território português de Goa. Portugal pediu a convocação imediata do Conselho de Segurança mas este acabou por não aprovar a proposta de resolução para retirada das tropas indianas, então apresentada, devido ao veto da União Soviética – *Security Council Official Records 16th year 987th meeting.*

Como Rigo Sureda, *op. cit.*, página 174, afirma, «Não há dúvidas de que, de acordo com o Direito Internacional tradicional, Portugal tinha soberania sobre Goa e estava na posse real do território quando o ataque indiano se iniciou.». No entanto, o princípio da autodeterminação, entendido como a eliminação da colonização europeia, tinha-se tornado mais forte que o próprio princípio da proibição do uso da força nas relações internacionais ou que o do respeito pela vontade da população. Foram vários os autores que vieram afirmar a existência de fortes provas de que, se se tivesse realizado um referendo, o povo de Goa teria decidido a manutenção do vínculo com Portugal. Assim, a autodeterminação transformou-se num direito só permitido se rodeado por um conjunto de circunstâncias politicamente favoráveis. Poder-se-iam aplicar comentários semelhantes em relação à situação futura de Macau e de Hong Kong como «zonas administrativas especiais» da República Popular da China.

Pomerance, *livro citado*, na página 15, ocupa-se deste ponto do seguinte modo: «Se acaso houve algum progresso desde os dias de Wilson, ele não é facilmente visível. Nesses tempos, a autodeterminação poderia ser negada dizendo ao aspirante a «sujeito»: «Não és realmente um «povo» mas apenas uma «minoria»» (v.g. Checoslováquia). Hoje, aos potenciais reclamantes (Biafrenses, Katanguenses, Papuas Ocidentais, Sudaneses do Sul, Eritreus, povo das Molucas do Sul, Patãs, Nagas, Somalis na Etiópia e no Quénia, Corsos, e uma série mais de outros secessionistas) é-lhes, por seu turno, dito: «Não estais realmente de modo algum sob uma regime «colonial» ou «estrangeiro»; sois parte de um «sujeito» não-colonial que tem direito à sua integridade territorial.».

Os recentes acontecimentos políticos na Europa e Canadá têm demonstrado, contudo, que esta situação está a modificar-se, embora essa mudança se efective, muitas vezes, através de circunstâncias alheias a qualquer tipo de critério jurídico.

Anexo 4   147

um sistema organizado de sanções por uma terceira parte que aplicaria as normas ou a ausência de uma norma fundamental de reconhecimento, mas mais a tese da falta de normas secundárias de reconhecimento, mudança e adjudicação. Parece, de facto, que estas normas secundárias estiveram ausentes em todo este processo[59].

Como vimos, a ideia de autodeterminação surge apenas vagamente definida na Carta da ONU[60]. Para além do mais, não foi concebido como um princípio a ser usado como instrumento jurídico de transformação do mapa mundial. Tal como Blum sugeriu «...a autodeterminação, ao contrário da soberania e de tudo o que dela decorre, não foi originariamente concebida como um princípio operativo da Carta. Foi concebida como um fim a ser atingido numa data indeterminada no futuro, foi um dos desidérios da Carta e não um direito jurídico que como tal pudesse ser invocado.»[61].

Não é surpreendente, por isso, que a «autodeterminação» fosse o conceito jurídico crucial usado por ambas as partes oponentes no caso de Timor, exemplo perfeito de como a expressão é tão geral que não se podem retirar quaisquer implicações operativas do seu uso.

Mas voltemos à nossa questão inicial: porque é que se deu a evolução autodeterminação/direitos humanos/processo/afastamento no caso das resoluções da ONU relativas a Timor Leste? Tentarei provar que houve um factor decisivo para a ocorrência de tal processo: a Indonésia tinha ao seu dispor um conjunto de conceitos jurídicos tão amplos que forneciam justificações para as suas reivindicações em relação a Timor.

---

[59] Ver, no geral, Hart, H.L.A. *op. cit.*, especialmente o Capítulo X e, para uma tese contrária, Gottlieb «Toward a Second Concept of Law» (página 342 e seguintes) onde a análise Hartiana do sistema jurídico se considera apenas capaz para explicar «sistemas verticais», sendo de excluir, segundo o autor, no caso de «sistemas horizontais» tais como a ordem jurídica internacional.

[60] Como nota, parece interessante, neste ponto, olhar para a perspectiva positivista e analítica de Kelsen em relação à consagração do princípio na Carta. Após afirmar que há dois princípios consagrados no artigo 1, o da igualdade de direitos dos estados e o da autodeterminação dos povos, Kelsen conclui comentando o significado de «igualdade soberana dos estados»: «O termo 'nações' no Preâmbulo significa provavelmente estados, o termo 'povos', no Art.1, parágrafo 2, poderá ter um sentido diferente, pois, na sua conexão com 'autodeterminação' pode ser que não signifique o estado, mas sim um dos elementos deste: a população. Autodeterminação do povo designa normalmente um princípio de política interna, o princípio de governo democrático. Contudo, o Artigo 1, parágrafo 2, refere-se à relação entre os estados. Assim, o termo 'povos', também – em conexão com 'direitos iguais'– quer, provavelmente, significar estados, já que só os estados têm 'direitos iguais', de acordo com o Direito Internacional geral. Que o propósito da Organização seja desenvolver relações amistosas entre os estados, baseadas no respeito pelo princípio da autodeterminação dos 'povos', não significa que as relações amistosas entre os estados dependam de formas democráticas de governo e que o propósito da Organização seja favorecer tal tipo de governo. Isto não seria compatível com o princípio da 'igualdade soberana' dos Membros, nem com o princípio da não intervenção nos assuntos internos, prescrita no Artigo 2, parágrafo 7. Se o termo 'povos', no Artigo 1, parágrafo 2, quer dizer o mesmo que o termo 'nações' do Preâmbulo, então 'autodeterminação' dos povos no Artigo 1, parágrafo 2, significa apenas 'soberania' dos estados.» Kelsen, Hans *The Law of the United Nations*, London Institute of World Affairs, Frederick Praeger, Publishers, New York, 1964, páginas 51-52.

[61] Blum, Yehuda «Reflections on the Changing Concept of Self-Determination» 10 Israel Law Review 511 (1975).

148   *O Direito Internacional Público nos Princípios do Século XXI*

Não vou minimizar a importância que tiveram os recursos minerais da Indonésia, a sua situação estratégica, os laços culturais com o mundo árabe ou os vínculos económicos com os Estados Unidos, o Japão ou os países da ASEAN no resultado a que se chegou. Nem estou sequer a defender que o aspecto jurídico é a faceta mais fundamental de todo o processo. O que estou a afirmar, contudo, é que este aspecto tem importância e que o seu papel tem sido frequentes vezes negligenciado.

Foi assim possível à Indonésia passar duma posição de reconhecimento da independência de Timor Leste para a defesa feroz da sua integração na Indonésia. De facto, um dos primeiros textos referentes ao assunto afirma «...quem quer que venha a governar em Timor no futuro, após a independência, pode ter a certeza de que o Governo da Indonésia fará tudo para manter boas relações, amizade e cooperação em benefício dos dois países» porque «...A independência de cada país é um direito de qualquer nação sem excepção para o povo de Timor.»[62]. Actos unilaterais deste tipo têm sido várias vezes considerados como originadores de compromissos juridicamente obrigatórios, pelo menos desde o caso dos Testes Nucleares Franceses[63].

No entanto, a Indonésia veio posteriormente afirmar que a integração correspondia ao exercício da autodeterminação porque reflectia a vontade do povo. Afirmou que esta vontade foi expressa através da proclamação da APODETI, UDT, KOTA e Partido Trabalhista em Novembro de 1975[64]. Invocou depois o facto de a posição ter sido reafirmada pela resolução da «Assembleia Popular Regional» de Timor Leste, em Maio de 1976, e pela subsequente petição ao parlamento e ao presidente indonésios para integração na Indonésia[65].

Este tipo de acções correspondem, por isso, ao modo como a Indonésia conseguiu interpretar o Princípio IX da res. 1541 (XV). O referido princípio prescreve: «b) A integração deve resultar da vontade livremente expressa do povo do Território, agindo com pleno conhecimento da mudança do seu estatuto, devendo a consulta ser feita por métodos democráticos largamente difundidos, aplicados de modo imparcial e baseados em sufrágio universal da população adulta.» Para além do mais, a posição em causa podia ser reforçada por referência a um princípio estruturalmente contraditório com a autodeterminação, a já citada integridade territorial. Esta ligação foi por vezes conseguida através do apelo a laços étnicos, culturais e geográficos ou a um passado histórico comum. Como Clark comenta, «...O apelo simbólico aos antigos impérios de Srivijaya e Majapahit mostrou ser um instrumento retórico extremamente poderoso nas mãos dos dirigentes indonésios», acrescentando que «...Os limites precisos dos impérios Srivijaya e Majapahit, bem como os laços jurídicos que tinham com a parte circundante do arquipélago indonésio, perdem-se nos tempos. Mas se algo podemos concluir, é

---

[62] Carta de 17 de Junho de 1974, dirigida a Ramos Horta pelo Ministro dos Negócios Estrangeiros indonésio – Jolliffe, Jill, *East Timor: Nationalism and Colonialism*, University of Queensland Press, St. Lucia, 1978, página 66.

[63] Nuclear Test Case (Austrália v. França), 1974 *ICJ Yearbook*, página 253.

[64] O texto referido encontra-se reproduzido numa carta do Representante Permanente da Indonésia ao Secretário Geral da ONU em 4 de Dezembro de 1975 – U.N. Doc. A/C.4/808.

[65] O texto da petição encontra-se reproduzido na carta do Representante Permanente da Indonésia ao Secretário Geral de 15 de Junho de 1976. 31 *UN SCOR*, Supp. (Abril-Junho 1976) 60-61, U.N. Doc. S/12097, Annex II (1976).

Anexo 4 149

precisamente que as raízes étnicas e culturais do povo de Timor e dos indonésios sugerem que se tratam de povos distintos.»[66].

Mesmo assim, a ambiguidade do parágrafo 6 da res. 1514 (XV), referido anteriormente, aliada à ausência duma articulação clara entre os princípios da autodeterminação e da integridade territorial, tornou a manipulação relativamente fácil. É pena que tenham falhado tentativas de clarificação da situação, entre as quais se conta o caso da proposta da Guatemala (cuja justeza do conteúdo não está aqui em análise) de revisão do parágrafo 6 para «...o princípio da autodeterminação dos povos não pode em caso algum prejudicar o direito de integridade territorial de qualquer estado ou o direito deste à recuperação do seu território.»[67]. Esta proposta veio a ser retirada precisamente devido à argumentação da Indonésia de que «...o parágrafo seis, na sua actual redacção, já protege as reivindicações das nações em relação ao seu território pré-colonial.»[68]. Deste modo, não é surpreendente que a Indonésia tivesse conseguido justificar o seu ataque armado com ideias de legítima defesa, de cooperação resultante do convite de forças locais (que, juridicamente, pode ser um argumento de legítima defesa colectiva do art. 51 da Carta da ONU), de estabilidade e de segurança regional (que poderão ser caracterizadas juridicamente como situações de legítima defesa preventiva) ou com considerações humanitárias.

Poder-se-á, no entanto, apontar uma objecção fundamental à análise que tenho vindo a expôr: não estarei a interpretar mal o factor político nas relações internacionais? A invocação das deficiências da conceptualização não é um mero subterfúgio para evitar o estudo das dificuldades resultantes dos interesses divergentes na cena internacional? No fim de contas, parece que as invocações sobre a natureza específica do Direito Internacional, a ser aceite tal como é e não como uma reprodução do Direito interno, já apresentadas por Oppenheim e posteriormente desenvolvidas pela teoria do «sistema horizontal» de Falk ou pelo modelo de «soft law» de Gottlieb, são pouco convincentes quando milhares de pessoas morrem e não há instituição que julgue os generais do exército inimigo, como se passa no caso de Timor Leste[69].

---

[66] Clark, Roger «The 'Decolonization' of East Timor and the United Nations Norms on Self-Determination and Aggression» 7 Yale Journal of World Public Order 20, Outono de 1980.

[67] 15 *UNGAOR Annexes* (Agenda Item no.87) 7, U.N. Doc. A/L 325 (1960), citado por Clark, op. cit..

[68] Clark, Roger, op. cit. página 29.

[69] Ver, para uma síntese do pensamento de Oppenheim, «The Science of International Law: Its Task and Method» 2 American Journal of International Law 313 (1908). O autor, argumentando contra os «Negadores do Direito Internacional», afirma: «Partem duma definição de Direito erradamente concebida, concluindo consequentemente pela negação da natureza jurídica de todos os sistemas normativos de conduta humana que se não possam encaixar nessa definição. Desde Hobbes até Blackstone e Austin estamos sempre perante o mesmo ponto de partida errado – o Direito interno.» (página 330).

Para um desenvolvimento da posição acima referida relativamente ao debate Direitos interno/internacional, ver Richard Falk «International Jurisdiction: Horizontal and Vertical Conceptions of Legal Order» 32 Temple Law Quarterly. Este autor afirma: «... a estrutura vertical mais familiar da ordem jurídica interna é tomada como o modelo óptimo para a ordem internacional. Meras características do modelo interno são transformadas em requisitos da ordem internacional. A aceitação do modelo vertical como factor decisivo da existência de um sistema jurídico gera um cinismo que é irrelevante em relação à defesa do Direito Internacional.» (página 297).

150   *O Direito Internacional Público nos Princípios do Século XXI*

A minha resposta é que o problema da politização é uma questão de grau e não uma razão fundamental que impeça os esforços de apuramento jurídico. Voltemos às resoluções da ONU relativas à questão de Timor Leste e comecemos com a análise dos artigos destas que parecem mais «substantivos». Olhemos, por exemplo, para o artigo 1 da primeira resolução (G.A. res. 3485 (XXX)), aprovada no dia seguinte ao do ataque armado da Indonésia e da tomada de Timor. No momento emocional mais alto de todo este processo, a resposta da Assembleia Geral reveste os seguintes termos: «...A Assembleia Geral...Solicita a todos os Estados que respeitem o direito inalienável do povo do Timor português à autodeterminação, liberdade e independência e a determinar o seu futuro estatuto político de acordo com os princípios da Carta das Nações Unidas e da Declaração sobre Concessão de Independência aos Países e Povos Colonizados.».

Surgem aqui várias ideias que não são anteriormente justificadas e que são associadas de modo questionável: porque é que o «direito inalienável de autodeterminação» tem que necessariamente ser seguido pela «liberdade e independência»? Não se tratará, mais uma vez, do jogo subjacente de conotações que, ou assimila a autodeterminação à reivindicação individualista de liberdade (originariamente, da pessoa humana) ou adopta uma posição mais conforme aos desenvolvimentos após a 2.ª Guerra Mundial que se consubstancia na secessão territorial? E não será que a fusão destas duas ideias leva a soluções opostas para problemas concretos? Soube-se que morreram 200.000 pessoas como resultado imediato da invasão indonésia mas a resposta da ONU foi que as pessoas deviam poder escolher o seu próprio futuro «... de acordo com os princípios da Carta das Nações Unidas e da Declaração sobre Concessão de Independência aos Países e Povos Colonizados.». Onde estão, afinal de contas, os tais princípios orientadores a que a resolução apela? Através duma simples análise superficial de um artigo «substantivo», podem descobrir-se facilmente duas técnicas que alargam a distância entre a realidade e o Direito: a referência a conceitos com um tal nível de generalidade que quase toda a associação é legítima e o apelo a um outro documento como solução para um caso que devia ser precisamente resolvido pelo documento que está a ser redigido.

Estas duas técnicas não produzem apenas o efeito de tornar o resultado inócuo mas favorecem também, pelo abuso retórico, o pensamento processual, alterando o ponto de vista sobre a questão e misturando competências de órgãos: os artigos seguintes referem-se apenas à articulação entre e Assembleia Geral e outras entidades (Portugal – art. 2, partidos timorenses – art. 3, Indonésia – art. 5, Conselho de Segurança – art. 6, Estados – art. 7, Comité Especial sobre a Situação – art. 8)[70].

Para uma apreensão geral do pensamento de Gottlieb, ver «The Nature of International Law: Toward a Second Concept of Law» *The Future of International Legal Order vol.IV – The Structure of International Environment*, editado por Cyril Black e Richard Falk, Princeton University Press, New Jersey, 1972. Após referência à análise Hartiana das normas primárias e das normas secundárias (de reconhecimento, mudança e adjudicação), Gottlieb escreve: «A caracterização da ordem normativa internacional como sistema jurídico exige uma investigação daquilo que se perderia ou seria mal apreendido se não se considerarem jurídicos os sistemas em que a adjudicação e o cumprimento coactivo surgem como secundários e em que a harmonização de interesses é o objecto principal.» (página 342).

[70] Deve fazer-se uma referência especial a uma excepção marcante ao «discurso processual»: no artigo 5, a Assembleia Geral ordena que a Indonésia «... retire sem demora as suas forças armadas do Território...».

Anexo 4

Numa resolução posterior, a segunda e última aprovada pelo Conselho de Segurança (resolução 389/1976, de 22 de Abril de 1976), a linguagem vem ainda a ser mais suavizada através da eliminação das anteriores referências à «liberdade» e «independência». Em breve se tornaria visível a mudança de perspectiva, tornando-se as necessidades de carácter humanitário a componente dominante à medida que se progride na série de resoluções sobre a questão[71].

Por fim, acabamos com a linguagem extraordinariamente processual da última resolução da Assembleia Geral sobre o caso: a resolução 37/30 de 23 de Novembro de 1982. Esta resolução tem apenas quatro artigos e constitui uma versão condensada de técnicas de afastamento do problema. Não há nela ponto algum, excepto, talvez, a matéria humanitária do artigo 3, que seja tratada de modo directo[72]. Não há ligação imediata entre a questão política substantiva e a redacção utilizada pelo documento: palavras como «autodeterminação», «liberdade», «integridade territorial» ou «independência» foram completamente eliminadas. Em vez delas, deparamos com uma série de referências a processos que devem ser desenvolvidos por vários órgãos ou instituições.

O artigo 1 afirma: «...A Assembleia Geral... Pede ao Secretário-Geral que inicie consultas com todas as partes directamente interessadas, tendo em vista a exploração de vias para obtenção duma resolução global do problema e a apresentação de um relatório sobre o assunto à Assembleia Geral na sua trigésima-oitava sessão.». E o artigo 2 acrescenta, «...A Assembleia Geral... Pede ao Comité Especial sobre a Situação relativa à Implementação da Declaração sobre Concessão de Independência a Países e Povos Colonizados que mantenha activamente sob exame a situação no Território e que preste toda a assistência ao Secretário-Geral tendo em vista a facilitação da implementação da presente resolução;». O que aqui surge como crucial é a aparência de uma actividade e não a actividade em si mesma. Por fim, o artigo 4 adiciona a esta impressão geral a da dimensão temporal: «A Assembleia Geral...Decide incluir na agenda provisória da sua trigésima-oitava sessão o ponto «Questão de Timor Leste», o que, de resto, nunca fez.

Contudo, e uma vez mais, não estarei eu apenas a evidenciar um aspecto de derrota de lobbies políticos, derrota esta realmente responsável pelo: a) afastamento dos aspectos políticos, que vieram a ser substituídos por aspectos morais menos controversos; b) decréscimo de votos afirmativos (de 72 a favor, para 10 contra e 43 abstenções, em 1975, para 50 a favor, 46 contra e 50 abstenções, em 1982) na Assembleia Geral[73]? Não serão todos estes «mecanismos de afastamento», no fim de contas, um mero re-

---

[71] Desde a res. 34/40 de 21 de Novembro que esta tendência está patente: as resoluções 35/27 de 11 de Novembro de 1980 e 36/50 de 24 de Novembro de 1981 são bons exemplos da concentração de esforços na área dos direitos humanos, sobretudo naqueles que se referem à sobrevivência fisiológica básica.

[72] O artigo 3 afirma: «A Assembleia Geral... Solicita a todas as organizações especializadas e a outras organizações do sistema das Nações Unidas, em especial ao Programa Alimentar Mundial, ao Fundo das Nações Unidas para a Infância e ao Alto Comissariado das Nações Unidas para os Refugiados, que assistam de imediato, no âmbito das respectivas áreas de competência, o povo de Timor Leste, em estreita consulta com Portugal, como Potência Administrante;». Aqui, parece que o apelo que é feito às várias instituições decorre não tanto de uma medida dilatória em relação à decisão que a Assembleia Geral devia tomar mas mais como um modo de distribuir funções que a Assembleia Geral não pode por si própria prosseguir.

[73] *UNGAOR* 37th session, página 1231.

152   *O Direito Internacional Público nos Princípios do Século XXI*

flexo da vontade política por detrás da cena? Não me parece: a nossa linguagem teve muito mais que ver com o resultado do que pode ser aparente à primeira vista.

4. SÍNTESE DA PROPOSTA

Parece-me que a primeira tarefa consiste em separar claramente as áreas principais abarcadas pelo conceito de autodeterminação utilizando o critério do tipo de propósito visado. Deste modo, podemos, pelo menos, evitar cair em comparações artificiais e em juízos de valor quanto a essa artificialidade, exemplificados em afirmações como a seguinte: «Se a autodeterminação retira a sua importância do papel na justificação da independência colonial, retira, por outro lado, a sua obscuridade das tentativas do seu uso para justificar outros realinhamentos políticos internacionais.»[74]. A autodeterminação não é uma entidade ou um sujeito de justificações ou obscuridades. Trata-se de um mero instrumento para canalizar reivindicações e deve continuar a existir apenas enquanto puder continuar a desempenhar essa função.

A questão, obviamente, não é a de que tipo de reclamação se encaixa ou deve ser excluida do conceito, já que o termo é tão abrangente que logicamnete tem potencial para ser equacionado com a ideia de liberdade. A questão é, antes, a de distinguir claramente entre os fins prosseguidos, propôr um título para cada uma dessas reivindicações jurídicas, conseguir que a sensibilidade política esteja desperta para tais fins e ter os instrumentos necessários para lutar por esses objectivos ou para se opôr aos mesmos. Até agora, a doutrina jurídica internacional adoptou apenas a distinção entre autodeterminação interna e externa – basicamente, uma espécie de democracia/independência – mas tal dicotomia é demasiado vaga e enganadora. É também geradora de confusões e cria fronteiras que excluem parte dos desejos potenciais das pessoas. Por estas razões, não usarei esta terminologia, como ficará patente mais adiante.

Para além do mais, os sentidos dados à autodeterminação nos documentos referentes ao chamado período da descolonização são também numerosos e, por vezes, contraditórios. Nos Pactos Internacionais, o direito de autodeterminação parece querer significar que os povos têm o «...direito de determinar livremente o seu estatuto político e de livremente prosseguir o seu desenvolvimento económico, social e cultural.»[75]. Contudo, na resolução 637 (VIII) da Assembleia Geral, parece ter o sentido de que os povos têm o direito de independência política, porque a autodeterminação é aí equacionada com o desenvolvimento da situação dos povos dos territórios sem governo próprio e dos territórios sob tutela. Por outro lado, talvez queira significar o direito

---

[74] Beitz, Charles, *Political Theory and International Relations*, Princeton University Press, Princeton, New Jersey, 1979, página 94. Este autor, após ter estabelecido uma distinção entre situações de independência colonial e outras soluções de realinhamneto de fronteiras nacionais, excluindo o conceito de autodeterminação destas últimas, volta a introduzir o conceito da autodeterminação quando aborda o debate independência/democracia, defendendo então também o uso do conceito de autodeterminação para o segundo termo referido (páginas 96-97).

[75] Res. Assembleia Geral 2200 (XXI), International Covenant on Economic, Social and Cultural Rights e International Covenant on Civil and Political Rights, artigo 1 *United Nations Resolutions*, Series I, vol. XI, compilados e editados por Dusan Djonovich, Oceana Publications, Dobbs Ferry, New York, 1984.

Anexo 4

à descolonização na Declaração de Concessão de Independência aos Países e Povos Colonizados porque o parágrafo 6, relativo à integridade territorial, impede que o direito continue a aplicar-se após a formação de um novo estado. Contudo, o sentido é ainda diferente na resolução 1541 (XV) porque parece equacionar-se aí a autodeterminação com o governo próprio, obtido por independência, associação ou integração noutro estado. Para a Declaração sobre Relações Amistosas e Cooperação, surge como uma mistura paradoxal entre o direito de descolonização e o respeito pela ideia de igualdade soberana entre os estados.

Cada um destes documentos vê conteúdos diferentes na autodeterminação. O problema principal, contudo, reside não tanto neste aspecto como no preconceito de que estas resoluções formam um todo necessário. A ênfase pode ser colocada num aspecto ou noutro, mas esta visão holística favorece a multiplicação dos faccionalismos na doutrina jurídica e dos argumentos egocêntricos por parte dos estados. Os referidos documentos são não apenas tomados como um todo mas também como o retrato de um direito que agrega todos esses poderes. O discurso jurídico opera então ao nível desse direito integrador (isto é, da autodeterminação) e não ao nível dos vários propósitos que ele compreende. Este aspecto produz um duplo efeito: não só cria tensões internas entre os vários fins quanto a questões de predomínio, prioridade ou exclusão, mas também conduz directamente à inoperatividade do conceito.

Llewellyn, um dos maiores expoentes da escola do Realismo americano, escreveu uma vez: «A procura de categorias significantes mais restritas é sempre uma primeira aproximação sã em relação a categorias amplas cujo uso não está a produzir resultados satisfatórios. Mas, claro, uma vez que estas categorias mais restritas tenham sido encontradas e testadas, a procura eterna de uma categoria-síntese mais ampla volta a verificar-se – mas tem que ser uma categoria que se possa utilizar na prática.»[76].

Numa sociedade, é impossível viver sem normas, princípios e conceitos, alguns dos quais são jurídicos[77]. Então, como poderemos construir conceitos que conciliem a

---

[76] *Jurisprudence*, The University of Chicago Press, Chicago, 1962, página 56, nota de fim de página c), citado em Twining, William *Karl Llewellyn and the Realist Movement*, Weidenfeld and Nicolson, London, 1973, página 137.

[77] Quase todos os juristas concordam com a ideia de que não podemos ter um Direito sem conceitos, desde Max Rumelin (o defensor duma jurisprudência de interesses) até Llewellyn, o chefe do Realismo americano, ou Duncan Kennedy, um dos fundadores da Escola de Estudos Críticos de Direito (Critical Legal Studies School) dos nossos dias.

O primeiro destes autores afirma: «Quando se fala de modo depreciativo de «jurisprudência conceptual», o termo não é obviamente usado para transmitir a ideia de que a jurisprudência não deve utilizar o instrumento da condensação conceptual. Isto seria um postulado completamente sem sentido…A jurisprudência conceptual falhou por não se ter apercebido que em muitos casos são possíveis formulações diferentes de igual validade, de tal sorte que a discussão só pode ser em torno da questão de saber «qual delas é a mais apropriada e útil», e não da questão entre «verdadeiro» ou «falso».» Rumelin «Legal Theory and Teaching» *The 20th Century Legal Philosophy Series vol. II – The Jurisprudence of Interests* Harvard University Press, Cambridge, 1948, página 11-12.

Llewellyn, embora empenhado numa profunda remodelação do Direito, também afirma: «Tal como as normas, os conceitos não devem ser eliminados; não pode ser feito. O comportamento é demasiado heterogéneo para que possamos lidar com ele sem que antes tenhamos criado alguma ordem artificial. As impressões sensoriais que constituem aquilo a que chamamos obser-

154   O Direito Internacional Público nos Princípios do Século XXI

necessidade dupla de serem suficientemente específicos para resolverem situações únicas e, ao mesmo tempo, não serem manipuláveis por um poder que, seja qual ele for, nunca conseguirá ser reconhecido como autoridade indisputável? A tarefa é particularmente difícil na cena internacional porque as situações são normalmente muito mais complexas e muito mais únicas que as do foro interno.

Na realidade, no Direito Internacional, a própria percepção da realidade origina divergências profundas porque os factos só são significativos se forem um veículo de sentido, e não existe um só sentido com autoridade indisputável na cena internacional. Esta situação cria problemas particulares porque, como o chefe da escola alemã de Direito Livre afirmou já há muito «... É do sentido das realidades observáveis que o jurista se ocupa, mas os sentidos não são observáveis e muito menos tangíveis.»[78]. No contexto internacional, onde há uma multiplicação de percepções devido aos contextos culturais diversos, talvez que o único modo de apreensão do sentido dos factos seja voltar à ideia muito debatida do seu propósito, porque só através dos fins visados é que podemos conferir significado a um acto. Assim, como Jhering, parece que o único meio para sair deste problema é a adopção da tese de que «...o propósito é o criador de todo o Direito.»[79].

---

vação são inúteis se não forem arrumadas de algum modo. Nem pode também o pensamento progredir se não tiver categorias.» Llewellyn, «A Realistic Jurisprudence – The Next Step» *Jurisprudence*, op. cit., página 27.

Duncan Kennedy afirma: «É impossível pensar o sistema jurídico sem um esquema de categorias. Não somos simplesmente capazes de apreender a infinita multiplicidade de instâncias particulares sem abstracções... Por outro lado, todos esses esquemas são mentiras. Compartimentalizam e distorcem a nossa experiência imediata, fazendo-o de modo sistemático e não ao acaso... Mas mesmo quando professamos um nominalismo extremo deste tipo, não o podemos manter na prática. Os esquemas categoriais têm uma vida própria. A maioria dos pensadores jurídicos, em alguma altura, aceitam como dados tanto a estrutura existente como uma miríade de categorizações particulares...» Kennedy, Duncan «The Structure of Blackstone's Commentaries» 28 Buffalo Law Review 209, (1979), páginas 215-216.

No pólo oposto, seguindo o «núcleo duro» da tradição marxista, Peter Gabel, «Reification in Legal Reasoning» *Research in Law and Sociology*, vol.3, S. Spitzer ed., 1980, página 50, referindo-se à função do ideólogo na sociedade, afirma: «O grupo conspira para o criar de modo a manter a repressão colectiva... O único antídoto...é o desenvolvimento de um movimento social real de desalienação que tornaria desnecessárias as formas imaginárias de coesão social. E uma característica do desenvolvimento de tal movimento tem que ser a ilegitimação de todo o Direito, o que é o mesmo que dizer a ilegitimação da noção de que a vida em sociedade é criada e realizada por ideias imaginárias.».

[78] Hermann Kantorowicz «Some Rationalism about Realism» 43 Yale Law Journal, 1240.

Na mesma linha, mas num cenário muito mais contemporâneo, Clifford Geertz defende uma visão interpretativa das culturas contra uma posição estruturalista: «Acreditando, tal como Max Weber, que o homem é um animal suspenso em teias de significância que ele mesmo teceu, considero a cultura como essas teias e a sua análise, consequentemente, não como uma ciência experimental em busca da lei mas como uma ciência interpretativa à procura de significados.» *The Interpretation of Cultures*, Basic Books, Inc, Publishers, New York, 1973, página 5.

Derrida também insiste na mesma ideia: «Toda a experiência é uma experiência de sentido (Sinn). Tudo o que surge em geral à consciência é significado. Significado é a fenomenalidade do fenómeno.» Jacques Derrida, *op. cit.*, página 30.

[79] Jhering, R. *The Law as a Means to an End*, Modern Legal Philosophy series, 1913,

Anexo 4 155

Para além disso, na cena internacional as relações são entre colectividades, maxime estados. Este tipo de relações faz com que aspectos tão complexos como a psicologia de grupos, a formação da vontade colectiva, questões de comando, e, fundamentalmente, de organização estrutural entrem em acção. Dos meandros destas colectividades complexas e através da interacção entre elas, vêm a emergir novas vontades, alheias às situações substantivas e inibitórias da resolução dos problemas.

Depois, também as aspirações em causa são muito mais complexas, não só por envolverem muitas entidades mas também porque as relações entre estas entidades se prolongam no tempo, isto é, não são instantâneas. Se acaso já é difícil identificar as características essenciais de uma acção e enquadrar essa acção num qualquer conceito, o problema torna-se muito mais complexo quando há uma cadeia de factos e se tem que seleccionar os que são mais relevantes.

A complexidade dos actores e o longo intervalo de tempo (muito visível no caso da autodeterminação) torna particularmente difícil a descoberta dos fins prosseguidos. Contudo, torna, ao mesmo tempo, indispensável essa mesma descoberta já que esta é um factor decisivo na determinação de quais são os acontecimentos mais relevantes. Esta determinação é feita normalmente através da atribuição de um certo propósito a factos, sendo este propósito, evidentemnte, também discutível. É que as dificuldades podem começar com a discussão sobre a própria existência dos factos mas centram-se normalmente em torno do seu significado. Assim, por exemplo, a 7 de Dezembro de 1975, as forças armadas indonésias bombardearam Dili – mas esta acção foi uma agressão internacional ou uma resposta aos apelos do povo timorense sob opressão da FRETILIN, como a Indonésia afirma? A extensão do intervalo temporal em questão teve igualmente repercussões sérias na análise da questão de Timor Leste, tendo-se transferido o debate das acções originárias para a discussão do valor das consequências destas.

Assim, devido aos elementos acima referidos, cada situação que surge na cena internacional é muito mais única e muito mais relacionada com todo o sistema do que a maioria das situações internas. Isto cria dificuldades na formulação de conceitos tradutores duma realidade que, por definição, tem que ter um padrão de repetição. Como cada situação está tão estreitamente ligada a todos os outros problemas, os conceitos, normas e estruturas que traduzem a realidade despojam-na necessariamente de aspectos importantes e apresentam-na de um modo que é inescapavelmente arbitrário. O que podemos fazer, no entanto, é desenvolver mecanismos de minimização deste efeito.

Para além disso, no que respeita propriamente à autodeterminação, há a necessidade de reconhecimento da legitimidade de novas entidades e novos fins não anteriormente levados em conta pelas estruturas do poder estabelecidas. Este ponto origina, certamente, uma maior complexidade e confrontação que qualquer outro, já que deriva

---

citado por Edwin Patterson «Legal Science – A Summary of Its Methodology» 28 Columbia Law Review 700, nota de fim de página 63. Neste artigo, cujo texto (mas não as notas) é da autoria Kantorowicz, o referido jurista aponta duas linhas alternativas de jurisprudência na Europa continental: a linha formalista (Glosadores, Renascença, Escola Histórica) e a linha proposicionista (Pós-Glosadores, Direito Natural e Escola do Direito Livre). Esta última tendência interpreta as normas segundo o seu fim e não segundo a sua história, letra ou uso.

O que defendo no texto é também uma metodologia baseada nos propósitos, que diverge do ponto acima referido somente porque se ocupa da fase prévia de interpretação de factos e não da fase final de interpretação das normas.

156   *O Direito Internacional Público nos Princípios do Século XXI*

da contradição de admitir uma ideia que destroi ou faz, pelo menos, tremer a ordem normativa anterior e a legitimidade em que a mesma se fundamenta. Por isso mesmo, as estruturas anteriores reagem de modo defensivo, e, quando não há oposição frontal, surge, pelo menos, ou a assimilação das novas realidades pela ordem previamente estabelecida, isto é, pelo reformar das esferas de poder para permitir um espaço para a realização destas reivindicações, ou a permissão para que elas reproduzam a ordem previamente existente, isto é, pela multiplicação de estados que replicam a existência territorial da entidade anterior. Para além disto, a dimensão emocional é inerente às reivindicações de autodeterminação: os fins referem-se a ideais grandiosos de liberdade ou de auto reforço de poderes, podendo facilmente levar as emoções a níveis de grande confrontação. Se as reivindicações incluem a partição de estruturas internacionais prévias, então a situação reveste frequentemente a forma de luta armada.

Parece ser assim de concluir que só se conseguem perceber os factos que serão subsumidos a um conceito se entendermos o significado de tais acontecimentos, isto é, as razões pelas quais eles estão a ser praticados por algumas pessoas. Só então é que podemos ver se eles se encaixam num determinado conceito[80]. Mas não estão os propósitos em constante mudança e não é a própria riqueza da ideia de autodeterminação que lhe permite ser o veículo para essa expressão? Não estaremos a produzir muitos mais estragos com esta compartimentalização conceptual? Gostaria de clarificar este ponto desde o princípio. O que proponho não é a simples subdivisão dos possíveis sentidos de autodeterminação em conceitos específicos mais próximos da realidade. Essa é apenas uma parte da proposta: não podemos esquecer a dimensão da autodeterminação como princípio. Não podemos operar directamente com princípios mas estes dão-nos um rumo, apontam no sentido de uma determinada linha. Têm também capacidade para abarcar novos significados e para rever constantemente as fronteiras dos mesmos. Para além do mais, e talvez seja este o aspecto mais importante, conseguem captar a força motora por detrás da evolução porque possuem uma «dimensão emocional dirigida», querendo eu dizer com isto uma espécie de «organização» dos nossos sonhos em sociedade. Assim, uma concepção revista da ideia demasiado genérica de autodetermi-

---

[80] Na realidade, este processo, como tudo o resto na vida real, é muito mais complicado, já que o ajustamento entre conceitos e factos é mútuo. Contudo, esta inter-relação processa-se a um nível mais subtil de percepções e sentidos, não invalidando a linha de raciocínio esquematizada que capta apenas os aspectos mais gerais do mesmo.

Defendendo uma posição semelhante ao referir-se à relação recíproca entre factos e teorias, Dworkin afirma: «…Suponhamos agora que aceitávamos esta definição genérica de conhecimento e dela concluíamos espantosamente que não se podem de todo testar na prática hipóteses científicas concretas, já que uma vez que uma teoria seja aceite deixa de haver factos totalmente independentes em relação aos quais esta pode ser testada. Não teríamos entendido a tese filosófica que queríamos ver aplicada já que o que ela pretendia não era a negação de que os factos condicionam as teorias mas sim a explicação de como eles o fazem. Não há paradoxo algum na proposição de que os factos dependem e condicionam simultaneamente as teorias que os explicam» Dworkin, R. *A Matter of Principle* Harvard University Press, Cambridge, 1985, página 169.

Quanto ao modo como a nossa estrutura mental influencia a nossa visão da realidade, Albert Einstein afirmou mais radicalmente: «É a teoria que decide aquilo que podemos observar.» Citado em Bell, D. *The Coming of Post-Industrial Society: A Venture in Social Forecasting*, Basic Books, New York, 1973, página 9.

Anexo 4   157

nação deve, ao mesmo tempo que engloba conceitos jurídicos específicos e operativos a utilizar quando nos ocupamos da solução jurídica de problemas internacionais concretos, também reter a sua feição de princípio integrador como complemento para a solução de problemas e como marco referenciador para ideais de liberdade ainda não expressos juridicamente nos nossos dias. Neste ponto, devíamos também abandonar as nossas dicotomias rígidas de legalidade/ilegalidade, transcendendo-as dum modo mais ou menos Hegeliano, semelhante à ideia Falkiana de legalidade como uma continuidade[81].

Assim, devemos subdividir a autodeterminação, começando por descentralizá-la por áreas: autonomia admisitrativa, autonomia cultural, secessão territorial, integração territorial, democracia interna, e assim por diante. Depois de termos estabelecido estas regiões, podemos continuar a subdividir cada uma delas:

1. A autonomia administrativa pode ser baseada numa região, numa província ou mesmo numa cidade e pode incluir poderes tão amplos como os de um governo regional encarregado de todos os assuntosa referentes à região ou tão limitados como os referentes apenas à selecção de certos funcionários ou à cobrança de certa taxa ou imposto;

2. A autonomia cultural pode ser linguística, religiosa, consuetudinária, etc e o seu conteúdo poderá ir da procura de respeito e paridade de tratamento à reivindicação de certos cargos ou à restruturação de instituições fundamentais;

3. A secessão territorial pode compreender fins tais como a independência territorial completa, com a quebra de todos os laços institucionais entre os países, ou a vontade de manutenção de vários tipos de vínculos entre estados independentes tais como formas conjuntas de orgânica estatal ou uma política de relações externas comuns, por exemplo;

4. A integração territorial pode assumir muitas formas, incluindo a associação numa confederação ou federação, a integração como região mais ou menos autónoma, e a integração com uma província ou como parte do território de outro estado, com ou sem estatuto especial;

5. A democracia interna pode referir-se a reclamações de restruturação de processos eleitorais ou à concessão de expressão a vozes até aí não escutadas na sociedade, estando normalmente associadas a uma certa classe social, a uma ideologia política ou a um grupo étnico ou de outro tipo que se encontre marginalizado.

Uma vez estabelecidas estas «áreas operativas» na ideia de autodeterminação, torna-se mais simples o apuramento conceptual dentro de cada uma delas. Assim, por exemplo, se tomarmos a «secessão territorial», vemos que é possível à doutrina fornecer um esquema de critérios operacionais para a sua efectiva concretização. Isto pode ser feito através da clara enunciação do tipo de sujeitos que têm o referido direito (po-

---

[81] Richard Falk, ao escrever a propósito do cumprimento das normas jurídicas internacionais, afirma: «Parte do problema intelectual provem da tendência para dicotomizar a pesquisa ao perguntar se uma linha de acção na sua totalidade é legal ou ilegal. Este nível de abstracção é normalmente demasiado elevado para que se possa apreciar o grau de cumprimento. Desde logo, é mais útil pensarmos no cumprimento das normas como uma posição numa continuidade do que concebê-lo como um interruptor que ora está ligado ou desligado; se adoptarmos a ideia duma continuidade, a jurisdicidade é uma questão de graus que varia consoante as circunstâncias do caso.» Falk, R. *The Status of Law in International Society*, Princeton University Press, Princeton, New Jersey, 1970, página 336.

158 O Direito Internacional Público nos Princípios do Século XXI

vos das colónias duma potência europeia, povos de territórios recentemente conquistados pela força das armas ou quaisquer outros povos mantidos sob repressão, por exemplo); quais são os sujeitos passivos da relação, ito é, aqueles que têm o dever de cumprir a norma (potências europeias com territórios ultramarinos, estados que controlam um território em consequência de guerra ou estados que não estão organizados internamente segundo princípios democráticos, por exemplo); que circunstâncias podem dar origem a tal direito (governo colonial, conquista, processos de decisão totalitários ou autoritários ou outra situação do género); o conteúdo do direito e dever de cada uma das partes (o calendário para a secessão, os processos pelos quais pode ser efectivada, o reconhecimento e eventuais formas de assistência à nova entidade, entre outros); quais as garantias que tem o detentor do direito se este lhe é negado em circunstâncias em que não devia (disponibilidade de instituições internacionais para pressionarem no sentido da realização desse direito, accesso aos meios de comunicação e aos canais diplomáticos, institucionalização de processos negociais a nível internacinal, por exemplo), e assim por diante.

Os escritos de Wittgenstein ensinam-nos que percebemos os sentidos das coisas através da acção sobre elas e não pela aprendizagem de definições. Saber alguma coisa, consequentemente, significa saber o que essa coisa pode fazer porque as palavras não retratam apenas coisas mas são na prática usadas para fazer coisas. Compreender, então, não é apenas o catalogar de um estado ou actividade mas sim um envolvimento quanto a uma actuação vindoura[82].

A aplicação desta tese ao nosso problema quer, por isso, dizer que não é suficiente que se saiba qual o significado de «autonomia administrativa» ou de «secessão territorial». Não é através das definições mas apenas pelo envolvimento nos fins prosseguidos que podemos verdadeiramente captar o seu sentido. No Direito Internacional só podemos fazer isto se nos mantivermos abertos e receptivos a todo o tipo de reivindicação que seja expressa: é neste ponto que o papel das estruturas se torna fundamental. Estas precisam de estar próximo das pessoas para que possam aperceber-se e responder adequadamente à série de emoções que guiam indivíduos e colectividades. Quanto às

---

[82] Ver Wittgenstein, Ludwig, sobretudo *Philosophical Investigations*, Anscombe trans., Macmillan ed., New York, 1968, e *Preliminary Studies for the «Philosophical Investigations»* (vulgarmente conhecidos como *Blue and Brown Books*), Harper & Row, New York, 1964; Pitkin, Hanna *Wittgenstein and Justice* University of California Press, Berkeley, 1972; Kripke, Saul *Wittgenstein on Rules and Private Language*, Harvard University Press, Cambridge, 1982; Ayer, A.J.*Wittgenstein*, Weidenfeld and Nicolson, London, 1985.

A análise de Wittgenstein refere-se apenas à linguagem. Duma forma muito sumarizada, o segundo Wittgenstein (o primeiro tem uma visão bastante tradicional da linguagem) defende a tese de que a linguagem não é um conjunto de títulos de coisas mas sim um modo de saber como se fazem algumas coisas. Só este tipo de explicação consegue justificar a apreensão do «espírito» de uma palavra, o uso de um conceito numa situação diferente e a melhoria de vários aspectos da prática no âmbito dessa mesma ideia. Aprendemos as palavras através de jogos de linguagem em que não é o significado destas que é o aspecto crucial mas sim o modo de actuar. A linguagem é, assim, uma actividade de quase-actuação. Aprendemos do ponto de vista verbal (em contextos em que chamamos mas também em que fazemos coisas que se referem à palavra em questão) e do ponto de vista social através de funções de sinalização (presentes em situações em que surgem palavras da mesma família, em que há alterações ou em que se apreende o modo de afectar relações). O significado, por isto, é extraido de um padrão de uso da palavra.

Anexo 4

nossas estruturas mentais, os conceitos que usamos, o máximo que podemos fazer, no curto prazo, é subdividi-los de acordo com os fins prosseguidos. Tudo o resto cabe às estruturas orgânicas: à sua proximidade dos verdadeiros actores da situação e ao papel na compreensão dos motivos desses actores.

Contudo, como já foi afirmado, a riqueza do potencial de expressão de emoções que o princípio da autodeterminação encerra não pode perder-se. A autodeterminação tem capacidade para abarcar todas as reivindicações futuras ainda desconhecidas devido à inerente ausência de limites de que temos vindo a falar. O paradoxo é interessante: a sua fraqueza como conceito operativo no curto prazo (a sua indeterminação) é precisamente o seu ponto forte como veículo transformador a longo-prazo. Consequentemente, deve ser substituida no dia-a-dia pelos conceitos mais precisos acima referidos mas deve ser mantida na sua integridade, na sua capacidade de assimilação à ideia de liberdade na nossa visão de longo prazo.

Num estado mais avançado das relações internacionais, poderíamos suavizar a distinção entre soberania estatal e autodeterminação dos povos sem estarmos condenados a soluções puramente ad hoc porque as normas, apesar da ausência duma moldura clara, poderiam ainda emergir da interacção entre os sujeitos internacionais. Esta interacção tornar-se-ia mais intensa à medida que se processasse a gradual substituição dos estados, baseados na proximidade geográfica, que é um factor que vai perdendo constantemente importância, por grupos baseados em interesses comuns. Esta evolução ajudaria ao desenvolvimento de um padrão de comportamento mais pormenorizado que poderia ser sistematizado através do sistema jurídico internacinal. Assim, a legalidade tornar-se-ia, não uma série de requisitos para que as acções se encaixassem em fórmulas pré-estabelecidas, mas antes uma forma regulada de condução de acções para um fim visado. Muito tem sido escrito quanto a esta nova ideia de legalidade[83] mas parece-me que o ponto essencial reside na eliminação das dicotomias, isto é, na reformulação da ideia de fronteiras conceptuais[84].

---

[83] Ver, sobretudo, Unger *The Critical Legal Studies Movement*, Harvard University Press, Cambridge, MA, 1986 e *Politics, a Work in Constructive Social Theory – False Necessity: Anti-Necessitarian Social Theory in Service of Radical Democracy*, Harvard University Press, Cambridge, MA, 1987; Ackerman, «Discovering the Constitution – Part Two», materiais policopiados, Columbia University School of Law, Fall 1982; Sargentich, L. «Complex Enforcement», manuscrito não publicado, Harvard Law School, 1978; Minow, Martha «The Supreme Court – Foreword» 101 Harvard Law Review 44, 1987.

[84] Unger, em *The Critical Legal Studies Movement*, refere-se tacitamente a este aspecto por várias vezes, quando escreve acerca da necessidade de transcender algumas das actuais dicotomias. Na realidade, esta tendência pode relacionar-se com a tese desconstrutivista de Derrida da suplementação dos opostos. O tema aparece aquando da abordagem da transcendência da dicotomia métodos normais/visionários (aquilo a que o autor chama desenvolvimento interno/apreensão visionária): «Não existe um contraste claro entre os modos de argumentação normal e visionário, mas apenas uma continuidade de ascensão. A prova mais forte da sua similitude reside em que ambos preferem o mesmo método: tentam encontrar os desvios na experiência corrente e imaginá-los transformados, ou transformá-los de facto, em concepções e práticas organizadoras. Uma parecença de carácter está por detrás desta similitude de método. Em vez de invocarem uma revelação de autoridade ou uma intuição privilegiada, qualquer argumento normativo tem que ser grandemente interno. Se não é interno à relação entre ideais e instituições com uma certa tradição, tem que ser interno quanto a uma relação análoga à escala da história mundial.», página 19.

160 *O Direito Internacional Público nos Princípios do Século XXI*

Embora a autodeterminação tenha coexistido teoricamente com a soberania, elas são conceptualmente opostas e este facto tem tido consequências práticas profundas. Salvo situações muito contadas em que as circunstâncias são especiais, os estados normalmente só estão dispostos a reconhecer o direito de autodeterminação se este se refere a outros estados. Essas situações reconhecem o direito com fortes limitações, sendo a limitação temporal a mais corrente de todas, já que a autodeterminação é entendida como um direito a ser exercido só uma vez, no máximo. Contudo, como vimos anteriormente, a evolução constante de situações é uma característica inerente da autodeterminação que não se consegue retratar juridicamente de modo adequado. Falta aos nossos conceitos, não só a possibilidade de transmitirem os vários graus e qualidades do aspecto emocional, mas também a possibilidade de retratar adequadamente uma vontade continuada que não tem um princípio nem um fim estabelecidos mas que se manifesta de modo contínuo e está sujeita a modificações constantes. Não são apenas os nossos conceitos mas também a própria ideia que temos de relação jurídica que patenteia esta parcialidade por acções instantâneas entre dois indivíduos opostos, com uma fonte facilmente identificável (um contrato, responsabilidade extra-contratual, etc) a que se pode aplicar uma decisão de um tribunal que vai resolver os problemas reais.

Os conceitos de que dispomos não traduzem as intra-acções duma relação multipartidária (no caso de Timor, por exemplo, Portugal, a UDT, a FRETILIN, a APODETI, a Indonésia, a Austrália, etc) em que cada parte é uma colectividade (com todos os problemas internos a estas inerentes de representatividade, de comando, de clarificação de fins, de estabelecimento de estratégias políticas) que muda com o tempo (o jogo de alianças, a influência da história das lutas armadas, a alteração dos fins visados, etc.). Não há maneira de apreendermos estes aspectos juridicamente porque os termos legais necessários não existem. Deste modo, o mais que podemos esperar e desejar, entretanto, é que a nossa linguagem jurídica não distorça os factos e ambições e que as estruturas decisórias existentes não ignorem indevidamente a realidade e levem em conta a realidade dos factos quando tomarem decisões. Concluindo, o que precisamos é de afastar

---

Esta postura intelectual reflecte-se também no apagar das fronteiras entre o Direito e a política: «... A doutina desviacionista utiliza um método, desenvolvimento interno, cujo alcance revisionista só pode ser limitado por considerações institucionais a que falta qualquer autoridade mais elevada. Não se pode arrogar de possuir nenhum estatuto privilegiado capaz de distingui-lo claramente da disputa ideológica.», página 20.

Continua eliminando a dicotomia entre rotina e revolução: «... A doutrina engrandecida estende ao pensamento jurídico um programa social interessado em moderar o contraste entre a vida social rotineira e a sua recriação revolucionária ocasional. Pretende que algumas qualidades desta última passem para a primeira.», páginas 21-22.

Volta a aplicá-la à dicotomia forma/substância: «... Esta visão reformulada centra-se, pelo contrário, na tentativa de estabelecimento duma forma de vida social que exibe uma concepção meramente defensiva de individualidade e de associação, tentando maximizar a possibilidade de revisão das instituições sociais. A análise jurídica pode ser assim construida de modo a comungar sem vergonha das suas premissas teóricas básicas.», páginas 52-53.

Aplica a mesma ideia à dicotomia técnico/filosófico: «Encontramos então o contraste entre o âmbito das nossas preocupações teóricas e o domínio relativamente limitado em que procuramos ultrapassá-las. Mas qualquer movimento verdadeiramente radical,... tem que rejeitar a antítese entre o técnico e o filosófico. Tem que insistir na realização desses programa teórico em disciplinas específicas se quer que esse programa seja alguma vez uma realidade.», página 118.

Anexo 4

todas as fórmulas reificadas e todas as estruturas orgânicas fechadas que substituem a lógica dos factos pela lógica duma semântica distorcida ou por considerações de auto--sobrevivência.

Mas como poderemos manter a autodeterminação como marco de referência com valor jurídico? Primeiro, temos que levar em consideração, de um modo sério, a noção de princípio programático. Refiro-me aqui aos princípios relativos aos modos de evolução da sociedade e cuja efectivação se realiza constantemente ao longo de um período largo de tempo e que teoricamente têm o mesmo valor jurídico de qualquer outro princípio legal. Até agora, princípios programáticos como o direito ao emprego ou a um nível adequado de vida nos aspectos habitacional, de saúde e assim por diante (consagrados em muitas constituições nacionais) têm sido considerados como de algum modo subordinados a outros princípios de aplicação imediata, tais como o princípio pacta sunt servanda no Direito das Obrigações, ou em relação a outros para os quais já existem estruturas preparadas, tal como o princípio in dubio pro reo no Direito Criminal. Como os princípios programáticos exigem, pela sua própria natureza, um período longo de efectivação, necessitam de estruturas preparadas para lhes darem resposta e meios processuais para activar tais estruturas. Para efectivar esta tarefa que tão facilmente pode ser adiada, têm-se feito alguns esforços na ordem interna, através dos tribunais e das instâncias administrativas[85]. Muito pouco tem sido feito na cena internacional.

Em segundo lugar, precisamos de juntar à ideia de princípios programáticos uma flexibilidade adicional de fronteiras para abarcar praticamente qualquer reivindicação de liberdade da hegemonia de outros. Uma vez aceite esta postura, estabelecemos um canal de expressão de todas as situações de opressão e de aquisição do estatuto de reclamação jurídicas. O seu desenvolvimento futuro e a sua efectivação poderão ainda depender da importância das forças políticas que as apoiam mas, pelo menos, existe uma moldura conceptual capaz de estabelecer hierarquias entre as reivindicações, solucionando algumas desde o princípio.

De certo modo, pode argumentar-se que é precisamente para isto que o conceito de autodeterminação tem servido até agora. Concordo parcialmente com esta objecção: de facto, como referi anteriormente, a riqueza da autodeterminação deriva precisamente desta característica. Contudo, muito mais tem acontecido simultaneamente e contribuido para distorcer todo este potencial, transformando-o em mera retórica. O aspecto fundamental é que não há um consenso quanto ao âmbito do conceito. A autodeterminação abarca uma multitude de reivindicações mas estas estão divididas entre várias facções. Ela significa coisas diferentes para cada autor, estado, organização, etc. Na sua globalidade, ela é a soma de muitos objectivos, mas, para cada facção, ela significa apenas uma coisa (ou tem um número muito pequeno de sentidos). Esta riqueza, por isto, só se reflecte ao nível da utilização do termo: a palavra em si está cheia de significados mas o modo como o conceito é percebido por cada facção é extremente uní-

---

[85] Existem algumas ordens jurídicas que criaram instrumentos para efectivação de direitos programáticos: por exemplo, a Constituição da República Portuguesa, no artigo 283, consagrou a categoria jurídica da «inconstitucionalidade por omissão», instrumento este que pode ser accionado através do Tribunal Constitucional para forçar o Governo e outros órgãos responsáveis a empreender acções para efectivar na prática o conteúdo dos direitos programáticos. Infelizmente, este meio permanece quase que exclusivamente teórico.

voco. Esta discrepância entre o uso gramatical da palavra e o seu sentido semântico deram origem, como vimos, a um jogo teórico interminável.

As conclusões são reveladoras no caso de Timor: devido à multiplicidade de sentidos e da consequente ambiguidade do seu uso, foi fácil para as forças políticas mais fortes torná-lo num conceito completamente ineficaz na prática. Conseguiu-se isto pela utilização duma palavra que não permite uma base para argumentação jurídica porque engloba demasiados significados, e em relação à qual, por isso mesmo, não podem ligar-se efeitos operativos na prática. Depois, o uso desta palavra conduziu ao abandono parcial da ideia de autodeterminação, passando a ênfase a estar com a questão humanitária. Por fim, isto levou-nos ao centrar das atenções nos mecanismos processuais e ao esquecimento do caso.

A mudança da nossa linguagem jurídica é uma necessidade real e não simplesmente teórica. Foi em parte devido ao nosso vocabulário jurídico que se cometeu um genocídio em Timor Leste. A tarefa mais nobre do Direito é precisamente a contribuição para uma sociedade em que a melhor característica dos seres humanos, a capacidade para terem sonhos, se não veja frustada por uma realidade hostil. Ao apresentar uma forma alternativa de ordem social, baseada numa visão e não na estabilização dos papéis de cada um, o Direito pode, por isso, abrir um caminho para a realização de aspirações.

PAULA ESCARAMEIA
Maio de 1993

ANEXO 5 (NOTA 51)

QUANDO O MUNDO DAS SOBERANIAS SE TRANSFORMA NO MUNDO DAS PESSOAS: O ESTATUTO DO TRIBUNAL PENAL INTERNACIONAL E AS CONSTITUIÇÕES NACIONAIS[1]

I – NOTA PRÉVIA

Desde os princípios de 2001, assistiu-se a um debate intenso, em Portugal, sobre o Tribunal Penal Internacional[2], despoletado, pelo menos em parte, pela deliberação, na Assembleia da República, de que seria necessária uma revisão constitucional para que Portugal pudesse ratificar o Estatuto de Roma, que institui o dito Tribunal, e que foi aprovado em Conferência Diplomática em 17 de Julho de 1998. O debate chegou tardiamente ao nosso país, tanto mais que as negociações para redacção do Estatuto já se tinham iniciado em princípios de 1995, e assumiu um nível emocional pouco comum: as suas características mais marcantes foram a total centralização na questão da pena de prisão de prisão perpétua e o desconhecimento da inserção de todo o processo num movimento mundial, para além, muitas vezes, da falta de informação e apresentação correcta das questões.

Este pequeno estudo visa, sobretudo, agora que os trabalhos de revisão constitucional prosseguem, contribuir com uma visão internacionalista e comparativística do tema, por quem, como a autora, participou na elaboração do dito Estatatuto, como membro da delegação portuguesa, desde o início das negociações, em 1995, no âmbito da ONU, da União Europeia e do Conselho da Europa, e como investigadora e conferencista em vários projectos e universidades, sobretudo no estrangeiro, a ele ligados.

Assim, começam por se tecer, na **Introdução**, várias considerações gerais sobre a situação do Direito Internacional nos nossos dias, assinalando-se o marco histórico que a aprovação do Estatuto representou e que a entrada em funcionamento do Tri-

---

[1] A autora, que tem integrado a delegação representante de Portugal nas negociações para a criação do Tribunal Penal Internacional, escreve este artigo estritamente na sua qualidade académica, expressando, por isso, apenas posições pessoais.

[2] O texto do Estatuto de Roma do Tribunal Penal Internacional pode ser encontrado em várias páginas da internet, sendo fácil a sua busca na página da ONU, sob as epígrafes «International Law» e «International Criminal Court» (disponível em qualquer das seis línguas oficiais das Nações Unidas). Vários documentos adicionais estão também disponíveis na dita morada, designadamente os «Elementos dos Crimes» e as «Regras de Processo e de Prova», que complementam o Estatuto.

bunal[3] representará na evolução para uma nova ordem jurídico-internacional. Segue-se depois uma reflexão, na secção **Problemas Constitucionais**, sobre as principais questões surgidas, a nível mundial, de compatibilização com as constituições nacionais, sendo apresentadas algumas das principais vias encontradas para as solucionar. Analisa-se então o **Caso Português**, sobretudo naquilo que tem de específico em relação à maioria das outras ordens constitucionais, concluindo-se, apesar de tal estar ultrapassado pela realidade dos factos, pela não necessidade teórica de uma revisão constitucional. Termina-se com a **Conclusão,** em que se salientam as incapacidades conceptuais do nosso ordenamento jurídico-internacional e as tentativas, nem sempre bem sucedidas, de as ultrapassar, através da mediação de princípios opostos que se concretiza na criação de figuras e instituições inovadoras que assumem carácter misto, como acontece com muitas normas do Estatuto de Roma do Tribunal Penal Internacional.

II. INTRODUÇÃO

Cada vez mais tem sido possível observar que vivemos num período de transição na ordem mundial e no seu ordenamento jurídico, num momento de passagem de um modelo baseado quase que exclusivamente na divisão estatal para um modelo em que surgem novos actores com vozes activas, em que a globalização da economia e o avanço da tecnologia fizeram perder a importância que as demarcações territoriais tinham anteriormente e em que a força da protecção internacional dos direitos humanos, através da difusão da sua violação pelos media e da crescente indignação da opinião pública face aos mesmos, se apresenta como um aspecto crucial.

Períodos de transição entre modelos básicos de ordenamento como aquele que actualmente vivemos são normalmente muito ricos porque permitem a criação inovadora de instituições, já que começa a decorrer um processo de flexibilização dos esquemas teóricos anteriores, não havendo ainda qualquer substituto rígido para os mesmos que assuma uma autoridade indisputável: o Tribunal Penal Internacional, que só agora começa a aparecer como uma realidade possível, é, em grande parte, o resultado desta transição, apresentando-se como uma figura mista que reflecte princípios de ambos os modelos de ordenamento mundial e que procura resolver tensões entre princípios potencialmente antagónicos através da criação de soluções mediadoras.

O processo para a criação do Tribunal foi tecnicamente difícil (note-se o esforço envolvido em criar, pela primeira vez na história da humanidade e por negociações por consenso entre cerca de 190 estados, um verdadeiro código penal internacional, um código de processo penal internacional e uma lei orgânica de um Tribunal, já que o nome modesto de «Estatuto» não reflecte a verdadeira dimensão do seu conteúdo), mas foi, sobretudo politicamente árduo, como será fácil de ver.

---

[3] Em 3 de Abril de 2001, data em que o presente artigo foi concluido, 139 Estados tinham assinado o Estatuto (sendo que mais nenhuns o farão, já que o período de abertura para assinatura terminou dia 31 de Dezembro de 2000) e 29 tinham-no ratificado. Entre estes contam-se mais de metade dos nossos parceiros da União Europeia (Espanha, Itália, França, Alemanha, Áustria, Finlândia, Luxemburgo e Bélgica). A maioria dos observadores, não apenas entre as ONGs mas também entre os Estados, calcula que o Tribunal entrará em funcionamento em finais de 2002 ou princípios de 2003.

Anexo 5

A questão fundamental não foi tanto a diversidade cultural na redacção de cada preceito mas, mais estruturalmente, o confronto entre os Estados que davam prioridade à questão humana sobre a estabilidade de regimes e aqueles que defendiam este segundo aspecto à custa do primeiro. Estes Estados mantiveram-se contra o projecto desde início, tendo a maioria deles, em fases já adiantadas das negociações, quando a força anímica do mesmo passou a ser indiscutível, passado à tentativa de esvaziamento do seu conteúdo substantivo ou à de modificações em normas fundamentais de modo a criar excepções que melhor servissem os seus pontos de vista.

Este confronto levou à necessidade de criação de um grupo de Estados «Like--Minded», de que Portugal foi um dos fundadores, que acordou princípios de estratégia negocial e manteve um contacto estreito com as muitas ONGs que acompanharam activamente todo o processo. O confronto levou também a que o Estatuto tivesse que ser aprovado por tratado internacional (vinculando assim, em princípio, apenas os Estados-Partes) e não por revisão da Carta da ONU, o que teria uma força indiscutivelmente superior, a que fosse dada aplicação à ideia de complementaridade (o Tribunal só actua se os sistemas nacionais não existirem ou falharem quanto à sua credibilidade, o que se encontra sobretudo reflectido na questão da admissibilidade do art. 17.º) e a que o consentimento dos Estados fosse requerido em certas instâncias para que o processo se iniciasse (art. 12.º), para além de várias limitações nas definições dos crimes sobre os quais o Tribunal tem jurisdição (arts. 6.º a 10.º), entre muitos outros aspectos[4].

De facto, o Tribunal é a primeira instituição permanente de carácter geral que julga indivíduos intimamente ligados ao aparelho estatal, normalmente por causa do exercício do poder por esse mesmo aparelho, pelo que vai, ainda que indirectamente, pronunciar-se sobre questões de legitimidade de regimes e, sob o ponto de vista dos que mais se opuseram ao projecto, sobre a própria soberania de Estados. Por outro lado, se acaso o Estatuto vincula apenas os Estados-Partes, o certo é que o Tribunal pode exercer, em certas circunstâncias (derivadas do art. 12.º), a sua competência sobre indivíduos de nacionalidades distintas das dos Estados-Partes, o que tem potencial para ainda conflituar mais seriamente com a ideia de domínio reservado dos Estados.

Numa análise mais estrutural, o Estatuto de Roma vai ainda avivar problemas não resolvidos na nossa ordem mundial e no seu ordenamento jurídico, em, pelo menos, três áreas: o princípio da soberania estatal versus protecção de direitos humanos de cada

---

[4] Para mais pormenores sobre os antecedentes históricos do Estatuto de Roma, ver, da autora «O Tribunal Criminal Internacional» in *Reflexões sobre Temas de Direito Internacional*, ISCSP, Lisboa, 2001 (artigo escrito em princípios de 1999) e Lobo, António Costa «Um Tribunal à Escala Mundial», in O Mundo em Português, n.º 18, Março de 2001. Para um conhecimento mais pormenorizado das negociações, ver, entre outros, Lee, Roy ed. *The International Criminal Court – The Making of the Rome Statute: Issues, Negotiations, Results*, Kluwer Law International, The Hague, 1999 e Leanza, Umberto «The Rome Conference on the Establishment of an International Criminal Court: a Fundamental Step in the Strengthening of International Criminal Law» in Lattanzi, Flavia and Schabas, William *Essays on the Rome Statute of the International Criminal Court – vol.I*, Il Sirente, Itália, 1999. Para uma análise histórica dos antecedentes de uma justiça penal internacional e um estudo sobre os principais problemas que hoje se colocam, ver a série de publicações *Nouvelles Études Pénales*, érès, n. 13, 13bis, 13 ter e 13 quater, desde 1997 a 1999, sobretudo Bassiouni, Cherif, «Historical Survey: 1919-1998» in 13 quater, pp. 1 a 44.

indivíduo; o papel de indivíduos enquanto tais na condução e desenvolvimento da ordem mundial, designadamente da sua ordem jurídica; e, finalmente, a questão fundamental do papel do Direito perante a política, isto é, a da revisão jurídica, mormente judicial, de decisões do poder político mundial.

Relativamente à já hoje antiga questão da soberania versus protecção dos direitos humanos, o Estatuto do Tribunal vai, mais do que qualquer outro documento até agora elaborado universalmente, incidir sobre a actuação de pessoas detentoras do poder nos vários estados, tanto mais que não reconhece quaisquer imunidades provenientes de qualquer tipo de função desempenhada no aparelho estatal, incluindo a de chefe do Estado (art. 27.º) e responsabiliza os superiores hierárquicos e comandantes militares por crimes cometidos pelos seus subordinados, fundamentalmente em casos em que os primeiros sabiam ou tinham obrigação de ter conhecimento dos mesmos, não tendo feito tudo o que era possível para os impedir (art. 28.º). Como vários dos crimes em causa só podem efectivar-se com o empenhamento e mesmo iniciativa do Estado, como é notoriamente o caso da agressão, do genocídio e de alguns crimes contra a humanidade ou crimes de guerra, o Tribunal passa a ser um órgão com poderes para julgar das políticas de governos e regimes, em nome da defesa de direitos fundamentais de indivíduos e comunidades humanas. A tensão entre estes dois aspectos nunca foi definitivamente resolvida em Direito Internacional, com a Carta da ONU ainda a prescrever, no n.º 7 do art. 2.º, a sacralidade da jurisdição interna dos Estados, embora o desenvolvimento convencional na área dos direitos humanos e a prática dos Estados cada vez mais conduza à conclusão contrária[5]. Os compromissos aqui conseguidos, a nível do Estatuto, levaram a que, como concessões à ideia de soberania, ou domínio reservado dos estados, se estabelecesse um regime de complementaridade, já anteriormente referido, em relação aos tribunais nacionais (se bem que com a última palavra a pertencer ao Tribunal Internacional), e um regime de consentimento para o exercício de jurisdição, também já referido, que exige, salvo nos casos em que a situação é referida para o Tribunal pelo Conselho de Segurança, o consentimento do Estado do território ou do Estado da nacionalidade do acusado.

Quanto à problemática, também nunca clarificada devidamente, do papel que os indivíduos, enquanto tais, têm na cena internacional, não me referindo aqui ao cidadão comum mas a pessoas com funções determinantes, como sejam, para citar casos mais divulgados, o Secretário-Geral das Nações Unidas e os juízes do Tribunal Internacional de Justiça, o desconforto reside no facto de o Direito Internacional e as Relações Internacionais assentarem, basilarmente, numa lógica de divisão estatal do mundo, tendo naturalmente dificuldades conceptuais e políticas em determinar estatutos de outras entidades que actuem nesses campos. Esse desconforto leva a uma posição de suspeita em relação à possível actuação destas entidades e reflectiu-se, de modo particularmente acutilante, no caso do Tribunal Penal Internacional, nas questões dos critérios de escolha dos juízes e do Procurador, na extrema pormenorização na descrição dos crimes, na exigência, constante do art. 9.º, da adopção dos «Elementos dos Crimes», no con-

---

[5] O caso da intervenção da NATO no Kosovo e o caso Pinochet são apenas os exemplos mais recentes desta nova postura. O texto da Carta da ONU consta, naturalmente, da página da internet das Nações Unidas, já citada; para leitura da tradução oficial portuguesa, ver Diário da República – I Série A. n.º 117, de 22 de Maio de 1991.

Anexo 5 167

fronto difícil que se estabeleceu para que o Procurador pudesse ter poderes «proprio motu» para apresentar queixas perante o Tribunal e no enquadrar minucioso e deveras cauteloso desse poder (art. 15.°)[6].

Finalmente, o Estatuto aviva o problema fundamental do Direito versus Política, que toca o cerne de todo o presente sistema de relações internacionais e que se tem revelado através de tensões constantes (que afloram periodicamente na jurisprudência do Tribunal Internacional de Justiça, como foram os casos do acórdão sobre a Nicarágua e o do parecer histórico sobre a legalidade das armas nucleares[7]) e que a Carta da ONU nunca deixou claro. A nível da elaboração do Estatuto do Tribunal Penal, esta tensão esteve sempre agudamente presente na ideia de que o próprio Tribunal correspondia à admissão da revisão judicial de decisões políticas, podendo estas não ser meramente internas mas mesmo as proferidas pelo próprio Conselho de Segurança.

Assim, foi sobretudo nas relações com este que a dita tensão se reflectiu, levando ao compromisso, constante do art. 16.°, de que nenhuma investigação ou acusação poderia iniciar-se ou prosseguir por um período de 12 meses (renováveis) se o Conselho de Segurança tal solicitasse através de resolução aprovada nos termos do Capítulo VII da Carta («Acção em Caso de Ameaça à Paz, Ruptura da Paz e Acto de Agressão»). Esta moratória foi o resultado de negociações intensas e longas, em que se esgrimiu o dito Capítulo VII da Carta nos dois sentidos, pois a sua ambiguidade, como a da maioria dos preceitos deste instrumento, tal permite.

Outra consequência relevante do confronto de poderes entre o Conselho de Segurança e o Tribunal reside no facto de, apesar de o crime de agressão, após dura luta negocial, ter sido incluido na jurisdição do Tribunal, a definição (e consequente aplicação do mesmo), ter ficado adiada, nos termos do n.° 2 do art. 5.°, para o momento de revisão do Estatuto. Jogaram aqui os interesses políticos dos membros permanentes do Conselho de Segurança e a redacção do art. 39.° da Carta, que poderá ser interpretada no sentido de dar ao Conselho de Segurança o poder (exclusivo?) de determinar a existência de uma situação de agressão. Mais do que a definição do crime, adaptável, em boa medida, da definição constante da resolução n.° 3314 «Definição de Agressão», de 1974, da Assembleia Geral, está a questão da participação do Conselho de Segurança nessa determinação, para que o Tribunal possa vir a julgar indivíduos acusados de tal crime[8].

---

6 Portugal foi, com a Itália e a África do Sul, o primeiro país a apresentar uma proposta, ainda no âmbito do Comité Ad Hoc, em 1995, para que o Procurador pudesse iniciar uma investigação por sua iniciativa, isto é, sem que um Estado ou o Conselho de Segurança tivessem anteriormente que apresentar uma queixa, em termos semelhantes ao prescrito nos Estatutos dos Tribunais da Ex-Jugoslávia e do Ruanda (respectivamente, nos.1 dos arts. 18.° e 17.° dos ditos Estatutos).

7 Ver «Caso relativo às Actividades Militares e Paramilitares na e contra a Nicarágua» (Nicarágua contra Estados Unidos da América), ICJ, 1986, em que o Tribunal Internacional de Justiça considerou que as actividades dos Estados Unidos constituiam agressão, apesar de o Conselho de Segurança nunca se ter pronunciado nesse sentido, e o Parecer Consultivo de 8 de Julho de 1996 sobre a «Legalidade da Ameaça ou Uso de Armas Nucleares», ICJ, n.° 95, 1996, em que o Tribunal virtualmente considerou o seu uso ilegal, com a possível excepção da legítima defesa, sendo que o Conselho de Segurança, cujos membros permanentes são todos potências nucleares, nunca se manifestaria, obviamente, nesse sentido, pelo menos assumindo que se mantêm as presentes circunstâncias mundiais.

8 Apesar de a definição deste crime só vir a ser aprovada aquando da revisão do Estatuto, nos termos dos seus arts. 121.° e 123.°, funciona desde 1999 um Grupo de Trabalho, no âmbito

III – PROBLEMAS CONSTITUCIONAIS

Com a aprovação do Estatuto e a consequente fase de assinaturas e ratificações, a sua compatibilização com os vários ordenamentos constitucionais tornou-se uma das principais tarefas. Alguns dos problemas constitucionais surgidos têm precisamente que ver com potenciais incompatibilidades entre princípios de modelos de ordenamento mundial sucessivos, bem como com o facto de que as próprias constituições incluem frequentemente normas potencialmente contraditórias sem que se dê, muitas vezes, indicações sobre a sua hierarquia, criando reais dilemas na incorporação do Direito Internacional na ordem interna.

Como é sabido, surgiram fundamentalmente três tipos de problemas constitucionais fundamentais relativamente à incorporação do Estatuto de Roma nos vários Direitos internos: a proibição da extradição de nacionais, as imunidades de certas autoridades, designadamente os chefes de Estado, os membros dos governos e os membros dos parlamentos, e, em casos contados, como em Portugal, a questão da prisão perpétua[9-10].

Um aspecto interessante destes três problemas fundamentais referidos é que cada um deles é baseado na defesa de princípios diferentes. Na realidade, enquanto a proibição da extradição de nacionais se fundamenta na premissa de que o mundo é dividido em Estados e de que o vínculo entre o indivíduo e o Estado, através da nacionalidade, deve ser a razão para exclusão de qualquer jurisdição estrangeira (o que reflecte uma ordem mundial baseada na soberania territorial), já as imunidades conferidas a certos indivíduos têm mais que ver com a protecção do poder estabelecido de eventuais abusos de carácter interno ou internacional (o que pode reflectir preocupações democráticas pragmáticas de preservação do poder eleito mas também convicções tão antigas com a crença na origem divina do poder político). Por outro lado, a proibição da prisão perpétua reflecte prioridades de uma ordem preocupada com a protecção do ser humano e a crença na sua reabilitação, de base universalista (o que tem potencial para se tornar uma premissa de um modelo mundial futuro).

---

da Comissão Preparatória criada pela resolução F da Conferência de Roma, que tem vindo a discutir a questão. Foram já em número significativo as propostas apresentadas sobre a definição e condições de exercício da competência do Tribunal face ao crime de agressão, entre as quais uma de Portugal conjuntamente com a Grécia, mas ainda nenhuma delas reuniu o consenso necessário sequer para constituir uma base de trabalho acordada.

[9] Para a questão da incorporação do Estatuto de Roma nas ordens internas, ver, sobretudo, Kress, Claus e Lattanzi, Flavia, eds. *The Rome Statute and Domestic Legal Orders – vol. I*, Nomos Verlagsgesellschaft, Il Sirente, Baden-Baden, 2000. Para a situação portuguesa ver, na dita publicação, da autora, «Notes on the Implementation of the Rome Statute in Portugal», pp. 152 a 168. Para um estudo comparado dos vários sistemas constitucionais e soluções constitucionais para aplicação do Estatuto de Roma, ver «Report on Constitutional Issues raised by the Ratification of the Rome Statute of the International Criminal Court» aprovado pela «Comissão para a Democracia através do Direito» do Conselho da Europa, 45ª Sessão Plenária, Veneza, 15--16 de Dezembro de 2000, CDI-INF (2001).

[10] Não serão abordados neste artigo outros problemas constitucionais por não serem tão fundamentais face à Constituição portuguesa. Entre estes contam-se o exercício da prerrogativa do perdão, as aministias decretadas por lei nacional, a prescritibilidade dos crimes e a inexistência de júri no julgamento do réu pelo Tribunal, entre outros.

Anexo 5

a) A proibição de extradição de nacionais

Esta norma, comum a muitas constituições, baseia-se na convicção de que são os tribunais nacionais os órgãos mais adequados para o julgamento do indivíduo em causa. Assim, constitui um dos reflexos mais característicos de uma ordem baseada na soberania territorial e na consequente ligação do indivíduo a esta pelo vínculo da nacionalidade, a que se alia uma desconfiança na justeza e equidade de ordens de outras soberanias, a ela exteriores.

O Estatuto do Tribunal Penal Internacional pode naturalmente, numa primeira leitura, entrar em conflito com esta visão tradicional, já que exige uma cooperação plena na captura e entrega da pessoa em causa (art. 89.°) e não permite julgamentos à revelia (art. 63.°), não se fazendo qualquer distinção entre indivíduos nacionais ou estrangeiros.

Foi precisamente a percepção desta situação que levou os negociadores a estabelecer uma distinção clara entre os conceitos de extradição e entrega no art. 102.° («Termos Usados»), reflectindo assim a diferença qualitativa entre relações horizontais Estado a Estado e relações entre um Estado e o Tribunal. Esta distinção não é, evidentemente, meramente terminológica, mas traduz a realidade de dois modos de organização distintos, que actualmente se começam a interpenetrar, isto é, o modelo tradicional de cooperação judiciária entre Estados e o modelo emergente de cooperação com uma ordem judicial da comunidade mundial, que, por isso, assume características e reflecte valores que se não podem subsumir a uma ordem estrangeira mas que antes espelham o consenso internacional. Contudo, este ponto de vista, defendido no Estatuto, de que o Tribunal Penal Internacional tem uma natureza diferente da dos tribunais nacionais, já que representa a comunidade internacional no seu todo e garante uma defesa adequada ao arguido, não podendo assim serem formuladas objecções baseadas na desconfiança face à falta de garantias no processo, tem por vezes enfrentado dificuldades.[11]

---

[11] No caso da Alemanha, tomou-se a decisão de rever o art. 16.° n.° 2 da Constituição para permitir que «o Parlamento autorize a entrega de alemães a tribunais penais internacionais». Ver Jarasch, Frank e Kress, Claus «The Rome Statute and the German Legal Order», in *The Rome Statute and Domestic Legal Orders*, ibid, pp. 91-112. A argumentação baseou-se fundamentalmente em três pontos, i.e. a jurisprudência do Tribunal Constitucional alemão, os debates parlamentares sobre a entrega hipotética de nacionais ao Tribunal para a Ex-Jugoslávia e, o que provavelmente foi a razão mais importante, «... a intenção de possibilitar a extradição de alemães para todos os Estados Membros da União Europeia» (pág. 99, artigo citado), tendo em vista a «Convenção relativa à Extradição entre Estados Membros da União Europeia», de 1996. A delegação alemã à Comissão Preparatória tem insistido neste ponto, reafirmando numerosas vezes que a razão fundamental para a revisão constitucional foi a dita Convenção sobre Extradição, tendo sido apenas aproveitada a oportunidade para incluir a situação, qualitativamente diferente, da entrega ao Tribunal Penal Internacional. A emenda constitucional ao artigo 16.° n.° 2 («Nenhum alemão pode ser extraditado para país estrangeiro») refere: «A lei pode estatuir em sentido contrário no caso de extradição para Estado Membro da União Europeia ou entrega a tribunal internacional.».

Já a Áustria, face a uma norma de carácter constitucional substantivamente semelhante (parágrafo 1 da secção 12 do «Acto de Extradição e Assistência Mútua»), entendeu não ser necessária a revisão da sua Constituição mas apenas da dita lei em que se inseria a norma de proibição de extradição de nacionais, tendo tido relevância, para esta decisão, os argumentos de que a entrega para um tribunal internacional era qualitativamente diferente da extradição Estado

Na realidade, tanto no Estatuto como nas Regras de Processo e Prova, os negociadores acordaram um dos mais completos e elaborados conjuntos de garantias e estabeleceram um processo que se conta entre os que mais possibilidades dá de defesa. Foi também, em parte, devido a estas objecções, baseadas num modelo de divisão estatal por soberanias territoriais, que o Tribunal foi criado por um tratado (e não como órgão das Nações Unidas), que é um produto dos Estados e vincula apenas os que nele são partes, e continuará sempre a ser supervisionado pelos mesmos, através da Assembleia de Estados Partes (art. 112.º).

De facto, muito menores foram as concessões feitas à ordem tradicional quando foram criados os dois Tribunais Ad Hoc, respectivamente para a Ex-Jugoslávia e para o Ruanda, já que a sua origem reside no Conselho de Segurança, as garantias para o arguido são muito menos pormenorizadas nos respectivos Estatutos e a elaboração da maioria das regras processuais foi deixada aos juízes, obviamente num momento posterior ao da aprovação dos ditos Estatutos. Ainda mais fundamental é o facto de que estes Tribunais não operam com base na complementaridade face aos órgãos judiciais nacionais mas têm prioridade sobre os mesmos[12].

Provavelmente, de qualquer modo, a tendência será para progressivamente olhar para a proibição da extradição de nacionais como um conceito a ultrapassar, mormente nos casos em que existem garantias de um julgamento sério com as adequadas defesas para o arguido. A Convenção da União Europeia sobre Extradição de 1996 é um exemplo de como a evolução se poderá processar, proibindo, no seu artigo 7.º n.º 1, a recusa de extradição de nacionais e sendo progressivamente dificultadas as reservas que o Es-

---

a Estado e de que se aplicava, de qualquer modo, o princípio da complementaridade. Ver Gartner, Irene «Implementation of the ICC Statute in Austria», *op. cit.*, pp. 51 a 63, que se refere, contudo, a um momento anterior à revisão da lei constitucional e à ratificação do Estatuto por este Estado.

Tanto a Alemanha como a Áustria (e, veremos, a larga maioria dos países), consideraram que, apesar das normas constitucionais sobre imunidades de certas autoridades estatais, estas não se poderiam aplicar aos crimes previstos pelo Estatuto, pelo que não procederam a nenhuma revisão das mesmas.

[12] O Estatuto do Tribunal para a Ex-Jugoslávia foi aprovado pela res. n.º 827 (1993) do Conselho de Segurança, nos termos que constavam do anexo do Relatório do Secretário-Geral (UN Doc. S/2507(1993)), solicitado pela res. n. 808 do Conselho de Segurança, que decidiu da criação do dito Tribunal. O Estatuto do Tribunal para o Ruanda foi aprovado pela res. 955 (1994) do Conselho de Segurança. As decisões destes Tribunais (mandatos de captura, ordens, acórdãos, etc) vinculam os Estados directamente, por força do art. 25.º da Carta das Nações Unidas, que declara: «Os membros das Nações Unidas concordam em aceitar e aplicar as decisões do Conselho de Segurança, de acordo com a presente Carta.». E se acaso algumas objecções foram levantadas, no início, à legalidade da criação, pelo Conselho de Segurança, destes órgãos judiciais, o memorandum do Departamento de Assuntos Jurídicos do Secretariado da ONU, justificando-os como uma das medidas que cabem no Capítulo VII, acabou por ser aceite por praticamente todos os Estados, sendo que apenas o México mantém a sua posição de contestação da legalidade da dita criação, não participando, inclusivamente, nas votações para os juízes destes Tribunais, atitude esta em que se encontra isolado. Portugal não só nunca fez qualquer objecção à legalidade do processo de criação dos Tribunais Ad Hoc, como apresentou um candidato a juíz que foi eleito em 1997 e cumpriu um mandato de quatro anos.

Anexo 5

tado possa formular a esta norma. Aliás, em espaços alargados como a União Europeia, a criação de um sistema judicial e jurídico único já passou a fase inicial, sendo de prever a sua concretização num futuro não muito distante. A nível internacional, com a criação e funcionamento de instâncias judiciais, que recentemente também têm coberto a área da competência penal sobre indivíduos, a situação evoluirá, muito provavelmente, em sentido semelhante.

Contudo, a situação presente é ainda de proibição constitucional bastante generalizada de extradição de nacionais, não tendo a larga maioria das constituições tomado em consideração a existência de tribunais penais internacionais nem o conceito de entrega[13]: assim, o envio de uma pessoa para o Tribunal Penal Internacional exige, por vezes, uma interpretação constitucional que leve em consideração as lacunas das mesmas e a aceitação de uma ordem judicial nova, não baseada exclusivamente nas jurisdições nacionais. Tais foram os entendimentos, por exemplo, na Itália e na Noruega, para citar apenas dois entre muitos Estados, tendo ambos declarado não haver incompatibilidade alguma entre o Estatuto e as suas disposições constitucionais que proibiam a extradição de nacionais, já que o conceito de extradição, único previsto nas ditas constituições, não se podia aplicar às relações entre um Estado e o Tribunal.

b) Imunidades

O art. 27.º do Estatuto de Roma estatui claramente que «a qualidade oficial é irrelevante, em particular a de Chefe de Estado, membro do Governo ou do Parlamento, a de representante eleito ou a de funcionário público». Contudo, a grande maioria das constituições confere imunidades a alguns destes indivíduos e esta protecção, baseada na defesa do poder instituido, visando sobretudo a garantia do exercício efectivo desse poder, tem potencial para entrar em tensão com ideias mais modernas de que os seres humanos devem ser protegidos contra certas acções, extremamente graves, do poder estabelecido[14]. A necessidade de atender aos interesses dos governados tem vindo progressivamente a desenvolver-se, não apenas através de mecanismos internos de con-

---

[13] Constituições mais recentes, contudo, já tomam em consideração as alterações na organização mundial dos nossos dias. Talvez que o exemplo mais interessante seja o da Constituição da Estónia de 1992, que autoriza expressamente a extradição de nacionais sempre que um tratado internacional o prescreva. Ver Duffy, Helen «National Constitutional Compatibility and the International Criminal Court» Duke Journal of Comparative and International Law, Durham, December 2000/January 2001.

[14] Praticamente todas as constituições do mundo prevêem imunidades para certos tipos de entidades oficiais. Entre os Estados do Conselho da Europa, ver, sobretudo, os arts. 46.º da Constituição da Alemanha, 57.º, 58.º e 96.º da Constituição da Áustria, 76.º da Constituição da Estónia, 26.º, 68.º e 68.º-1 da Constituição da França, 75.º da Constituição da Geórgia, 49.º da Constituição da Grécia, 20.º da Constituição da Hungria, 7.º da Constituição do Liechtenstein, 64.º, 83.º e 89.º da Constituição da Ex-República Jugoslava da Macedónia, 43.º da Constituição da Holanda, 54.º e 65.º da Constituição da República Checa, 69.º e 84.º da Constituição da Roménia, 83.º e 100.º da Constituição da Eslovénia, 83.º e 85.º da Constituição da Turquia e 80.º e 105.º da Constituição da Ucrânia. No caso de Portugal, estão em causa, sobretudo, os artigos 130.º, 157.º n.º 3 e 196.º da nossa Constituição. Ver «Report on Constitutional Issues...» Conselho da Europa, op. cit. nota 12.

172   *O Direito Internacional Público nos Princípios do Século XXI*

trolo do exercício do poder político, mas também através da explicitação de excepções, muitas feitas em instrumentos internacionais, às referidas imunidades. É nesta linha que foi possível, não apenas a realização dos julgamentos de Nuremberga e Tóquio, mas também o acordo quanto à inserção do art. IV na «Convenção sobre Prevenção e Punição do Crime de Genocídio», que declara irrelevante a qualidade oficial, a consagração do art. 41.º na «Convenção sobre Tortura e Outros Tratamentos ou Penas Cruéis, Desumanos ou Degradantes», que vai no mesmo sentido, e a prescrição dos Estatutos dos dois Tribunais Ad Hoc (art. 7.º n.º 2 do da Ex-Jugoslávia e art. 6.º n.º 2 do do Ruanda), que também a repetem.

As normas constitucionais variam de modo significativo na protecção que conferem a detentores do poder, sendo as imunidades de que gozam os monarcas as mais extensas, precisamente pelas razões tradicionais já invocadas e porque estas entidades são frequentes vezes consideradas como a personificação, em termos permanentes, do próprio Estado. Muitas constituições, contudo, atribuem imunidades em situações muito mais restritas, por vezes apenas para funções oficiais e frequentemente com possibilidade de levantamento por parte dos parlamentos, sendo que esta variedade reflecte a mistura entre a ideia de protecção do poder estabelecido e a de protecção dos indivíduos dos abusos desse mesmo poder. Nos dias de hoje, a necessidade de protecção dos direitos dos indívíduos tornou-se de tal modo forte que todas as monarquias que até agora ratificaram o Estatuto, como foram os casos da Espanha, Noruega, Bélgica e Lesoto, entenderam que as imunidades não se poderiam aplicar aos crimes neste previstos. A justificação jurídica para tal tem normalmente sido que uma acusação eventual por parte do Tribunal Penal Internacional seria meramente hipotética e representaria, de qualquer modo, o colapso total do regime em que as próprias garantias para o exercício do poder, tais como as imunidades, encontrariam a sua fundamentação. Assim, as imunidades operariam aqui de modo perverso, protegendo actos que constituiriam, eles próprios, a ruptura do sistema que deveriam proteger[15].

Tendo em atenção o elevado número de ratificações das Convenções sobre o Genocídio e a Tortura não acompanhadas da formulação de reservas relativamente às imunidades de entidades oficiais e a atitude predominante dos Estados que já ratificaram o Estatuto de Roma, bem como o consenso de que não haverá imunidades face às

---

[15] A Bélgica decidiu ratificar o Estatuto e só posteriormente iniciar as revisões constitucionais necessárias, visando, assim, não retardar um acto com um valor simbólico essencial de empenhamento numa nova ordem judicial internacional. Optou, também, por rever a Constituição segundo o modelo francês de cláusula geral, afirmando que o Estado aceita o Estatuto de Roma, em vez de rever especificamente cada norma considerada problemática, designadamente as que consagram as imunidades do Rei, as dos Ministros e o perdão a conferir pelo monarca.

Para a argumentação em Espanha, ver Yáñez-Barnuevo, Juan and Roldán, Áurea «Spain and the Rome Statute of the International Criminal Court», *The Rome Statute and Domestic Legal Orders*, op.cit., págs. 197-217.

Entre os casos de repúblicas que contêm normas expressas referentes às imunidades do Presidente, membros do Governo e do Parlamento, conta-se a Finlândia, cujo Comité Parlamentar sobre Assuntos Jurídicos e Direito Constitucional concluiu, quando aprovou o Estatuto para ratificação (que ocorreu em 29 de Dezembro de 2001), que não havia qualquer contradição entre a Constituição e o Estatuto, devido à gravidade dos crimes em causa. Ver «Statement by the Representative of Finland to the 7th Session of the Preparatory Commission for the Establishment of the International Criminal Court», Nova Iorque, 26 de Fevereiro de 2001.

Anexo 5

«violações graves» das Convenções de Genebra de 1949[16] ou face a vários crimes contra a humanidade (o que é expressamente previsto, por exemplo, na Convenção sobre o Apartheid[17]), parece haver um consenso, na comunidade mundial, de que as eventuais limitações constitucionais não terão cabimento face ao tipo de crimes previstos no Estatuto ou, pelo menos, face aos crimes de genocídio e contra a humanidade. Mesmo os sistemas constitucionais com imunidades mais alargadas, como são tipicamente as monarquias relativamente ao respectivo chefe de Estado, consideraram, até agora, que estas não poderiam ser um obstáculo à prossecução dos crimes pelo Tribunal.

Salvo os casos muito contados em que Estados consideraram que as imunidades previstas na constituição eram um impedimento à ratificação do Estatuto, tendo assim antes que se proceder a uma revisão constitucional[18], a maioria interpretou as normas constitucionais de modo a não originar quaisquer conflitos com o Estatuto, utilizando argumentos como a falta de previsão, pelas mesmas, da responsabilidade internacional dos oficiais em causa, já que apenas previam as responsabilidades a nível nacional ou, através de uma análise mais estrutural, concluindo que os fundamentos para a concessão de imunidades (o exercício livre de coacção do poder) não estariam presentes na comissão dos crimes mais graves que afectam toda a comunidade internacional, pelo que não poderiam ser invocadas.

---

[16] Em 12 de Agosto de 1949, foram aprovadas, na sequência da Conferência Diplomática, em Genebra, quatro convenções, respectivamente «Convenção de Genebra para Melhorar a Situação dos Feridos e Doentes das Forças Armadas em Campanha», «Convenção de Genebra para Melhorar a Situação dos Feridos, Doentes e Náufragos das Forças Armadas no Mar», «Convenção de Genebra Relativa ao Tratamento dos Prisioneiros de Guerra» e «Convenção de Genebra Relativa à Protecção de Pessoas Civis em Tempo de Guerra»; em 10 de Junho de 1977 foram adoptados 2 Protocolos adicionais, respectivamente «Protocolo Adicional às Convenções de Genebra de 12 de Agosto de 1949 Relativo à Protecção das Vítimas dos Conflitos Armados Internacionais» e «Protocolo Adicional às Convenções de Genebra de 12 de Agosto de 1949 Relativo à Protecção das Vítimas dos Conflitos Armados Não Internacionais». Ver, para a tradução em português, *Convenções de Genebra de 12 de Agosto de 1949* e *Protocolos Adicionais às Convenções de Genebra de 12 de Agosto de 1949*, Cruz Vermelha Portuguesa, Lisboa, 1985 e 1988, respectivamente. Estas convenções foram a inspiração para muitas das alíneas dos artigos 7.º e 8.º do Estatuto, i.e. os crimes contra a humanidade e, sobretudo, os crimes de guerra.

As «violações graves» são infrações com um regime especial, que envolve a jurisdição universal (qualquer Estado as deverá julgar mesmo que os factos não se tenham passado no seu território nem haja qualquer vínculo com o presumível autor das mesmas). Os actos que constituem essas violações constam do artigo 50.º da 1ª Convenção, do 51.º da 2ª Convenção, do 130.º da 3ª Convenção, do 147.º da 4ª Convenção e dos arts. 11.º e 85.º n.º 3 do Protocolo I.

[17] Ver «Convenção sobre Supressão e Punição do Crime de Apartheid», de 1973, resolução da Assembleia Geral 3068(XXVIII), sobretudo Artigo III, que exclui quaisquer imunidades baseadas na capacidade individual.

[18] A França e o Luxemburgo contam-se entre os que tomaram esta posição e optaram por uma cláusula geral de revisão da Constituição: a emenda francesa declara que «A República francesa pode reconhecer a competência do Tribunal Penal Internacional nas condições estabelecidas pelo tratado assinado a 18 de Julho de 1998» (Lei Constitucional N. 99-568, de 8 de Julho de 1999) e a emenda luxemburguesa afirma que «Nenhuma norma da Constituição constituirá obstáculo à aprovação do Estatuto do Tribunal Penal Intenracional ... e ao cumprimento das obrigações dele decorrentes nas condições prescritas pelo Estatuto.» (Lei de 8 de Agosto de 2000, que reviu o artigo 118 da Constituição-A-No. 83, de 25 de Agosto de 2000, pág. 1965).

174 *O Direito Internacional Público nos Princípios do Século XXI*

Muitos Estados terão também tido presente o princípio, que tem vindo a adquirir uma força crescente, de que o Direito Internacional consuetudinário prevê o levantamento de imunidades de altos oficiais em numerosas situações, mesmo perante a mera jurisdição de outro Estado ou de um grupo de Estados. O exemplo mais recente da expressão deste princípio é, provavelmente, o acórdão da Câmara dos Lordes, no caso Pinochet, em que se pode ler: «O Direito Internacional tornou claro que certos tipos de conduta, incluindo tortura e tomada de reféns, não são aceitáveis da parte de ninguém. Isto aplica-se tanto a Chefes de Estado (ou até mais a estes), como a qualquer outra pessoa. A conclusão contrária constituiria uma farsa do Direito Internacional.»[19].

Corroboram a existência deste costume internacional numerosos instrumentos que nos apontam no sentido da existência e aplicação da regra de que não há imunidades em casos de crimes como os do Estatuto: já o art. 227.º do Tratado de Versalhes instituia nesse sentido, no que foi seguido pelo art. 7.º da Carta do Tribunal Militar Internacional de Nuremberga, pelos trabalhos da Comissão de Direito Internacional[20] e pelos já referidos Convenção sobre Genocídio de 1948, e Estatutos dos Tribunais Penais para a Ex-Jugoslávia e o Ruanda. Esta esta última instância judicial condenou mesmo, entre outros, o Primeiro Ministro ao tempo da prática dos crimes, Jean Kambanda, sendo de esperar que o Tribunal para a Ex-Jugoslávia venha a julgar Milosevic, em relação ao qual foi emitido um mandato de captura, pelos actos cometidos enquanto chefe de estado. Assim, parece que existe uma norma internacional costumeira no sentido da não operatividade do regime de imunidades constitucionais quando estamos perante crimes internacionais, o que se torna particularmente relevante para ordenamentos, como o nosso, que prevêem a recepção automática do direito internacional geral ou comum[21].

c) A Prisão Perpétua

O Estatuto prevê, no seu art. 77.º, a pena de prisão perpétua, «se o elevado grau de ilicitude do facto e as condições pessoais do condenado o justificarem». Este preceito contraria o prescrito em algumas constituições, sobretudo ibéricas e da América Latina[22].

---

[19] Ver «Opinions of the Lords of Appeal for Judgment in the Cause Rgina v. Bartle and the Commissioner of Police for the Metropolis and Others (Appelants) Ex Parte Pinochet (Respondent) (on Appeal from a Divisional Court of the Queen's Bench Division)», de 25 de Novembro de 1998.

[20] Ver, sobretudo, os trabalhos referentes aos «Princípios de Direito Internacional reconhecidos na Carta do Tribunal de Nuremberga e no Julgamento do Tribunal» (Princípio III), de 1950 e o «Projecto de Código de Ofensas contra a Paz e Segurança da Humanidade» (art. 2.º, em 1954 e art. 7.º, em 1996).

[21] Entre as muitas normas constitucionais semelhantes ao artigo 8.º n.º 1 da nossa Constituição (e ao seu art. 16.º), contam-se os arts. 25.º da Constituição alemã, 3.º da Constituição da Estónia, 2.º e 28.º da Constituição da Grécia, 7.º da Constituição da Hungria, 135.º da Constituição da Lituânia, 3.º da Constituição de Andorra e 9.º da Constituição da Polónia. Ver «Report on Constitutional Issues...» Conselho da Europa, op. cit.

[22] Para um estudo da situação nos países andinos, ver *La Corte Penal Internacional y los Paises Andinos*, Comisión Andina de Juristas, Peru, 2001. Todos os seis Estados assinaram o estatuto, sendo que a Venezuela também o ratificou, em 7 de Junho de 2000.

Anexo 5 175

E se acaso os dois problemas constitucionais anteriormente referidos são baseados num modelo mais tradicional de soberania estatal e protecção do poder político instituido, a proibição da prisão perpétua reflecte preocupações mais modernas de protecção dos direitos da pessoa condenada, tais como a crença na sua reabilitação.

Os negociadores do Estatuto estavam conscientes dos problemas potenciais que a imposição de tal pena poderia originar, estabelecendo, por isso, uma série de garantias: não apenas deve tal pena ser só imposta em circunstâncias excepcionais (uma condição que não está mencionada expressamente nem no Estatuto do Tribunal para a Ex-Jugoslávia nem no do Ruanda) mas também não vigora sempre que os tribunais nacionais julguem o indivíduo, como é suposto fazerem segundo o princípio da complementaridade, já que os tribunais nacionais só aplicarão o sistema de penas nacional (art.80.°). Por outro lado, um Estado Parte nunca pode ser obrigado a executar uma eventual pena de prisão perpétua prescrita pelo Tribunal Penal Internacional, já que pode sempre formular condições na sua declaração de disponibilidade para receber pessoas condenadas, que, de qualquer modo, é sempre voluntária (art. 103.° n.° 1)[23].

Estas normas dão garantias suficientes a Estados que estão sobretudo preocupados com a condenação dos seus nacionais mas podem ser insuficientes para outros, mormente para Portugal, que tem uma proibição constitucional absoluta de extradição sempre que se possa vir a aplicar a pena de prisão perpétua (art. 33.° n.° 5 da Constituição). É difícil, nestes casos, argumentar que um tribunal internacional é qualitativamente diferente de tribunais de estados estrangeiros porque a razão de ser de tal proibição, isto é, a defesa do princípio da reabilitação do indivíduo, seria sempre aplicável. Os argumentos baseados na distinção entre extradição e entrega também parecem não poder ir muito longe face à ideia da reabilitação.

Contudo, outros aspectos poderiam ser invocados para tentar ultrapassar o dito problema, tais como a consagração, no Estatuto de Roma, de um processo obrigatório de revisão da sentença após 25 anos (art. 110.° n.° 3), o que leva a que, na prática, tal pena nunca se aplique quando há reabilitação real, tanto mais que há reexame obrigatório da decisão de não redução da pena (n.° 5). Permite-se, assim, na prática, que a ideia de reabilitação vigore (a redução da pena será proferida se for preenchida alguma das condições indicadas no n.° 4, completadas pelo Regulamento Processual, que, por si mesmas, são indícios da própria ideia de reabilitação). Por outro lado, (e este aspecto tem frequentes vezes sido esquecido), devido à complementaridade, é possível invocar que um determinado Estado Parte pode sempre julgar a pessoa internamente, o que

---

[23] A Espanha, cuja constituição tem sido interpretada no sentido de proibir a prisão perpétua, fez uma declaração, aquando da ratificação do Estatuto, no sentido de que não se disponibilizava para receber pessoas condenadas à pena de prisão perpétua: «A Espanha declara que, em momento apropriado, estará preparada para receber pessoas condenadas pelo Tribunal Penal Internacional, sob condição de que a duração da pena imposta não exceda o limite máximo estabelecido para qualquer crime na legislação espanhola.»

A norma constitucional em causa é o n.° 2 do art. 25.°da Constituição espanhola, que prescreve: «As penas privativas de liberdade e as medidas de segurança estarão orientadas para a reeducação e reinserção social e não poderão consistir em trabalhos forçados...». O Supremo Tribunal Constitucional espanhol declarou a inconstitucionalidade da pena de prisão perpétua nos acórdãos 28/88 (relativo a princípios de política criminal) e 150/91(referente aos fins das penas).

O *Direito Internacional Público nos Princípios do Século XXI*

pode originar, por exemplo, revisões do seu Direito Penal e Processual Penal, mas não necessariamente da sua Constituição. Além disso, pode sempre argumentar-se que o regime de entrega a um tribunal internacional em casos de crimes tão sérios como os do Estatuto não estava previsto nas constituições, o que pode ser aliado à ideia de mudança de paradigmas na teoria jurídica internacional, criação institucional e prática[24].

Este problema, contudo, não é tão comum como os dois anteriormente anunciados. Na realidade, tanto quanto sei, Portugal é o país que tem o regime mais estrito no que se refere à prisão perpétua, sem que se estabeleçam quaisquer excepções, já que países como o Brasil, cuja Constituição também proibe penas de cartácter perpétuo (art. 5.º XLVII b)), não prescreve qualquer proibição de extradição para países que a apliquem, e permite, no seu art. 5.º XLVII a), a aplicação da pena de morte em alguns casos de graves crimes militares que têm uma natureza muito semelhante à dos crimes previstos no Estatuto de Roma. Outros países da América Latina, tais como a Costa Rica ou El Salvador, têm constituições que proibem expressamente a pena de prisão perpétua mas, tal como a Espanha, esse potencial problema parece estar resolvido pelo art. 103.º do Estatuto de Roma, através da condição de que tais penas não sejam aplicadas nos seus territórios, já que estas constituições não estabelecem quaisquer limitações à aplicação da pena de prisão perpétua por outros sistemas.

d) Conclusão

Estou convencida de que, de algum modo, a grande maioria dos Estados partilhou da ideia de que a criação do Tribunal Penal Internacional significava, não apenas um verdadeiro marco no desenvolvimento do Direito Internacional, mas também uma das primeiras manifestações institucionais de um novo modelo de regulamentação internacional. Esta percepção pode estar na origem do modo como foram tratados os potenciais problemas constitucionais por aqueles que já ratificaram o tratado. A larga maioria concluiu pela desnecessidade de revisão constitucional porque considerou que a extradição era diferente da entrega a um tribunal internacional, como, aliás, consta do Estatuto, que as imunidades nacionais tradicionais não deveriam ser aplicadas aos «crimes de maior gravidade, que afectam a comunidade internacional no seu conjunto» (Preâmbulo), prescindindo delas sempre que perante exigências de bom governo e defesa dos direitos mais básicos dos indivíduos, e aceitou formas de tratar com a questão da prisão perpétua.

---

[24] Helen Duffy apresenta um argumento adicional para a aplicação limitada pelo Tribunal da pena de prisão perpétua: não apenas tem esta pena um carácter excepcional segundo o art. 77.º do Estatuto, mas também o Tribunal está obrigado, em função dos n.ºs 1 e 3 do art. 21.º, a aplicar, para além deste instrumento, os tratados internacionais, os princípios e regras de Direito Internacional e as normas e padrões internacionalmente reconhecidos, tendo a aplicação e interpretação do Estatuto que ser «consistente com os direitos humanos internacionalmente reconhecidos». Entre estes, o art. 10.º do Pacto Internacional de Direito Civis e Políticos, de 1966, tem um papel relevante, estatuindo o seu n.º 3 que «O sistema penitenciário consistirá no tratamento de prisioneiros com o fim essencial da sua reforma e reabilitação social.». O Tribunal tomará certamente em consideração o fim da reabilitação no momento da aplicação e da revisão da sentença. Duffy, Helen «National Constitutional Compatibility and the International Criminal Court», Duke Journal of International Law, Durham, Dezembro 2000/Janeiro 2001.

Anexo 5 177

São, aliás, várias as maneiras pelas quais os Estados podem harmonizar as suas constituições com o Estatuto: a que até agora defendi, por ser a mais simples e, no meu entender, correcta, baseia-se na interpretação das normas constitucionais de modo a torná-las compatíveis com as normas estatutárias, o que evita a pesada e morosa tarefa de um revisão constitucional. Esta via foi seguido pela maioria dos Estados que até agora ratificaram o Estatuto, já que não procederam a quaisquer revisões constitucionais. No extremo oposto situam-se vias como as utilizadas pela Alemanha, de revisão sistemática de todas as normas constitucionais que poderiam suscitar problemas (embora tenha sido considerado por este Estado que o único problema poderia ser o da extradição de nacionais), ou o método utilizado pela França e pelo Luxemburgo de inserção, na Constituição, de uma nova norma que permita a solução de todas as eventuais incompatibilidades; numa posição intermédia, outros modos poderão ser utilizados, no seguimento do método que está a ser aplicado pela Holanda de introdução de um processo especial no Parlamento para aprovação por este do Estatuto, apesar de eventuais incompatibilidades com a Constituição, permitindo, assim, a ratificação do mesmo[25].

IV – O CASO PORTUGUÊS

Olhando agora mais especificamente para a situação em Portugal, podemos afirmar que o nosso regime contem normas constitucionais comuns a muitos outros sistemas quanto a questões como as imunidades ou a extradição de nacionais mas que, pelo contrário, é muito original no que toca à prisão perpétua. Esta originalidade não tem tanto que ver com a proibição da mesma, que, como já afirmado, é comum a vários sistemas, sobretudo latino-americanos, mas com a proibição de extradição para sistemas que apliquem a dita pena, o que constitui uma norma singular no panorama do direito constitucional comparado.

Como é sabido, a Constituição portuguesa trata da questão da incorporação do Direito Internacional na ordem interna no seu art. 8.° (sob a epígrafe «Direito Internacional»), que prescreve o seguinte:

«1. As normas e os princípios de direito internacional geral ou comum fazem parte integrante do direito português.

2. As normas constantes de convenções internacionais regularmente ratificadas ou aprovadas vigoram na ordem interna após a sua publicação oficial e enquanto vincularem internacionalmente o Estado Português.

3. As normas emanadas dos órgãos competentes das organizações internacionais de que Portugal seja parte vigoram directamente na ordem interna, desde que tal se encontre estabelecido nos respectivos tratados constitutivos.»

A interpretação seguida para o processo de ratificação do Estatuto foi a de que, sendo o Estatuto um tratado, se aplicaria fundamentalmente a norma contida no n.° 2, embora fosse evidentemente possível defender que, em tudo aquilo em que meramente

---

[25] Claro que este método só poderá ser utilizado se a constituição em causa não o proibir. No caso da Holanda, o art. 91.°n.° 3 prevê expressamente que o parlamento aprove um tratado, por maioria de 2/3 de ambas as câmaras, mesmo quando haja eventuais incompatibilidades com a Constituição.

178   *O Direito Internacional Público nos Princípios do Século XXI*

codifica o Direito consuetudinário ou os princípios gerais de Direito Internacional (o que acontece, em larga medida, por exemplo, na definição dos crimes e nos princípios gerais do Capítulo III), o n.° 1 se deveria aplicar.

Se enveredássemos por este caminho, considerando que partes do Estatuto são mero reflexo de um Direito pré-existente, muitos dos eventuais problemas de incompatibilidade entre os dois instrumentos não surgiriam, o que é relevante mormente no caso das imunidades, sobretudo porque a Constituição não se considera hierarquicamente superior a tal tipo de normas. Na realidade, o n.° 1 afirma categoricamente que tais normas e princípios são parte integrante do Direito português, não havendo disposição alguma que prescreva a sua subordinação às normas constitucionais[26]. Para parte da doutrina, o n.° 1 pode também aplicar-se, pelo menos, a alguns tratados de direitos humanos, já que o art. 16.°, sob a epígrafe «Âmbito e Sentido dos Direitos Fundamentais», afirma:

«1. Os direitos fundamentais consagrados na Constituição não excluem quaisquer outros constantes das leis e das regras de direito internacional.

2. Os preceitos constitucionais e legais relativos aos direitos fundamentais devem ser interpretados e integrados de harmonia com a Declaração Universal dos Direitos do Homem.»

Contudo, mesmo que se defenda, como creio ser correcto, que partes do Estatuto são meras codificações do Direito Consuetudinário ou reflexo de princípios gerais aceites universalmente (e foi este o argumento utilizado constantemente pelas delegações governamentais mais conservadoras para impedir que o Estatuto inovasse o pré-existente Direito Penal Internacional), não me parece que se possa invocar que o Estatuto de Roma, no seu todo, caberia n.° 1 do art. 8.°, já que contem normas únicas, muito pormenorizadas, sobre exercício da competência do Tribunal, composição do mesmo, investigação e cooperação judicial, etc entre muitas outras, para não mencionar sequer a própria criação de uma instância penal internacional de carácter permanente.

Finalmente, um parêntesis para notar que o n.° 3 do art. 8.°, introduzido para cumprimento do princípio de aplicação directa do Direito Comunitário, se aplica sempre que o Estatuto (que é um tratado constitutivo) prescreve uma obrigação dos Estados-Partes em relação ao Tribunal (que é uma organização internacional, composta por vários órgãos, constantes do art. 34.° do Estatuto), o que é uma constante nas partes referentes à cooperação, julgamento, execução de sentenças, etc. De notar, ainda, que as obrigações decorrentes de resoluções do Conselho de Segurança das Nações Unidas,

---

[26] Esta interpetração do n.° 1 é partilhada por vários autores. Ver, entre outros, Pereira, André Gonçalves e Quadros, Fausto, *Manual de Direito Internacional Público*, ed. Almedina, Coimbra, 1993, pp. 116-119; Soares, Albino Azevedo, *Lições de Direito Internacional Público*, Coimbra ed., Coimbra, 1988, pp. 94-97 e 117 e segs.; Otero, Paulo «Declaração Universal dos Direitos do Homem e Constituição: a inconstitucionalidade de normas constitucionais?» in O Direito 1990 III-IV, pp. 603 e segs. Para uma posição contrária, mas isolada, ver Cunha, Joaquim Silva *Direito Internacional Público*, Almedina ed. Coimbra, 1987.

Para alguns autores, a maioria das normas de direito consuetudinário e os princípios gerais de direito são também regras de ius cogens, reforçando, assim, a sua linha de pensamento de que estão hierarquicamente colocadas acima da Constituição. Ver Pereira e Quadros, *op. cit.* pp. 117 e segs.

Anexo 5 179

mormente, as resultantes da criação dos dois Tribunais Penais Ad Hoc, parecem inserir--se também neste número[27].

Passemos, contudo, a concentrarmo-nos no n.º 2, pelas razões anteriormente apresentadas. Segundo o mesmo, que optou por um sistema monista, ou quase monista, dando prevalência ao Direito Internacional, para que o Estatuto possa ser aplicado deve ser ratificado e publicado no «Diário da República» (esta publicação é feita numa das línguas oficiais e em português). Assim, uma das primeiras tarefas após a assinatura do Estatuto, que ocorreu em 7 de Outubro de 1998, foi a tradução do mesmo, que, a pedido do Ministério dos Negócios Estrangeiros, foi feita pelo Gabinete de Documentação e Direito Comparado da Procuradoria-Geral da República e posteriormente revista pela Procuradoria-Geral da República e por membros da delegação portuguesa às negociações do Estatuto, que apresentaram várias sugestões.

Como representantes de vários Ministérios (Negócios Estrangeiros, Justiça, Defesa) tinham integrado, ao longo dos anos de negociação, a delegação portuguesa, o Ministério dos Negócios Estrangeiros decidiu pedir apenas um parecer jurídico à Procuradoria-Geral da República sobre a compatibilidade das normas do Estatuto com a Constituição[28]. Este parecer, emitido em Janeiro de 2000, da autoria do então Procurador-Adjunto Souto Moura, acaba por concluir, após aturado estudo das eventuais situações em que poderiam surgir incompatibilidades, pela conformidade do Estatuto com a Constituição e pela desnecessidade de revisão constitucional, apresentando, simultaneamente, uma resenha de normas ordinárias, designadamente do Código Penal, que teriam necessariamente que ser revistas.

O Governo aprovou o Estatuto e enviou-o à Assembleia da República, onde o processo se desenrolou na Comissão de Assuntos Constitucionais, Direitos, Liberdades e Garantias. A Comissão ouviu o parecer de vários constitucionalistas[29], que se pronun-

---

[27] Para uma visão geral sobre a aplicabilidade de normas emanadas de órgãos de organizações a que Portugal pertence, ver, entre outros, Ramos, Rui Moura «Relações entre a Ordem Interna e o Direito Internacional Comunitário», in *op.cit.*, pp. 265-281, Vilaça/Antunes/Piçarra «Droit Constitutionnel et Droit Communautaire. Le Cas Portugais» in Rivista di Diritto Europeo, n.º 31, 1991, p. 301 e segs., Campos, J. Mota *As Relações da Ordem Jurídica Portuguesa com o Direito Internacional e o Direito Comunitário à Luz da Revisão Constitucional de 1992*, ISCSP, Lisboa, 1995, Medeiros, R. «Relações entre Normas constantes de Convenções Internacionais e Normas Legislativas na Constituição de 1976», in O Direito, n.º 122, 1990, p. 355 e segs.

[28] Embora a nossa Constituição não estatua claramente que o Direito Internacional Convencional tem um valor supra-legal (lei ordinária) e infra-constitucional, tal consequência é geralmente retirada, face à lei ordinária, do texto do n.º 2 do art. 8.º, que afirma que as convenções vigoram na ordem portuguesa enquanto vincularem internacionalmente o Estado Português (do que se conclui que não podem ser revogadas por lei interna, sendo-lhe, por isso, superiores) e, face à Constituição, sobretudo pelo prescrito no Título sobre Fiscalização da Constitucionalidade, designadamente os seus artigos 277.º n.º 2 (em que a inconstitucionalidade material de normas constantes de tratados impede a sua aplicação na ordem interna), 278.ºn.º 1 (em que o Presidente pode requerer ao Tribunal Constitucional a apreciação preventiva de qualquer tratado internacional) e 279.º n.ºs 1 e 4 (em que o Presidente deverá vetar o acordo internacional em relação ao qual o Tribunal Constitucional considerou haver inconstitucionalidade, só devendo ser ratificado se a Assembleia da República o voltar a aprovar, agora por maioria de 2/3).

[29] Ver, fundamentalmente, o parecer escrito de Jorge Miranda, de 23 de Janeiro de 2001, documento distribuido pela Assembleia da República, em que se conclui pela inconstituciona-

180   *O Direito Internacional Público nos Princípios do Século XXI*

ciaram pela necessidade e possibilidade de revisão da Constituição, tendo sido elaborado um parecer, aprovado pela Comissão, cujo relator foi Alberto Costa, que propõe uma revisão constitucional extraordinária, nos termos do art. 284.° n.° 2[30], parecendo que se procederá à inserção de uma nova norma constitucional que, de forma geral, explicite genericamente que o Estatuto não contraria a Constituição, na linha da via adoptada pela França.

A posição, relativamente conservadora e cautelosa quanto à interpretação jurídica, que foi seguida pela Comissão parlamentar não deixou de surpreender a alguns dos que se encontravam envolvidos nos trabalhos de elaboração do Estatuto, tanto mais que a aprovação, pelo Governo, tinha sido rápida e pareceria que a lembrança dos crimes praticados em Timor na 2ª metade de 1999, com o eco parlamentar tão profundo que tiveram, levaria a um modo de interpretação constitucional que dispensasse o processo moroso, e sempre incerto, da revisão especial da Constituição, na linha da dispensa que ocorreu na nossa vizinha Espanha e na larga maioria dos Estados que já ratificaram o Estatuto (entre os 29, julgo que só 3, a França, a Alemanha e o Luxemburgo procederam a revisões constitucionais)[31] e na linha de interpretação teleológica proposta pelo parecer inicial da Procuradoria-Geral da República.

Contudo, o argumento principal invocado pela Comissão foi o da certeza jurídica, o que tem obviamente alguma razão de ser, especialmente se considerarmos o mundo de transição em que vivemos: se acaso a revisão constitucional se puder processar rapi-

---

lidade em vários aspectos, designdamente quanto aos referidos anteriormente neste artigo, considerando ser possível a revisão por não estarem em causa os limites materiais da Constituição e propondo-se uma solução do tipo francês de cláusula geral de recepção do preceituado no Estatuto.

[30] Ver Proposta de Resolução n.° 41/VIII, «Estatuto de Roma do Tribunal Penal Internacional» Sobre a questão prévia da conformidade à Constituição, Comissão de Assuntos Constitucionais, Direitos, Liberdades e Garantias, doc. da Assembleia da República.

[31] Num artigo publicado numa obra de Setembro de 2000 e completado em 25 de Abril desse ano, a autora escrevia acerca do processo para ratificação do Estatuto em Portugal: «Therefore, depending on how the process develops, a revision of the Constitution might be necessary or not. Needless to add, the process will be much quicker if no such revision takes place: at the moment, it seems that it is the political will of the Government to ratify the Statute in a short period, needing only agreement of the Assembly of the Republic, in which no serious objections are foreseen so far. On the contrary, the atmosphere at the parliament seems to be of great encouragement for such pursuits, and awareness of their fundamental importance has increased very much with the dramatic events that took place in East Timor, mostly during the period immediately after the referendum of August 30, 1999, a situation deeply felt by all the Portuguese public opinion and all the political parties, regardless of their specific ideology. The ratification process got a bit delayed due to the parliamentary elections which took place on October 10th since there was the need to resume work at the various parliamentary commissions which had to be formed after the elections. However, as no radical political changes occurred, it is highly probable that progress will not be hampered and that a strong political will to ratify the Statute will remain. These elections also delayed the process at the earlier stage of governmental approval since the Prime Minister is to be appointed by the President of the Republic «…with due regard for the results of the general election.» (article 187, paragraph 1 of the Constitution) and the rest of the Government is appointed on recommendation of the Prime Minister (paragraph 2 of the referred article).» in «Notes on the Implementation of the Rome Statute in Portugal» in *The Rome Statute and Domestic Legal Orders*, op. cit., pp. 163-164.

Anexo 5

damente, contornando claramente obstáculos como o dos limites materiais da revisão e não descurando também a entrega de presumíveis autores de crimes aos Tribunais Penais Ad Hoc, parece que a única desvantagem será a maior complexidade do processo, não vindo a ser afectada a questão fulcral da ratificação. Assim, numa visão pragmática da realidade, nada tenho a objectar à dita revisão, podendo mesmo reconhecer alguma vantagem quanto à questão da segurança jurídica, mas, utilizando uma perspectiva de Direito Internacional e de Direito Comparado permito-me, contudo, com o devido respeito pelas opiniões contrárias, expôr sumariamente os argumentos pelos quais creio que tal revisão não era necessária e lamentar, até, que a nossa interpretação não tenha sido mais influenciada pelas normas, princípios e jurisprudência internacionais.

Passarei então a abordar sumariamente, já que muitos dos argumentos foram expressos anteriormente neste artigo, os aspectos mais relevantes de eventuais problemas constitucionais, focando, sobretudo, a questão das imunidades, da extradição de nacionais e da prisão perpétua. Outros pontos poderiam ser aflorados, como a questão geral da soberania, aliás abordado no parecer da Comissão parlamentar de Assuntos Constitucionais mas, face à situação de um Estado, como o nosso, que não apenas tem numerosos e importantes compromissos legais a nível mundial mas, sobretudo, está inserido num espaço jurídico de integração cada vez mais acelerada, parece-me que tais argumentos seriam, para além de repetitivos, atrasados no tempo, pelo menos, duas décadas.

Há ainda outras eventuais questões menores de compatibilização com a Constituição que revestem formas mais específicas, e que não abordarei neste estudo. Entre elas, saliento apenas o caso da própria existência de um tribunal não previsto na Constituição. Na realidade, o art. 209.° refere as categorias de tribunais existentes na nossa ordem, não sendo feita nenhuma referência a um tribunal internacional, e o art. 277.° n.° 1 afirma que «São inconstitucionais as normas que infrinjam o disposto na Constituição ou os princípios nela consignados.» Esta possível objecção parece facilmente rebatível pois, não só a existência do Tribunal Penal Internacional não viola directamente nenhuma norma constitucional, já que não existe norma alguma afirmando a proibição da existência de outros tribunais para além dos referidos no art. 209.° (e vejam-se os tribunais no âmbito da União Europeia e da Convenção Europeia para a Protecção dos Direitos Humanos e Liberdades Fundamentais, para além do Tribunal Internacional de Justiça ou do Tribunal do Direito do Mar), mas ainda está, por outro lado, em consonância com vários princípios constitucionais, designadamente com os consagrados no art. 7.° (Relações Internacionais), cujo n.° 1 refere que Portugal se rege, nas suas relações internacionais, pelo princípio do respeito pelos direitos humanos e no art.16.° (Âmbito e Sentido dos Direitos Fundamentais), cujo n.° 1 afirma que «Os direitos fundamentais consagrados na Constituição não excluem quaisquer outros constantes das leis e das regras aplicáveis de direito internacional.» Este ponto foi, aliás, naturalmente objecto de debate aquando da aceitação das competências do Tribunal Europeu dos Direitos Humanos e do Tribunal de Justiça da União Europeia, nunca tendo dado origem a quaisquer problemas.

Passemos, então, de seguida, à análise rápida, e necessariamente complementar do que já foi afirmado em secções anteriores, dos preceitos constitucionais portugueses que poderiam causar eventuais problemas.

a) Relativamente à questão das Imunidades, o conflito com o art. 27.° do Estatuto estaria, fundamentalmente, no preceituado face ao Presidente da República

182 O Direito Internacional Público nos Princípios do Século XXI

(art. 130.°da Constituição), aos membros do Governo (art. 196.°) e aos deputados (art. 157.°)[32].

Relativamente ao Presidente, o art. 130.° (Responsabilidade Criminal), afirma:

«1. Por crimes praticados no exercício das suas funções, o Presidente da República responde perante o Supremo Tribunal de Justiça.

2. A iniciativa do processo cabe à Assembleia da República, mediante proposta de um quinto e deliberação aprovada por maioria de dois terços dos Deputados em efectividade de funções.

3. A condenação implica a destituição do cargo e a impossibilidade de reeleição.

4. Por crimes estranhos ao exercício das suas funções o Presidente da República responde depois de findo o mandato perante os tribunais comuns.»

Se acaso considerarmos ser possível que os crimes previstos no Estatuto poderão ser praticados no exercício das funções de Presidente (e acórdãos internacionais recentes, entre os quais o da Câmara dos Lordes, no caso Pinochet, já citado, apontam-nos precisamente em sentido contrário), então seria necessário que a Assembleia da República, por dois terços, despoletasse todo o processo, o que, aparentemente, iria contra o estabelecido no art. 27.° do Estatuto. Contudo, parece fácil de argumentar que, se acaso o Parlamento não quisesse actuar nesse sentido, então aplicar-se-ia o art. 17.° do Estatuto do Tribunal (Questões relativas à Admissibilidade), passando o Tribunal Penal a julgar o caso devido à falta de vontade do Estado em questão em levar o julgamento avante (n.° 1 a) e n.° 2 do art. 17.°), não havendo, assim, qualquer incompatibilidade entre estes dois documentos.

Outro problema que poderia surgir, pelo menos temporariamente, residiria na letra do n.° 4, já que, por actos estranhos ao exercício das suas funções, o presidente só responde após findo o seu mandato, o que, em teoria, atendendo à duração de cinco anos de cada mandato e à possibilidade de reeleição, levaria a um período máximo de dez anos de imunidade. Contudo, parece completamente impossível que o Presidente, durante o seu mandato, pudesse praticar crimes da magnitude e extrema gravidade dos previstos no art. 5.° do Estatuto na sua capacidade individual, sem se utilizar da sua posição.

Para além disso, o sistema de controle do exercício do poder, até pela simples consagração básica do princípio da divisão de poderes e pela fiscalização parlamentar de um sistema semi-presidencial como o nosso, torna toda esta situação uma completa utopia (a Assembleia da República tem poderes gerais de fiscalização da Constituição

---

[32] A Constituição estabelece ainda algumas imunidades para juízes e, de modo mais subtil, para magistrados do Ministério Público: o art. 216.° n.° 2 afirma que «Os juízes não podem ser responsabilizados pelas suas decisões, salvas as excepções consignadas na lei.» e o art. 219.° n.° 4 declara que «Os agentes do Ministério Público são magistrados responsáveis, hierarquicamente subordinados, e não podem ser transferidos, suspensos, aposentados ou demitidos senão nos casos previstos na lei.». A lei ordinária acabou por regular a situação: para os juízes, no art. 5.° da Lei n.° 21/85, de 30 de Julho de 1985 e no art. 369.° do Código Penal, em que se prevêem os crimes para os quais não existem imunidades; para os agentes do Ministério Público, no art. 76.° n.° 2 da Lei n.° 60/99. Se acaso a lei ordinária pode, pois, estabelecer as situações em que não há imunidades, não há dúvida que o Estatuto de Roma também o poderá fazer, sobrepondo-se às mesmas, por lhes ser hierarquicamente superior, como já referido anteriormente. Assim, nenhum problema surge neste campo.

Anexo 5   183

e das leis (art. 162.º a)), podendo, de acordo com o art. 163.º c), «...Promover o processo de acusação contra o Presidente da República por crimes praticados no exercício das suas funções.»), tanto quanto a actos no exercício como fora do exercício das funções de Presidente. Se esta situação alguma vez ocorresse, a nossa menor preocupação seria, certamente, a das imunidades do Chefe do Estado, pois já não estariamos perante o regime instituido na Constituição e a mesma não teria qualquer validade. Foi esta a conclusão a que chegou a maioria dos Estados que ratificou o Estatuto, considerando, assim, não haver qualquer incompatibilidade, mesmo no caso, referido anteriormente, de monarcas, que, normalmente, gozam de imunidades de carácter absoluto. Este tipo de raciocínio aliou-se ainda ao argumento que se segue.

Na realidade, talvez que o ponto mais fundamental seja ainda a questão já referida do carácter consuetudinário das imunidades em causa, o que tornaria o art. 27.º do Estatuto incorporável na nossa ordem jurídica através do n.º 1 do art. 8.º (de modo automático) e não pelo n.º 2, já que não se trata de direito convencional, tendo sido apenas codificado deste modo. Este entendimento é pacífico relativamente ao crime de genocídio, relativamente a quase, se não todos, os crimes contra a humindade e, pelo menos, quanto às violações graves das Convenções de Genebra.

De notar, sobretudo, que Portugal deve ter partilhado deste entendimento em tempos anteriores, já que a Assembleia da República não levantou quaisquer problemas de inconstitucionalidade face a normas semelhantes constantes de várias convenções ratificadas por Portugal ou a que aderimos, entre as quais se conta, como processo mais recente, a «Convenção sobre Prevenção e Punição do Crime de Genocídio», de 1948, a que Portugal aderiu em 9 de Fevereiro de 1999, não tendo feito qualquer reserva ao artigo 4.º, que prescreve: «As pessoas que tenham cometido genocídio ou qualquer dos outros actos enumerados no art. 3.º serão punidas, quer sejam governantes, funcionários ou particulares.» A «Convenção contra a Tortura e Outros Tratamentos e Punições Cruéis, Desumanos ou Degradantes», de 1984, que foi ratificada por Portugal em 9 de Fevereiro 1989, tendo a única declaração que foi feita residido na aceitação da competência do Comité contra a Tortura para receber queixas de outros Estados partes e de indivíduos pelo alegado não cumprimento do preceituado na Convenção, preceitua, logo no art. 1.º, como parte integrante da definição de tortura, que esta é infligida, instigada ou praticada com o consentimento ou aquiescência de oficial público ou outra pessoa actuando na sua capacidade oficial. Assim, as imunidades previstas na nossa Constituição, foram, uma vez mais, consideradas irrelevantes, como, aliás, deviam ter sido, já que se trata de Direito Internacional Consuetudinário.

São muitos outros os casos de convenções internacionais que consagram o dito princípio da irrelevância da posição oficial, como a «Convenção Internacional sobre Supressão e Punição do Crime de Apartheid», de 1973, que prescreve, no artigo 3.º, a responsabilidade penal internacional de representantes do Estado pelo encorajamento ou cooperação na comissão deste crime[33]. As Convenções de Genebra de 1949, já referidas, foram ratificadas por Portugal em 1960, tendo os Protocolos Adicionais sido ratificados em 1992. Estas convenções prevêem, pelo menos em relação a «violações

---

[33] Portugal não ratificou esta Convenção mas o número muito elevado de partes da mesma, o consenso mundial nos fora internacionais e as referências da jurisprudência aos seus preceitos, tornam-na, indubitavelmente, parte do Direito Consuetudinário Internacional.

184 *O Direito Internacional Público nos Princípios do Século XXI*

graves» (que estão enumeradas no art. 50.º, 51.º, 130.º e 147.º, respectivamente, da 1ª, 2ª, 3ª e 4ª Convenções e arts. 11.º n.º 4 e 85.º n.º 3 do Protocolo I), não só a irrelevância de quaisquer imunidades de carácter interno mas também a obrigação das Partes contratantes de julgar os indivíduos em causa nos seus tribunais, independentemente da sua nacionalidade, numa consagração do princípio da jurisdição universal[34].

Deste modo, foi, pelo menos, pouco usual a posição da nossa Assembleia ao considerar que as imunidades previstas na Constituição eram incompatíveis com o preceituado no Estatuto, sendo que já anteriormente tinha admitido a compatibilidade de disposições substantivamente semelhantes, pelo menos em relação aos crimes de genocídio, de tortura e aos crimes de guerra que fossem violações graves das Convenções de Genebra. Não teria sido difícil considerar, como o fizeram muitos outros Estados, face ao estado actual do Direito Internacional e, entre outros, aos Estatutos dos Tribunais Ad Hoc para a Ex-Jugoslávia e o Ruanda, que nos vinculam directamente, que, em relação a todos os crimes previstos no Estatuto, as imunidades não poderiam funcionar, não só porque esta posição iria contra o costume internacional mas porque os próprios fundamentos das ditas imunidades seriam totalmente pervertidos, levando a que estas protegessem situações semelhantes aquelas para cujo combate foram criadas[35].

---

[34] Ver art. 49.º da 1ª Convenção (reproduzido nos artigos correpondentes das demais Convenções): «... Cada Parte contratante terá a obrigação de procurar as pessoas acusadas de terem praticado ou mandado praticar qualquer destas infracções graves, devendo remetê-las aos seus próprios tribunais, qualquer que seja a sua nacionalidade. Poderá também, se preferir, e segundo as condições previstas pela sua própria legislação, enviá-las para julgamento a uma outra Parte contratante interessada na causa, desde de que esta Parte contratante possua elementos de acusação suficientes contra as referidas pessoas...».

[35] Remeto para esta nota a consideração das imunidades previstas constitucionalmente para deputados e membros do Governo, já que os argumentos expostos anteriormente têm igual cabimento, muitas vezes por maioria de razão, nestes casos. Quanto aos primeiros, o art. 157.º da Constituição (Imunidades), no n.º 3, declara que «Nenhum Deputado pode ser detido ou preso sem autorização da Assembleia, salvo por crime doloso a que corresponda a pena de prisão referida no número anterior cujo limite máximo seja superior a três anos e em flagrante delito.» Claro que os crimes previstos no Estatuto de Roma estariam incluídos nesta categoria no que respeita à pena aplicável mas o requisito do flagrante delito poderia, evidentemente, potencialmente excluir muitos deles. Contudo, seria sempre possível à Assembleia dar autorização para a dita detenção. Se acaso tal não sucedesse, estão aplicar-se-ia o art. 17.º do Estatuto, sendo a pessoa em causa submetida directamente à jurisdição do Tribunal Penal Internacional, aplicando-se também aqui as considerações feitas anteriormente para esta situação.
Outra área de potencial incompatibilidade poderia resultar do n.º 1 do referido art. 157.º da Constituição: «Os Deputados não respondem civil, criminal ou disciplinarmente pelos votos e opiniões que emitirem no exercício das suas funções.» Como o art. 25.º do Estatuto considera responsável não apenas o autor material do crime mas também quem «1. b) ... ordenar, provocar ou instigar à prática desse crime...», «1.c) ...for cúmplice ou encobridor, ou colaborar de algum modo na prática ou tentativa de prática do crime...» ou «1. d) contribuir de alguma outra forma para a prática ou tentativa de prática do crime...» e, em relação crime de genocídio, também quem «1.e)... incitar, directa e publicamente, à sua prática.», é possível imaginar que os deputados poderiam ser considerados responsáveis por uma lei que impusesse ou, pelos, autorizasse ou encorajasse, a prática destes crimes. Só que, mais uma vez, estamos no domínio do imaginário, virtualmente de impossível concretização face à Constituição vigente, em que há um controlo de poderes e em que os detentores do mesmo estão todos interligados (Ver Canotilho,

b) Quanto à questão da proibição constitucional da extradição de nacionais (que, mais uma vez, relembre-se, não se pode equiparar à «entrega» prevista pelo Estatuto, que define este conceito, no art. 102.° a) por contraposição a «extradição», na alínea b)), em princípio não haveria qualquer possibilidade de incompatibilidade com uma Constituição, que, como a larga maioria das leis constitucionais existentes, não previu sequer o conceito.

Contudo, a meu ver, erradamente, pelas razões já anteriormente apresentadas, a clara distinção entre estes dois institutos não tem sido levada em devida conta, e, em vez de se admitir uma lacuna na ordem constitucional, tem, por vezes, sido aplicado o regime da extradição (assim, ver o caso citado da Alemanha). Entre nós, tem sido invocado o n.° 3 do art. 33.° da Constituição como um caso de incompatibilidade com o Estatuto de Roma (que, no art. 89.°, exige uma colaboração completa na entrega de indivíduos, independentemente da sua nacionalidade), já que esta norma preceitua: «A extradição de cidadãos portugueses de território nacional só é admitida em condições de reciprocidade estabelecidas em convenção internacional, nos casos de terrorismo e de criminalidade internacional organizada e desde de que a ordem jurídica do estado requisitante consagre garantias de um processo justo e equitativo.». Como é fácil de verificar, esta norma está manifestamente pensada para uma situação de extradição Estado a Estado, só assim se entendendo o condicionalismo da reciprocidade (já que o Tribunal não tem, obviamente, cidadãos que possam ser extraditados para um Estado) e mesmo a exigência de um processo justo e equitativo, que não se aplica a um tribunal internacional baseado em exigentes garantias de direitos para o réu. De qualquer modo, mesmo numa interpretação que assimile os dois institutos, vale a pena referir que, em

---

Gomes e Moreira, Vital, *Fundamentos da Constituição*, Coimbra ed., Coimbra, 1991, pp. 213 e segs.). Na realidade, uma lei não existe se, após a sua aprovação pela Assembleia da República, não for promulgada pelo Presidente da República (art. 137.° Constituição). Necessita, depois, de ser referendada pelo Governo, sem o que é igualmente inexistente (art. 140.°) e posteriormente publicada no Diário da República para que possa vigorar. Durante todo este processo pode intervir igualmente o poder judicial, tanto a nível de fiscalização preventiva da constitucionalidade como, posteriormente, para verificação da constitucionalidade da mesma. Assim, a possibilidade de uma lei autorizar ou, por maioria de razão, impor a prática de crimes como os constantes do art. 5.° do Estatuto, é extremamente remota, senão mesmo completamente impossível, já que implicaria uma paralisia total do regime constitucional instituido ou a existência factual de um outro regime baseado em princípios totalmente opostos aos actuais. As consequências de tal situação estariam, naturalmente, muito para além da não-cooperação com o Tribunal Penal Internacional pois o que estaria em causa seria o próprio regime vigente.

Quanto aos membros do Governo, o art. 196.° da Constituição (Efectivação da responsabilidade criminal dos membros do Governo) prevê:

«1. Nenhum membro do Governo pode ser detido ou preso sem autorização da Assembleia da República, salvo por crime doloso a que corresponda prisão cujo limite máximo seja superior a três anos e em flagrante delito.

2. Movido procedimento criminal contra algum membro do Governo, e acusado este definitivamente, a Assembleia da República decidirá se o membro do Governo deve ou não ser suspenso para efeito do seguimento do processo, sendo obrigatória a decisão de suspensão quando se trate de crime do tipo referido no número anterior.».

Assim, e até porque o regime de imunidades não é tão extenso como para o caso dos deputados, aplicam-se, por maioria de razão, as considerações feitas anteriormente.

186 O Direito Internacional Público nos Princípios do Século XXI

direito constitucional comparado, a nossa proibição de extradição de nacionais é das que mais excepções consagra, revelando a fraqueza do argumento da aplicação ao caso da entrega ao Tribunal Penal Internacional.

Assim, nenhuma incompatibilidade entre o Estatuto e a Constituição surge neste caso, parecendo mesmo ter sido este o entendimento prevalecente na Lei n.° 144/99, de 31 de Agosto, que distingue as situações de cooperação judiciária internacional (Estado a Estado) das de cooperação com entidades judiciárias internacionais, designadamente nos n.°s 2 e 3 do art. 1.°, em que se prescreve uma cooperação completa com os tribunais internacionais[36].

c) A Prisão Perpétua – Se acaso a Constituição portuguesa não tem nenhuma norma excepcional, no âmbito do Direito constitucional comparado, quanto às imunidades ou à extradição de nacionais, havendo muitos casos de Constituições que consagram regimes muito mais limitativos, ou porque o sistema de imunidades é absoluto ou porque a proibição de extradição de nacionais não admite excepções (e, note-se, mesmo assim muitos Estados consideraram não haver qualquer incompatibilidade com o Estatuto de Roma), já o mesmo não se passa com a questão da prisão perpétua. De facto, enquanto alguns Estados proibem a dita pena (em termos semelhantes aos que constam do n.° 1 do nosso art. 30.°) nenhum outro haverá cujo ordenamento proiba a extradição para países que a apliquem (nos termos do n.° 5 do art. 33.°), residindo aí, verdadeiramente, o cerne da questão.

Olhemos, mais demoradamente para esta questão: o art. 77.° do Estatuto do Tribunal prescreve que «1. ...o Tribunal pode impor à pessoa condenada por um dos crimes previstos no art. 5.° do presente Estatuto, uma das seguintes penas: b) Pena de prisão perpétua, se o elevado grau da ilicitude do facto e as condições pessoais do condenado o justificarem» enquanto o n.° 1 do art. 30.° da Constituição portuguesa declara que «Não pode haver penas nem medidas de segurança privativas ou restritivas da liberdade com carácter perpétuo ou de duração ilimitada ou indefinida.»

Poder-se-ia afirmar que tal norma constitucional se aplica apenas no território português (podendo continuar a aplicar-se, já que o art. 80.° do Estatuto prescreve a aplicação das penas nacionais em todos os casos julgados internamente), sendo, por isso, irrelevante para julgamentos fora do país, como seriam os que eventualmente fossem feitos pelo Tribunal Penal Internacional[37], e que o art. 103.° n.° 1 b) do Estatuto

---

[36] Se acaso esta distinção, feita na lei, parece ser clara, o certo é que a lei de cooperação com os Tribunais Ad Hoc para a Ex-Jugoslávia e o Ruanda não foi ainda aprovada pela Assembleia da República.A Proposta de Lei n. 243/VII foi aprovada na generalidade pela Assembleia (ver «Diário da Assembleia da República», I Série – N. 95, de 18 de Junho de 1999), tendo baixado à Comissão de Relações Externas para discussão na especialidade, o que foi interrompido pelas eleições parlamentares de Outubro desse ano. Virtualmente o mesmo texto, agora Proposta de Lei n.° 7/VIII, foi aprovado em Conselho de Ministros em Novembro de 1999 e submetido à Assembleia da República, que o aprovou na generalidade (Ver Diário da Assembleia da República II Série–A, n.° 8, de 10 de Dezembro de 1999 e I Série, n.°s 25 e 26). A proposta baixou então à Comissão de Assuntos Constitucionais, Direitos, Liberdades e Garantias, não tendo ainda a sua discussão sido agendada. De notar que a Proposta de Lei não considera a existência de qualquer incompatibilidade com a Constituição.

[37] O art. 80.° (Não interferência no regime de aplicação de penas nacionais e nos direitos internos) afirma que «Nada no presente Capítulo prejudicará a aplicação, pelos Estados, das

Anexo 5

(Função dos Estados na execução das penas privativas de liberdade) permitiria, em qualquer caso, que fossem impostas condições caso Portugal se declarasse disponível para receber pessoas condenadas, não podendo qualquer pena de prisão perpétua ser aqui executada[38].

Contudo, o n.° 5 do art. 33.° da Constituição torna este argumento menos plausível ao estatuir que «Só é admitida a extradição por crimes a que corresponda, segundo o direito do Estado requisitante, pena ou medida de segurança privativa ou restritiva da liberdade com carácter perpétuo ou de duração indefinida, em condições de reciprocidade estabelecidas em convenção internacional e desde de que o Estado requisitante ofereça garantias de que tal pena ou medida de segurança não será aplicada ou executada.»[39]. Assim, parece que a nossa Constituição, não só proíbe a aplicação da pena de prisão perpétua em Portugal, o que seria perfeitamente compatível com o Estatuto de Roma, já que os tribunais portugueses nunca a aplicam e ela nunca tem que ser executada no nosso país, mas proíbe mesmo a extradição de indivíduos para países que a possam vir a aplicar.

Contudo, como se vê, mais uma vez a norma constitucional não foi pensada para a entrega a um tribunal internacional, que representa a comunidade internacional no seu todo, mas sim para um sistema horizontal de cooperação judiciária estatal, só deste modo fazendo sentido as referências à reciprocidade. Se se seguisse esta linha de raciocínio, seria possível defender a compatibilidade com o Estatuto, novamente invocando que o art. 103.°, já referido[40]. Pode, contudo, entender-se que as razões que justificam

---

penas previstas nos respectivos direitos internos, ou a aplicação de legislação de Estados que não preveja as penas referidas nesta capítulo.» Assim, é claro que os tribunais portugueses nunca teriam que aplicar a pena de prisão perpétua mas apenas as penas previstas no seu direito interno.

[38] A alínea b) do n.° 1 do artigo 103.° (Função dos Estados na execução das penas privativas de liberdade) prescreve:

«Ao declarar a sua disponibilidade para receber pessoas condenadas, um Estado poderá formular condições acordadas com o Tribunal e em conformidade com o presente Capítulo.» Como se referiu anteriormente, a Espanha fez uma declaração, aquando da ratificação, de que não receberia pessoas condenadas a pena de prisão perpétua e Portugal poderia, naturalmente, fazer declaração semelhante.

[39] Esta norma foi apenas introduzida na revisão de 1977, no seguimento do Acórdão n.° 474/95 (Processo n.° 518/94), de 17 de Agosto de 1995, da 2ª secção do Tribunal Constitucional, publicado no Diário da República – II Série, n.° 266, de 17 de Novembro de 1995 (conhecido correntemente por caso Varizo, nome do cidadão brasileiro, alegadamente envolvido no tráfico de estupefacientes para os Estados Unidos, cuja extradição foi negada por não haver certeza, mas apenas uma forte probabilidade, de que não se lhe aplicaria a pena de prisão perpétua). Ao tempo a Constituição proibia apenas a extradição no caso de possibilidade de aplicação da pena de morte mas o Tribunal concluiu, numa linha de raciocínio, segundo o meu ponto de vista, difícil de seguir (já que parece derivar da conjugação do princípio da não aplicação de penas perpétuas em Portugal e da igualdade entre portugueses e estrangeiros), que a extradição também deveria ser negada sempre que não houvesse a certeza da não aplicação da pena de prisão perpétua.

[40] O art. 106.° do Estatuto (Controlo da execução da pena e das condições de detenção) afirma, no n.° 2: «As condições de detenção serão reguladas pela legislação do Estado da execução e observarão as normas convencionais internacionais amplamente aceites em matéria de tratamento dos reclusos. Em caso algum devem ser menos ou mais favoráveis do que as aplicáveis aos reclusos condenados no Estado da execução por infracções análogas.»

188   O Direito Internacional Público nos Princípios do Século XXI

a consagração constitucional do n.° 5 do art. 33.° estariam também presentes se a Constituição tivesse tomado em consideração a existência de tribunais penais internacionais (e, note-se, que já existiam dois, os Tribunais Ad Hoc para a Ex-Jugoslávia e para o Ruanda). Assim, parece correcta a ilação de que os mesmos condicionalismos se aplicariam à entrega para estes tribunais.

A delegação portuguesa às negociações do Estatuto do Tribunal foi a primeira a levantar este problema, defendendo, durante muito tempo, completamente isolada, a não consagração deste tipo de pena. Contudo, o enfoque da discussão estava na luta pela não consagração da pena de morte, exigida por um número relativamente grande de países. Tendo sido possível, após longos esforços, afastar a pena de morte, a nossa posição de relativo isolamento e o precedente dos Tribunais Penais Ad Hoc, que consagram a pena de prisão perpétua, fizeram com que centrassemos os nossos esforços na garantia factual de que, na prática, a pena de prisão perpétua nunca seria aplicada, designadamente quando havia possibilidade de reabilitação da pessoa condenada[41]. É assim que surge o n.° 3 do artigo 110.° (Reexame pelo Tribunal da questão de redução de pena), que estatui um regime de revisão obrigatória da pena: «Quando a pessoa já tiver cumprido dois terços da pena, ou 25 anos de prisão em casos de pena de prisão perpétua, o Tribunal reexaminará a pena para determinar se haverá lugar à sua redução. Tal reexame só será efectuado transcorrido o período acima referido.». O n.° 4 prescreve: «Aquando do reexame a que se refere o n.° 3, o Tribunal poderá reduzir a pena se constatar que se verificam uma ou várias das condições seguintes: a) A pessoa tiver manifestado, desde o início e de forma contínua, a sua vontade em cooperar com o Tribunal no inquérito e no procedimento; b) A pessoa tiver, voluntariamente, facilitado a execução das decisões e despachos do Tribunal em outros casos, nomeadamente ajudando-o a localizar bens sobre os quais recaiam decisões de perda, de multa ou de reparação que poderão ser usados em benefício das vítimas; ou c) Outros factores que conduzam a uma clara e significativa alteração das circunstâncias, suficiente para justificar a redução da pena, conforme previsto no Regulamento Processual;» e o n.° 5 declara: «Se, aquando do reexame inicial a que se refere o n.° 3, o Tribunal considerar não haver motivo para redução da pena, ele reexaminará subsequentemente a questão da redução da pena com a periodicidade e nos termos previstos no Regulamento Processual.

O Regulamento Processual[42], por seu turno, veio consagrar, na Regra 223, os seguintes critérios adicionais aquando da revisão da pena: «... a) a conduta da pessoa condenada durante a detenção, que demonstre uma dissociação real do seu crime; b) a possibilidade de ressocialização e de inserção bem sucedida da pessoa condenada; c) a circunstância de a libertação da pessoa condenada poder dar origem a uma instabilidade social significativa; d) qualquer acção significativa da pessoa condenada para benefício das vítimas, bem como o impacto nas vítimas e sua famílias de uma libertação anteci-

---

[41] Ver Costa Lobo, António, artigo citado.

[42] Como já referido, no seguimento da resolução F da Conferência Diplomática que aprovou o Estatuto, o Projecto de Regulamento Processual foi aprovado, por consenso, em 30 de Junho de 2000. Deverá ser submetido, para aprovação, à Assembleia dos Estados Partes, logo que o Estatuto entre em vigor, não se prevendo que lhe sejam feitas quaisquer alterações. O Regulamento pode ser encontrado na internet, no mesmo endereço referido para o Estatuto.

Anexo 5 189

pada; e) circunstâncias individuais da pessoa condenada, incluindo a deterioração da sua saúde física ou mental ou a sua idade avançada.».

Assim, parece poder afirmar-se que, se acaso a razão de ser das normas constitucionais portuguesas que proibem a pena de prisão perpétua, é a crença na possibilidade de reabilitação da pessoa condenada, as garantias dadas no Estatuto e no Regulamento Processual e de Prova parecem suficientes para assegurar que quem dá indícios de que está reabilitado não continuará sujeito a prisão[43]. Mais preceitua a Regra 224 do Regulamento, no n.º 3, que todo o processo de revisão da sentença será conduzido por três juízes da Secção de Recursos do Tribunal, que promoverão uma audiência, e que, se não concluirem pela libertação da pessoa condenada, terão a obrigação de conduzir processo semelhante de três em três anos, salvo se decidirem que o intervalo deverá ser mais curto ou no caso de haver uma alteração significativa das circunstâncias.

Antes de prosseguir, gostaria apenas de salientar que, independentemente da posição que se defenda quanto à proibição de extradição quando a pena de prisão de perpétua pode ser aplicada (o que, sem dúvida, foi consagrado por se entender corresponder à defesa, o mais amplo que nos é possível, de princípios de humanidade, mas que também pode ser visto, por outros, como uma posição de arrogância cultural de imposição de valores a ordens estrangeiras que os não partilham), não deixa de ser estranha a redacção do n.º 5 do art. 33.º da Constituição, que parece negar um dos fundamentos básicos de qualquer democracia, que é a divisão dos poderes e a independência dos tribunais. Na verdade, ao exigir-se que o Estado requisitante «...ofereça garantias de que tal pena ou medida de segurança não será aplicada ou executada» está a exigir-se algo de quase impossível, já que a resposta parece conduzir à interferência com os deveres de imparcialidade e a independência dos juízes (além de poder também colidir com a garantia de se desconhecer quem será o juíz que julgará o caso)[44].

Como as garantias que a Constituição busca têm que ver, disjuntivamente, ou com a aplicação ou com a execução da pena, parece-me que seria muito difícil conseguir obter, num documento, mais do que aquilo que o Estatuto de Roma consagra quanto à execução da pena, isto é, o processo obrigatório de revisão da pena do art. 110.º, que oferece todas as garantias de que a pena perpétua não será, na realidade, aplicada, já que para tal suceder teríamos uma situação em que o indivíduo se manteria convicto dos fundamentos do seu crime e em que, provavelmente, os quereria repetir logo que tal lhe fosse possível, situação esta que não pode ter sido a que fundamentou

---

[43] Claro que seria mais favorável à posição portuguesa que o Estatuto tivesse criado uma obrigação de libertação da pessoa condenada salvo nos casos em que se provasse a sua não reabilitação. Embora a delegação portuguesa tivesse tentado esta via, houve um consenso da parte de outras delegações em não a seguirem.

[44] No caso Varizo, Acórdão n.º 474/95 do Tribunal Constitucional, já citado, os Estados Unidos afirmaram que «dentro do contexto da Constituição dos Estados Unidos, os juízes devem ser imparciais em relação aos processos que lhes são atribuidos. Assim, não é possível aos juízes assinar declarações sobre processos pendentes.» (para. 5 do dito Acórdão). Embora neste caso se soubesse qual seria o juiz, por se ter tratado de um processo que envolveu vários co-arguidos e de ter sido confirmado que nenhum deles fora condenado à pena de prisão perpétua, o Tribunal Constitucional português não considerou ser esta garantia suficiente, pelo que não foi autorizada a extradição do arguido.

190 *O Direito Internacional Público nos Princípios do Século XXI*

o n.º 5 do art. 33.º da nossa Constituição, já que todos os argumentos para o mesmo invocados vão no sentido da capacidade de reabilitação do indivíduo[45].

Creio, aliás, que era já este o entendimento da nossa lei interna e da posição que temos tomado face a vários instrumentos internacionais de cooperação judiciária no âmbito do espaço Schengen e da União Europeia. Aqui referir-me-ei apenas a dois deles, a Lei n.º 144/99, de 31 de Agosto de 1999 e a Convenção relativa à Extradição entre os Estados-Membros da União Europeia, de 1996.

A Lei de Cooperação Judiciária Internacional em Matéria Penal, Lei n.º 144/99, de 31 de Agosto, afirma, no art. 6.º n.º 1 f) que «O pedido de cooperação é recusado quando: f) Respeitar a infracção a que corresponda pena de prisão ou medida de segurança com carácter perpétuo ou de duração indefinida.» mas declara, no n.º 2 b), que a alínea f) do n.º 1 não obsta à cooperação se «...O Estado requerente oferecer garantias de que tal pena ou medida de segurança não será aplicada ou executada;». E o n.º 3 refere que, entre outros factores de verificação desta garantia, «Para efeitos de apreciação da suficiência das garantias a que se refere a alíne b) do número anterior, ter-se-á em conta, nomeadamente, nos termos da legislação e da prática do Estado requerente, a possibilidade...de reapreciação da situação da pessoa reclamada...». Parece-me um argumento forte em favor da cooperação com um Tribunal Internacional (e não um Estado, sendo que os reconhecidos padrões internacionais de equidade e garantias de defesa serão cumpridos) que inclui um mecanismo de revisão obrigatória da pena, como consta do preceituado no art. 110.º.

Parece também relevante, ainda quanto a esta Lei, referir quer o art. 3.º, sob a epígrafe «Prevalência dos tratados, convenções e acordos internacionais», prescreve: «1. As formas de cooperação a que se refere o art.1.º regem-se pelas normas dos tratados, convenções e acordos internacionais que vinculam o Estado Português e, na sua falta ou insuficiência, pelas disposições deste diploma.». Ora o art. 1.º refere, entre as formas de cooperação, a extradição (alínea a) n.º 1) e o n.º 2 aplica as ditas formas a tribunais internacionais, ao preceituar: «O disposto no número anterior aplica-se, com as devidas adaptações, à cooperação de Portugal com as entidades judiciárias internacionais estabelecidas no âmbito de tratados ou convenções que vinculem o Estado Português.».

Mais decisivas poderão ser ainda as considerações resultantes da «Convenção relativa à Extradição entre os Estados-Membros da União Europeia», de 27 de Setembro de 1996, que, com já referido, proíbe, no artigo 7.º n.º 1, a recusa de extradição baseada na nacionalidade da pessoa[46], admitindo, no n.º 3, a formulação de reservas, que, contudo, têm apenas a validade de cinco anos e cuja renovação se vai tornando progressivamente mais difícil. Parece-me importante salientar que esta Convenção não prevê qualquer possibilidade de recusa de extradição baseada no tipo de pena que

---

[45] É preciso aqui distinguir a questão de princípio da realidade das situações. De facto, nos países em que existe a pena de prisão perpétua esta é raras vezes executada. Assim, por exemplo, na Bélgica, em que a dita pena existe e não há, ao contrário do previsto no Estatuto de Roma, um processo de revisão obrigatório, a média da duração do cumprimento da dita pena é de 14 anos e alguns meses. Estes dados são semelhantes aos de muitos outros Estados.

[46] O artigo prescreve, no seu n.º 1: «A extradição não pode ser recusada pelo facto de a pessoa sobre a qual recai o pedido ser nacional do Estado-membro requerido, na acepção do artigo 6.º da Convenção Europeia sobre Extradição.».

Anexo 5 191

poderá vir a ser aplicada, o que, segundo o art. 19.° c) da Convenção de Viena sobre Direito dos Tratados, de 1969, deixa aberto o campo aos Estados para formulação de reservas desde que estas não sejam incompatíveis com o objecto e o fim do tratado (o que poderia aqui ser inclusivamente invocado). Ora Portugal fez uma declaração relativa a pedidos de extradição respeitantes a infracções a que correspondam penas ou medidas de segurança com carácter perpétuo, em que afirma que apenas concederá a extradição «... se considerar suficientes as garantias prestadas pelo Estado-membro requerente de que aplicará, de acordo com a sua legislação e a sua prática em matéria de execução de penas, as medidas de alteração de que a pessoa reclamada possa beneficiar.». Não se está aqui a prever, através das «medidas de alteração» mecanismos semelhantes ao previsto no art. 110.° do Estatuto?

Por outro lado, como já foi afirmado, Portugal já está obrigado, presentemente, a entregar pessoas aos Tribunais Penais Ad Hoc, respectivamente, para a Ex-Jugoslávia e para o Ruanda, que podem aplicar a pena de prisão perpétua. Em ambos os Estatutos se prevê a pena de prisão perpétua (respectivamente, arts. 24.° e 23.°) e não poderão os Estados invocar o direito de julgarem os indivíduos em causa, pois estes Tribunais não são, ao contrário do Tribunal Penal Intenacional, complementares das jurisdições nacionais mas antes têm primazia sobre as mesmas (arts. 9.° e 8.°, respectivamente), prescrevendo-se, em ambos os casos, que o Tribunal Internacional «...terá primazia sobre os tribunais nacionais. Em qualquer fase do processo, o Tribunal Internacional pode requerer formalmente que os tribunais nacionais prescindam da sua competência em favor do Tribunal Internacional, de acordo com o presente Estatuto e as Regras de Processo e Prova do Tribunal Internacional.». Em virtude do art. 25.° da Carta das Nações Unidas, que prescreve que «Os membros das Nações Unidas concordam em aceitar e aplicar as decisões do Conselho de Segurança, de acordo com a presente Carta», Portugal, apesar de não ter aprovado ainda as leis de cooperação com os Tribunais Ad Hoc, está vinculado aos referidos Estatutos, tendo assim, necessariamente (sob pena de sanções por parte do Conselho de Segurança ou salvo decisão, única desde a criação da ONU, de se retirar definitivamente da Organização) que entregar presumíveis autores de crimes sobre os quais estes Tribunais tenham competência. Aliás, como já referido, parece-me que aqui opera o n.° 3 do art. 8.° da Constituição, já que se trata de decisões vinculativas de órgãos das Nações Unidas, como são estes Tribunais, que se aplicam directamente na ordem portuguesa.

Mas ainda que tudo isto não fosse suficiente para convencimento de que o previsto no Estatuto não é incompatível com o disposto na nossa Constituição no que se refere à prisão perpétua, a operacionalidade do princípio da complementaridade seria, segundo o meu ponto de vista, suficiente para evitar quaisquer eventuais confrontos entre os dois instrumentos. O argumento é muito simples: Portugal só terá que entregar pessoas ao Tribunal Penal Internacional se quiser, isto é, se não se declarar competente para as julgar internamente, aplicando o seu sistema de penas, que não incluem a prisão perpétua. Isto levaria à assumpção da jurisdição universal para os crimes mais graves, o que, na verdade, já corresponde, em parte, a um compromisso existente em relação, pelo menos, ao crime de genocídio (ver Convenção respectiva) e às violações graves das Convenções de Genebra de 49. Assim, proceder-se-iam a alterações da lei processual penal (no sentido de conferir competência aos nossos tribunais penais para julgar qualquer crime constante do art. 5.° do Estatuto, o que poderia ser feito por lei avulsa) mas não seria necessário empreender o complexo e moroso processo de revisão consti-

192   *O Direito Internacional Público nos Princípios do Século XXI*

tucional extraordinária, que se presta à utilização do Estatuto para obtenção de outras reivindicações políticas, completamente alheias ao mesmo, e que tem que contornar a questão dos limites materiais da revisão. Não se pense que, deste modo, os nossos tribunais ficariam repletos de casos respeitantes a estes crimes, já que, felizmente, eles são relativamente raros e a consagração da jurisdição universal em relação aos mesmos teria o efeito dissuasor de afastar potenciais criminosos do nosso país, já que estes, pelo menos, não procurariam aqui refúgio por conhecerem as nossas leis e saberem que os nossos tribunais os poderiam julgar. De certo modo, este efeito já é visível em alguns países, como a Espanha, que exige um vínculo de ligação muito mais ténue que o nosso para que os seus tribunais possam julgar indivíduos acusados de certos crimes graves, o que leva a que pessoas em relação às quais possa ser emitido um mandato de captura não se dirijam aquele país. Uma ordem jurídica que restringe a possibilidade de julgamento interno e que põe muitos limites à extradição, como, em parte, é a nossa, favorece, pelo contrário, uma situação de acolhimento de criminosos internacionais.

A alteração do nosso Direito Penal é, de qualquer modo, inevitável. Se acaso os crimes do Estatuto, que não estão, na sua maioria, previstos na nossa lei penal (são os casos de vários crimes contra a humanidade, como os crimes de natureza sexual ou o desaparecimento forçado de pessoas ou de vários crimes de guerra, como a proibição da utilização de certas armas, entre outros), entram na nossa ordem interna através da ratificação e publicação do Estatuto de Roma, devido ao preceituado n.° 2 do art. 8.° da nossa Constituição, o certo é que há que estabelecer penas para os mesmos (já que se aplica o sistema nacional de penas). Por outro lado, quanto à cooperação e assistência ao Tribunal, embora a referida Lei 144/99 garanta a primazia do disposto no Estatuto, não parece oferecer dúvidas que vários aspectos mais pormenorizados vão ter que ser regulamentados. Será, ainda, necessário, entre outros aspectos, proceder à compatibilização do art. 118.° do Código Penal (Prazos de Prescrição), que prevê a prescrição de todos os crimes, estabelecendo o prazo de 15 anos para os crimes mais graves, com o art. 29.° do Estatuto (Imprescritibilidade), que estatui: «Os crimes da competência do Tribunal não prescrevem.». Claro que, através da recepção do art. 8.° n.° 2 da Constituição, o Estatuto, como tratado internacional, sobrepõe-se ao Código Penal mas como este prevê crimes semelhantes, por vezes nos mesmos termos, como é o caso do genocídio, parece aconselhável a revisão do referido art. 118.°[47].

Claro que a principal razão pragmática da minha argumentação da desnecessidade de revisão constitucional tem que ver com os problemas levantados pelo art. 288.° (Limites materiais da revisão), que estatui: «As leis de revisão constitucional terão que respeitar: d) Os direitos, liberdades e garantias dos cidadãos;». Ora é a própria Constituição que, na Parte I (Direitos e deveres fundamentais), no Título II (Direitos, liberdades e garantias), inclui as normas sobre prisão perpétua e sobre extradição. Parecia,

---

[47] Embora a Constituição não se refira à questão da prescrição dos crimes, poder-se-ia, de forma algo forçada, apresentar o argumento de que o n.° 2 do art. 18.° não permite restrições a direitos, liberdades e garantias («2. A lei só pode restringir os direitos, liberdades e garantias nos casos expressamente previstos na Constituição, devendo as restrições limitar-se ao necessário para salvaguardar outros direitos ou interesses constitucionalmente protegidos.»), constituindo a imprescritibilidade de alguns crimes uma dessas restrições. Contudo, pode invocar-se que essa restrição está prevista na Constituição porque esta garante um rol muito amplo de direitos, entre os quais os das vítimas de crimes.

Anexo 5

assim, que a revisão constitucional não seria possível. Felizmente que a Comissão de Assuntos Constitucionais, Direitos, Liberdades e Garantias deliberou seguir a argumentação constante do parecer de Jorge Miranda, que, no seguimento do que tem defendido repetidas vezes[48], considera que os limites materiais da revisão apenas se aplicam «...aos direitos insusceptíveis de suspensão em estado de sítio (art. 19.° n.° 6 da Constituição) e quanto aos correspondentes à legitimidade democrática (arts. 10.°, 49.° e 51.°)...», não se contando entre eles, portanto, os direitos em causa referentes à prisão perpétua e à extradição[49]. Assim, estabeleceu-se uma distinção entre tipos de direitos, liberdades e garantias, que permite proceder à dita revisão. Embora tal distinção não me pareça decorrer da Constituição, felizmente que ela teve acolhimento pela Assembleia, já que só assim será possível, se enveredarmos pela necessidade da revisão constitucional, que a mesma se efectue[50].

V – CONCLUSÃO

Assim, do meu ponto de vista, a revisão constitucional era desnecessária, de modo resumido porque: a proibição das imunidades quanto aos crimes em causa ou é Direito Consuetudinário Internacional (que é parte integrante do Direito português pelo n.° 1 do art. 8.° da Constituição) ou não pode valer porque constituiria a perversão dos seus próprios fundamentos; a proibição de extradição de nacionais (aliás, com excepções na Constituição, para crimes que, certamente, não são mais graves que os previstos no Estatuto de Roma) não se aplica porque o instituto é o da entrega para uma organização judicial internacional, sendo que há uma lacuna constitucional quanto à questão; finalmente, a proibição de aplicação da pena de prisão perpétua no nosso ordenamento está garantida (art. 80.° do Estatuto), a proibição de extradição para países que a possam impor, mais uma vez, não se aplica ao instituto da entrega e, ainda que se entenda que os fundamentos seriam os mesmos para aplicação por uma instância judicial internacional, o processo de revisão obrigatória da sentença (art. 110.° do Estatuto) garante a libertação de todos os reabilitados; se isto não for considerado suficiente, Portugal poderá sempre julgar, devido ao princípio da complementaridade, esses casos no nosso território, não lhes aplicando, assim, a pena de prisão perpétua.

---

[48] Ver Miranda, Jorge *Manual de Direito Constitucional IV*, Coimbra, 1998, p. 382.

[49] Ver Parecer de Jorge Miranda, já citado, págs. 24 e 25. Ver também, no mesmo sentido, o Relatório de Alberto Costa, também já citado, sobretudo págs. 21 e 22.

[50] O Governo, que tinha depositado, como vimos, na Assembleia da República, em 2000, uma proposta de resolução visando a aprovação do Estatuto de Roma, reformulou-a em 22 de Março deste ano, acompanhando-a agora de duas declarações, uma das quais manifestando a intenção de Portugal exercer a sua jurisidição sobre pessoas encontradas no território nacional e indiciadas pelos crimes previstos no art. 5.° do Estatuto, de acordo com a sua Constituição e legislação penal interna, e outra no sentido de que os pedidos de cooperação e demais documentos do Tribunal sejam redigidos em língua portuguesa ou acompanhados da respectiva tradução.

Cabe ainda sublinhar que a Assembleia da República e a organização não-governamental «Parliamentarians for Global Action» promoveram, em 19 e 20 de Fevereiro deste ano, uma Conferência sobre a ratificação do Estatuto do Tribunal pelos países da CPLP, tendo sido aprovado um documento final em que se propõe a ratificação por todos os Estados membros o mais rapidamente possível e num espaço temporal aproximado.

Contudo, uma vez que foi decidido proceder a revisão constitucional (e ao tempo da redacção deste artigo, o processo encontra-se em análise na Assembleia, parecendo que prosseguirá sem problemas), o que, admito, tem as vantagens da clarificação de situações, esperemos que este decorra sem problemas e o mais rapidamente possível e leve à inclusão de uma cláusula geral que permita a efectiva colaboração plena tanto com o Tribunal Penal Internacional como com os Tribunais Penais Ad Hoc.

Houve quase um consenso mundial para a adopção do Estatuto de Roma: as dificuldades constitucionais têm muito que ver com as novas características do Tribunal. Assim, parece-me que a justificação e até a análise das mesmas tornam-se difíceis devido à falta de vocabulário adequado (vejam-se as dificuldades na aceitação do potencial total de «entrega») e porque a estrutura conceptual não está ainda ajustada a esta nova entidade (veja-se o caso das imunidades que visam proteger as autoridades de situações não presentes aqui). Quando se introduzem mecanismos que tentam fazer a ponte entre modelos diferentes, tal como a ideia de complementaridade, há normalmente dificuldades na apreensão de todas as suas implicações, já que perturbam o modelo conceptual estabelecido, baseado em ordens judiciais estatais distintas (veja-se como normalmente é neglicenciado este aspecto quanto à questão da prisão perpétua).

Contudo, como já afirmei anteriormente, penso que os momentos de transição são normalmente muito frutuosos porque permitem uma harmonização criativa de princípios potencialmente contraditórios e podem originar novas entidades institucionais, como é o caso do Tribunal Penal Internacional, que se está a tentar trazer à luz. São também momentos cruciais pois são eles que moldam a nova ordem que está emergente, apontando os sentidos a seguir que se consolidarão em características futuras. Espero que seja possível, a curto trecho, operar, com a ajuda de normas e princípios jurídicos, uma mudança para uma ordem que, ao institui-lo, condene, na prática, os abusos mais graves do poder, já que é este o papel mais nobre a que o Direito alguma vez pode aspirar.

PAULA ESCARAMEIA

Lisboa, 3 de Abril de 2001

ANEXO 6 (NOTA 68)

O MOTOR ECONÓMICO-POLÍTICO: ALTERAçãO DE MODELOS NO DIREITO INTERNACIONAL PÚBLICO[1]

1. INTRODUÇÃO

Como é crescentemente notório, uma das principais alterações estruturais do Direito Internacional Público tem vindo a processar-se no âmbito dos sujeitos do mesmo, isto é, na perca de relevância dos tradicionais agentes, os estados, e na crescente preponderância de outras entidades. De facto, são profundas as implicações para o ordenamento jurídico internacional que vem tendo, a par com outros desenvolvimentos, a crescente importância da actividade empresarial transnacional e o papel das grandes multinacionais.

Efectivamente, entre outros aspectos, têm sido insistentemente colocadas, na prática, questões relacionadas com a eventual personalidade jurídica destas companhias transnacionais devido à necessidade de apuramento do regime jurídico a que estariam sujeitas, sobretudo em casos de fronteira como sejam os grandes acordos para concessão e exploração de largos sectores da economia de um estado concluidos entre essa mesma entidade soberana e a sociedade comercial em causa.

Mais do que debates teóricos, frequentemente baseados em posições de autores que, muitas vezes, têm tendência para apresentar definições e soluções para problemas já pré-estabelecidos pelo ponto de vista de que partem, tentarei privilegiar, neste breve estudo, exemplos concretos nesta área, isto é, a reacção dos estados e dos tribunais a problemas surgidos neste âmbito e a resposta dada pelas organizações internacionais e pelos demais actores do processo jurídico-internacional ao longo destes últimos anos.

Contudo, é inevitável que todas estes aspectos, em última instância, questionem o presente modelo formal jurídico-internacional, já que põem fortemente em causa o tradicional monopólio do estado como sujeito desta ordem jurídica e levantam problemas estruturais que não podem deixar de ser focados. Este ponto, embrionariamente visível já no século XIX, com a criação, sobretudo na 2.ª metade, de várias organi-

---

[1] Este texto é uma versão resumida do artigo «O Intervalo entre o Modelo Passado e a Visão Futura: o Actual Direito Internacional Público» (Dezembro 1993), redigido no âmbito do Curso de Pós-Graduação em Gestão de Negócios Internacionais do Instituto Português da Conjuntura Estratégica, que se encontra para publicação pelo referido organismo.

zações internacionais, algumas das quais não-governamentais[2], tornou-se particularmente premente a partir da 2.ª Guerra Mundial.

Esta questão poderia, eventualmente, levar-nos ainda mais longe se a equacionassemos com uma das reflexões últimas do Direito em geral, traduzida na interrogação sobre se a ordem jurídica deve assumir primordialmente um papel de tradução da realidade existente ou, se, pelo contrário, deve ser um instrumento, antes de mais, de imposição de certos valores, assumindo um papel de guia da sociedade.

O aspecto é referido aqui porque traduz um problema particularmente visível no Direito Internacional, já que neste ordenamento a diversidade de posições é muitas vezes mais sentida do que nas ordens jurídicas internas. Quero com isto afirmar que, ao contrário do que sucede nas sociedades de cada estado, em que é a voz e, muitas vezes, a vontade dos grupos dominantes (sejam estes resultado de uma maioria democraticamente eleita, da pressão de grupos oligárquicos, de grupos com especial acesso a meios de difusão de opinião, ou resultantes de qualquer outro processo) que se faz predominantemete sentir, despojando de poder decisório significativo grupos considerados insignificantes ou mesmo marginais, na sociedade internacional, se bem que o domínio das decisões continue nas mãos de um grupo cada vez mais pequeno de estados, as vozes discordantes de outros actores parecem fazer-se ouvir muito mais frequente e fortemente.

Esta diferença é consequência, por certo, dos princípios jurídico-internacionais da igualdade soberana e não ingerência nos assuntos internos, com a correspondente institucionalização dos mesmos, sobretudo nos órgãos em que todos os estados se encontram num plano de igualdade para a tomada de decisões.

Mas este último ponto levar-nos-ia muito longe, pelo que urge voltar ao tema central destas reflexões breves.

---

[2] São muitas as organizações internacionais que se formam no século XIX, sendo as primeiras as Comissões para a Navegação dos Rios Internacionais Reno (1815, reestruturada em 1868) e Danúbio (1856), consequência da proclamação, no Acto Final do Congresso de Viena, em 1815, do princípio da liberdade de navegação nos rios internacionais.

A estas vão seguir-se muitas outras, então chamadas Uniões Administrativas, sendo a União Telegráfica Internacional (1815) e a União Postal Geral (1874) as primeiras da longa série. É também no século XIX que surgem as primeiras «Uniões Internacionais Privadas», antecessoras das actuais organizações não governamentais, contando-se o Comité Internacional da Cruz Vermelha, fundado em 1863, entre as primeiras.

Neste sentido, o que distingue uma organização internacional de tratados de cooperação, de há muito existentes e instituidores de regimes, como foi o caso do Concerto Europeu saído do Congresso de Viena, é, fundamentalmente, a existência de um secretariado permanente, capaz de, não só arquivar a respectiva documentação, mas também de convocar periodicamente reuniões, estabelecer agendas e, numa fase mais avançada, regras de procedimento das reuniões.

Para pormenores sobre a evolução do sistema de conferências para o de organizações internacionais, consultar, entre muitos outros, Kirgis *International institutions in Their Legal Setting*, West Publishing Co., Minn., USA, 1977, e Bowett *The Law of International Institutions*, Stevens and Sons, London, 1982.

Anexo 6

2. A «REVOLUÇÃO» NO DIREITO INTERNACIONAL

Desde de que Kuhn publicou, já há mais de 30 anos, o seu livro «The Structure, of Scientific Revolutions», que o conceito de «paradigma» (no sentido de uma estrutura de pensamento científico que reúne o consenso da comunidade científica em questão quanto ao tipo de hipóteses que podem ser colocadas e quanto ao género de respostas que podem ser consideradas válidas), que o conceito se difundiu e passou a ser aplicado aos estudos sociais, contrariando o referido autor, que o limitou às ciências exactas[3].

Contudo, o fascínio que exerceu a ideia de que os grandes momentos revolucionários na evolução do pensamento científico ocorrem quando se passa de um paradigma para outro, ao ponto de vários pensadores se terem questionado sobre se não é a natureza que se comporta consoante as nossas teorias em vez de serem estas últimas meras descobridoras duma realidade pré-existente, (pressuposto este que esteve na base do desenvolvimento e aceitação da «verdade» das ciências da natureza[4]), levou à tentativa de aplicação do conceito kuhniano de revolução à estrutura das ciências sociais.

O Direito Internacional Público parece um campo ideal, sobretudo nos nossos dias, ditos de «mudança», para aplicação destas ideias. Em larga medida, o Direito Internacional tentou basear o aspecto normativo das relações internacionais em esquemas explicativos anteriormente desenvolvidos pelo Direito interno, tendo, contudo, que abrir tantas excepções a estes, por a realidade internacional com eles se não conformar, que foi desde muito cedo óbvia a ausência duma base estrutural adequada. Por outro lado, ligou o seu nascimento como ramo jurídico ao aparecimento do estado enquanto ente soberano e igual a outros estados, sendo a data de 1648 (Paz de Vestefália, em que estes princípios estão consagrados) normalmente equacionada com a criação desta nova área do saber.

É evidente que normas jurídicas reguladoras das relações internacionais, mormente sob a forma de costume, se perdem nos tempos, estando presentes sempre que comunidades que se consideravam distintas estabeleceram relações reguladas por algum modo[5]. Contudo, tradicionalmente, é Grotius (1583-1645) que nos surge como

---

[3] Ver Kuhn, Thomas *The Structure of Scientific Revolutions*, 2d edition, University of Chicago Press, USA, 1970 (a primeira versão é de 1962).

[4] Interessante será, contudo, analisar a afirmação de Einstein de que «É a teoria que decide aquilo que podemos observar», citada em Bell, D. *The Coming of Post-Industrial Society: a Venture in Social Forecasting*, Basic Books, Nova Iorque, 1973, pág. 9. O confronto desta ideia radical com a procura «do pensamento de Deus», «que não joga aos dados», que parece ter orientado a vida do cientista, pode revelar uma contradição latente na ciência, isto é, a de que há certezas absolutas que se podem «descobrir», patenteadas nas ideias acabadas de referir, e a de que a natureza se comporta de acordo com aquilo que nela queremos descobrir, intuida na primeira afirmação.

[5] Há notícia de tratados pelo menos desde a Mesopotâmia, tendo sido encontrado o documento referente a um acordo entre as cidades de Lagach e Ummah que data de 4000 A.C.. Há igualmente inúmeros vestígios de tratados entre cidades do Antigo Egipto, da Babilónia, da Assíria e da Pérsia, bem como entre os antigos reinos indús. Confúcio faz igualmente referência a «associações de estados» regidas leis comuns a todo o universo, no que poderia ser tomado como um prenúncio do Direito Internacional Público.

Para considerações sobre este e outros pontos de introdução ao Direito Internacional Público ver, entre muitos outros: Brownlie, Ian, *Principles of Public International Law*, Oxford

198 *O Direito Internacional Público nos Princípios do Século XXI*

o «pai» do Direito Internacional Público por ter sistematizado, de modo estruturado, o ordenamento jurídico internacional, e é o Tratado de Vestefália, que pôs fim à Guerra dos Trinta Anos, e que baseia a igualdade soberana entre os estados na delimitação clara de fronteiras entre estes, que é considerado o ponto-zero do «moderno» Direito Internacional ou, mais arrojadamente, do Direito Internacional como «ciência».

O grande problema dos nossos dias é que esta estrutura sobre que assenta o Direito Internacional parece cada vez mais distante da realidade e tem mesmo servido de entrave constante a actividades internacionais de importância crescente, como seja a actividade económica e financeira transfronteiriça. A própria ideia de fronteiras claras como modo de limitar a guerra, pelo respeito recíproco gerado pela demarcação territorial, tem, nos nossos dias, pelo contrário, estado na origem de conflitos armados, sobretudo quando grupos culturais ou étnicos tentam a sua alteração. Enfim, o estado, como átomo sobre o qual assenta toda a estrutura do ordenamento jurídico internacional, parece estar hoje, em muitos sentidos, a servir de entrave, em vez de suporte, à evolução social internacional.

A realidade internacional, na sua prática, já suplantou, em muitos aspectos, a monopolização por esta figura-base, mas será que o Direito e a institucionalização internacional têm acompanhado esta mudança? Será que temos que passar a usar esquemas de raciocínio e conceitos diferentes? Isto é, será que teremos que mudar de paradigma ou, como têm vindo a afirmar vários autores, dos quais se deverá destacar Falk[6], será que esta alteração do nosso paradigma já está em curso?

Press, UK, 1979; Henkin, Louis (Pugh, Schachter, Smit) *International Law*, West Publishing Co., USA, 1987; Dinh, Nguyen (Daillier, Pellet) *Droit International Public*, Librairie Générale de Droit et de Jurisprudence, Paris, 1993; Akehurst, Michael *Introdução ao Direito Internacional* (tradução), Almedina, Coimbra, 1985. Entre nós, ver: Silva Cunha, J. *Direito Internacional Público* (1.º e 2.º vols.), Almedina, Coimbra, 1984 e 1987; Azevedo Soares, Albino *Lições de Direito Internacional Público*, Coimbra Editora, Coimbra, 1988; Gonçalves Pereira, André e Quadros, Fausto *Manual de Direito Internacional Público*, Almedina, Coimbra, 1993.

6 Ver Falk, Richard *Revitalizing International Law*, Cap.1 «A New Paradigm for International Legal Studies: Prospects and Proposals», págs. 1 a 26, Iowa State University Press/Ames, USA, 1989. Neste extraordinário estudo, o autor salienta duas características da vida internacional contemporânea, a centralização da chefia e o papel crescente dos actores não-territoriais, o que nos conduz hoje ao modelo oposto aquele que foi instituido no século XVII (o sistema estatal), já que estamos no limiar de um sistema chefia centralizada não-territorial.

O autor conclui, como tantos outros, que nos encontramos num período de transição e que o Direito Internacional falhou, até agora, na criação de uma nova base estrutural adequada às referidas realidades. É então que recorre ao conceito Kuhniano de paradigma, afirmando: «Such a paradigm sets boundaries on research and creates a set of intellectual taboos that prevails until changed by new discoveries, so-called anomalies, that are not explicable within the reigning paradigm and yet appear too significant to ignore or disavow.» (pág. 9).

Falk continua demonstrando como se deram, ao longo da história das Relações e Direito Internacionais, mudanças de paradigma, concluindo que, presentemente, há vários indícios da mudança de paradigma na vida internacional, (sobretudo pela incoerência de sistemas vigentes e pela multiplicidade de interpretações contestando o modelo actual), mas que faltam instrumentos no Direito Internacional para lidar com o novo modelo que se está a formar na realidade.

Apela, assim, à intervenção do jusinternacionalista na evolução histórica. Ver, quanto a este último ponto, igualmente a sua obra *The Status of Law in International Society*, Princeton University Press, Princeton, New Jersey, 1970.

Na minha opinião, o Direito Internacional encontra-se presentemente à beira de uma revolução que se tem vindo a anunciar mas tem tardado a surgir. Por estarmos precisamente num momento de quebra de um esquema teórico sem que uma alternativa consensual ainda tenha surgido para o substitutir com eficácia, o próprio ensino do Direito Internacional torna-se extremamente difícil, sobretudo se a um nível introdutório, porque, ou se cai num mero tecnicismo muitas vezes dogmaticamente enganador, ou se transmite uma imagem mais real, correspondente à confusão teórica existente (em que, por vezes, mesmo quando há regras, são tantas as excepções às mesmas que nos podemos indagar seriamente sobre a sua presente validade) e às soluções díspares dadas a problemas que nos parecem análogos, que conduzimos o estudante inevitavelmente a uma posição de cepticismo.

A generalização desta atitude só reforça aquela espécie de complexo de inferioridade do Direito Internacional, patente em quase todos os livros de introdução à matéria, que começam pela pergunta sacramental da juridicidade deste ordenamento para depois passarem à consequente análise da questão das sanções que lhe parece estar inevitavelmente ligada.

Parte da necessidade de transformação neste ordenamento jurídico deve-se, sem dúvida, à rapidíssima alteração da sociedade internacional, particularmente assinalável após a 2.ª Guerra Mundial, com o «boom» institucional dentro e fora do quadro intergovernamental, com o crescente alcance económico dos agentes transnacionais, com reivindicações de direitos por grupos ou por indivíduos enquanto tais, etc, e, após o fim da guerra-fria, com o questionar de fronteiras tradicionais no continente, a Europa, que as elevou a um elemento essencial da noção de estado e colocou este no cerne das relações internacionais (partição de vários estados, como as ex-URSS, Jugoslávia, Checoslováquia, união de outros, como a Alemanha e, num futuro talvez não muito distante, a China e a Coreia, importância crescente de regiões autónomas dentro de cada unidade estatal) e a com a formação de agrupamentos estatais (União Europeia, NAFTA) normalmente motivados por fins económicos.

Parte da revolução que se aguarda deve-se, contudo, a uma falta de acompanhamento da realidade por parte das estruturas do Direito Internacional, sejam estas estruturas de carácter orgânico, designadamente os estados (tanto na sua organização interna como nos tipos que assumem) e organizações internacionais, sejam estas estruturas de carácter conceptual, designadamente os conceitos e preceitos utilizados. Isto conduz-nos a um desfazamento de tal modo grande que não pode ser explicado pela mera rapidez da evolução dos acontecimentos na 2.ª. metade do século XX mas antes por causas fundamentais básicas que têm impedido esse acompanhamento, que seria possível, em muitas situações, não fora a sua existência.

Assim, a ideia de que só os estados têm uma personalidade jurídica plena (regra) e que todas as outras entidades que intervêm nas relações internacionais têm uma personalidade de algum modo diminuída (são vistas como excepções) tem conduzido a muitos problemas práticos em áreas tão diversas como a efectivação, a nível internacional, do respeito pelos direitos humanos, ou como a eficaz circulação transfonteiriça

---

Para a defesa da ideia do Direito como instrumento de mudança ver também, da autora, *Formation of Concepts in International Law: Subsumption under Self-Determination in the Case of East Timor*, Fundação Oriente, Centro de Estudos Orientais, Lisboa, 1993 (texto de 1988), sobretudo último capítulo e conclusão.

200   *O Direito Internacional Público nos Princípios do Século XXI*

de produtos, levando a que o princípio previsto na Carta da ONU quanto à melhoria das condições económicas e sociais de vida dos indivíduos[7] seja efectivamente desrespeitado. Considerações semelhantes se poderiam tecer quanto aos instrumentos de que entidades que exercem actividades transfronteiriças se servem, por vezes considerados tratados e outras contratos privados, sem que o facto da importância dos efeitos produzidos na vida dos indivíduos seja sequer levado em consideração. Estamos ainda agarrados a um esquema em que é o critério, cada vez mais formalista, da qualidade de soberano do actor internacional que nos surge como determinante na caracterização de actividades e consequente sujeição a regimes jurídicos específicos.

Ficções como estas não foram ainda ultrapassadas por nenhum modelo alternativo que tenha reunido um consenso alargado mas existem muitas instâncias em que, de um modo ad hoc, o modelo se tem vindo a quebrar. Por ser mais subtil esse processo e por ter efeitos, talvez por isso mesmo, mais fundamentais, vou referir apenas dois destes aspectos: a personalidade internacional de companhias multinacionais e a natureza de alguns acordos por estas concluidos com estados.

3. FALHAS NO MODELO ACTUAL: PERSONALIDADE JURÍDICA DE COMPANHIAS MULTINACIONAIS

Com mais ou menos variantes, a maioria dos autores define personalidade jurídica, sensivelmente, pela possibilidade de uma entidade ser titular de direitos e estar sujeita a vinculações, designadamente deveres. Assim, no caso do Direito Internacional Público, seria pessoa (sujeito), toda a entidade que pudesse ser titular de direitos internacionais e estar adstrita a obrigações internacionais.

---

[7] Embora não seja a preocupação chave da Carta da Organização das Nações Unidas, já que esta foi, sem dúvida, a manutenção da paz e segurança internacionais, a melhoria das condições económicas e sociais dos povos está patente em várias das suas disposições.

Assim, logo o art. 1.º afirma: «Os objectivos das Nações Unidas são: ... 3) Realizar a cooperação internacional, resolvendo os problemas internacionais de carácter económico, social, cultural ou humanitário, promovendo e estimulando o respeito pelos direitos do homem e pelas liberdades fundamentais para todos, sem distinção de raça, sexo, língua ou religião;». O art. 13.º reforça a ideia, ao referir, no seu n.º .1 «A Assembleia Geral promoverá estudos e fará recomendações, tendo em vista: ... b) Fomentar a cooperação internacional no domínio económico, social, cultural, educacional e da saúde e favorecer o pleno gozo dos direitos do homem e das liberdades fundamentais, por parte de todos os povos, sem distinção de raça, sexo, língua ou religião.». Finalmente, o art. 55.º é fundamental na matéria, já que liga a paz às condições de bem-estar económico e social dos povos, prescrevendo: «Com o fim de criar condições de estabilidade e bem-estar, necessárias às relações pacíficas e amistosas entre as Nações, baseadas no respeito do princípio da igualdade de direitos e da autodeterminação dos povos, as Nações Unidas promoverão: a) A elevação dos níveis de vida, o pleno emprego e condições de progresso e desenvolvimento económico e social; b) A solução dos problemas internacionais económicos, sociais, de saúde e conexos, bem como a cooperação internacional, de carácter cultural e educacional; c) O respeito universal e efectivo dos direitos do homem e das liberdades fundamentais para todos, sem distinção de raça, sexo, língua ou religião». Estes princípios são então institucionalizados nos artigos seguintes, através das organizações especializadas (arts. 57.º e 63.º), das organizações não governamentais (art. 71.º) e, sobretudo, através do Conselho Económico e Social, no Cap. X (art. 61.º e segs.).

Anexo 6 201

Esta possibilidade de direitos/deveres, levanta, contudo, um problema adicional: é que crescentemente se tem insistido no aspecto das consequências práticas dos mesmos, isto é, na sua possibilidade de efectivação através de instituições sociais de aplicação do Direito, designadamente os tribunais. Esta nota é de particular sensibilidade no Direito Internacional onde, apesar dos esforços aquando da constituição da Sociedade das Nações, designadamente de Oppenheim, e, depois, por pressão de vários estados em São Francisco, aquando da constituição da ONU, não foi possível instituir a jurisdição obrigatória, respectivamente, do Tribunal Permanente de Justiça Internacional e do actual Tribunal Internacional de Justiça[8].

Deste modo, a regra, constante da maioria dos Direitos internos, de que um direito deve ser sempre acompanhado da possibilidade processual de o efectivar, está ausente da esfera internacional[9]. Em abono da verdade, deve referir-se, contudo, que, mesmo nas esferas jurídicas internas, existem direitos a que não corresponde qualquer poder de efectivação pelos seus titulares, como sejam direitos atribuidos a incapazes, mormente

---

[8] Preceitua o n.º 2 do art. 36.º do Estatuto do Tribunal Internacional de Justiça: «... 2. Os Estados partes do presente estatuto poderão [isto é, fica ao critério de cada um], em qualquer momento, declarar que reconhecem, como obrigatória ipso facto e sem acordo especial, em relação a qualquer outro Estado que aceite a mesma obrigação, a jurisdição do Tribunal em todas as controvérsias jurídicas ...» (inserção minha, entre parênteses rectos).

Este artigo é o resultado da vitória da posição dos Estados Unidos e da União Soviética em S. Francisco sobre grupos de outros estados que pretendiam uma jurisdição obrigatória do Tribunal. A presente situação é, em parte, consequência de o texto da Carta ter sido, essencialmente, redigido pelos Estados Unidos e se ter adoptado uma regra processual em S. Francisco que se veio a revelar profundamente «substantiva», já que os 51 participantes acordaram em alterar o texto que lhes foi proposto apenas se houvesse, para tal, uma maioria de 2/3, extremamente difícil de conseguir. Para mais pormenores sobre este ponto, ver, entre outros Luard, Evan *A History of the United Nations*, vol.1,Macmillan Press, UK, 1982, págs 37 a 68.

Interessante será também ler o texto visionário de Oppenheim, escrito em 1915, no decorrer da 1ª Guerra Mundial, sobre a necessidade de uma organização internacional qualitativamente diferente (que veio a ser a Sociedade das Nações) e as considerações que faz defendendo a necessidade absoluta de um tribunal internacional com jurisdição obrigatória para os estados: Oppenheim *The League of Nations and Its Problems: Three Lectures*, Longmans, Green and Co., Londres, 1919, págs. 25 a 48.

[9] É interessante notar que, pela primeira vez, embora num âmbito muito específico, foi constituido um tribunal internacional permanente com jurisdição obrigatória: o tribunal para julgamento de indivíduos que tenham cometido actos que violem gravemente o Direito Internacional Humanitário na ex-Jugoslávia desde 1991. O dito órgão foi criado pela resolução do Conselho de Segurança n.º 827 (1993), de 25 de Maio e intitula-se «Tribunal Internacional para a Prossecução de Pessoas Responsáveis por Violações Graves de Direito Internacional Humanitário cometidas no Território da Ex-Jugoslávia desde 1991» (os Estatutos constam do Anexo ao documento do Conselho de Segurança S/25704, de 3 de Maio de 1993).

O Tribunal apresenta muitos traços inovadores, entre os quais se conta a obrigatoriedade de aceitação da sua jurisdição por parte dos estados (para perseguição do indivíduo suspeito, entrega do mesmo, execução da pena que lhe for imposta, etc). Embora constituido de modo ad hoc para o caso da ex-Jugoslávia, foi recentemente criado outro Tribunal para o Ruanda, o que pode indiciar outras inovações, visando-se assim suprir a falta de um Tribunal Internacional Criminal permanente e de âmbito geral, de há muito objecto de negociações no seio das Nações Unidas, sem que até agora tenham sido atingidos quaisquer resultados práticos.

202   O Direito Internacional Público nos Princípios do Século XXI

a menores (em que este poder está nas mãos dos seus representantes), ou direitos atribuidos a animais (proibição de tratamentos cruéis, abandono, experiências biológicas, etc) ou mesmo, de certo modo, ao ambiente (embora aqui a construção conceptual não seja a de conferir direitos às plantas, rios, etc, perspectiva esta que talvez venha a despontar no próximo século), para não falar dos direitos programáticos, como sejam o direito ao trabalho, à saúde ou à habitação, cuja efectivação fica postegarda para um futuro mais ou menos indefinido e não depende do seu titular.

Ora a situação no actual Direito Internacional tem muito que ver com estes aspectos, construidos como excepções ou exemplos marginais dos Direitos internos, porque, para além dos estados (comparáveis aqui a adultos capazes, titulares de direitos com possibilidade de efectivação imediata), as outras entidades que se movem no meio e às quais legislação vária, alguma da qual já no século XIX, conferiu direitos e impôs deveres (o Direito Humanitário, positivado sobretudo nas Convenções de Genebra de 1864 e da Haia de 1899, é, provavelmente, o primeiro exemplo do ponto que agora refiro), não possuem, pelo menos como regra geral, esse poder de fazer valer as suas posições ou, pelo menos, não têm a possibilidade de as fazer valer directa e imediatamente, isto é, sem ter o estado como intermediário, tal como os incapazes nos Direitos internos.

A actual situação da ordem normativa internacional é a de um desfazamento, cada vez mais acentuado, duma realidade em rápida evolução, devido à manutenção de ficções, cada vez mais patentes com o decorrer dos tempos, entre as quais sobressai, neste campo, o quase monopólio do estado enquanto sujeito do ordenamento internacional. Na realidade, mesmo em situações, por hipótese possíveis, em que uma grande companhia multinacional esteja registada num estado que tem um orçamento muito menor que esta, continua a ser este último, e não aquela, que tem o estatuto de sujeito internacional no sentido de que é o estado que a representa perante instâncias internacionais, mormente tribunais.

É certo que a possibilidade de a companhia poder fazer valer directamente os seus direitos em juízo tem vindo a abrir-se, sendo o exemplo mais relevante, provavelmente, o do tribunal arbitral criado em 1965 no seio do Banco Internacional de Reconstrução e Desenvolvimento para dirimir directamente conflitos entre estados e companhias no que respeita a questões de investimento[10].

Mas, mais uma vez, estamos num aspecto marginal: no fim de contas, nenhuma entidade não estatal pode recorrer contenciosamente ao Tribunal Internacional de Justiça (art. 34.° n.° 1 do Estatuto do TIJ, «Só os Estados poderão ser partes em causas perante o Tribunal.»), tendo sido este concebido como «o tribunal», por excelência, da ordem mundial, competente para se pronunciar, de modo vinculativo, sobre «qualquer questão do direito internacional» (alínea b) do n. 2 do art. 36.° do Estatuto).

Contudo, o exemplo referido do tribunal arbitral no âmbito do BIRD insere-se numa série de casos análogos, desta vez referentes ao indivíduo, quanto a direitos humanos. O exemplo mais acabado é, certamente, o sistema posto a funcionar pelo

---

[10] Ver Convenção para Resolução de Conflitos sobre Investimento entre Estados e Nacionais de Outros Estados, *International Centre for Settlement of Investment Disputes*, Washington, DC, USA, 1985, em que se regula, em 75 artigos, a institucionalização do referido Centro e os processos de conciliação e de arbitragem de que se pode servir para resolver controvérsias sobre investimento entre um ente soberano e uma entidade que não possui essa característica.

Conselho da Europa no âmbito da Convenção Europeia para a Protecção dos Direitos Humanos e Liberdades Fundamentais, pela qual o indivíduo pode recorrer para a Comissão Europeia dos Direitos Humanos que, eventualmente, poderá levar o seu caso ao Tribunal Europeu dos Direitos Humanos, se assim o entender. E, apesar de estarem em estudo várias alterações no sentido de facilitarem o acesso directo do indivíduo ao Tribunal, o que é certo é que ainda tudo isto pressupõe, no entanto, não só que o estado de que o indivíduo é nacional se tornou parte na referida Convenção mas também que aceitou o direito de petição individual e a jurisdição do Tribunal[11].

Como se vê, demasiadas condições, na disponibilidade do estado, mesmo no sistema que mais avançou na ligação entre a titularidade de um direito pelo indivíduo e a possibilidade de o fazer valer em juízo[12].

Assim, parece que a nossa ordem mundial, que se baseou fundamentalmente no estado mas que cada vez menos pode esquecer o papel relevante de outras entidades, encontrou uma forma de mediar esta tensão através da noção de nacionalidade. A ficção passou a ser esta: se acaso estas entidades não têm voz directa na cena mundial (subentenda-se, porque não devem ter, já que esta é uma ordem jurídica entre entes territoriais, dotados de soberania), mesmo assim os seus interesses estão garantidos porque o estado de que são nacionais os irá defender. Para tal, desde há muito que foi conferido aos estados o chamado direito de reclamação por via diplomática (contra outros estados, entenda-se), sempre que direitos dos seus cidadãos, que consuetudinariamente os outros se comprometeram a respeitar (o chamado padrão mínimo internacional), tenham sido ofendidos.

---

[11] O n.º 1 do art. 25.º da referida Convenção prescreve: «A Comissão pode conhecer qualquer petição dirigida ao secretário-geral do Conselho da Europa por qualquer pessoa singular, organização não governamental ou grupo de particulares, que se considere vítima de uma violação, cometida por uma das Altas Partes Contratantes, dos direitos reconhecidos na presente Convenção, no caso de a Alta Parte Contratante acusada haver declarado reconhecer a competência da Comissão nesta matéria...». Contudo, ver também o art. 44.º, que prescreve «Só as Altas Partes Contratantes e a Comissão têm o direito de requerer ao Tribunal.» e se relaciona com a aceitação prévia de jurisdição do mesmo por parte dos estados. Assim, diz-nos o n.º 1 do art. 46.º: «Cada uma das Altas Partes Contratantes pode, em qualquer momento, declarar que reconhece como obrigatória de pleno direito, independentemente de qualquer convenção especial, a jurisdição do Tribunal para todos os assuntos relativos à interpretação e aplicação da presente Convenção.».

Uma nota à margem: interessante seria estudar a capitalização das palavras (letras iniciais maiúsculas) como critério da importância que a ordem jurídica internacional atribui ao vários intervenientes na cena mundial, para chegar à conclusão que, qualquer que seja o documento em questão, mesmo que visando directamente a protecção do indivíduo, como é aqui o caso, há sempre um preconceito que o desfavorece face ao estado.

[12] Vale ainda a pena referir o acesso que pessoas singulares e colectivas têm ao Tribunal de Justiça da União Europeia, embora seja de salientar que a ordem jurídica comunitária nunca foi (e cada vez o é menos) Direito Internacional Público, pelo menos em termos ortodoxos. Por outro lado, e embora a jurisprudência do Tribunal tenha sido extremamente audaz e inovadora, é bom notar que os Tratados de Roma e os que se lhes seguiram visam, antes de mais, uma aproximação de cariz económico, enquanto documentos como a Convenção Europeia sobre Direitos Humanos têm como finalidade principal garantir o respeito por direitos e liberdades fundamentais, dirigindo-se, assim, directamente aos cidadãos.

204 *O Direito Internacional Público nos Princípios do Século XXI*

Aspectos interessantes de eventuais frustações de interesses de indivíduos e companhias a que este esquema nos pode levar encontram-se patenteados no acórdão de 1970 do Tribunal Internacional de Justiça no caso da Barcelona Traction Light and Power Co., intentado pela Bélgica contra a Espanha.

Neste caso, a dita companhia tinha sede e estava registada no Canadá, embora a sua actividade fosse em Espanha (Catalunha) e a larga maioria do seu capital social (era uma sociedade por acções), cerca de 88%, pertencesse a pessoas singulares e colectivas belgas. Em virtude de legislação espanhola, as acções da Barcelona Traction perderam o seu valor real, pelo que se poderia falar aqui de uma expropriação mais ou menos encoberta por parte do estado espanhol.

Como os principais atingidos foram cidadãos belgas, a Bélgica intentou a dita acção, que veio a perder. Apelou a Bélgica à noção de vínculo genuíno como critério de atribuição de nacionalidade, considerando-se, por isso, mais do que o Canadá, como parte legítima no processo. O referido critério tinha sido estabelecido como determinante no caso de pessoas singulares, em 1955, no acórdão no caso Nottebohm[13]. Contudo, o Tribunal guiou-se por valores de clareza e segurança das situações (já que as acções passam facilmente de mão em mão e podem estar repartidas por um número de diferentes nacionalidades teoricamente tão grande ou até maior que o número de acções), acentuando assim a distinta personalidade da companhia face aos sócios e concluindo que só o Canadá poderia intentar uma acção no Tribunal contra a Espanha.

Se nada mais se puder concluir do acórdão, pelo menos ressalta a falta de mecanismos de ligação entre as entidades que efectivamente sofrem os prejuízos derivados da actuação de estados (neste caso, os sócios belgas) e as instâncias que sobre eles se vão pronunciar, já que a elas não têm a acesso directo. Para mais, esse acesso está condicionado à vontade de um estado, não sendo este sempre aquele, como no caso da Barcelona Traction, que está mais próximo dos indivíduos efectivamente prejudicados. Chegamos assim a resultados, por certo formalmente correctos, mas que, por isso mesmo, patenteiam todos os problemas de uma estrutura assente sobre a figura do estado, quando este, em áreas como a economia e finanças internacionais, não é, na realidade, o agente mais efectivo e actuante[14].

4. FALHAS NO MODELO ACTUAL: NATUREZA DOS ACORDOS ENTRE ESTADOS E COMPANHIAS MULTINACIONAIS

O problema referido na secção anterior insere-se num âmbito mais vasto da desadequação dos conceitos de que dispomos na presente linguagem e estrutura de pensamento da ordem jurídica internacional para traduzir a realidade existente. Este problema está patente em muitos campos, a começar pela própria designação e regime a atribuir a formações territoriais que não são estados. Neste âmbito é particularmente interes-

---

[13] Ver ICJ Yearbook (Anuário do Tribunal Internacional de Justiça) de 1955, pág. 4. Para uma tradução portuguesa de excertos do acórdão, ver, da autora, *Colectânea de Jurisprudência de Direito Internacional*, Almedina ed., Coimbra, 1992, pág. 149 a 154.

[14] Para mais pormenores sobre o caso, ver ICJ Yearbook (Anuário do Tribunal Internacional de Justiça) de 1970, pág. 3, ou, para uma tradução de excertos do acórdão, ver, da autora, *ibid*, pág. 157 a 169.

Anexo 6 205

sante, entre tantos outros, o Parecer Consultivo do Tribunal Internacional de Justiça, de 1975, referente ao caso do Sara Ocidental[15]. Denota este um esforço grande para lidar com entidades para as quais não há conceptualização jurídico-internacional, como seja a Mauritânia ao tempo da colonização espanhola do Sara Ocidental. O resultado é bem exemplificativo desta incapacidade: à falta de melhor vocábulo, o Tribunal chama-lhe «entidade Mauritânia», provavelmente o termo mais amplo existente no léxico mundial e, consequentemente, menos preciso quanto ao regime que dele se pode extrair.

Problemas semelhantes aparecem constantemente em praticamente todas as outras áreas do Direito Internacional, mesmo naquelas que constituem o «núcleo duro» das relações entre estados, sendo virtualmente indisputáveis e estando estabelecidas desde há muito, como sejam o Direito das Relações Diplomáticas e o Direito das Relações Consulares. Interessante será ler, nesta óptica, o acórdão do Tribunal Internacional de Justiça quanto ao Caso dos Reféns Americanos no Irão[16], sobretudo o conteúdo das cartas enviadas pelo Ministro dos Negócios Estrangeiros do Irão ao Tribunal, únicos documentos em que se apresentam os argumentos deste estado, já que o julgamento foi à revelia, nos termos do art. 53.º do Estatuto do Tribunal. É extremamente elucidativo ler a contestação que é feita nestas cartas à jurisdição do Tribunal em relação ao conflito em causa (a tomada e manutenção, como reféns, de pessoal diplomático e consular norte-americano, com a conivência, e, posteriormente, o envolvimento directo do Governo do Irão). Aponta esta a artificialidade de um julgamento que se irá atomisticamente debruçar sobre uma acção pontual, esquecendo, segundo o Irão, toda uma situação de envolvimento e espionagem por parte dos Estados Unidos nos seus assuntos internos, desenvolvida ao longo de cinquenta anos, e que, na sua óptica, conduziu à dita acção.

Embora não expresso, e muito discutível no caso em questão, o que me parece de salientar é o ataque fundamental, não apenas à capacidade de tal conflito poder ser dirimido por um órgão judicial (ser jurisdicionável, já que é político, condição esta que aparece processualmente sob o nome de admissibilidade), mas, mais estruturalmente, à desadequação da instituição judicial para decidir sobre relações que não são pontuais nem se baseiam numa dicotomia simples de direitos e deveres mas antes cobrem largos períodos de tempo e se compõem de uma miríade de relações internas não traduzíveis na ordem jurídica internacional.

No campo da actividade económica transfronteiriça, esta desadequação de conceitos e de tradução das realidades é óbvia. Vejamos, entre muitos outros casos que poderiam ter sido escolhidos[17], o conflito resolvido por Tribunal Arbitral, aliás de Árbi-

---

[15] Ver ICJ Yearbook (Anuário do Tribunal Internacional de Justiça) de 1975, pág. 12. Para a tradução portuguesa de excertos, ver, da autora, *ibid*, págs. 119 a 129.

[16] Ver ICJ Yearbook (Anuário do Tribunal Internacional de Justiça) de 1979, pág. 7 para os Procedimentos Cautelares e ICJ Yearbook de 1980, pág. 3, para o acórdão. Para a tradução portuguesa de excertos dos procedimentos cautelares e do acórdão, ver, da autora, *ibid*, págs. 179 a 198.

[17] Para referência e comentário de muitos outros casos semelhantes, bem como de companhias transnacionais com estatutos que as aproximam de organizações internacionais, ver Henkin (Pugh, Schachter, Smit) *op. cit.*, sobretudo o capítulo 12 e as págs. 341 a 352 e Dinh (Pellet e Daillier) *op. cit.*, sobretudo págs. 619 a 642 e o Título II.

206 O Direito Internacional Público nos Princípios do Século XXI

tro Único, o Prof. Dupuy, em 1977, da Texaco contra a República da Líbia[18]. Na situação em questão, análoga a tantas outras que ocorreram sobretudo nas décadas de 70 e 80, a Líbia, através de decretos de Direito interno, de 1973 e 1974, nacionalizou os bens da Texaco Overseas Petroleum Company e da California Asiatic Oil Company, retirando-lhes os direitos de exploração do petróleo líbio constantes de Documentos de Concessão concluidos entre as referidas companhias e o estado da Líbia. A sentença arbitral, na parte que aqui mais nos interessa, é um esforço notável de subsumpção desta figura, «Documentos de Concessão», aos conceitos jurídicos tradicionais.

Em termos esquemáticos, o Direito Internacional Público considera que os acordos de vontades entre entes soberanos estão sob a sua égide[19] e que os restantes são regulados pelos Direitos internos, dando origem, quando há várias ordens jurídicas envolvidas, à aplicação das normas do Direito de Conflitos ou Internacional Privado. O esquema teve que abrir grandes excepções para acomodar uma realidade que não se podia mais evitar: a crescente influência das organizações internacionais[20]. Contudo, mantem-se ainda fechado, em termos conceptuais, a situações como as das organizações não governamentais, grupos reivindicando direitos ou, no caso que agora nos interessa, a companhias multinacionais.

Voltando ao nosso caso, os ditos «Documentos de Concessão» são uma figura híbrida entre os tradicionais tratados internacionais e os contratos privados transfronteiriços. Por um lado, o seu texto era cópia de um contrato modelo, anexo à Lei do Petróleo líbia de 1955, lei esta, obviamente, interna, e foram concluidos com entidades privadas, as companhias petrolíferas Texaco e California Asiatic Oil. Por outro lado,

---

[18] Para o caso da Companhia Ultramarina de Petróleo Texaco e Outros v. República Árabe da Líbia, ver Journal du Droit International, vol. 104 n.º 2 (1977), pág. 350, Decisão Arbitral Internacional de 19 de Janeiro de 1977. Para uma tradução de excertos da sentença, ver, da autora, *op. cit.*, págs. 231 a 228.

[19] A Convenção de Viena sobre o Direito dos Tratados, define tratado na alínea a) do n.º 1 do art. 2.º como «...um acordo internacional concluido por escrito entre Estados e regido pelo Direito Internacional, quer esteja consignado num instrumento único, quer em dois ou vários instrumentos conexos, e qualquer que seja a sua denominação particular;».

Apesar de o art. 3.º ampliar o conceito de tratado, mesmo assim parece não o estender a acordos entre companhias multinacionais e estados. Preceitua o referido artigo, sob a epígrafe «Acordos internacionais não compreendidos no quadro da presente Convenção»: «O facto de a presente Convenção não se aplicar nem aos acordos internacionais concluidos entre Estados e outros sujeitos de Direito Internacional ou entre outros sujeitos de Direito Internacional, nem aos acordos internacionais em forma não escrita, não afecta: a) o valor jurídico de tais acordos; b) a aplicação a estes acordos de todas as regras enunciadas na presente Convenção às quais estariam submetidos independentemente dela; c) a aplicação da Convenção às relações entre Estados regidas por acordos internacionais dos quais sejam igualmente partes outros sujeitos de Direito Internacional.».

[20] Exemplos desta importância crescente reflectiram-se, em termos jurídicos, sobretudo no Parecer Consultivo de 1949 do Tribunal Internacional de Justiça sobre a Reparação por Danos Sofridos ao Serviço das Nações Unidas (ICJ de 1949, pág. 174, ou, na tradução portuguesa de excertos, da autora, *op. cit.*, págs. 133 a 145), em que o Tribunal entendeu que a ONU poderia demandar um estado por danos causados a um agente seu, prerrogativa esta exclusivamente estatal até à data, e na Convenção sobre Direito dos Tratados entre Estados e Organizações Internacionais ou entre Organizações Internacionais, de 1969.

Anexo 6 207

contudo, uma das partes era um estado soberano, a Líbia, e o conteúdo dos acordos, que implicavam exploração do petróleo mas também outros investimentos na Líbia e assistência técnica, durante 50 anos, coloca estas companhias como que parceiras do estado no desenvolvimento económico do país.

A dificuldade de caracterização deste tipo de acordos leva, normalmente, como foi aqui o caso, a cláusulas para estabelecimento do regime a seguir, o que revela e reforça, por isso, a ambiguidade de respostas do Direito Internacional a este tipo de situações. Assim, nos «Documentos de Concessão» previa-se que se aplicariam, em tudo o que não tivesse sido previsto expressamente, «os princípios de Direito líbio comuns aos princípios de Direito Internacional» e, subsidiariamente, os «princípios gerais de Direito». Previa-se ainda que, na eventualidade de surgirem conflitos, estes seriam dirimidos por um tribunal arbitral, sendo que, se as partes não chegassem a acordo quanto à composição deste (que foi o caso, porque a Líbia se recusou a nomear um árbitro, invocando tratar-se a nacionalização de um acto seu de soberania), o Presidente do Tribunal Internacional de Justiça o nomearia. Finalmente, o árbitro acabou por decidir a favor das companhias, considerando, por isso, que os «Documentos de Concessão» se sobrepunham às leis internas da Líbia, o que implica o reconhecimento do carácter internacional dos mesmos, já que, a serem meros contratos internos, a lei líbia prevaleceria.

O pormenor com que foram descritos alguns aspectos do caso Texaco deveu-se apenas à necessidade de salientar as dificuldades constantes que se colocam, já desde há muitas décadas, à actividade económica transfronteiriça, em grande parte por causa da desadequação do modelo jusinternacionalista existente. Passemos, por isso, a algumas considerações relacionadas com os aspectos agora abordados.

5. ALGUMAS CONSIDERAÇÕES FINAIS

A questão da personalidade jurídica e do regime decorrente da actividade de entidades consideradas sujeitos de Direito Internacional Público tem sido uma das obsessões deste ramo do saber. Se bem que a questão tenha relevância em qualquer outro género de ordenamento jurídico, há certas razões, que passarei a indicar, que a tornam crucial no Direito Internacional Público.

Para começar, a definição de quais são os sujeitos está historicamente ligada ao que predominantemente foi considerado o «nascimento» do Direito Internacional, com a consequente importância crucial desta questão, de tal modo que a personalidade jurídico-internacional do estado, se bem que não possamos hoje dizer, após o extraordinário desenvolvimento das organizações internacionais, que mantem um carácter exclusivo, ainda resiste como «fundamental» (as outras aparecem como limitadas, pontuais e derivadas, ou, quanto muito, como excepções).

O próprio ordenamento jurídico é definido como o sistema de normas legais que regem o comportamento entre os estados, dando isto origem, aliado ao já referido «complexo de inferioridade» do Direito Internacional, a um reforço circular desta dependência, a ponto tal que parece, a alguns, inimaginável um ordenamento jurídico mundial que não dependesse, em última instância, da partícula estrutural básica que é o estado.

O Direito Internacional Público nos Princípios do Século XXI

A esta origem histórica vêm juntar-se outros factores que servem a reafirmação da fundamental importância estatal: face à generalizada fraqueza das sanções, tão invocada por Kelsen[21] ou à teoria do primitivismo do Direito Internacional por falta de normas secundárias, defendida por Hart,[22] reagiram contemporaneamente outros autores que vieram muitas vezes basear-se em ideias de coordenação (entenda-se, entre estados) em vez de hierarquização, o que reforçou a ligação intrínseca entre a jurisdicidade deste ramo e a existência e actuação do estado.

Por fim, e este aspecto parece-me que tem passado relativamente despercebido, há uma trágica nota de «suicídio» latente no Direito Internacional, sobretudo constante de teorias que advogam a diluição e eventual desaparecimento dos poderes estatais na cena mundial. É que, se abrirmos caminho e conferirmos personalidade jurídica a en-

---

[21] Simplificando, Kelsen defendia uma posição monista do Direito (o ordenamento jurídico é só um, não havendo separação qualitativa entre Direito Internacional e Direitos internos) e todo ele se pode explicar por si mesmo, sem se ter que recorrer a valores ou considerações exteriores ao mesmo (positivismo), estando organizado segundo a figura geométrica da pirâmide, já que cada norma se pode deduzir e fundamentar numa norma que lhe é superior, numa cadeia que termina com a «Grundnorm», que ocupa o vértice. Para Kelsen, esta norma era a de que o costume internacional era fonte de Direito (o que denota uma supremacia do Direito Internacional face aos internos quanto ao fundamento último do ordenamento jurídico). Contudo, Kelsen associou sempre o grau de desenvolvimento de um sistema jurídico aos mecanismos de autotutela, pelo que concluiu, face à ausência de um aparelho legislativo, de um executivo e de um judicial na esfera internacional, pelo primitivismo do Direito Internacional. Para o desenvolvimento deste esquema, ver, sobretudo, *The Pure Theory of Law*, University of California Press, Berkeley, USA, 1970 e *Principles of International Law*, Rinehart & Co., Nova Iorque, USA, 1952.

[22] Embora seguidor, em termos genéricos, das teorias positivistas de Kelsen e do primitivismo do Direito Internacional, Hart desenvolveu uma teoria distinta para fundamentar a sua posição. Em linhas gerais, a sua distinção entre ordenamentos primitivos e desenvolvidos baseia-se, não na questão das sanções nem num paralelo com a distribuição orgânica interna (legislativo, executivo, judicial), mas sim no tipo de normas de uma sociedade. Assim, as sociedades primitivas possuem apenas normas primárias, isto é, normas que são padrões de comportamento (por exemplo, «é proibido matar outrem» ou «os contratos têm que ser cumpridos») enquanto as sociedades evoluídas têm, para além destas, normas secundárias de identificação do que são normas jurídicas, de distribuição de funções por órgãos e de desenvolvimento, no sentido de nos indicarem como é que o Direito pode evoluir. Normas deste tipo seriam, por exemplo, as normas constitucionais sobre distribuição de competências entre os vários órgãos ou sobre processos de revisão das várias leis. Hart conclui pela ausência destas normas secundárias no Direito Internacional, pelo que este seria um Direito primitivo. Para o desenvolvimento desta teoria, ver, sobretudo, *The Concept of Law*, Cap. 10, Claredon Press, Oxford, UK, 1961.
As teorias sobre o primitivismo do Direito Internacional sofreram grande contestação por várias escolas que se seguiram ao positivismo, dominantes sobretudo na 2.ª metade do séc. XX, e que se basearam, muitas vezes, na artificialidade da comparação entre os mecanismos dos Direitos internos, usados como modelo, e o processo, qualitativamente diferente, segundo este ponto de vista, que existe no Direito Internacional. Muito presente foi sempre a ideia de que a verticalidade dos sistemas jurídicos internos, com hierarquização de funções e separação entre criadores do Direito e seus destinatários, não se poderia transpor para o ordenamento internacional, já que este é um sistema horizontal de coordenação, em que os criadores do mesmo, maxime os estados, são também os seus destinatários.

tidades como grupos baseados em interesses comuns, companhias transnacionais, comunidades que partilhem traços similares e, finalmente, ao indivíduo, não estaremos desse modo a fomentar a formação de sistemas de leis transnacionais cada vez mais uniformes e a conduzir à própria aniquilição do Direito Internacional? Nada lhe pode ser mais oposto que um sistema jurídico mundial uniforme, embora seja precisamente esse o fim último a que parece aspirar nos nossos dias.

Assim, a obsessão do Direito Internacinal com a questão dos sujeitos, o que torna particularmente difícil qualquer mudança do status quo, prende-se com a sua identificação com os mesmos. Este aspecto deriva da sua origem histórica e é permanentemente reforçado pela necessidade de reafirmação decorrente do referido complexo de inferioridade (quanto à sua jurisdicidade e à visão da sua futura extinção se se afastar do modelo tradicional), pelo aparecimento de um futuro Direito uniforme e universal.

Parece-me, contudo, por vezes, que, dada a vitalidade do Direito Internacional que, mesmo com um aparelho orgânica e conceptualmente desajustado, é chamado crescentemente a se ocupar de matérias anteriormente sob a égide exclusiva das leis de cada estado em situações em que estas são claramente impotentes para solucionarem os problemas (caso, sobretudo, da violação dos direitos humanos e da resolução pacífica de guerras civis), que a questão da jurisdicidade devia ser invertida para passarmos a questionar as características que tradicionalmente nos têm sido apontadas como essenciais para que uma ordem normativa seja considerada Direito.

Assim, em vez de questionarmos a jurisdicidade do Direito Internacional, parece-me que deveriamos questionar toda a teoria das sanções originada nos Direitos internos. Talvez que deste modo nos pudessemos centrar em aspectos mais fundamentais, como são as questões relacionadas com os conceitos e o discurso usados em vez de constantemente fazermos exercícios de reafirmação de jurisdicidade que só prejudicam a evolução do ramo. Quanto a este ponto, deve ser feita referência à escola de pensamento jurídico que, nos nossos dias, mais se tem preocupado com a importância do discurso utilizado, das normas que o regem, das formas que assume e das consequências profundas, em termos substantivos, que a sua utilização e manipulação, aparentemente neutrais, produzem na vida de todos nós: a escola contemporânea de «Critical Legal Studies» (que se poderia traduzir para Estudos Críticos de Direito), que, embora só tenha nascido nos anos 70 nos Estados Unidos, se tem vindo a desenvolver rapidamente, por todo o mundo. O objecto de estudo desta corrente de pensamento é, fundamentalmente, como se referiu, a descoberta das estruturas de linguagem e pensamento que estão «escondidos» por detrás da aparente autoridade normativa, propondo-se a escola apresentar visões alternativas subversivas do incontestado e, em última instância, um papel diferente para o Direito.[23].

---

[23] Obras clássicas desta escola são, entre muitas outras, as de um dos fundadores da mesma, Kennedy, Duncan «The Structure of Blackstone's Commentaries» Buffalo Law Review n.º 28, págs. 209 e segs., 1979 e, do mesmo autor, «Form and Substance in Private Law Adjudication» Harvard Law Review n. 89, págs. 1685 e segs., 1976. De outro dos fundadores, e para uma extraordinária teoria visionária do Direito, ver, Unger, Roberto Mangabeira, *Knowledge and Politics*, The Free Press, Nova Iorque, USA, 1984, *Law in Modern Society*, The Free Press, Nova Iorque, 1976, *Passion, an Essay on Personality* Macmillan, Nova Iorque, 1986, *The Critical Legal Studies Movement*, Harvard University Press, Cambridge, USA, 1986 e *Social Theory (3 vol.)*, Cambridge University Press, USA, 1987 e 1988.

210 *O Direito Internacional Público nos Princípios do Século XXI*

O centrar das atenções no discurso pode ser apresentado como uma das últimas manifestações de mudanças sobre o objecto a estudar pelo Direito: assim, o objecto foi diferente consoante a escola de pensamento jurídico em questão. Numa breve síntese, o centro de interesse para a Escola de Direito Natural foram os valores morais, para o Positivismo foram as normas jurídicas existentes, para as várias Escolas Sociológicas foi o comportamento dos agentes que intervêm no processo legislativo, para a escola americana de McDougal foi o próprio processo em si, para a contemporânea Escola de Direito e Economia (Law and Economics) é o valor eficiência, sendo o discurso o aspecto-chave para a Escola de Estudos Críticos de Direito (CLS).

As grandes mudanças que actualmente presenciamos têm possibilidade de vencer não apenas porque por detrás delas estão forças políticas ou económicas que lhes servem de motor mas também porque os movimentos que originam ganham legitimidade pela invocação do Direito Internacional. Tal só é possível pela inserção, ainda que tímida, no passado, de princípios jurídicos que iam estruturalmente contra o modelo tradicional instituido.

O que presenciamos nada mais é que a afirmação desses princípios que pretendem passar de marginais a institucionais. Se nos quisermos socorrer de esquemas dialécticos, poderiamos afirmar que uma mudança de paradigma só ocorre quando os genes de princípios opostos que foram subordinados, em determinado modelo, a outros, se desenvolvem ao ponto de fazerem com que esses aspectos marginais passem a ser a regra consagrada[24].

E embora o processo seja mais claro se analisarmos os casos da não ingerência nos assuntos internos ou da autodeterminação[25], o certo é que estes princípios estão

---

Muitos mais poderiam ser os autores citados. Para uma visão articulada e sintetizada das tendências, relativamente complexas, desta escola, ver Kelman, Mark *A Guide to Critical Legal Studies*, Harvard University Press, USA, 1987.

No campo do Direito Internacional, há que destacar os escritos de Kennedy, David *International Legal Structures*, Alemanha, 1987 e «Theses About International Law Discourse» German Yearbook of International Law n.° 23, pág. 353, Berlim, 1980, de Carty, Anthony, *The Decay of International Law?*, Manchester University Press, UK, 1986, e as excelentes obras de Koskenniemi, Martti, *From Apology to Utopia*, Lakimiesliiton Kustannus, Helsínquia, Finlândia, 1989, e de Allott, Philip *Eunomia*, Oxford University Press, UK, 1990.

[24] Quanto a este ponto, é provavelmente na teoria literária que, com Jacques Derrida, esta regra passa a método de análise e toma o nome de desconstrução. Afirma o autor em *Positions*, Alan Brass trans., University of Chicago Press, Chicago, 1972: «... trata-se de reconhecer que, na oposição filosófica clássica, não estamos perante a coexistência pacífica de um frente-a-frente, mas sim perante uma hierarquia violenta. Um dos termos dirige o outro (axiológica, logicamente, etc) ou tem uma posição dominante. Desconstruir a oposição é, antes de mais, inverter a hierarquia em certo momento. Passar por cima desta fase da inversão é esquecer a estrutura conflitual e de subordinação da oposição.» (pág. 41).

[25] A autodeterminação é um dos aspectos mais visíveis da suborníção de princípios, pois tem sido marginalizada sobretudo porque é uma ameaça ao monopólio do estado e à percepção tradicional que se tem do Direito Internacional.

Exemplos de outros princípios marginalizados com um potencial revolucionário enorme são a ideia do ius cogens (o Direito Imperativo Internacional, contra o qual se não pode erguer a vontade dos estados), cuja principal referência consta dos artigos 53.° e 64.° da Convenção de Viena sobre Direito dos Tratados, e a ideia do património comum da Humanidade, institucionalizado actualmente sobretudo em relação ao espaço extra-atmosférico (patente no Tratado

Anexo 6

presentes em todo o tecido jurídico, dando origem, no campo económico, às referidas situações de «contratos internacionalizados» e às adaptações institucionais à importância da actividade económica internacional que, se bem que incipientes, contêm as sementes dum novo modelo do Direito Internacional Público.

PAULA ESCARAMEIA
7 de Dezembro de 1994

NOTA: Muitas das citações foram feitas em português embora os seus autores se tenham expressado noutras línguas. As traduções são da minha responsabilidade. Quanto aos textos legais, usou-se a tradução oficial portuguesa, sempre que possível, sendo igualmente minhas as traduções nos outros casos.

---

sobre Princípios Reguladores das Actividades dos Estados na Exploração e Uso do Espaço Exterior, Incluindo a Lua e Outros Corpos Celestes, de 1967) e, com uma relevância muito maior, em relação aos fundos marinhos, na Convenção sobre o Direito do Mar de 1982, que entrou em vigor em Novembro de 1994.

Para uma visão compreensiva do ius cogens, ver Hannikainen, Lauri *Peremptory Norms (Jus Cogens) in International Law*,Lakimiesliiton Kustannus, Helsínquia, Finlândia, 1988.

Para a defesa da ideia inovadora da Humanidade como sujeito de Direito Internacional, ver Pureza, J. «Globalização e Direito Internacional: da Boa Vizinhança ao Património Comum da Humanidade» Revista Crítica de Ciências Sociais n. 36, Fev. 1993, págs. 9 a 26.

ANEXO 7 (NOTA 77)

THE ICC AND THE SECURITY COUNCIL ON AGGRESSION: OVERLAPPING COMPETENCIES?*

INTRODUCTORY NOTE

I believe that to deal with the issue of aggression, as in so many areas related to the International Criminal Court (ICC), such as constitutional conformity or the practical application of the Statute, it is essential to view the Court against the background of our present world legal order. In fact, we no longer live in a world whose power is exclusively shared by territorial sovereign entities, i.e. the States, but, at the same time, we do not inhabit a world dominated by other entities, such as groups or individuals or companies, for example. Our post-Westphalian times are fundamentally a mixture of tendencies and the new model that emerges will depend on which of them prevail[1].

One of the practical problems we often face nowadays is that of trying to get guidance from the old familiar model to solve new problems that have arisen up recently, such as, for instance, when new institutions are set up to address issues that were not at the center of international concerns in the past. The ICC might be the most paradigmatic of such institutions, since its main purpose is to deter and punish individuals who commit the most serious crimes, thus putting at the center of world regulation the protection of human victims and the vindication of their rights and reflecting a new, growing intolerance towards some abuses of power.

The consensus that is present nowadays concerning the need for criminal punishment of the perpetrators of such crimes is often in search of sources of legitimacy from the previous model, which might be a wise step for a smooth transition. However, problems often occur because previous legal instruments and institutions were not conceived and not built with these concerns in mind and they present a range of possible interpretations that do not give a clear answer. This situation has been very present in

---

* Although the author has been a member of the Portuguese delegation to the negotiations on the International Criminal Court, the views in this article are expressed in her academic capacity and are, therefore, only her own.

[1] This theme has been present in international legal scholarship for some time now, one of its first proponents being Richard Falk, in works such as *Revitalizing International Law*, Iowa State University Press, Ames, Iowa, 1989. International Relations theorists and political scientists have also embraced this shift in paradigm from states or nations to other entities. Among others, Samuel Huntington, in articles such as «The Clash of Civilizations?» Foreign Affairs, Vol. 72 No. 3, Summer 1993.

the harmonization of national Constitutions with the Statute[2] and is also present in the efforts to find in the UN Charter and other documents answers to the question of aggression. To put it simply, these instruments do not address our questions of international individual criminal responsibility and their guidance can never be clear and undisputed in this matter.

Therefore, I consider that a healthy departure point for the whole debate on the conditions for the exercise of the crime of aggression is the realization that the Charter did not take into account this issue and that the organic structure and mechanisms it set up did not have the question of the criminal punishment of individuals in mind. A following healthy step is, thus, to go back to our sources.

What we can be sure of is that the Charter deals with questions of use of force (art. 2 (4)), maintenance of international peace and security (arts. 11, 12 and 24, among others) and threats and breaches of peace and aggression (art. 39) and that the Rome Statute states, in art. 5(2), that the Court shall exercise jurisdiction over the crime of aggression once the definition and conditions for exercise are adopted through an amendment of the Statute which must be consistent with the UN Charter. Furthermore, we know that the Preparatory Commission must carry out its mandate, according to res. F of the Rome Conference, of preparing «proposals for a provision on aggression, including the definition and Elements of Crimes of aggression and the conditions under which the International Criminal Court shall exercise its jurisdiction with regard to this crime.»

THE ICC STATUTE AND THE UN CHARTER

Going back to the sources and at the cost of repetition, let us look at what the Charter tells us about this issue and how to make it compatible with the ICC Statute.

The UN Charter envisioned and incorporated norms to rule a world where the use of armed force, with few exceptions, notably of self-defense and authorization by the Security Council, would be unlawful: art. 2(4) states that «All Members shall refrain in their international relations from the threat or use of force against the territorial integrity or political independence of any state or in any other manner inconsistent with the Purposes of the United Nations.». This article creates a duty to refrain from the threat or use of force and, consequently, implies that there is international responsibility if the

---

[2] For an overview of potential problems arising from the compatibility of national constitutions with the Rome Statute, see, among others, Kress, Claus and Lattanzi, Flavia eds. *The Rome Statute and Domestic Legal Orders – vol. I*, Nomos Verlagsgessellschaft, Il Sirente, Baden-Baden, 2000; Duffy, Helen «National Constitutional Compatibility and the International Criminal Court», Duke Journal of Comparative and International Law, December 2000/January 2001; for an overview of the issues in countries members of the Council of Europe, see «Report on Constitutional Issues raised by the Ratification of the Rome Statute of the International Criminal Court «, adopted by the European Commission for Democracy through Law, 45th Plenary Meeting, Venice, 15-16 December 2000. For a look at the situation in the Andean countries, see *La Corte Penal Internacional y los Países Andinos*, Comisión Andina de Juristas, Peru, 2001. The constitutional provisions that have most frequently posed problems are those stating the immunities of power-holders, the prohibition of extradition of nationals and, in some Iberian and Latin American countries, the prohibition of life imprisonment.

state does not comply with it. It does not address the issue of whether such responsibility is of a civil or a criminal nature. Much less does it give us clear guidance as to the type of international responsibility that would apply to the individuals who perpetrated the acts leading to aggression.

Arts.10, 11 and 12 regulate the powers of the General Assembly to discuss and make recommendations concerning the threat or use of force, stating that this organ «may discuss any questions or any matters within the scope of the present Charter» (art.10), «may discuss any questions relating to the maintenance of international peace and security... and, except as provided in Article 12, may make recommendations with regard to any such questions...» (art.11(2)) and that «While the Security Council is exercising in respect of any dispute or situation the functions assigned to it in the present Charter, the General Assembly shall not make any recommendation with regard to that dispute or situation unless the Security Council so requests.» (art. 12(1)). Therefore, these provisions assign responsibilities to the General Assembly for discussing and making recommendations concerning the maintenance of international peace and security except when the Security Council is exercising its powers concerning that dispute.

The Charter then deals with the Security Council, stating, in art. 24, that «In order to ensure prompt and effective action by the United Nations, its Members confer on the Security Council primary responsibility for the maintenance of international peace and security...» and that «In discharging these duties the Security Council shall act in accordance with the Purposes and Principles of the United Nations. The specific powers granted to the Security Council for the discharge of these duties are laid down in Chapters VI, VII, VIII and XII.» So, the Charter considers that the Security Council has primary responsibility for the maintenance of peace and security but this function is shaped as a duty, bound by the Purposes and Principles of the Organization, rather than as a power or a right[3]. Further on, the Charter addresses this issue in Chapter VII, under the title «Action with Respect to Threats to the Peace, Breaches of the Peace, and Acts of Aggression», stating, in art. 39, that «The Security Council shall determine the existence of any threat to the peace, breach of the peace, or act of aggression and shall make recommendations, or decide what measures shall be taken in accordance with Articles 41 and 42, to maintain or restore international peace and security.». So, it seems that the Charter created a duty for the Security Council to determine the existence

---

[3] This is a position that has been sponsored by mainstream scholarship. See, for instance, Delbruck, in Simma, Bruno ed., *The Charter of the United Nations – A Commentary*, Beck, Munchen, 1994, Art. 24, page 400 and ff.: «...The SC shall act in 'accordance with the Purposes and Principles of the United Nations.' This is an indication that although the 'political approach' is intended to take priority in the actions of the organization, at least the limits of the Charter have to be observed.». Addressing the issue of exclusive competence, he concludes: «In other words, placing the primary responsibility for the maintenance of peace and security on the SC means that the SC and the GA have a parallel or concurrent competence with regard to dealing with questions of the maintenance of peace, but that the SC possesses exclusive competence with regard to taking effective and binding action, especially enforcement measures... At the same time, this interpretation of the term 'primary responsibility' does not exclude the possibility that the GA, while recognizing the primary responsibility of the SC, may become active in the field of the maintenance of peace under the general and specific powers conferred upon it, as the GA did in fact rule when it adopted the Uniting for Peace Resolution» (page 402).

of any act of aggression as well as the duty to either make recommendations or impose sanctions in accordance with arts. 41 and 42. This seems also to have been the conclusion reached by the International Court of Justice in its Advisory Opinion on Certain Expenses, in which it stated that it found that «under Article 24 the responsibility of the Security Council in the matter was 'primary', not exclusive and that the Charter made it abundantly clear that the General Assembly was also to be concerned with international peace and security.».[4]

Finally, the Charter assigned functions in this area to another organ, the International Court of Justice (ICJ), with both litigious and consultative competencies. The Statute of the ICJ considers the Court competent for any legal disputes between parties which have accepted its jurisdiction, concerning «a) the interpretation of a treaty; b) any question of international law; c) the existence of any fact which, if established, would constitute a breach of an international obligation; d) the nature or extent of the reparation to be made for the breach of an international obligation.» (art. 36 (2)). Furthermore, these judgments, if not complied with voluntarily, may originate an action by the Security Council, according to paragraph 2 of art. 94 of the Charter, which states: «If any party to a case fails to perform the obligations incumbent upon it under a judgment rendered by the Court, the other party may have recourse to the Security Council, which may, if it deems necessary, make recommendations or decide upon measures to be taken to give effect to the judgment.». As for the consultative competence, art. 96 states that both the General Assembly and the Security Council may request an advisory opinion on any legal question and that the other organs and specialized agencies, with previous authorization by the General Assembly, may «request advisory opinions of the Court on legal questions arising within the scope of their activities.».

The Charter is mute concerning international criminal responsibility of individuals and does not even address the issue of the crime of aggression, whether committed by individuals or States. However, it provides us with an organic division of tasks, stating that, besides the Security Council, the General Assembly has competencies in the maintenance of international peace and security (which it used in drafting resolution 3314 (XXIX) on the definition of aggression as recommended guidelines for the Security Council[5] and, more liberally, to adopt resolution 377(V), the Uniting for Peace

---

[4] Certain Expenses of the United Nations (Article 17, Paragraph 2, of the Charter), 20 July 1962 (Case Summaries),. Further on, the Court, addressing the issue of art. 11(2) concerning the referral of «action» to the Security Council, stated that «the action referred to in that provision was coercive or enforcement action. In this context, the word 'action' must mean such action as was solely within the province of the Security Council, namely that indicated by the title of Chapter VII of the Charter... Accordingly, the last sentence of Article 11, paragraph 2, had no application where the necessary action was not enforcement action.». Later, addressing the character of the operations in Congo, the Court considered it impossible to conclude that they affected the powers granted to the Security Council by the Charter since «these operations did not involve 'preventive or enforcement measures' against any State under Chapter VII and therefore did not constitute 'action' as that term was used in Article 11.». If the large scale military operations in Congo were not considered «action», there is an almost unavoidable argument that the determination of aggression for purposes of individual criminal responsibility to be established by a judicial organ should not fall under such a category.

[5] Nowhere in the records of the Special Committee on the Question of Defining Aggression or on those of the 6th Committee or of the Plenary Meeting of the General Assembly

Anexo 7   217

resolution, to solve situations in which the Security Council could not discharge its duties) and that the ICJ has jurisdiction for deciding on any international legal question and on the existence of any fact that would constitute a breach of an international obligation (which the Court used, concerning armed force, not only in the Nicaragua and Lockerbie cases, but also in other instances, including its early opinion on the Certain Expenses case[6]).[7]

POSITIONS AT THE PREPARATORY COMMISSION

Faced with this situation, the arguments and proposals in the Preparatory Commission for the International Criminal Court for harmonizing competencies concerning the crime of aggression have covered, not surprisingly, since no clear guidance is given from previous documents and practice, a wide range of positions. These positions go from the idea that the Security Council has exclusive powers to determine aggression by a State, which is a pre-condition for individual criminal responsibility for such crime, to the point of view that there is no competency in

---

which adopted the Definition of Aggression without a vote, in what would become res. 3314 (XXIX), could I find any intervention that disputed, in any way, the power of the General Assembly to define aggression.

On a related point, arising from that definition, art. 5(2) of its Annex states: «A war of aggression is a crime against international peace. Aggression gives rise to international responsibility.». Some have argued that this provision applies to individual criminal responsibility, thus excluding from this crime all acts of aggression that would not amount to a «war of aggression». My opinion is that the resolution was addressing solely state criminal responsibility. The resolution was framed as a recommendation with guidelines for SC action, this latter organ lacking any powers in the Charter to decide on individual criminal responsibility and nowhere in the resolution actions of individuals being addressed. On the contrary, the resolution addresses solely state action. I believe most scholarship would agree with this interpretation: see, for instance, the categorical words of Randelzhofer on the definition of Aggression: «Moreover, Art. 5 para. 2 speaks somewhat enigmatically of 'responsibility' which, coupled with 'international', clearly relates to state rather than individual responsibility.» in Simma, Bruno *op.cit.*, page 127.

[6] For the Certain Expenses opinion, see footnote 4. For the others, see ICJ Cases Concerning the Military and Paramilitary Activities In And Against Nicaragua (Judgment 27 June 1986) and Concerning Questions of Interpretation and Application of the 1971 Montreal Convention Arising From the Aerial Incident at Lockerbie (Judgment of 27 February 1998), both in the internet site referred to in footnote 4.

In the Nicaragua case, the Court stated (paras. 32-35) that although it had been suggested that the questions of use of force and collective self-defense were not justiciable, it considered that they would not lead it to overstep proper judicial bounds and that, consequently, it was equipped to determine on such issues.

[7] Professor Condorelli added a powerful argument, in his speech on the Conclusion of the present Meeting, referring to the powers that the Charter assigns, in art. 51, to each State Member of the United Nations to determine, for the purpose of self-defense, whether aggression has occurred. If this judgment lies, for certain purposes, in each State, there seems to be no scope for arguing that the Security Council is the only entity to which the Charter attributed powers for determination of aggression, whatever the purpose of those powers were.

218 O Direito Internacional Público nos Princípios do Século XXI

individual criminal responsibility assigned by the Charter to the Security Council and that, therefore, the conditions for the exercise of this jurisdiction lie solely in the International Criminal Court.

From my point of view, the arguments for the exclusivity of the Security Council concerning the determination of aggression for purposes of the jurisdiction of the ICC, are not convincing, since the exclusivity of the determination of the situation (and, one must add, not of the criminal responsibility, be it of a State or of an individual) lies solely in the capacity, in Chapter VII, of taking «action» through the imposition of sanctions, be they of an armed or non-armed character[8].

One could argue, however, that, although the Charter assigns competencies in the area of the maintenance of peace and security to several organs, had it envisioned questions of criminal responsibility of States, it would have granted them to the Security Council. This argument would be coupled with the idea, put forward several times by the Security Council permanent members, that no individual criminal responsibility can originate without a previous determination that an aggression was perpetrated by a State.

I have serious doubts that such is the sole conclusion one can draw from the Charter. Although this document is silent on the matter, as we saw before, its spirit seems to point to the possibility of a judicial decision concerning criminal responsibility. In fact, the ICJ can decide on any legal question and the issue of criminal responsibility (be it of a State or of an individual) seems to be a legal rather than a political question. The Charter assigned to the Security Council the political decisions of applying sanctions whenever aggression occurred but certainly did not assign to it the determination of criminal responsibilities to a State or an individual. On the other hand, the determination of aggression by a State as a pre-condition for its international responsibilities does not lie solely, at least, in the Security Council, as the advisory opinion of the ICJ on «Certain Expenses», the judgments on the Nicaragua and the Lockerbie cases and the pending cases of Yugoslavia against several NATO countries and of the Democratic Republic of Congo against Uganda have shown us[9]. The ICJ has never refused a case that involved the determination of the use of force based on arguments of inadmissibility of a political question and on the competencies of the Security Council, having considered that its judgments, even when they went against SC determinations, prevailed, as legal determinations, over political ones[10].

---

[8] In the same sense, for the link between art. 39 and arts. 41 and 42 of the Charter, see the considerations by the ICJ in «Certain Expenses», reproduced in footnote 4, and its understanding of «action».

[9] Some of these cases have been mentioned in previous footnotes. For the others, see Case Concerning the Legality of the Use of Force (Yugoslavia v. several NATO members), General List No. 111, and Case Concerning Armed Activities on the Territory of the Congo (Democratic Republic of the Congo v. Uganda), General List No. 116.

[10] The Lockerbie case is particularly clear in the issue of the powers of the ICJ v. SC, at least once a case has began. The Court stated, in its Judgment of 27 February 1998: «Security Council resolutions 748(1992) and 883(1993) were in fact adopted after the filling of the Application on 3 March 1992. In accordance with its established jurisprudence, if the Court had jurisdiction on that date, it continues to do so; the subsequent coming into existence of the above--mentioned resolutions cannot affect its jurisdiction once established.» Judge Kooijmans, it his Separate Opinion, makes the point even clearer, stating that «The fact that a situation has been

Anexo 7 219

Furthermore, practice has shown that the record of the Security Council in stating that a situation is one of aggression is, at best, sporadic: in res. 82 (V), concerning the invasion of South Korea, it considered merely that there was a «breach of peace», in the case of the invasion of East Timor, it simply requested Indonesia to withdraw its forces from the Territory without qualifying the situation (res. 384 (1975) and res. 389 (1976)), in the case of the invasion of Kuwait by Iraq, it considered, in res. 660(1990) and ff., that there was an «invasion» and a «breach of peace and security» and only «aggressive acts» against diplomatic personnel and premises (in res. 667(1990)) but never a situation of «aggression». It has used the expression «act of armed aggression» in res. 573(1985), concerning an Israeli raid on PLO targets in Tunisia and «acts of aggression» in res. 577(1985) relating to the South African attacks in Angola and in very few, if any other, situations. Besides, there were, of course, several instances of serious use of armed force, notably during the cold war, that remained unmentioned since the veto power paralyzed the Council.

On the other hand, the Charter does assign responsibilities to the Security Council in determining when a State has committed aggression (irrespective of whether that was a crime or not) and refers to this explicitly in art. 39. The Charter does not attribute the specific duty of determination of aggression in any other provision concerning any other organ of the UN system. This state of affairs seems to lend some support to those who argue that such a determination is a pre-requisite for any criminal responsibility of an individual involved in the acts that led to that aggression. Although I believe, as stated before, that other organs, namely judicial, also have powers in this area, in no case do they appear to be exclusive either. So, it does not seem to me that the argument that the Security Council plays no role in the question of aggression is a plausible one either. Art. 24 may reinforce this line of reasoning since it assigns to the Security Council «primary responsibility for the maintenance of international peace and security». Moreover, and most importantly, considerations of stability and harmony would probably lead many not to want to live in a world where international political organs, namely the Security Council, would defy judgments of international judicial institutions such as the ICC.

HARMONIZATION OF POSITIONS

As mentioned before, it is not surprising that several interpretations of the Charter sprouted in the Preparatory Commission of the ICC. In fact, the Statute cannot go against the Charter (as referred in art. 5(2) of the Statute and as a consequence of the primacy established in art. 103 of the Charter) but the Charter does not address this issue. Interpretations have to be contextual, teleological, be based on the preparatory works or on the political and case law developments. It is not surprising that there is no consensus, then, as to the legal interpretation: the question is, fundamentally, political. I believe that one must have present that what we are seeking is not the best legal interpretation, since

---

brought to the attention of the Security Council and that the Council has taken action with regard to that situation can in no way detract from the Court's own competence and responsibility to objectively determine the existence or non-existence of a dispute.».

none will be undisputedly accepted, but a harmonization of different interpretations and a political compromise within the range of possible interpretations. We are, fundamentally, dealing with this problem for the first time in history and we are doing it in a period of transition between international models of world order.

Several proposals have been presented that try to bridge the gap between positions that defend the exclusive responsibility of the Security Council in determining aggression of a State, taken as a pre-requisite for deciding on individual criminal responsibility, and those that argue that the Security Council has no role at all in this matter, since the determination of aggression of a State is a legal question that was not assigned by the Charter to the Council.

These compromise proposals have fundamentally considered that the primary responsibility for determining State aggression lies in the Security Council but that a failure by this organ to fulfill this responsibility cannot render the jurisdiction of the ICC inoperative and nonexistent in practice: they leave to a judicial organ (the ICC, in the case of the Cameroon, Greek/Portuguese and Colombian proposals[11]) or to a mix of judicial and political organs (the ICJ and the General Assembly, in the case of the Bosnian/New Zealander/Romanian proposal[12]) the determination of such a situation.

Other proposals have been hinted at or discussed in the corridors of the UN basement: they range from the possibility of a request by the General Assembly for an advisory opinion by the ICJ on the initiative of the ICC itself or of the Assembly of States Parties, to the consideration that the determination of aggression by the Security Council for the purposes of the ICC jurisdiction could be a procedural rather than a substantive issue, thus without the operation of the veto power.

It seems that there has been no lack of imagination or initiative to propose compromise models in the Preparatory Commission. However, in order to advance the work and find the political consensus that is missing, the study of substantive proposals is as important as a procedure conducive to obtaining results. The Working Group on Aggression, after a period of touching upon several issues[13], has been concentrating on individual proposals that represent the pondering of several of the factors previously debated. Although this step represents progress, there is the need for a consensual basis for work, to which the discussion can refer and build upon, to avoid the risk of

---

[11] The proposal by Cameroon, presented in doc. A/CONF.183/C.1/L.39, of 2 July 1998, was later reproduced in PCNICC/1999/INF/2 of 2 August 1999; the Greek/Portuguese proposal is in PCNICC/1999/WGCA/DP.1 of 7 December 1999 and was later included in PCNICC/ /2000/WGCA/DP.5 of 28 November 2000; the Colombian proposal can be found in PCNICC/ /2000/WGCA/DP.1.

[12] See UN doc. PCNICC/2001/WGCA/DP.1, of 23 February 2001

[13] The Working Group produced a «Compilation of Proposals on the Crime of Aggression submitted at the Preparatory Committee on the Establishment of an International Criminal Court (1996-1998), the United Nations Diplomatic Conference of Plenipotentiaries on the Establishment of an International Criminal Court (1998) and the Preparatory Commission for the International Criminal Court (1999)», UN doc. PCNICC/1999/INF/2, of 2 August 1999, a «Consolidated Text of Proposals on the Crime of Aggression», reproduced in UN doc. PCNICC/2000/L.4/Rev.1 of 14 December 2000, a «Preliminary List of Possible Issues Relating to the Crime of Aggression» UN doc. PCNICC/2000/WGCA/RT.1 of 29 March 2000, a «Reference Document on the Crime of Aggression, Prepared by the Secretariat», UN doc. PCNICC/2000/WGCA/INF/1, of 27 June 2000.

Anexo 7

successive replacement of proposals, none of which is able to gather consensus. This basis seems to be ripe as far as definition is concerned, with the use of brackets, for instance, but it is at a more underdeveloped stage regarding the conditions for exercise of the ICC jurisdiction.

We could probably think of a basis for work in this area containing several possible models, namely three: those that leave the conditions of exercise of the jurisdiction over this crime exclusively to the Security Council or to the ICC; those that leave it to the ICC in case of a lack of determination by the Security Council within a certain period; and those that involve other organs in the process, such as the General Assembly or the Assembly of States Parties and the ICJ. This new basis of work would not prejudge any position but it would clarify and organize the debate and would contribute to its successful outcome. As always, procedure is fundamental and, many times, more decisive than substance in achieving results.

We are building a new institution that will have, for the first time since the creation of the United Nations, jurisdiction over individuals for the crime of aggression and the UN Charter did not foresee it when it was drafted. Legal guidance is, therefore, at most partial and a political compromise through a structured and clear debate seems to the only way to successfully discharge the mandate in our hands.

PAULA ESCARAMEIA
May 21, 2001

ANEXO 8 (NOTA 87)

PRELÚDIOS DE UMA NOVA ORDEM MUNDIAL: O TRIBUNAL PENAL INTERNACIONAL[1]

I. Introdução ou a Dimensão Especial do Momento Presente

"Era o melhor dos tempos, era o pior dos tempos"
Charles Dickens, "História de Duas Cidades"

O tempo que vivemos tem as características únicas do intervalo de transição entre modelos teórico-institucionais em muitos campos: um daqueles em que tais aspectos mais se revelam é, sem dúvida, o do Direito Internacional, com a sua imensa panóplia de dados, termos, conceitos, regras, normas, princípios, instituições, etc, sujeita a um desafio constante que tanto causa um arrepio de insegurança como um deslumbramento pelas potencialidades criadoras que anuncia. É, por isso, simultaneamente, o melhor e o pior dos tempos.

São variadíssimos os exemplos que reflectem a característica da insatisfação com o passado e a ansiedade pela falta de fundamentos seguros com que basear um eventual modelo futuro: encontramo-los profusamente na área do ambiente, no âmbito do desarmamento, nas questões de engenharia genética, nas relações entre sujeitos de relações internacionais e, entre muitos outros, no assunto sobre que neste momento nos debruçaremos: a justiça penal internacional. Poucos momentos podem ser, por outro lado, tão criadores como o presente, com a possibilidade de instituição de mecanismos orgânicos de aplicação e desenvolvimento do Direito Internacional, uma oportunidade que não surgia desde os fins da 2.ª Guerra Mundial, com a criação, nessa altura, da ONU e de várias das suas instituições especializadas[2].

Claro que este tempo que vivemos tem ainda a característica fundamental de influenciar de modo desproporcionado o desenrolar dos acontecimentos vindouros e a configuração dos mesmos, como acontece sempre que se abandona um passado já não

---

[1] A autora, que tem integrado a delegação de Portugal às negociações na ONU para a criação de um Tribunal Penal Internacional desde o seu início, em 1995, escreve este artigo na sua capacidade estritamente pessoal.

[2] Para uma visão diametralmente oposta a esta, ver Koskeniemmi, Martti *The Gentle Civilizer of Nations, The Rise and Fall of International Law 1870-1960*, Cambridge University Press, Cambridge, 2002, em que o autor conduz uma brilhante análise histórica para concluir que o nosso tempo corresponde a um período de enfraquecimento e queda do Direito Internacional.

224   *O Direito Internacional Público nos Princípios do Século XXI*

satisfatório e se inicia um caminho em que o futuro se vai criando a cada passo. É um tempo em que o jogo de forças se torna ainda mais visível e em que do resultado deste depende o modelo em que a Humanidade viverá por muitos mais anos, com a estabilidade (e a consequente esterilidade) que os fundamentos de um paradigma aceite conferem.

Esse tempo de futura estabilidade não é ainda o nosso tempo: aquele que vivemos é um tempo de passagem, um tempo em que os fundamentos tremeram, em que alguns ruíram de vez e em que há a possibilidade única de construir novos alicerces. Entretanto, os acontecimentos impelem o momento criador e este arranca, como pode, entre algumas ruínas, algumas bases relativamente sólidas, muitas reivindicações e uma visão de como o futuro pode ser. As instituições que origina reflectem sempre uma mistura de conservadorismo prudente com algo de novo, arrojado e modelador, porque os seus efeitos não têm ainda contornos definidos e só se podem visionar. Assim, são figuras híbridas, com características de um modelo passado, porque geram um sentimento de incapacidade face às novas realidades, e notas de um paradigma futuro, porque causam instabilidade ao anunciar características de um modelo que ainda não existe.

Poucas instituições jurídico-internacionais reflectirão melhor este hibridismo entre modelos que o Tribunal Penal Internacional (TPI), cujo Estatuto, aprovado em Roma em 17 de Julho de 1998, entrou em vigor em 1 de Julho de 2002, nos termos do artigo 126.º, após ter obtido 60 ratificações ou adesões em 11 de Abril de 2002[3]. É, pois, uma breve análise do confronto e harmonização de princípios de diferentes modelos, reflectidos nas normas do Estatuto, que me proponho abordar de seguida, não só através da análise de algumas das soluções consagradas e dos compromissos conseguidos, mas também do jogo de forças por detrás dos mesmos e, sobretudo, do modo de como este poderá influenciar a interpretação e aplicação das referidas normas, contribuindo, assim, não só para determinar o destino da primeira jurisdição penal internacional permanente e de carácter geral mas, mais profundamente, para elaborar as características do novo modelo de Direito Internacional que iremos ter num futuro relativamente breve.

---

[3] Para leitura do texto do Estatuto de Roma do Tribunal Penal Internacional, nas línguas oficiais, ver PCNICC/1999/INF/3, de 17 de Agosto de 1999, ou consultar a página da internet; para a tradução oficial portuguesa, ver Diário da República, 1.ª Série A n.º 15, de 18 de Janeiro de 2002 ou Escarameia, Paula *Reflexões sobre Temas de Direito Internacional: Timor, a ONU e o Tribunal Penal Internacional*, ISCSP, 2001, Lisboa, pp. 297 e segs.. Para além de um Preâmbulo, o Estatuto é composto por 128 artigos, divididos em 13 Partes: "Criação do Tribunal", "Competência, Admissibilidade e Direito Aplicável", "Princípios Gerais de Direito Penal", "Composição e Administração do Tribunal", "Investigação e Procedimento Criminal", "O Processo", "As Penas", "Recurso e Revisão", "Cooperação Internacional e Assistência Judiciária", "Execução da Pena", "Assembleia dos Estados Partes", "Financiamento" e "Cláusulas Finais".

O Estatuto entrou em vigor dia 1 de Julho de 2002, nos termos do seu artigo 126.º, que prescreve que a entrada em vigor ocorre no primeiro dia do mês após terem decorrido 60 dias da data de depósito do 60.º instrumento de ratificação, aceitação, aprovação ou adesão (que ocorreu em 11 de Abril de 2002). Portugal assinou o Estatuto em 7 de Outubro de 1998 e ratificou-o em 5 de Fevereiro de 2002. Assinaram o Estatuto 139 Estados (o período de abertura para assinaturas terminou em 31/12/2000) e, em 25/9/2002, 81 Estados tinham-no ratificado ou a ele aderido, entre os quais todos os membros da União Europeia.

Anexo 8 225

II. O Processo Negocial do Estatuto como Reflexo da Tensão entre Diferentes Modelos de Direito Internacional

> "Teremos que nos arrepender, nesta geração, não tanto dos actos perversos das pessoas malévolas, mas mais do silêncio espantoso das pessoas boas».
> MARTIN LUTHER KING

Muito se tem escrito sobre as negociações que levaram a Roma e sobre as que se lhe seguiram até à primeira Assembleia dos Estados Partes do Tribunal e efectiva entrada em funcionamento do mesmo[4]. Foram estas particularmente difíceis, não apenas porque havia que superar I) alguns problemas de carácter técnico e numerosos de carácter político mas, sobretudo, porque II) foram conduzidas num período de transição entre modelos concepto-institucionais do Direito Internacional, o que, contraditoriamente, foi, simultaneamente, a causa que permitiu a existência de uma situação que levou a todo o processo de despoletamento e concretização do Tribunal.

I) Os pontos fundamentais, e, consequentemente, os mais difíceis de negociar, foram, provavelmente, a) o da escolha e subsequente definição dos crimes sobre os quais o Tribunal tem competência (genocídio, crimes contra a humanidade, crimes de guerra e crime de agressão), b) os mecanismos pelos quais uma acção pode ser intentada perante o Tribunal, o que compreende as entidades que o podem fazer (Estados Partes, Conselho de Segurança e Procurador) bem como os Estados não-partes que terão que dar o seu consentimento para que a acção possa ser intentada (o Estado da nacionalidade ou o território), c) a questão da complementaridade face aos sistemas nacionais, d) o papel do Procurador e e) o papel do Conselho de Segurança da ONU.

a) Quanto à questão da jurisdição em função da matéria, foi longo o debate sobre quais os crimes a incluir na jurisdição do Tribunal, tendo as divergências subsistido até ao último momento e dado origem à Resolução E, adoptada pela Conferência Diplomática de Roma, em que se recomenda que a Conferência de Revisão do Estatuto[5] considere a inclusão dos crimes de terrorismo e tráfico de drogas na jurisdição do Tribunal[6].

---

[4] Sobre os antecedentes históricos do Estatuto de Roma, ver, entre muitos outros, Escarameia, Paula «O Tribunal Criminal Internacional» in *Reflexões sobre Temas de Direito Internacional*, ISCSP, Lisboa, 2001 (artigo escrito em princípios de 1999) e Lobo, António Costa «Um Tribunal à Escala Mundial», in O Mundo em Português, n.º 18, Março de 2001. Para um conhecimento mais pormenorizado das negociações, ver Lee, Roy ed. *The International Criminal Court – The Making of the Rome Statute: Issues, Negotiations, Results*, Kluwer Law International, The Hague, 1999 e Leanza, Umberto «The Rome Conference on the Establishment of an International Criminal Court: a Fundamental Step in the Strengthening of International Criminal Law» in Lattanzi, Flavia and Schabas, William *Essays on the Rome Statute of the International Criminal Court – vol.I*, Il Sirente, Itália, 1999. Para uma análise histórica dos antecedentes de uma justiça penal internacional e um estudo sobre os principais problemas que hoje se colocam, ver a série de publicações *Nouvelles Études Pénales*, érès, n. 13, 13bis, 13 ter e 13 quater, desde 1997 a 1999, sobretudo Bassiouni, Cherif, «Historical Survey: 1919-1998» in 13 quater, pp. 1 a 44.

[5] Nos termos do artigo 123.º do Estatuto, esta Conferência realizar-se-á, obrigatoriamente, sete anos após a entrada em vigor do mesmo, isto é, em 2009, sendo convocada pela Secretário-Geral da ONU.

[6] Doc. A/CONF.183/C.1/L.76/Add.14, de 16 de Julho de 1998. É interessante notar que

226   *O Direito Internacional Público nos Princípios do Século XXI*

Os crimes que acabaram por estar previstos no art. 5.º, como foi referido supra, foram o de genocídio, os crimes contra a humanidade, os crimes de guerra e o crime de agressão. Há uma progressão de dificuldade quanto à inclusão e definição destes crimes, tendo sido relativamente simples o acordo quanto ao crime de genocídio (art. 6.º), em que é transcrita a definição constante da «Convenção sobre Prevenção e Punição do Crime de Genocídio», de 1948, consistindo este assim, basicamente, na destruição, (acompanhada da intenção específica de destruir e não apenas de praticar o acto em causa) de grupo étnico, nacional, racial ou religioso, por homicídio, causando graves danos físicos ou mentais, infringindo condições que levem à destruição do grupo, aplicando medidas que evitem nascimentos ou transferindo, pela força, crianças desse grupo para outro[7].

Mais difíceis foram os compromissos quanto aos crimes contra a humanidade (art. 7.º), que acabaram por ser descritos como actos praticados enquanto parte de um ataque generalizado ou sistemático dirigido contra qualquer segmento da população civil, com conhecimento desse ataque, neles se incluindo o homicídio, a exterminação, a escravatura, a deportação, o encarceramento em certas condições, a tortura, a violação, a escravatura sexual, a prostituição forçada, a esterilização forçada e outras formas de violência sexual, a perseguição de qualquer grupo com fundamento, entre outros, em questões políticas, raciais, nacionais, étnicas, culturais, religiosas ou de género, o desaparecimento de pessoas, o crime de apartheid e qualquer outro acto desumano de gravidade comparável. Parece ser de salientar aqui a inovação da inclusão e caracterização dos crimes de violência sexual, do crime desaparecimento de pessoas e da cláusula geral final, todos pontos muito controversos, pelos quais Portugal se bateu na linha da frente, apresentando várias propostas no sentido da protecção deste tipo, cada vez mais tristemente generalizado, de vítimas[8].

Contudo, foram os crimes de guerra (art. 8.º) que mais horas de debates ocuparam. A questão não era aqui, evidentemente, a da sua inclusão, reconhecida, pelo menos, desde o velho «Direito da Haia», proveniente das Conferências da Paz de 1899 e 1907, e do «Direito de Genebra», sobretudo constante das Convenções de 1949, que vieram, fundamentalmente, codificar Direito Consuetudinário que lhes era muito ante-

---

o Estado que iniciou todo este processo, a Trindade e Tobago, o fez invocando precisamente a necessidade de um Tribunal para julgar crimes de tráfico internacional de drogas, crime este que não veio a constar da lista prevista no Estatuto e que é apenas referido na resolução agora citada.

[7] Portugal tentou que fossem também incluidos casos de destruição de um grupo por questões políticas, visando situações como as do Cambodja, por exemplo. Tal não foi possível, mas conseguiu-se, contudo, que situações destas estejam largamente cobertas pelos crimes contra a humanidade.

[8] Repare-se na novidade que constitui a inclusão dos crimes de violência sexual na categoria de crimes contra a humanidade e na sua caracterização, não apenas como tradicionalmente fora feito, em crimes contra o pudor, mas como crimes de escravatura ou tortura, por exemplo. Note-se ainda como a perseguição de certos grupos passou também a incluir o fundamento do género. Posteriormente, aquando da negociação do documento sobre os "Elementos dos Crimes", doc. PCNICC/2000/1/Add.2, aprovado na 1.ª Assembleia dos Estados Partes, foi aberta a possibilidade de actos de violência sexual serem considerados genocídio por ofensas graves à integridade física ou mental (art. 6.º b) 1, nota 3). A inclusão de actos de desaparecimento de pessoas foi também uma inovação que ficou consagrada e que tinha sido muito solicitada pelas várias organizações não governamentais e alguns Estados da América Latina.

rior, mas antes qual o seu conteúdo concreto. Os pontos mais controversos foram a questão da cobertura de crimes em conflitos internos, em relação aos quais, basicamente, todos os regimes ditatoriais com problemas internos criaram obstáculos constantes (embora fosse por todos reconhecido que, nos dias de hoje, a regra é a existência de conflitos sangrentos internos, sendo muito poucos os conflitos armados internacionais) e a questão das armas proibidas, mormente as armas nucleares.

O artigo acabou por ser muito longo, começando por afirmar que o Tribunal terá jurisdição sobre crimes de guerra, «em particular quando cometidos como parte de um plano ou política ou como parte de uma prática em larga escala desse tipo de crimes», e prosseguindo com o enunciado dos mesmos, começando por referir as «violações graves às Convenções de Genebra de 1949», para depois passar a actos que constituem graves violações das leis e costumes aplicáveis a conflitos internacionais e terminando com a lista (muito menor), de actos proibidos em casos de conflitos armados internos, em que não consta, por exemplo, qualquer proibição de armas ou estratégias de guerra. Quanto aos conflitos internacionais, é apenas proibido o uso de veneno ou armas envenenadas, de gases ou líquidos asfixiantes ou venenosos e de balas que expludam no interior do corpo humano. Após negociações muito demoradas, foi possível obter-se uma cláusula geral, que, mesmo assim, é extremamente conservadora, já que proibe o uso de outras armas, materiais e métodos de guerra que causem sofrimento desnecessário ou que sejam inerentemente indiscriminadas, mas apenas se forem objecto de uma proibição compreensiva e forem incluídas no Estatuto, após revisão do mesmo (art. 8.º n.º 2 b) xx)). Assim, e apesar do parecer consultivo do Tribunal Internacional de Justiça, que praticamente considera ilegal o uso de armas nucleares em todos os casos, salvo (com alguma ambiguidade), no caso de legítima defesa[9], a solução que foi possível leva à sua não consideração como crime, ficando as armas laser e as minas anti-pessoais na mesma situação, isto é, não sendo considerada a sua utilização, de *per se*, como um crime de guerra[10].

É ainda de salientar que, numa concessão feita à França, nas negociações já em Roma, o art. 124.º permite que um Estado se torne parte do Estatuto e difira, por um período de 7 anos após a entrada em vigor do mesmo, a aceitação da jurisdição do Tribunal em relação a estes crimes, sempre que praticados por seus nacionais ou no seu território. Estas cautelas em relação aos crimes de guerra foram também o resultado da posição norte-americana, receosa, sobretudo, de actos praticados por elementos armados seus em territórios estrangeiros. A delegação dos Estados Unidos insistiu também sempre na necessidade de grande pormenorização dos «Elementos dos Crimes», trabalho este que foi concluido, em 30 de Junho de 2000, no âmbito da Comissão Preparatória (resolução F da Conferência Diplomática) e aprovado pela 1.ª Assembleia dos Estados Partes, em 4 de Setembro de 2002, afirmando ser essencial precisar minuciosamente quais os comportamentos proibidos[11].

---

[9] Parecer Consultivo n.º 95 (Lista Geral) do Tribunal Internacional de Justiça, de 8 de Julho de 1996. Note-se, claro, que a ilegalidade e a qualidade de crime de determinado acto não são equivalentes, já que o ilícito criminal exige, em regra, uma gravidade superior.

[10] A questão sobre a inclusão das armas nucleares foi responsável por uma proposta da Índia, que as pretendia ver incluídas, de não aprovação do Estatuto, no último dia da Conferência, proposta esta que veio a ser derrotada.

[11] Para consulta dos textos dos "Elementos dos Crimes", das "Regras de Procedimento e de Prova" e numerosos outros textos adicionais ao tratado de Roma, ver a página, já citada.

228   *O Direito Internacional Público nos Princípios do Século XXI*

Finalmente, num crescendo de dificuldades políticas, não foi possível chegar à definição do crime de agressão, sobretudo devido ao papel que, na caracterização concreta de situações, deveria ser dado ao Conselho de Segurança, pelo que o problema ficou adiado para futuras conferências de revisão. Entretanto, os trabalhos relativos ao crime de agressão têm prosseguido, primeiro no âmbito da Comissão Preparatória e, a partir da 1.ª Assembleia dos Estados Partes, num Grupo de Trabalho constituido especialmente para o efeito.

b) Mas se acaso a escolha e definição dos crimes apresentou momentos difíceis, nenhum aspecto foi e continua a ser mais controverso que a questão do exercício da jurisdição pelo Tribunal, tendo sido o responsável pelo pedido de voto do Estatuto pelos Estados Unidos na Conferência em Roma, a razão por que este Estado votou contra o mesmo e a causa dos seus inúmeros esforços, tanto a nível da Comissão Preparatória, como a nível do Conselho de Segurança, bem como por meio de acordos bilaterais, para o tentar anular.

Após numerosas reuniões em que se tentaram várias soluções de compromisso, o n.° 2 do art. 12.° acabou por prescrever que o Tribunal só poderia exercer a sua jurisdição se o Estado do território em que o crime ocorreu ou (e sublinhe-se a importância e o suor que a disjuntiva custou) o Estado da nacionalidade do acusado fossem partes do Estatuto ou consentissem na sua jurisdição. A preferência de alguns Estados ia, naturalmente, para a consagração da jurisdição universal em relação a estes crimes, não sendo assim necessário o consentimento de Estado algum para o início do processo, diferindo-se para o momento da cooperação com o Tribunal as questões jurídicas dos efeitos do Estatuto sobre Estados 3.°s. Não tendo de todo sido possível tal solução, parece que o compromisso encontrado, mesmo assim, ainda garante alguma flexibilidade na prossecução de alguns indivíduos, sobretudo quando os Estados da nacionalidade e do território não coincidem ou quando mudam os regimes políticos. Como esta limitação não se aplica a queixas feitas pelo Conselho de Segurança, também nesses casos haverá possibilidade dos crimes serem julgados.

c) Outro aspecto que envolveu alguma dificuldade foi a questão da complementaridade: a palavra, de sentido mais ou menos ambíguo, foi introduzida logo na 1ª reunião do Comité Ad Hoc, em 1995, pelos Estados que mais se opunham à criação do Tribunal, para fazer prevalecer as jurisdições penais nacionais sobre este último. Após anos de consultas e reuniões sobre o tema, a questão da complementaridade veio a reflectir-se, fundamentalmente, na ideia, constante do Preâmbulo, de que, em primeira linha, são os tribunais nacionais que deverão julgar estes crimes, tendo o Tribunal Penal Internacional a última palavra sobre esses julgamentos. Em termos do articulado, refere-se, sobretudo, às questões de admissibilidade, constantes do art. 17.°. Basicamente, o Tribunal não se pode ocupar de casos que estejam a ser tratados por tribunais penais nacionais com jurisdição sobre eles, nem de casos em que estes decidiram não prosseguir com o processo ou em que já tenham julgado o indivíduo, salvo se o Estado em questão for genuinamente incapaz ou não quiser prosseguir com o caso.

d) Outro ponto que levantou celeuma significativa foi a questão do papel do Procurador, já que este tem o poder de iniciar um processo por si próprio. Assim, não apenas muita atenção é dedicada ao modo de eleição do Procurador mas também o seu poder «proprio motu» para apresentar queixas perante o Tribunal teve que ser enquadrado minuciosamente e de modo deveras cauteloso (art.15.°)[12].

---

[12] Portugal foi, com a Itália e a África do Sul, o primeiro país a apresentar uma proposta,

e) Finalmente, o papel do Conselho de Segurança em relação ao Tribunal foi dos aspectos mais longamente negociados. Como tudo o que respeita à possibilidade de limitações ao poder deste órgão, as funções do Tribunal levaram a uma atitude de reserva e até de desconfiança por parte dos membros permanentes, que assim viram perdido o controle de substância, que tinham com os anteriores tribunais criminais ad hoc, quanto aos conflitos que poderiam estar sob alçada judicial e aos indivíduos que poderiam ser considerados criminosos de guerra. O projecto da Comissão de Direito Internacional era extremamente conservador neste aspecto, subordinando praticamente a jurisdição do Tribunal a autorização do Conselho de Segurança. Foi árduo o caminho para se chegar ao consagrado finalmente no Estatuto: o Conselho de Segurança tem uma posição privilegiada, nos termos dos arts. 12.° e 13.°, em relação aos Estados e ao Procurador porque pode apresentar situações (repare-se que não pode apresentar casos individuais) ao Tribunal, podendo este exercer jurisdição sem que seja necessário o consentimento de nenhum Estado para tal. Tem ainda uma posição de privilégio por poder utilizar a moratória constante do art. 16.°, isto é, o deferimento do início ou continuação de qualquer processo do Tribunal por 12 meses, através de resolução que tal prescreva[13].

Muito se poderia também escrever sobre os inúmeros problemas de carácter técnico-jurídico que inevitavelmente surgem sempre que cerca de 190 Estados trabalham em conjunto para produzir um documento jurídico, sobretudo se de carácter institucional--orgânico, como o presente, com as consequentes utilizações distintas de conceitos, ausência ou imperativa necessidade de certas instituições ou modos de procedimento ou mesmo visões divergentes sobre o papel e alcance de uma instituição judiciária. Elas foram patentes em muitos aspectos, como sejam as noções de autor e de auxiliares do crime, a eventual responsabilidade penal de pessoas colectivas ou de menores, os conceitos relativos ao elemento mental do crime, a admissão ou não de julgamentos à revelia, a existência eventual de júri e por aí adiante. Face à grande diversidade de nomenclatura e mesmo de modos de formação de conceitos dos diferentes sistemas jurídicos, por vezes diferentes, não só a nível de grandes famílias jurídicas mas mesmo a nível nacional, optou-se, em geral, pela descrição do fenómeno em causa (elemento material ou mental do crime), tentando evitar-se a sua designação, necessariamente ambígua.

Se considerarmos que, mesmo a nível nacional, constitui uma empresa assinalável elaborar um Código Penal, um Código de Processo Penal e uma Lei Orgânica

---

ainda no âmbito do Comité Ad Hoc, em 1995, para que o Procurador pudesse iniciar uma investigação por sua iniciativa, isto é, sem que um Estado ou o Conselho de Segurança tivessem anteriormente que apresentar uma queixa, em termos semelhantes aos prescritos nos Estatutos dos Tribunais da Ex-Jugoslávia e do Ruanda (respectivamente, nos.1 dos arts. 18.° e 17.° dos Estatutos). A proposta, que suscitou muita resistência de início, acabou por ser aceite, embora se tenham consagrado mais limitações à apresentação de uma acção pelo Procurador do que pelos Estados Partes ou o Conselho de Segurança, já que, designadamente, a secção de instrução do Tribunal terá que dar o seu consentimento para a acção prosseguir.

[13] O assunto, praticamente único, que foi discutido em Portugal, a questão da pena de prisão perpétua, não foi internacionalmente tão controverso quanto estes. Para análise desta questão ver, da autora, "Quando o Mundo das Soberanias se Transforma no Mundo das Pessoas: o Estatuto do Tribunal Penal Internacional e as Constituições Nacionais" Thémis, Ano II, n.° 3, 2001, pág.143 e segs.

230 O Direito Internacional Público nos Princípios do Século XXI

de um tribunal superior em menos de quatro anos, pode vislumbrar-se um pouco a energia e intensidade de trabalho que foi colocada no Estatuto de Roma. De facto, a 6.ª Comissão (Comissão Jurídica) da Assembleia Geral, constituiu primeiro um Comité Ad Hoc e, a partir de 1996, converteu-o em Comité Preparatório da Conferência para a criação de um Tribunal Internacional que levou à Conferência de Roma, começando as negociações apenas em 1995, com base num projecto de Estatuto cuja elaboração fora pedida à Comissão de Direito Internacional em 1992[14].

Mas, no geral, muito mais que as questões técnicas, foi, obviamente, a questão política que acabou por gerar as constantes tensões e tanto o impulso por uns como

---

[14] Pela resolução n.° . 44/39, de 4 de Dezembro de 1989, a Assembleia Geral requereu que a Comissão de Direito Internacional (CDI) se debruçasse sobre a questão da criação de um tribunal criminal internacional, convidando-a a aprofundar o tema nos anos seguintes, através das resoluções n.° s. 45/41, de 28 de Novembro de 1990 e 46/54, de 9 de Dezembro de 1991. A partir de 1992, a 6ª Comissão requereu à CDI a elaboração de um projecto de Estatuto do Tribunal como matéria prioritária (res. n.° s. 47/33, de 25 de Novembro de 1992 e 48/31, de 9 de Dezembro de 1993). Num esforço que culminou com um dos mais rápidos trabalhos da sua história, a CDI apresentou, em 1994, o dito Projecto à Assembleia Geral, tendo a 6ª Comissão proposto a criação de um Comité Ad Hoc, o que veio a ser consagrado na res. n.° .49/53, de 9 de Dezembro de 1994, para «rever os principais assuntos constantes do Estatuto e considerar a convocação de uma conferência internacional de plenipotenciários para adopção do Estatuto». O dito Comité reuniu-se durante 4 semanas em 1995 e, nesse ano, após terem sido vencidas as muitas resistências, foi possível convertê-lo num Comité Preparatório, pela res. n.° 50/46, de 11 de Dezembro de 1995, encarregado de "redigir um texto consolidado, que fosse geralmente aceitável, do estatuto para um tribunal criminal internacional, como passo adicional para a sua apreciação por uma conferência de plenipotenciários".

O referido Comité Preparatório trabalhou intensamente de 1996 a 1998 (5 semanas em 1996, 6 semanas em 1997 e 3 semanas em 1998 – res. n.° s 51/207, de 17 de Dezembro de 1996 e 52/160, de 15 de Dezembro de 1997), tendo transmitido, após a reunião de Março/Abril de 1998, o dito Projecto de Estatuto à Conferência Diplomática, a realizar em Junho/Julho desse ano.

Embora muitas sejam as razões que se podem apontar para o facto de, finalmente, o desejo antigo (com referido, já em 1989, por iniciativa da Trindade e Tobago, a AG aprovou a res. n.° 44/39, em que se refere a criação de um tribunal criminal internacional), ter conseguido traduzir-se num Estatuto aprovado numa Conferência em que estiveram presentes 160 Estados e 124 ONGs, uma das mais próximas e decisivas foi, sem dúvida, a de evitar a criação, pelo Conselho de Segurança, de tribunais ad hoc somente para situações em que houvesse concordância dos 5 membros permanentes. Apesar dos esforços para uma aprovação do Estatuto por consenso, tal não foi possível, como já referido, devido ao pedido para realização de votação que partiu dos Estados Unidos, no último momento da Conferência, e que se saldou em 120 votos a favor, 21 abstenções e 7 votos contra (Estados Unidos, Israel, China, Iémen, Líbia, Iraque e Qatar). Os trabalhos continuaram após a Conferência de Roma, desta vez no âmbito da Comissão Preparatória para o Tribunal Penal Internacional, instituída pela Resolução F, aprovada na Conferência de Roma em 17 de Julho de 2000, que teve 10 sessões de duas semanas cada, até Julho de 2002, e produziu numerosos documentos, de onde se destacam os "Elementos dos Crimes" e as "Regras Processuais e de Prova". Estes vieram a ser todos aprovados, por consenso, na 1.ª Assembleia dos Estados Partes, que esteve reunida de 3 a 10 de Setembro de 2002. De referir, ainda, que todos os trabalhos estiveram, desde o seu início, abertos a todos os Estados, mesmo não – membros das Nações Unidas, e que as reuniões decorreram na sede da ONU, em Nova Iorque, à excepção, obviamente, da Conferência de Roma.

Anexo 8   231

a resistência por outros, já que este Tribunal se destina a julgar pessoas que praticam crimes de tal gravidade que, por vezes, implicam a mobilização de todo um aparelho governativo e têm como responsáveis últimos os detentores dos órgãos de soberania do poder instituido. Assim, é difícil conduzir um genocídio e mesmo alguns crimes contra a humanidade sem que haja um elevado nível de disponibilidade de meios e uma elaborada organização dos mesmos e é mesmo impossível praticar um crime de agressão se o autor não ocupar um posto chave na hierarquia estatal. A consciência desta situação levou, naturalmente, ao reforço das resistências a todo o processo e, também, pelas razões exactamente opostas, à energia acrescida daqueles que o queriam ver vencer.

II) Apesar de as dificuldades de carácter técnico e político que se assinalaram terem tido uma influência decisiva nas negociações, creio que o processo toca um aspecto muito mais estruturante e desestabilizador: é que ele se desenrola, como já assinalado, num período de transição concepto-institucional entre modelos de Direito Internacional, pondo fim definitivo ao tempo vestefaliano e anunciando novas bases cujos fundamentos ainda são demasiado incipientes para fazerem parte de um todo coerente, de um modelo que ofereça uma base de argumentação reconhecida e um espaço de manobra limitado por princípios não disputáveis. Assim, torna-se mais fácil assinalar aquilo com que o futuro modelo rompe do que propriamente quais as características que reveste.

Estamos cada vez mais longe de um mundo organizado exclusivamente em Estados, definidos fundamentalmente como entidades territoriais que exercem poderes exclusivos sobre os seus territórios (incluindo, naturalmente, sobre os seus habitantes), sem intervenção de factores exteriores às fronteiras que delimitam o referido espaço. Contudo, como sublinhado anteriormente, não estamos ainda a operar no âmbito de um modelo sucessor, pelo que sentimos as alterações reais que levam a uma insuficiência dos nossos conceitos e das nossas instituições orgânicas de elaboração e aplicação do Direito Intenacional mas não temos ainda entidades que as substituam, ou, pelo menos, que o façam de um modo generalizado e consensualmente aceite. Talvez que os aspectos em que mais saliente é esta insuficiência tenham que ver com a alteração de sujeitos da cena internacional, reflectido no protagonismo adquirido, entre outros, por empresas multinacionais, por organizações não governamentais, por grupos envolvidos em actos terroristas ou tráfico internacional de seres humanos ou armas, por certas individualidades que medeiam conflitos ou sobre os mesmos se pronunciam, por vezes com carácter jurídico obrigatório, como é o caso dos juízes dos tribunais internacionais ou regionais. Contudo, a mudança profunda não se reflecte meramente no aparecimento e papel de novas entidades mas, mais substantivamente, na estrutura básica em que assenta o Direito Internacional, como seja na importância relativa das suas fontes, com um recente aumento de autoridade proveniente da jurisprudência e o aparecimento de princípios directores, sobretudo em áreas como o ambiente ou os direitos humanos, que têm a inovadora característica jurídica de normas programáticas, ou o confronto real entre princípios cada vez menos harmonizáveis, como a defesa dos direitos humanos e o desenvolvimento económico, por um lado, e a não intervenção nos assuntos internos e o não uso da força, por outro.

É num período como este, de desestabilização e descrédito do modelo anterior mas de não aceitação de um modelo alternativo (por exemplo, com grupos de interesses como sujeitos, sem quaisquer bases territoriais), que nasce o Tribunal Penal Internacional. Como já assinalado, o seu próprio aparecimento só me parece possível devido à desagregação parcial do modelo anterior e as suas características parecem-me um reflexo do momento presente, traduzindo o confronto de ideais opostos e o jogo de forças que levou à consagração de soluções de um compromisso próprio da riqueza e fecundidade dos momentos de transição. Como será visto mais adiante, penso que o seu próprio desempenho e o papel que preencherá nos anos que virão influenciará o mundo em determinado sentido e esse confronto de forças será determinante no moldar das formas que o nosso modelo futuro assumirá. É, pois, uma análise breve das suas características e do seu próprio porvir, que, à luz do que foi afirmado, se seguirá.

III. O Tribunal Penal Internacional como Figura Híbrida entre Modelos

"Nada é mais forte do que uma ideia cujo tempo chegou"
Ditado alemão

Entre muitas outras análises teóricas que poderiam ser feitas do processo de negociação e do resultado obtido, talvez tenha cabimento, no seguimento do que foi dito anteriormente, olhar o Estatuto de Roma e o Tribunal que este cria como o resultado de tensões constantes entre princípios jurídicos diferentes, entre agentes diversos que operam nas Relações e Direito Internacionais e, finalmente, como um confronto entre o Direito e uma realidade, política, que tem dificuldades de se submeter ao mesmo. Assim, passarei a analisar o Estatuto e a organização por ele criada, sob três pontos de vista: 1. a tensão entre a ideia de soberania e a de protecção dos direitos humanos; 2. a emergência da relevância do papel de certos indivíduos na cena internacional; 3. o confronto Direito/Política, designadamente a questão da revisão judicial de decisões de órgãos políticos.

1. Soberania estatal v. protecção dos direitos humanos – A própria existência do Tribunal corresponde a uma vitória fundamental da protecção dos direitos humanos mais básicos relativos a situações extremas de violência e de abuso do poder, como são as que originam crimes de genocídio, crimes contra a humanidade, crimes de guerra e crimes de agressão[15]. Por outro lado, esta protecção é decididamente reforçada pela ausência de quaisquer imunidades baseadas na qualidade oficial do autor dos crimes em causa: o artigo 27.°, sob a epígrafe "Irrelevância da qualidade oficial", é muito claro ao prescrever que "1. O presente Estatuto será aplicável de forma igual a todas as pessoas, sem distinção alguma baseada na qualidade oficial. Em particular, a qualidade de Chefe

---

[15] O Preâmbulo reflecte bem este sentimento ao referir que *"Os Estados Partes no presente Estatuto... Tendo presente* que, no decurso deste século, milhões de crianças, mulheres e homens têm sido vítimas de atrocidades inimagináveis que chocam profundamente a consciência da humanidade...*Afirmando* que os crimes de maior gravidade, que afectam a comunidade internacional no seu conjunto, não devem ficar impunes e que a sua repressão deve ser efectivamente assegurada através da adopção de medidas a nível nacional e do reforço da cooperação internacional...*Decididos* a pôr fim à impunidade dos autores desses crimes e a contribuir assim para a prevenção de tais crimes..." (paras. 2, 3 e 4).

de Estado ou de Governo, de membro de Governo ou do Parlamento, de representante eleito ou de funcionário público, em caso algum eximirá a pessoa em causa de responsabilidade criminal nos termos do presente Estatuto, nem constituirá, de *per se* motivo de redução da pena. 2. As imunidades ou normas de procedimento especiais decorrentes da qualidade oficial de uma pessoa, nos termos do direito interno ou do direito internacional, não deverão obstar a que o Tribunal exerça a sua jurisdição sobre essa pessoa."[16].

Este pendor para a protecção do indivíduo revela-se ainda em campos mais inovadores, como sejam a possibilidade que o Procurador tem, segundo o art. 15.° do Estatuto, para, *moto proprio*, intentar uma acção junto do Tribunal, tendo recebido informações sobre o caso em questão de qualquer entidade, inclusive de uma organização não governamental. Esta norma representa, no seguimento do que consta dos Estatutos dos Tribunais Ad Hoc para a Ex-Jugoslávia e para o Ruanda (arts. 18.° n.° 1 e 17.° n.° 1 dos respectivos Estatutos) uma verdadeira ligação entre cada indivíduo e, em conjunto, a sociedade civil, por um lado, e um Tribunal criado por um tratado interestatal, por outro. A percepção da novidade desta solução, que estabelece a dita ligação e dá poderes a um indivíduo para fazer uma queixa que pode iniciar uma acção internacional penal (já que o art. 13.° do Estatuto consagra essa via, através do Procurador) foi particularmente sentida no início das negociações, quando Portugal a propôs, em 1995, tendo sido necessário vencer inúmeras resistências (e aceder a vários compromissos, como veremos mais adiante) para que a mesma acabasse por ficar consagrada.

Talvez mais arrojada, contudo, que a possibilidade agora referida, e centro das maiores controvérsias, que estão vivamente presentes nos nossos dias, é a consagração do regime de jurisdição do Tribunal. Este regime, com visto, foi o causador do pedido de votação do Estatuto pelos Estados Unidos (quando se esperava que o mesmo fosse aprovado por consenso) e continua a ser a causa primordial da hostilidade que esse Estado tem votado ao Tribunal, estando na origem da aprovação de leis internas, de uma resolução no Conselho de Segurança (res. 1422(2002)) e de uma série de acordos bilaterais para isentar indivíduos de nacionalidade americana da jurisdição do Tribunal: trata-se do disposto no art. 12.° do Estatuto sobre os indivíduos em relação aos quais o Tribunal tem jurisdição. Afirma o n.° 2 do dito artigo: "Nos casos referidos nas alíneas a) ou c) do artigo 13.° [acção intentada por um Estado Parte ou pelo Procurador *moto proprio*], o Tribunal poderá exercer a sua jurisdição se um ou mais Estados a seguir identificados foram Partes no presente Estatuto ou aceitarem a competência

---

[16] A total ausência de imunidades para muitos dos crimes previstos no Estatuto já constava de várias convenções, como é o caso das "violações graves" das Convenções de Genebra de 1949 e Protocolos Adicionais de 1977, sobre Direito Humanitário (artigos 50.° da 1ª Convenção, 51.° da 2ª Convenção, 130.° da 3ª Convenção, 147.° da 4ª Convenção e arts. 11.° e 85.° n.° 3 do Protocolo I) que se referem, fundamentalmente, aos crimes de guerra do Estatuto, a «Convenção sobre Prevenção e Punição do Crime de Genocídio» de 1948, que, no seu artigo IV, declara irrelevante a qualidade oficial, a «Convenção sobre Tortura e Outros Tratamentos ou Penas Cruéis, Desumanos ou Degradantes», de 1984, cujo art. 41.° vai no mesmo sentido, e os Estatutos dos dois Tribunais Ad Hoc, respectivamente, de 1993 e 1994, (art. 7.° n.° 2 do da Ex-Jugoslávia, instituído pelas resoluções do Conselho de Segurança n.° 808 (1993) e 827(1993) e art. 6.° n.° 2 do do Ruanda, criado pela res. n.° 955(1994)), que também repetem a completa ausência de imunidades.

234 *O Direito Internacional Público nos Princípios do Século XXI*

do Tribunal de acordo com o disposto no n.º 3: a) Estado em cujo território tenha tido lugar a conduta em causa ou, se o crime tiver sido cometido a bordo de um navio ou aeronave, o Estado de matrícula do navio ou aeronave; b) Estado de que seja nacional a pessoa a quem é imputado o crime.". O resultado deste preceito é que um Estado pode não ser parte do Estatuto e os seus nacionais podem vir a ser julgados pelo Tribunal, por terem praticado crimes no território de um Estado Parte (ou que aceite a competência do Tribunal).

Esta norma, que está em conformidade com a Convenção de Viena sobre Direito dos Tratados, designadamente o seu artigo 34.º ("Um tratado não cria obrigações para um estado terceiro sem o consentimento deste último"), já que se refere a jurisdição sobre indivíduos e não sobre Estados, tem sido contestada, ocasionalmente, por quem entende, ao contrário da larga maioria da doutrina e dos Estados, que a sua base jurídica é duvidosa (o Estatuto produziria efeitos em relação a terceiros Estados) e pela sua "perigosidade política", já que permitiria o julgamento de indivíduos de determinada nacionalidade por razões de desacordo político com o referido Estado. Este argumento tem sido quase que exclusivamente apresentado pelos Estados Unidos, sobretudo invocando a situação dos seus militares no estrangeiro, e tem estado na base de toda a campanha anti-Tribunal que tem activamente conduzido nos tempos mais recentes.

De qualquer modo, trata-se de uma característica inovadora, sem paralelo noutra convenção, já que o Tribunal é o primeiro órgão judicial criminal permanente a ser instituido por um tratado, visto os dois Tribunais Ad Hoc o terem sido por resoluções do Conselho de Segurança, ao abrigo do Capítulo VII da Carta ("Acção em caso de ameaça à paz, ruptura da paz e acto de agressão"), sendo a sua jurisdição obrigatória para todos os Estados, de acordo com o artigo 25.º da mesma[17].

As características de uma ordem jurídica mais conservadora, que reflecte a essencialidade da soberania e que olha a organização mundial, primordialmente, não como um conjunto comum de interesses e valores de indíduos unidos pelos mesmos, mas fundamentalmente como uma divisão territorial sobre a qual Estados exercem soberania, está, contudo, claramente reflectida noutros aspectos do Estatuto, designadamente no facto de este ser um tratado interestadual, de ser necessário o consentimento de algum Estado para que o Tribunal exerça jurisdição sobre o caso em questão (imediata ou mediatamente, como quando o Conselho de Segurança o refere) e pela ideia da complementaridade.

Assim, embora no início das negociações se tivesse aventado a possibilidade de uma revisão da Carta para inclusão do Tribunal Penal Internacional como órgão das Nações Unidas, com jurisdição penal sobre indivíduos (como o Tribunal Internacional de Justiça o é face a Estados), aplicável a todos os Estados Membros da Organização, cedo foi esta abandonada, numa atitude realista da impossibilidade da concretização mesma. Deste modo, foi consensual que o Tribunal seria constituido por tratado interestadual que vincularia, naturalmente, nos termos do art. 36.º da Convenção de Viena sobre Direito dos Tratados, apenas os Estados Partes no mesmo.

---

[17] Prescreve o dito artigo: "Os membros das Nações Unidas concordam em aceitar e aplicar as decisões do Conselho de Segurança, de acordo com a presente Carta.". Para análise da justificação jurídica para a possibilidade da criação de um tribunal internacional com competência penal sobre indivíduos pelo Conselho de Segurança, ver o doc. S/25704, de 3 de Maio de 1993, "Report of the Secretary-General Pursuant to Paragraph 2 of Security Council Resolution 808 (1993)", págs. 21 e segs.

Para além disso, o Tribunal não tem uma jurisdição universal, sendo necessário, nos termos do art. 12.°, que o Estado da nacionalidade do presumível autor ou o do território em que o crime ocorreu sejam partes do Estatuto ou tenham expressamente concordado com a dita jurisdição, salvo se a entidade que refere a situação for o Conselho de Segurança. Deste modo, situações, muito frequentes, em que o autor e o território são de um Estado não Parte, ficam de fora da dita jurisdição, o que reflecte, evidentemente, o pendor intergovernamental de prevalência do conceito de soberania do Estado sobre o de protecção dos direitos humanos dos indivíduos vítimas dos crimes em questão.

Por último, como já referido, o Tribunal é complementar das jurisdições nacionais, não tendo, assim, uma jurisdição primária. O Estatuto salienta este regime logo no Preâmbulo (*"Sublinhando* que o Tribunal Penal Internacional, criado pelo presente Estatuto, será complementar das jurisdições penais nacionais,..." penúltimo parágrafo), repetindo-o no artigo 1.° ("...O Tribunal será uma instituição permanente, com jurisdição sobre as pessoas responsáveis pelos crimes de maior gravidade com alcance internacional, de acordo com o presente Estatuto, e será complementar das jurisdições penais nacionais...") e aplicando-o nos artigos 17.° ("Questões relativas à admissibilidade") e 18.° ("Decisões preliminares sobre admissibilidade"), donde resulta que os tribunais nacionais têm jurisdição primária sobre estes crimes e que o Tribunal Penal só a terá se, no seu entender, o Estado não pode (designadamente, por quebra total ou parcial do sistema judiciário) ou não quer (designadamente, processo não independente ou não imparcial ou incompatível com a intenção de fazer o arguido responder perante a justiça) julgar o indivíduo em causa.

Esta característica reflecte, mais uma vez, uma visão do ordenamento jurídico mundial através de divisões e organismos estatais, estando, por isso, muito mais próxima de uma ideia de soberania territorial do que de uma justiça universal que actue em nome dos valores humanos que, com total irrelevância pelo local onde ocorrem ou por quem os vê violados, se aplicasse primariamente[18].

2. Relevância de certos indivíduos na cena internacional v. papel preponderante dos Estados – A tensão entre estes dois fenómenos, o último dos quais associado a uma ordem jurídica tradicional e o primeiro a uma ordem emergente, é sobretudo notória no papel que os juízes e o Procurador têm no Estatuto. Na realidade, estas entidades terão uma acção determinante na evolução do Direito e, em geral, da ordem internacionais, através de uma jurisprudência e de uma actuação prossecutória que, face à novidade do projecto, serão necessariamente criativas. Para mais, os juízes e o Procurador (bem como os Vice-Procuradores) têm mandatos longos, de 9 anos, e não podem ser reeleitos (respectivamente, art. 36.° n.° 9 a) e art. 42.° n.° 4), sistema este que veio consagrar uma proposta de Portugal que pretendia garantir que estas entidades tivessem a maior independência possível em relação aos Estados que as apresentam e nelas votam, segundo

---

[18] Claro que, como já foi salientado, o regime é híbrido, sendo que a ideia de universalidade de valores é reflectida no facto de os tribunais nacionais terem que aplicar os crimes constantes do Estatuto (já não se passando o mesmo quanto às penas, que, nos termos do art. 80.°, são as nacionais) e a ideia de uma justiça que actua em nome da comunidade internacional estar reflectida no facto de ser sempre o TPI a ter a última palavra quanto à seriedade do processo em curso a nível nacional.

236 *O Direito Internacional Público nos Princípios do Século XXI*

regimes estabelecidos nos artigos acima citados. Para mais, o Procurador, como foi referido anteriormente, tem poderes *moto proprio* para instaurar uma acção, o que torna o seu papel, não só inovador, mas também poderoso. Todas estas características fazem--nos apartar do tradicional modelo vestefaliano de Direito Internacional e apontam para uma nova ordem que ajudam a criar.

Por outro lado, a tensão sempre presente com o princípio tradicional de que são os Estados os principais actores da cena internacional reflecte-se nos controlos que foram colocados à actuação destas entidades, elas mesmas eleitas por Estados, ao ser exigido, relativamente ao Procurador, que, sempre que este inicie, *moto proprio*, um processo, este não possa prosseguir sem que, segundo o art. 15.º n.º s 3, 4 e 5, o juízo de instrução (que é composto por um ou três juízes, conforme os casos) dê autorização para tal, e, em relação aos juízes, que estes actuem no âmbito dos "Elementos dos Crimes" e das "Regras Processuais e de Prova", documentos estes, como já referido, elaborados pela Comissão Preparatória para um Tribunal Penal Internacional, que se seguiu a Roma e adoptados pela 1.ª Assembleia dos Estados partes do Tribunal, em 3 de Setembro de 2002)[19] que, pela especificação normativa, estabelecem limites à discricionaridade de apreciação das situações em causa. De salientar, ainda, que estes documentos têm força normativa obrigatória, devendo o Tribunal, nos termos do art. 21.º do Estatuto, aplicá-los em primeira linha, conjuntamente com o Estatuto. A falta de confiança no poder discricionário e inovador dos juízes e do Procurador (presentes largamente no carácter minimalista dos Estatutos dos Tribunais Ad Hoc para a Ex--Jugoslávia e o Ruanda), teve menos que ver com a ideia da sacralidade do princípio da legalidade em Direito Penal do que com necessidades políticas de refrear a liberdade de entidades não-estatais que produzem efeitos na cena internacional.

3. A tensão Direito v. Política – Atingimos agora o cerne fulcral de todo o sistema vestefaliano, ao tentar inovadoramente alargar a aplicação das normas jurídicas às decisões de órgãos políticos e, em última instância, a revê-los segundo esta ordem. Se as normas que se pretendem ver aplicadas dizem respeito ao foro penal e primordialmente visam actuações dos detentores do poder político instituido, a situação assume um dramatismo que leva a constantes impasses e à extrema dificuldade na obtenção de consensos, como é exemplo o que se tem passado com as negociações da definição do crime de agressão[20] e das condições da competência do Tribunal relativamente ao mesmo.

---

[19] O "Projecto Final das Regras Processuais e de Prova" consta do documento PCNICC/ /2000/1/Add.1 e o "Projecto Final dos Elementos dos Crimes" do documento PCNICC/2000/ /1/Add.2, ambos aprovados por consenso pela Comissão Preparatória para o Tribunal Penal Internacional em 30 de Junho de 2001, tendo passado a documentos definitivos em 4 de Setembro de 2002, com a aprovação, por consenso, pela 1.ª Assembleia dos Estados Partes do Tribunal Penal Intenacional, como referido.

[20] Para uma visão dos principais pontos de controvérsia quanto ao crime de agressão, ver Clark, Roger "Rethinking Aggression as a Crime and Formulating Its Elements: the Final Work--Product of the Preparatory Commission for the International Criminal Court" a ser publicado brevemente na revista "Criminal Law Forum" ou *The Rome Statute of the International Criminal Court – The Crime of Aggression*, edit. Politi, Mauro e Nesi, Giuseppe, Ashgate, Darthmouth, Reino Unido, (publicação a breve trecho).

Esta tensão entre Direito e Política tem manifestações, sobretudo, na relação difícil estabelecida pelo Estatuto entre o Tribunal e o Conselho de Segurança, por um lado, e no modo como os Estados factualmente mais poderosos têm encarado os poderes e a própria existência do Tribunal.

Relativamente à relação com o Conselho de Segurança, reduto último, pelo menos para alguns, da possibilidade de discricionaridade política, o Estatuto acabou por consagrar uma série de compromissos que, como vimos, dão a este órgão uma posição de privilégio: assim, entre outros aspectos, o Conselho de Segurança pode, nos termos dos artigos 12.º e 13.º, denunciar qualquer situação ao Tribunal sem que tenha que haver o consentimento de qualquer Estado, nem mesmo do território ou da nacionalidade do presumível autor (que, recorde-se, é necessário, nos termos do n.º 2 do art. 12.º, quando a denúncia tiver partido de um Estado Parte ou o processo tiver começado por iniciativa do Procurador); por outro lado, o Conselho de Segurança pode, por resolução, determinar que um processo a iniciar ou já começado não prossiga, ficando suspenso por 12 meses, período este que poderá ser sempre renovado por resolução sucessiva (art. 16.º), o que lhe dá um poder de moratória considerado aceitável pelos negociadores atendendo a situações cuja resolução política poderá ser mais expediente, deste modo, não deixando de exigir que não haja qualquer veto, o que implica a concordância de todos os membros permanentes e um número mínimo de 9 votos favoráveis[21]; finalmente, o Conselho terá uma posição especial quanto ao crime de agressão, cuja definição e condições de exercício não estão ainda definidas, que lhe advêm das funções que lhe são atribuidas pelo art. 39.º da Carta, ao referir que " O Conselho de Segurança determinará a existência de qualquer ameaça à paz, ruptura da paz ou acto de agressão, e fará recomendações ou decidirá que medidas deverão ser tomadas de acordo com os artigos 41 e 42, a fim de manter ou restabelecer a paz e a segurança internacionais.". Pelo menos para a maioria dos negociadores, o facto de o crime individual de agressão pressupôr a existência de um acto estatal de agressão, a intervenção do Conselho de Segurança seria inevitável. Para os membros permanentes, este órgão é mesmo visto como tendo o exclusivo poder de determinação da existência de agressão, pelo que só poderiam ser julgados os indivíduos envolvidos em situações que o Conselho de Segurança considerasse previamente de agressão. A maioria dos negociadores, contudo, considera que outros órgãos, como o Tribunal Internacional de Justiça, a Assembleia Geral e o próprio TPI têm competência para se pronunciarem sobre se ocorreu um acto de agressão[22], pelo que presentemente se encontram em discussão várias propostas, actualmente consolidadas num documento da coordenadora do Grupo

---

[21] De acordo com o artigo 27.º da Carta, que prescreve: "1. Cada membro do Conselho de Segurança terá um voto. 2. As decisões do Conselho de Segurança, em questões de procedimento, serão tomadas pelo voto afirmativo de nove membros. 3. As decisões do Conselho de Segurança sobre quaisquer outros assuntos serão tomadas pelo voto favorável de nove membros, incluindo os votos de todos os membros permanentes, ficando entendido que, no que se refere às decisões tomadas nos termos do capítulo VI e do n.º 3 do artigo 52.º, aquele que for parte numa controvérsia se absterá de votar."

[22] Para uma argumentação jurídica deste ponto de vista, ver, da autora "The ICC and the Security Council on Aggression: Overlapping Competencies?" in *The Rome Statute of the International Criminal Court – The Crime of Aggression*, op. cit.

238   *O Direito Internacional Público nos Princípios do Século XXI*

de Trabalho (aberto a todos os Estados)[23], prevendo possibilidades que vão desde o julgamento directo pelo TPI (proposta Portugal e Grécia[24]) até à possibilidade de julgamento no caso de pronúncia favorável pelo Tribunal Internacional de Justiça, no seguimento de parecer consultivo pedido pela Assembleia Geral (proposta da Bósnia, Nova Zelândia e Roménia)[25].

O aspecto político está também presente na posição tomada, face ao Estatuto, por alguns Estados poderosos, como seja a exigência, pela França, da já referida inserção do art. 124.º (possibilidade, durante os 7 primeiros anos de vigência do Estatuto, de não aplicação a um Estado Parte da jurisdição do Tribunal relativamente aos crimes de guerra) ou de inclusão do artigo 98.º pelos Estados Unidos, que se desenvolverá seguidamente. Enquanto a França, uma vez obtido o art. 124.º, foi dos primeiros Estados a ratificar o Estatuto de Roma, tendo defendido os seus princípios desde então, o que se tem passado com os Estados Unidos tem sido radicalmente diferente, sendo hoje este a principal força política que se opõe ao dito tratado.

Apesar de terem pedido a votação do Estatuto em Roma, os Estados Unidos mantiveram-se participantes nos trabalhos subsequentes, tendo desempenhado um papel relevante na elaboração dos importantes documentos "Elementos dos Crimes" e "Regras Processuais e de Prova". No último dia do período de assinaturas do Estatuto, dia 31 de Dezembro de 2000, os Estados Unidos assinaram o referido texto, sendo que, posteriormente, com a mudança da Administração, a sua atitude transformou-se radicalmente, de uma aceitação pacífica sobre a futura existência e funcionamento do Tribunal para uma hostilidade militante contra o mesmo, através da aprovação do "American Servicemembers Protection Act" (ASPA)[26], de uma ausência total das negociações e da retirada da assinatura já dada (o que, não tendo quaisquer impedimentos do ponto de vista legal, aconteceu, pela primeira vez, na história dos tratados), visando a exclusão de cidadãos americanos da jurisdição do mesmo. Embora tal já tivesse sido tentado aquando da elaboração do "Acordo de Relação entre a Organização das Nações Unidas e o Tribunal Penal Internacional"[27], pela tentativa de introdução de uma cláusula que visava a dita exclusão[28], é pela aprovação da resolução 1422 (2002) pelo Conselho de

---

[23] Documento PCNICC/2002/WGCA/RT.1/Rev.2, que pode ser consultado na página das Nações Unidas na internet, referida supra. A primeira Assembleia dos Estados Partes aprovou uma resolução, constante do doc. PCNICC/2002/WGCA/L.2/Rev.1, pela qual foi criado um grupo de trabalho especial sobre o crime de agressão, que terá uma sessão de trabalho em 2003.

[24] PCNICC/1999/WGCA/DP.1, de 7 de Dezembro de 1999.

[25] A proposta revista encontra-se em PCNICC/2001/WGCA/DP.2 e Add.1, de 27 de Agosto de 2001.

[26] Esta lei interna americana, aprovada em 7 de Dezembro de 2001 pelo Senado, não só impede a colaboração de qualquer órgão americano com o Tribunal mas retira apoio militar a todos os Estados que ratificarem o dito tratado (com as excepções dos parceiros da NATO e de alguns aliados tradicionais) e permite qualquer meio (incluindo o uso da força armada) para impedir que americanos venham a ser julgados pelo TPI, sendo, por isso, conhecida na gíria internacional como o "Hague Invasion Act", já que os acusados se encontrariam provavelmente detidos na Haia, aguardando julgamento pelo Tribunal.

[27] Este Acordo foi elaborado pela Comissão Preparatória para o Tribunal Penal Internacional, constando do documento PCNICC/2001/WGICC-UN/L.1, que pode ser também consultado na página da internet das Nações Unidas, já referida.

[28] No âmbito do Comité Preparatório para o Tribunal Penal Internacional, tentaram os

Segurança, em 12 de Julho de 2002, que ficam excluidos dessa jurisdição, por um período de 12 meses, renovável por resolução futura, os oficiais e pessoal, actual ou anterior, membros de forças ao serviço do Conselho de Segurança, desde de que nacionais de Estados não Partes, utilizando, para tal, o art. 16.° do Estatuto[29], referido supra, e é pelas pressões, actualmente, sobre vários Estados, para que concluam acordos bilaterais, que ficariam excluidos completamente cidadãos americanos da jurisdição do Tribunal[30].

A reacção violenta da única superpotência dos nossos dias face ao Tribunal reflecte, assim, a necessidade, por vezes desesperada, de manutenção do *status quo*, de um modelo que pretende conservar os Estados como os actores fundamentais das relações internacionais e a protecção internacional de entidades não estatais, como sejam os indíviduos ou as empresas, exclusivamente através do vínculo da nacionalidade que têm com esse Estado.

Estados Unidos então utilizar o art. 98.° do Estatuto, que se refere a acordos incompatíveis com o mesmo, para permitir que o próprio Tribunal concluisse acordos com entidades, neste caso as Nações Unidas, excluindo a aplicação de certas normas do Estatuto, neste caso das referentes à jurisdição. Portugal tinha então a presidência da União Europeia e a sua delegação teve um papel relevante em impedir esta tentativa, que iria violar directamente vários artigos do Tratado.

[29] Para a legalidade da utilização do art. 16.°, ver, sobretudo, a carta dirigida pelo coordenador da Coligação das ONGs para o Tribunal Penal Internacional aos Ministros dos Negócios Estrangeiros de Estados Não-Membros do Conselho de Segurança, "Open Letter to Foreign Ministers of Non-Security Council Members – U.S.A. Anti-ICC PKO Resolutions from the Coalition for the International Criminal Court", de 8 de Julho de 2002, um dos documentos relevantes constantes da página desta organização, em www.iccnow.org.

[30] Pretende a Administração americana obter, através destes acordos, imunidades face ao Tribunal para os seus nacionais através do compromisso do outro Estado Parte no Acordo de nunca os entregar ao TPI, utilizando, para tal, as possibilidades alegadamente abertas pelo n.° 2 do art. 98.° do Estatuto, que prescreve: "O Tribunal não pode dar seguimento à execução de um pedido de entrega por força do qual o Estado requerido devesse actuar de forma incompatível com as obrigações que lhe incumbem em virtude de acordos internacionais à luz dos quais o consentimento do Estado de envio é necessário para que uma pessoa pertencente a esse Estado seja entregue ao Tribunal, a menos que o Tribunal consiga, previamente, obter a cooperação do Estado de envio para consentir na entrega." Parece claro que esta disposição se destinava a tornar compatíveis as obrigações provenientes do Estatuto com obrigações prévias decorrentes de acordos SOFA's e SOMA's (para forças armadas e missões especiais) e não para servir de base a novos acordos que incluissem todos os cidadãos de um determinado país. Neste sentido, ver as declarações feitas na sessão de encerramento da 1.ª Assembleia dos Estados Partes, sobretudo pelo Canadá, Suíça, Suécia e Nova Zelândia, por um lado, e pela Coalition for an International Criminal Court, pela Human Rights Watch, pela Aministia Internacional e pela No Peace Without Justice, todas no mesmo sentido da ilegalidade de tais propostas de Acordos. Ver, ainda, no mesmo sentido, Wirth, Steffen "Immunities, Related Problems, and Article 98 of the Rome Statute" Criminal Law Forum, vol. 12, 2001.

III. Conclusões

> "Outra mudança faz de mor espanto/Que não se muda já como soía."
>
> Camões, soneto

O Tribunal Penal Internacional é, provavelmente, o exemplo institucional mais acabado de um mundo jurídico-internacional em transição, combinando características de um modelo que passou e anunciando outras de um modelo que estará para chegar, numa bem sucedida mediação de tensões entre princípios contrários que originaram os compromissos presentes nas normas do seu Estatuto. Mas o momento que vivemos é, também, "o pior dos tempos", com o confronto de visões divergentes que se reflectem, por um lado, no surpreendentemente elevado número de ratificações do Estatuto e no apoio incondicional da sociedade civil ao projecto[31], e, por outro, na resistência militante contra o mesmo da maior potência mundial e a oposição, mais ou menos silenciosa, de alguns outros Estados que não gostariam de o ver triunfar.

Este momento é, também, contudo, "o melhor dos tempos", não só porque permite a inovação mas também porque é dotado de uma particular propriedade de influência sobre o futuro, no sentido de que as soluções por que optarmos hoje terão reflexos no paradigma jurídico-internacional e, consequentemente, no tipo de mundo em que viveremos amanhã. E esta magia de um tempo que encerra em si o futuro é uma característica que surge muito raras vezes, sendo, por isso, demasiado preciosa para não ser olhada devidamente na sua complexa riqueza. Não se trata, por isso, apenas do funcionamento de um tribunal inrternacional e do seu sucesso na prevenção de abusos intoleráveis do poder instituido[32]: o seu significado abarca muito mais que isso pois

---

[31] Poucos terão sido as instâncias, e certamente nenhuma no âmbito estritamente jurídico, em que a participação das ONGs tenha sido mais activa e determinante que na elaboração e promoção da aplicação do Estatuto de Roma: desde a 1.ª reunião do "Comité Ad Hoc para um Tribunal Penal Internacional" que a sua presença, através de estudos, produção de documentos informais, promoção de conferências e reuniões, etc, foi assinalável, tendo, desde então, sido criada uma Coligação de ONGs para o Tribunal Penal Internacional que, actualmente, conta com mais de 1000 ONGs entre os seus membros e que criou grupos para protecção de certos interesses especiais, como foi o caso do Women's Caucus, fundamental quanto aos aspectos inovadores no tratamento de crimes internacionais de violência contra mulheres. Particular relevo, pela alta qualidade dos trabalhos produzidos no âmbito das negociações, deve ser dado à Human Rights Watch, à Aministia Internacional, ao International Lawyers' Committee, aos Parliamentarians for Global Action, à No Peace Without Justice e à ELSA, entre outros. Para um melhor conhecimento das actividades da Coligação, ver a respectiva página na internet, já referida.

[32] Ver, para uma visão de algum cepticismo quanto à possibilidade de um órgão judicial pronunciar-se, com repercussões efectivas, sobre situações sociais tão dramáticas como as previstas no Estatuto, Tallgren, Immi, European Journal of International Law, vol. 13 n.º 3, Junho de 2002, pág. 561 e segs. e Koskeniemmi, Martti "Between Impunity and Show Trials", 2002, manuscrito entregue à autora, a ser publicado em breve; por outro lado, para uma visão sociológica da justificação da existência do Tribunal, ver Pureza, José Manuel, "Da Cultura da Impunidade à Judicialização Global: O Tribunal Penal Internacional", Revista Crítica de Ciências Sociais, n.º 60, Outubro 2001, pág. 121 e segs..

Anexo 8 241

estende-se aos próprios fundamentos do tipo de estrutura concepto-jurídica em que desejamos passar a viver no futuro, com implicações em todos os aspectos das nossas vidas. Sem dúvida que habitamos um momento muito especial, em que se realiza o ambíguo ditado chinês, que é simultaneamente um desejo potencialmente de boa e má ventura: "Que vivas em tempos interessantes". Muito "interessantes" têm sido estes tempos, em que as mudanças causam espanto porque, como diz o verso de Camões, já não parecem ser iguais aquelas a que estavamos rotineiramente habituados.

PAULA ESCARAMEIA
Lisboa, 25 de Setembro de 2002

RESUMO

Analisa-se o processo de criação do Tribunal Penal Internacional à luz do que é visto como um momento de transição entre modelos no Direito Internacional, considerando-o como uma figura híbrida, com características vestefalianas e com aspectos de uma nova ordem. Após breve introdução sobre os principais pontos de controvérsia na negociação do Estatuto de Roma do Tribunal, passa-se à análise dos modos como foram harmonizados princípios contrários de modelos diferentes, sobretudo quanto à questão soberania estatal v. protecção dos direitos humanos (com implicações quanto à competência material do Tribunal e ao consentimento de estados para o exercício desta, entre outros), o papel dominante do estado v. desempenho internacional por indivíduos (reflectida, sobretudo, no papel dos juízes e do procurador) e, finalmente, Direito v. Política, com consequências no regime estabelecido para o Conselho de Segurança da ONU e com reflexos vivos nas reacções dos Estados ao Tribunal.

ABSTRACT

The article analyzes the International Criminal Court in light of what is perceived as a moment of transition between models of International Law. It looks at the Court as a hybrid institution with both Westphalian characteristics and those of a new order. After a brief introduction on the most contentious aspects of the negotiations of the Rome Statute of the Court, the article examines ways in which opposing principles of the different models were harmonized, including the issue of state sovereignty v. protection of human rights, with implications, among others, for the crimes under jurisdiction and for the consent of States for the exercise of jurisdiction; the State's dominant role v. the international role of certain individuals, which is reflected mostly in the role of the judges and the prosecutor; and the tension of Law v. Politics, with implications for the role of the Security Council and States' reaction to the Court.

PROGRAMA E MÉTODO DA CADEIRA
– PROVAS DE AGREGAÇÃO

PROGRAMA DA CADEIRA
DE DIREITO INTERNACIONAL PÚBLICO

1 – NOTA PRÉVIA

Por se tratar de um curso geral de introdução ao Direito Internacional Público, constante do conjunto de cadeiras do 3.º ano do curso de Licenciatura em Relações Internacionais, e por ser uma cadeira anual, assume naturalmente características que privilegiam a compreensão em detrimento da profundidade com que cada tema é abordado. Na realidade, a abrangência torna-se aqui uma necessidade, já que o curriculum da referida Licenciatura não inclui qualquer outra cadeira com estas características, pois as duas outras cadeiras de natureza jurídico-internacional, respectivamente, «ONU» e «Organizações Técnicas e Culturais» (cadeiras semestrais), têm um âmbito muito mais restrito, como o próprio nome e a sua duração indicam. Assim, a cadeira de Direito Internacional Público é a cadeira-base para aquisição de conhecimentos jurídico--internacionais para os alunos em causa e é essencial para todos aqueles que tencionam, entre outros possíveis rumos, prosseguir uma carreira diplomática, uma carreira de funcionalismo público internacional, um trabalho em ONGs ou mesmo nos sectores internacionais de várias empresas.

O facto de se tratar de um curso de iniciação a certa matéria cria ainda um outro problema quanto ao seu conteúdo: é que se tem que encontrar uma forma coerente de harmonizar a necessidade de narração, muito grande, por se tratar do primeiro contacto com a matéria, com a de reflexão, sempre essencial a um estudo que se não reduza a uma simples memorização de conceitos e expressões. Tentou ultrapassar-se esse problema através do traçado marcado de linhas estruturais que estão por detrás e dão fundamento ao programa que se enunciará. Correspondem elas a teses sobre o próprio conteúdo da disciplina, e, embora se tenha, por vezes, optado pela sua omissão expressa, enquanto tal, nas aulas leccionadas, são elas que enformam a selecção dos temas do programa, a sua ordenação, os aspectos escolhidos para debate, etc.

Assim, parece serem de sublinhar, pelo menos, quatro grandes linhas estruturais: 1. a importância dada ao funcionamento real do Direito Internacional Público, isto é, aos modos como é criado pela interacção dos actores internacionais, em que a experiência prática da docente como representante de Portugal na Comissão de Assuntos Jurídicos da ONU e como membro da Comissão de Direito Internacional é utilizada, e às formas como é aplicado, designadamente através do estudo da prática estatal e das sentenças dos tribunais internacionais; 2. o sublinhar do aspecto dinâmico do processo jurídico-internacional, isto é, da permanente mudança no Direito Internacional, visível através do estudo do alargamento do seu âmbito, da constante criação de novas regras sobre domínios tradicionais, do questionar insistente de doutrinas e modos de teorização anteriores, e, sobretudo, nos nossos dias, na tentativa de acompanhamento da mudança para uma nova ordem internacional através da criação de instituições e da formação de princípios inovadores, etc; 3. o assinalar do papel fundamental da diversidade de pontos de vista sobre a mesma situação, patente no estudo das análises jurídicas divergentes feitas, quer por estados, quer por outros actores ou grupos de interesses da cena internacional, que conduzem à sensibilização para perspectivas alternativas e, intelectualmente, desenvolvem a capacidade argumentativa; 4. a nível mais profundo e fundamental, o relevar da importância da linguagem, no sentido de que os conceitos não só pretendem retratar a realidade como, também, a moldam à sua imagem, e, em última instância, a asserção de que a interpretação ocupa o lugar da essência e que as situações mais não são que aquilo que nelas vemos através dos conceitos e estruturas teóricas que nos são dadas[1].

Passar-se-á, de seguida, à enumeração dos vários pontos do programa, sendo feitos comentários a respeito de cada um deles. O programa consta de quinze pontos e, como nota comum, a salientar desde já, pretende oferecer uma visão actual e realista da regulamentação internacional, pelo que inclui o estudo de vários casos, designadamente daqueles que foram submetidos ao Tribunal Internacional de Justiça e sobre os quais foi proferido acórdão. De salientar, ainda, que, para além de casos concretos, foram também analisadas situações fictícias sob a forma de hipóteses, estando disponível aos estudantes a série de exames anteriormente elaborados pela docente, publicadas em livro, tendo as respectivas hipóteses e temas de desenvolvimento sido objecto de debate e resolução nas aulas, nos respectivos pontos do programa.

---

[1] Este ponto de partida tem vindo a ser comum a muita da teoria jurídica pós-moderna, sobretudo aquela mais ligada a interpretações literárias. É evidente que esta quarta linha estruturante necessitava de muita elaboração para que ficasse claro o seu enunciado. Como muitas destas reflexões estão contidas noutros escritos da minha autoria, remeto para os mesmos.

2 – PROGRAMA DA CADEIRA DE DIREITO INTERNACIONAL PÚBLICO

I – Natureza do Direito Internacional

1. Noção de Direito Internacional Público. As características da jurisdicidade, do permanente alargamento de âmbito e da actualização. As relações com o sistema político internacional.
2. Operacionalidade. A auto-tutela, a hetero-tutela e outros estímulos ao cumprimento do Direito Internacional. A recente importância dos tribunais internacionais.
3. Breve evolução histórica. Origens do Direito Internacional antes de Grotius. O nascimento do Estado. Os naturalismos, os positivismos, a escola sociológica e a doutrina comunista. As guerras mundiais, o movimento da institucionalização internacional, os novos estados independentes e a sua visão do Direito Internacional. Breve visão das novas escolas de pensamento jurídico no campo internacional: as escolas sociológicas, o realismo, a escola de análise económica e as escolas de pensamento crítico.

II – Fontes do Direito Internacional

1. Os modos de formação do Direito Internacional: os tratados, o costume (geral, regional e local), os princípios gerais de Direito, a jurisprudência, a doutrina, a equidade, as resoluções e declarações de organizações internacionais, etc.
2. A hierarquia das fontes e as alterações contemporâneas quanto à importância relativa de cada uma delas. O «ius cogens» internacional.
3. O Direito dos Tratados. A Convenção de Viena sobre Direito dos Tratados. Conclusão e entrada em vigor dos tratados; observação, aplicação e interpretação; alterações; invalidade; fim e suspensão; sucessão de Estados em relação a tratados. As reservas. Confronto com a figura híbrida do contrato transnacional com elementos internacionalizantes.

III – Relações entre o Direito Internacional e o Direito Interno

1. Os vários sistemas de recepção do Direito Internacional. A posição da Constituição portuguesa de 1976 e das revisões posteriores. Recepção e posição hierárquica do Direito Internacional face ao Direito português.
2. Distribuição de competências em matéria internacional entre os órgãos de soberania portugueses.

IV – Os Sujeitos de Direito Internacional – Estados

1. Condições de existência dos Estados. Os princípios da soberania estatal e da igualdade entre Estados. Desafios contemporâneos ao princípio do domínio reservado dos Estados.
2. Reconhecimento de Estados e de Governos surgidos de ruptura constitucional. As várias doutrinas sobre o reconhecimento. Reconhecimento de movimentos de libertação e de rebeldes.
3. Aquisição de território.
4. Sucessão de Estados: modos e efeitos.

V – Sujeitos de Direito Internacional – Organizações Internacionais

1. Personalidade internacional e capacidade das Organizações Internacionais. Organizações não-governamentais. Tipologia das Organizações Internacionais.
2. A Organização das Nações Unidas: princípios fundamentais e competência. Admissão e expulsão de membros. Os órgãos principais. Processo de tomada de decisões: os vários tipos de resoluções.
3. Organizações Regionais e singularidade da União Europeia (referência).

VI – Sujeitos de Direito Internacional-Indivíduos, Empresas, Outros

1. Protecção do Indivíduo: os direitos humanos no plano universal e regional. A possibilidade de recurso a mecanismos internacionais: a Convenção Europeia dos Direitos Humanos. O Direito Humanitário. A responsabilidade internacional de indivíduos por crimes. O Direito da nacionalidade.
2. Protecção internacional de estrangeiros – o padrão internacional mínimo e a imputabilidade aos Estados por factos lesivos. A expulsão e a extradição. Protecção de bens. A protecção diplomática de estrangeiros e a responsabilidade do Estado violador.
3. Protecção das empresas multinacionais e seus investimentos. A possibilidade de recurso aos mecanismos das Comunidades Europeias, do BIRD e da Organização Mundial do Comércio. Os acordos bilaterais. Expropriação e indemnização.
4. Outros possíveis sujeitos – entidades territoriais não estatais, as organizações não governamentais, movimentos de libertação, a Igreja, ordens religiosas, etc.

VII – Princípios de Jurisdição e Imunidade de Estados e seus Agentes

1. Princípios de Jurisdição (territorialidade, nacionalidade, protecção e universalidade). Outras formas de jurisdição.

Programa e Método da Cadeira – Provas de Agregação

2. As funções diplomáticas e consulares. As Convenções de Viena sobre Relações Diplomáticas e sobre Relações Consulares. Inviolabilidades e imunidades.

3. Imunidade de soberania.

VIII – Resolução Pacífica de Conflitos

1. A obrigação de resolver os litígios pacificamente. A Carta das Nações Unidas e outros tratados e declarações internacionais.

2. Métodos não jurisdicionais: negociação, bons ofícios, mediação, conciliação, inquérito e intervenção de organizações internacionais.

3. Métodos jurisdicionais: a arbitragem e os tribunais judiciais internacionais. O Tribunal Internacional de Justiça.

IX – O Uso da Força

1. O Direito tradicional e a actual proibição do uso da força.

2. A Carta das Nações Unidas e as excepções da legítima defesa singular e colectiva, dos acordos regionais e das forças sob a égide do Conselho de Segurança. A questão da legítima defesa preventiva. A questão da intervenção humanitária.

3. Acordos de legítima defesa colectiva.

4. Organizações regionais e uso da força: o sistema inter-americano, a OUA, a Liga Árabe e sistemas sub-regionais.

5. O Direito da Guerra. Limitação de métodos e meios de combate. Protecção das vítimas. Desenvolvimentos derivados do funcionamento recente dos Tribunais Penais Internacionais.

6. Guerras civis e intervenção de Estados estrangeiros.

X – A Autodeterminação dos Povos

1. Origens e desenvolvimento. A Carta das Nações Unidas.

2. O movimento da descolonização e as resoluções da Assembleia Geral.

3. Formas de autodeterminação no período pós-descolonização.

XI – Direito Económico Internacional

1. Direito Comercial Internacional. A Organização Mundial do Comércio e a UNCTAD.

248 O Direito Internacional Público nos Princípios do Século XXI

2. Direito Monetário Internacional. O sistema monetário decorrente de Bretton Woods. O FMI.

3. Desenvolvimento internacional – BIRD, UNIDO e a protecção do investimento internacional. O papel das sociedades comerciais multinacionais e os contratos internacionalizados.

4. Nova Ordem Económica Internacional.

XII – O Direito do Mar e de Outras Áreas Comuns

1. Regulamentação do Mar: o costume, as Convenções de Genebra de 1958 e a Convenção de Montego Bay de 1982.

2. Águas Interiores e Mar Territorial. O direito de passagem inofensiva no mar territorial e a passagem por estreitos internacionais. Jurisdição sobre embarcações.

3. Regulamentação internacional da Zona Contígua e da Plataforma Continental.

4. Direitos e deveres na Zona Económica Exclusiva.

5. Regulamentação do Alto Mar. O princípio da liberdade e limitações. A questão dos fundos marinhos. A Autoridade, a Comissão de Limites da Plataforma Continental e o Tribunal do Direito do Mar.

6. O princípio da soberania versus o princípio do Mar como património comum da Humanidade.

7. Rios e lagos internacionais. Acordos regionais.

8. Regiões polares. A Antártida.

XIII – Espaço Aéreo e Extra-Atmosférico

1. Noção de espaço aéreo. A soberania estatal e as convenções internacionais.

2. Regulamentação do espaço extra-atmosférico. A Lua e outros corpos celestes.

Os satélites artificiais e as estações espaciais.

XIV – Direito Internacional do Ambiente

1. Desenvolvimento como novo ramo do Direito Internacional. Regulamentação da poluição aérea transfronteiriça, da poluição marinha e de rios internacionais.

2. Os detritos nucleares.

3. Modificação climatérica e protecção de áreas ecológicas especiais. A Conferência do Rio de Janeiro de 1992.

XV – Novos Desenvolvimentos do Direito Internacional

1. O Direito Internacional Penal. Os tribunais ad hoc para a Ex-Jugoslávia e o Ruanda. O Tribunal Penal Internacional permanente.
2. As reformas institucionais internacionais: os grupos de reforma da ONU; alterações na hierarquia de princípios básicos: as Declarações do 50.º Aniversário da Organização e da Cimeira do Milénio.
3. Novos fundamentos para utilização da força. Novo papel das forças de manutenção da paz e a conceptualização jurídica do mesmo. Intervenções humanitárias. O combate ao terrorismo internacional.
4. A questão da responsabilidade internacional dos estados e os trabalhos da Comissão de Direito Internacional.[2]

BIBLIOGRAFIA BÁSICA[3]

MANUAIS

Akehurst, Michael – *Introdução ao Direito Internacional*, ed. Almedina, Coimbra, 1985[4]

---

[2] Finda a exposição do Programa, gostaria de esclarecer que, embora tenha sido dado relevo à ligação entre o Direito Internacional e as Relações Internacionais, sendo, aliás, toda a matéria leccionada na óptica desse permanente relacionamento, não se dedicou um capítulo especial ao tema pois existem cadeiras, no curriculum da licenciatura em questão, especializadas na matéria, designadamente a disciplina do 1.º ano de «Teoria das Relações Internacionais». Considerações paralelas podem ser tecidas em relação a vários aspectos das relações diplomáticas, já que existe também a cadeira, no 4.º ano, de «Práticas Diplomáticas».

[3] Uma nota prévia quanto a este ponto: face à situação portuguesa em que existem, desde há anos, vários manuais introdutórios do Direito Internacional e algumas traduções de manuais estrangeiros consagrados, entendeu o docente que o seu contributo, a este nível, seria muito mais útil se fosse concentrado nas falhas do nosso mercado relativamente à oferta bibliográfica no âmbito desta matéria. Assim, concentrou-se na elaboração de fontes primárias de estudo, designadamente numa *Colectânea de Leis de Direito Internacional*, por considerar que todas as existentes eram incompletas face à matéria que se propunha leccionar, bem como numa *Colectânea de Jurisprudência de Direito Internacional* (selecção e tradução de exertos de casos considerados essenciais), que se mantem como o único livro no mercado português do género (e que, aliás, aguarda apenas a publicação de nova edição para ser actualizado, já que tem havido vários acórdãos e pareceres fundamentais nestes últimos tempos). Publicou ainda um livro com exemplares de exames reais elaborados ao longo dos anos em que leccionou esta cadeira, *Exames de Direito Internacional Público*, que é também caso único no nosso mercado. A não publicação de «folhas» teve ainda como base uma tendência da docente de evitar a assimilação irreflectida pelo estudante, sobretudo possível aquando do primeiro contacto com um novo tipo de matéria, de uma obra que, necessariamente, pela sua extensão, nunca teria a profundidade suficiente para lhe transmitir variados pontos de vista, tão cruciais nesta disciplina. Pareceu-me, assim, que melhor faria em recomendar várias obras, expondo os alunos a diferentes modos de ver. A Bibliografia recomendada é, necessariamente, geral, devido à natureza introdutória da

250   *O Direito Internacional Público nos Princípios do Século XXI*

Azevedo Soares, Albino – *Lições de Direito Internacional Público*, Coimbra Editora, 1988

Brownlie, Ian – *Princípios de Direito Internacional Público*, Fundação Calouste Gulbenkian, Lisboa, 1997 (tradução de *Principles of Public International Law*, Oxford Press, U.K., 1990)

Gonçalves Pereira, André e Quadros, Fausto – *Manual de Direito Internacional Público*, ed. Almedina, Coimbra, 1993

Henkin, Louis (Pugh, Schachter, Smit) – *International Law*, West Publishing Co., U.S.A., 1987

Miranda, Jorge – *Direito Internacional Público*, Lisbos, 1995

Quoc Dinh, Nguyen; Daillier, Patrick; Pellet, Alain – *Direito Internacional Público*, Fundação Calouste Gulbenkian, Lisboa, 1999 (tradução de *Droit International Public*, Librairie Générale de Droit et de Jurisprudence, Paris, 1992)

Silva Cunha, Joaquim – *Direito Internacional Público*, ISCSP, Lisboa, 1993

DOCUMENTOS

Escarameia, Paula – *Colectânea de Jurisprudência de Direito Internacional*, ed. Almedina, Coimbra,1991

Escarameia, Paula – *Colectânea de Leis de Direito Internacional Público*, 2.ª ed. ISCSP, Lisboa, 1998

AUXILIAR

Escarameia, Paula – *Exames de Direito Internacional Público*, Lex, Lisboa, 1995

Escarameia, Paula – *Reflexões sobre Temas de Direito Internacional*, ISCSP, Lisboa, 2001

---

cadeira. Foram sempre indicados livros especializados relativamente a cada capítulo a estudantes particularmente interessados nos mesmos.

[4] A versão original inglesa, muito mais actualizada, é também recomendada mas é de difícil acesso aos estudantes, apesar de ter sido adquirida pela Biblioteca do Instituto.

3 – CONTEÚDO DO PROGRAMA

Após o enunciar do plano geral da cadeira, passa-se à referência de cada um dos pontos deste, fazendo-se um breve comentário quanto ao conteúdo dos mesmos e apresentando-se os casos estudados a propósito de cada tema.

I – Natureza do Direito Internacional

1. Noção de Direito Internacional Público. As características da jurisdicidade, do permanente alargamento de âmbito e da actualização. As relações com o sistema político internacional.
2. Operacionalidade. A auto-tutela, a hetero-tutela e outros estímulos ao cumprimento do Direito Internacional.
3. Breve evolução histórica. Origens do Direito Internacional antes de Grotius. O nascimento do Estado. Os naturalismos, os positivismos, a escola sociológica e a doutrina comunista. As guerras mundiais, o movimento da institucionalização internacional, os novos estados independentes e a sua visão do Direito Internacional. Breve visão das novas escolas de pensamento jurídico no campo internacional: o realismo, a escola de análise económica e as escolas de pensamento crítico.

Relativamente ao primeiro ponto do programa, visa-se, sobretudo, uma abordagem inicial às normas e práticas que regem a vida internacional. Não se pretende um estudo exaustivo de várias teorias sobre a questão da natureza das regras internacionais, até porque o aluno não se encontra ainda preparado, por ser o seu primeiro contacto com a cadeira, para as entender cabalmente e para exercer o seu juízo sobre elas. Na realidade, este ponto da matéria acompanha, de certo modo, toda a cadeira, sendo progressivcamente abordado à medida que o Direito das Gentes vai sendo melhor conhecido.

Pretende-se, contudo, questionar, nesta fase, uma série de preconceitos sobre o Direito Internacional, designadamente a tendência fácil para o assimilar ao Direito interno, de mais imediata apreensão porque vivido no quotidiano de qualquer um, e para realçar a sua «imperfeição» face a este.

Assim, podemos concluir que, no n.º 1, se tem o propósito de realçar a importância prática e cada vez mais forte do Direito Internacional, salientando, entre tantas outras características que se lhe poderiam imputar, a sua dinâmica temporal e espacial (alargamento de âmbito e actualização) e, por ser este um ponto apresentado frequentes vezes como negador da própria existência da disciplina, a sua jurisdicidade.

A demonstração destas características é feita através do debate com os estudantes, sendo, desde o princípio, fornecidos vários exemplos históricos quanto ao alargamento das matérias abrangidas pelo Direito Internacional

252 O Direito Internacional Público nos Princípios do Século XXI

Público e quanto às alterações profundas na sua regulamentação ao longo dos tempos. Quanto à característica da jurisdicidade, procura chamar-se a atenção do estudante para o diferente nível de experiência vivida que tem do Direito interno (em que está imerso no dia-a-dia) e do Direito Internacional, de cujas violações toma conhecimento apenas mediatamente, através dos meios de comunicação, não chegando a ter a correspondente vivência do mesmo em relação seu cumprimento. Para além da parcialidade da informação em termos de cumprimento/violação das normas, tenta alertar-se quem começa a estudar estes temas para a frequente classificação como violações de aspectos que mais não são que dúvidas quanto aos factos ou quanto às próprias normas do Direito Internacional, sendo mesmo, muitas vezes, violações de Direito interno, como sucede nas guerras civis, situações estas em que o Direito Internacional tem sido crescentemente chamado a acorrer por a ordem interna se demonstrar incapaz de lhes dar solução. Salienta-se ainda a crescente importância da jurisprudência no Direito Internacional com a criação de vários recentes tribunais internacionais.

Um outro ponto que pode merecer atenção, na linha do argumento de que o Direito interno é mais frequentes vezes violado que o Direito Internacional, é o interessante aspecto de que, na ordem jurídica internacional, não existe, pelo menos em termos tão generalizados como nas ordens internas, a distinção criador/destinatário das leis, pelo que os estados, ao se tornarem, por vontade própria, partes em convenções ou praticarem certos actos que os podem fazer vincular a um costume internacional, estarão naturalmente muito mais predispostos a cumprir as regras a que voluntariamente se submeteram que um destinatário das mesmas a quem estas foram impostas, como vulgarmente acontece na ordem interna, mesmo em situações, excepcionais, em termos mundiais, de democracias representativas[5].

Contudo, o alertar do estudante para estes pontos não é feito com intuitos de o «converter» de algum modo a esta posição, tão controversa, mas apenas de lhe fornecer alguns dados que lhe possam faltar para formar a sua posição inicial, já que é mais corrente, na opinião pública, a argumentação em sentido oposto de que o Direito Internacional seria uma mera forma elaborada de moral internacional ou uma sistematização de regras de deferência e cortesia entre estados, por exemplo. Daí, que seja importante também o debate que se segue então nas aulas sobre a questão da da operacionalidade das normas jurídico-internacionais.

Deste modo, passamos ao sub-ponto 2 que, quanto à tão debatida questão da jurisdicidade, analisa, precisamente, o aspecto mais frequentemente aliado a esta, isto é, a falta de efectividade das normas jurídico-internacionais. Pretende-

---

[5] Não me parece necessário ocupar-me mais longamente deste tema, já que este consta algumas folhas de «Introdução ao Direito Internacional Público», da minha autoria, postas desde 1991 à disposição dos alunos, na Associação de Estudantes do ISCSP.

Programa e Método da Cadeira – Provas de Agregação

-se aqui quebrar o paralelo já referido (Direito interno/Direito Internacional), não tanto através de ideias de «soft law» ou de «horizontalidade» do sistema[6], mas, mais afirmativamente, através da demonstração dos vários meios de auto--tutela, normalmente aplicados bilateralmente, realçando a importância dos princípios da reciprocidade e do precedente, bem como o papel relevante de certos meios coercitivos com correspondente muito reduzido ou mesmo inexistente na regulamentação interna de cada estado. Exemplo sobejamente conhecido destes últimos é o papel da imagem pública internacional do estado, transmitida por canais diplomáticos para as elites governantes e, mais amplamente, pelos meios de comunicação, para o público em geral. Também se tenta aqui demonstrar o formalismo da ideia de que a existência de órgãos independentes das partes em posição de lhes ditar soluções para conflitos, v.g., no Direito interno, os tribunais, e de órgãos em que o poder legislativo está centralizado, v.g. os parlamentos, equivale ao cumprimento da lei. Tal assimilação deformadora é fácil de verificar face à já referida série de infracções ao Direito interno, muitas delas de carácter criminal, que nunca são punidas.

É chamada depois a atenção do estudante para a existência de sanções nas relações internacionais, algumas das quais que, de modo paralelo com o Direito interno, residem na utilização de mecanismos de hetero-tutela (tribunais judiciais internacionais, tribunais arbitrais, Conselho de Segurança da ONU, órgãos com poderes vinculativos sobre os estados, instituidos por convenções de que estes façam parte, etc) e outras que constam de meios de auto-tutela de interesses, como sejam a retorsão, a represália, a legítima defesa, etc, definidas e exemplificadas largamente. Sublinha-se ainda a importância do discurso jurídico, pela legitimidade que invoca e que permite criar um precedente de argumentação de que os estados se não podem desvincular facilmente posteriormente, aspecto este também muito ligado à questão da importância da imagem do estado, já anteriormente referida. Salienta-se, ainda, o carácter obrigatório

---

[6] Se acaso hoje as categorias de sistemas vertical e horizontal fazem parte do vocabulário corrente, é de notar que esta distinção está totalmente ausente nos escritos de Kelsen e que só tardiamente virá a ser explicitada. Na realidade, julgo que a primeira vez em que aparece expressamente na doutrina jusinternacionalista a distinção entre sistemas de distribuição de autoridade horizontais e verticais é no excelente artigo de Richard Falk «International Jurisdiction: Horizontal and Vertical Conceptions of Legal Order» Temple Law Quarterly, vol.32, 1958/59, págs. 295 a 320, que, embora reflicta muito a influência da escola de McDougal, tem o mérito de ter explicitado o modo de funcionamento dos sistemas horizontais quanto à formação legislativa, à aplicação das leis, ao controlo dessa mesma aplicação e à distribuição de funções na cena jurídica internacional, apontando as consequências que, em contraste com os sistemas verticais, lhes são únicas, como a importância da reciprocidade ou o desejo de cumprimento das leis.

Quanto à noção de Direito Internacional Público como «soft law», isto é, como um sistema em que a harmonização de interesses é o objecto principal (e não o cumprimento coactivo), deve-se esta a Gottlieb, que a expôs pela primeira vez no artigo «The Nature of International Law: Toward a Second Concept of Law» in *The Future of International Legal Order*, vol. IV, Princeton University Press, New Jersey, 1972.

das sentenças dos tribunais judiciais e arbitrais, cada vez mais numerosos bem como a crescente protecção jurídico-internacional de valores (como a dignidade humana ou a preservação do meio ambiente) em situações de incapacidade dos sistemas internos.

Contudo, mais do que apontar uma linha ou um rumo, pretende-se, sobretudo, fazer com que o estudante questione as ideias que trouxe consigo antes de iniciar este estudo, podendo, naturalmente, esse questionar levá-lo, mesmo assim, a manter (ou até reforçar) as posições de que partiu. De salientar, ainda, que, até porque se trata de um curso de Relações Internacionais, é dada particular atenção ao nexo existente entre as relações políticas, económicas ou de outro tipo, entre estados e o Direito Internacional, aspecto este que virá a ser mais visível aquando da análise das fontes da ordem jurídica internacional.

Parte-se então para um breve estudo histórico, constante do sub-ponto 3 do capítulo em análise. Pretende este oferecer um enquadramento geral do Direito Internacional Público, demonstrando o seu potencial para ser um sistema de normas existente desde de que comunidades que se considerem diferentes se relacionem entre si, para depois analisar a sua ligação com a criação do estado e com a sua sistematização e estruturação por Grotius.

Assim, são referidos os primeiros tratados conhecidos, oriundos da Mesopotâmia, sublinhando o uso relativamente frequente deste instrumento na Antiguidade (Egipto, Síria, Pérsia, reinos da Índia, cidades-estado da Grécia, etc), a formação de vários costumes internacionais desde então, designadamente quanto a relações comerciais, uso do mar e questões de paz e de guerra, bem como alguma doutrina que chegou até nós, como é o caso dos escritos de Confúcio sobre as leis fundamentais referentes a todos os estados e sobre a necessidade de associação dos mesmos[7].

Pela uniformidade da lei romana e a extrema especificidade jurídica de cada um dos sistemas no período feudal europeu, são estas épocas pouco ricas quanto àquilo a que hoje chamamos Direito Internacional Público, pelo que a análise prossegue com os acontecimentos dos finais da Idade Média, através da teia de contactos comerciais, consulares e diplomáticos que então se estabelecem e que tinham que ser regulados. Os séculos XVI e XVII são assinalados como marcos importantes pela formação da estrutura depois chamada estado moderno e pela sua ligação com o Direito Internacional, bem como pelo contacto europeu com territórios e gentes de outros continentes e pelas formas inovadoras, em termos jurídicos, como foram estabelecidas essas primeiras relações.

São referidos os escritos precursores do moderno Direito Internacional de Francisco Suarez e Francisco Victoria e é dado relevo ao Tratado de Vestefália,

---

[7] Para um interessante resumo histórico das origens de normas internacionais, não centrado totalmente na cultura ocidental, ver Shaw, Malcolm *International Law* Grotius Publications Limited, 2d ed., Cambridge, 1986, sobretudo págs. 12 a 28.

Programa e Método da Cadeira – Provas de Agregação

de 1648, por muitos considerado como o marco histórico fundamental no desenho actual da divisão do mundo em estados, já que enuncia claramente os princípios da igualdade e da soberania dessas unidades territoriais, de fronteiras definidas e invioláveis, tão diferentes dos espaços geográficos que as antecederam no centro e leste europeu e cuja configuração tinha sido responsável pela Guerra do Trinta Anos.

Como não podia deixar de ser, é referida a personalidade de Grotius, que, pela amplitude dos temas versados na sua obra e pela sistematização que lhes é dada, continua a ser considerado como o fundador do moderno Direito Internacional, sendo também neste ponto sublinhada a importância da doutrina na formação desta ordem jurídica. A este propósito, e apesar do tema vir a ser abordado especificamente apenas no capítulo XII, refere-se, por estar particularmente ligado a Portugal e por sublinhar a qualidade da doutrina nacional, a controvérsia surgida com Frei Serafim de Freitas quanto à liberdade de circulação no mar[8].

O século XVIII é referido sobretudo concentrando-nos nas repercussões que a Revolução americana, a primeira colónia a tornar-se independente, e a Revolução Francesa, com a ideologia humanitária e universalista, vão ter no Direito Internacional, estudando-se os mais significativos passos do profícuo século XIX com a institucionalização destas e de outras teorias inovadoras. É chamada a atenção do estudante para o marco fundamental que foi o Congresso de Viena de 1815, com o redesenhar de fronteiras, a consagração do princípio das nacionalidades e a inovação do sistema de equilíbrio de poderes, entre outros aspectos.

Embora vários temas que têm a sua origem no século XIX se venham posteriormente a abordar aquando do estudo mais específico das matérias, também é de referir que se sublinha logo neste ponto a crucial importância das primeiras organizações internacionais[9], debatendo-se as razões do seu aparecimento e

---

[8] Ver, a este propósito, os argumentos de Frei Serafim de Freitas em *Do Justo Império Asiático dos Portugueses (De Iusto Imperio Lusitanorum Asiatico)*, ed. Instituto Nacional de Investigação Científica, Lisboa, 1983 (2 vols.) bem como a muito interessante e informativa introdução de Marcello Caetano. O livro pretende ser uma resposta aos argumentos invocados por Grotius (a quem o autor chama «Incógnito», por ter lido apenas uma primeira versão da sua obra, ainda não assinada) em abono da captura da nau portuguesa Santa Catarina, em 1603, ao largo de Malaca, devido à liberdade de circulação nos mares. O debate jurídico, infelizmente, não se chegou verdadeiramente a processar, já que a obra «Do Justo Império...» levou muitos anos a ser publicada, não dando assim azo à resposta por parte de Grotius.

[9] Para um resumo claro do aparecimento e evolução histórica no século XIX das organizações internacionais, ver, sobretudo, Virally, Michel *L' Organisation Mondial*, Librairie Armand Colin, Paris, 1972, págs. 39 a 54; Bowett, D. W. *The Law of International Institutions*, Stevens and Sons, Londres, 1982, págs. 1 a 13; Luard, Evan *A History of the United Nations* vol.1, Macmillan Press Ltd, 1982, págs. 3 a 16. Para uma leitura em português deste tema, ver as traduções Reuter, Paul *Instituições Internacionais*, ed. Rolim, Lisboa (data não indicada na obra), sobretudo págs. 37 a 65 e Chaumont, Charles, *ONU*, ed. Margens, Lisboa, 1992.

256 *O Direito Internacional Público nos Princípios do Século XXI*

desenvolvimento nesta época histórica, dos primeiros tratados multilaterais[10], e da Conferência de Paz da Haia de 1899, salientando-se aqui a consagração dos chamados tratados-leis (em contraposição aos tratados-contratos), com a vinculação a normas de aplicação temporal permanente, visando, muitas delas, a instituição de princípios ordenadores de toda o sistema de relações internacionais e não meramente uma série de contrapartidas a satisfazer instantanemante.

Debruçamo-nos, seguidamente, de modo sumário e segundo uma ordem cronológica, sobre as principais correntes doutrinais contemporâneas, referindo algumas teses de várias escolas de pensamento jurídico, designadamente o que nelas diz respeito ao Direito Internacional[11].

Assim, começando pelos positivistas, é dado especial relevo a Kelsen (e, posteriormente, à contribuição de Hart), explicando-se os fundamentos da teoria kelsiana de validação de normas no sistema de pirâmide e o papel de supremacia que as regras de Direito Internacional ocupam, designadamente a «Grundnorm» de que o costume internacional é fonte de Direito. São ainda expostas as teses por Kelsen defendidas sobre o primitivismo do Direito Internacional Público, baseadas sobretudo na falta de aparelhos legislativo, judicial e executivo na ordem internacional e a sua substituição por mecanismos de auto-tutela. O estudante é ainda posto ao corrente dos desenvolvimentos doutrinais de Hart, que, advogando igualmente uma postura positivista, veio corroborar a tese do primitivismo do Direito Internacional Público pela divisão que estabeleceu entre normas primárias (os padrões de comportamento) e normas secundárias (meios de identificação de normas, de distribuição de poderes e de modificação do Direito) e pela asserção de que estas últimas estariam ausentes na ordem jurídica internacional[12].

---

[10] O primeiro tratado multilateral parece ter sido o Tratado de Paris de 1856, que pôs fim à Guerra da Crimeia. De facto, mesmo o Congresso de Viena, que tantos estados reuniu, não utilizou a técnica da assinatura de um só texto, a ficar junto do depositário, de que depois se fariam cópias para cada uma das partes. Numa situação de transição, adoptou a técnica de assinatura de um só texto (a Acta Final) mas continuou com o método de troca de textos bilaterais dele derivados. Ver, entre outros, Kirgis *International Institutions in Their Legal Setting*, West Publishing Company, Minn., Estados Unidos, 1977, em que se transcreve o interessante relatório da Comissão de Direito Internacional sobre o aparecimento e a evolução das organizações internacionais.

[11] Para uma síntese histórica muito interessante das teorias predominantes nos nossos dias, ver novamente Shaw, M. *op. cit.*, capítulo 2 («International Law Today»), págs. 39 a 56.

[12] Quanto às teorias de H.L.A. Hart, é recomendada aos estudantes a leitura, sobretudo, do livro *The Concept of Law*, Claredon Press, Oxford, 1961 (de que existe tradução para português), designadamente do Capítulo X, em que se aborda a problemática do Direito Internacional Público. Para uma visão das teorias de Hans Kelsen quanto ao Direito Internacional, são indicadas, sobretudo, as obras *Law and Peace in International Relations*, Harvard University Press, Cambridge, MA, 1942, *Principles of International Law*, Rinehart & Company, Inc., Nova Iorque, 1952, *The Law of the United Nations*, F. Praeger, Nova Iorque, 1964 e o artigo, traduzido do alemão, «The Essence of International Law».

A exposição destas ideias básicas sobre teses positivistas que se debruçaram sobre o Direito Internacional Público segue-se, naturalmente, um debate de ideias sobre este tema, sobretudo pelo confronto com teses já abordadas para as quais a questão da sanção não é um aspecto crucial da jurisdicidade.

Neste seguimento, passa-se à análise de teorias naturalistas, começando por salientar-se a teoria da Igreja Católica, sobretudo alguns aspectos dos escritos de S. Tomás de Aquino, e a influência que esta teoria vai ter em autores não teólogos como Grotius, e, posteriormente, em cultores da escola sociológica como Geny e Duguit. Refere-se ainda a importância que teve no surgimento e consagração universal do capítulo da protecção internacional dos direitos humanos, embora este tema venha a ser abordado em muito maior pormenor em sede de capítulo próprio.

Passa-se depois à abordagem sumária de algumas teses das escolas sociológicas, sendo dado particular relevo à escola de Pound, que utilizou métodos experimentais para desenvolver as teses já presentes na escola europeia do séc. XIX da jurisprudência dos interesses[13], e ao realismo americano, que, partindo duma posição de cepticismo, centrou os seus estudos no comportamento dos agentes que intervêm no processo de formação e aplicação das leis[14].

Analisam-se de seguida algumas escolas que genericamente se podem chamar processualistas, por se centrarem no modo de decisão dos actores internacionais, sendo referidas a teoria dos sistemas, a teoria dos jogos e, sobretudo, a teoria de McDougal[15], com as variáveis por este identificadas como

---

[13] Quanto à escola da jurisprudência dos interesses, ver, entre outros, designadamente por se encontrar traduzido em português, Jhering, Rudolf *Questões e Estudos de Direito*, Livraria Progresso Editora, Baía, 1955. Para uma visão mais compreensiva das teses de alguns dos principais cultores da escola da jurisprudência dos interesses, é de recomendar a leitura da excelente obra *The Jurisprudence of Interests*, Harvard University Press, Cambridge, MA, 1948, que compendia traduções para inglês dos seguintes artigos: Rümelin, Max «Developments in Legal Theory and Teaching During My Lifetime»(1930); Heck, Philipp «The Jurisprudence of Interests: an Outline»; Oertmann, Paul «The Formation of Concepts and the Jurisprudence of Interests»; Stoll, Heinrich «The Role of Concepts and Construction in the Theory of the Jurisprudence of Interests»; Binder, Julius «Remarks on the Controversy about Legal Method in the Science of Private Law»;e Isay, Hermann «The Method of the Jurisprudence of Interests: a Critical Study».

[14] Quanto à escola do realismo americano, muitos são os textos que se poderiam seleccionar, indicando-se aqui apenas o artigo de Llewellyn, Karl « A Realistic Jurisprudence – The Next Step» Columbia Law Review, vol. XXX, 1930, págs. 431 a 465, e, para uma visão mais compreensiva, Twining, William *Karl Llewellyn and the Realist Movement*, Weidenfeld and Nicolson, Londres, 1963. Para um interessante confronto com as premissas da escola alemã de Direito Livre, ver, entre outros, Kantorowicz, Hermann *The Definition of Law*, Cambridge University Press, 1958.

[15] Quanto a este autor, ver, sobretudo *Studies in World Public Order*, Yale University Press, New Haven, 1961. Para uma interessante exposição das principais correntes de pensamento jurídico-internacional do século XX, Black, Cyril «Challenges to an Evolving Legal Order» in *The Future of International Legal Order*, vol.I (Trends and Patterns), Princeton University Press, Princeton, 1969.

258 O Direito Internacional Público nos Princípios do Século XXI

fundamentais na condução dos negócios estrangeiros e na formação do Direito Internacional.

Finalmente, quanto aos debates dos nossos dias, são abordadas as premissas da escola de Estudos Económicos e Direito, baseada na eficácia económica das soluções jurídicas encontradas e é dada particular ênfase à escola de Estudos Críticos de Direito[16], com o seu enfoque inovador no discurso e nas repercussões que a estrutura argumentativa tem na solução concreta dos problemas[17].

Paralelamente à apresentação e debate das teorias citadas, são assinaladas as principais mudanças da vida das relações internacionais do século XX, designadamente, a revolução comunista na Rússia e o movimento da descolonização, que vão originar novas vozes e regras alternativas para o Direito Internacional, até aí profundamente dominado pelas potências ocidentais mais fortes. Assim, estudam-se algumas das linhas básicas da teoria soviética do Direito Internacional Público, salientando-se a importância dada à vontade do estado, que, segundo esta doutrina, se não podia presumir (um debate que se desenvolverá aquando do estudo das fontes pois terá sérias repercussões quanto à universalidade do costume internacional) e o papel menor a que o indivíduo é votado na cena internacional (com variados exemplos, desde a tentativa de diminuir a importância funcional de pessoas como

---

[16] Para uma primeira abordagem aos fundamentos desta escola de pensamento jurídico, ver a excelente síntese do livro de Kelman, Mark *A Guide to Critical Legal Studies*, Harvard University Press, Cambridge, 1987.

[17] Quanto a esta escola, de formação relativamente recente (fundada nos anos 60 mas só debruçada sobre o Direito Internacional Público nos anos 80), ver, sobretudo as obras fundamentais de: Koskenniemi, Martti *From Apology to Utopia: the Structure of International Legal Argument*, Finnish Lawyers' Publication Co., Helsínquia, 1989, em que o autor identifica o dilema constante do Direito Internacional como sendo a assumpção de que as normas jurídicas podem ser ao mesmo tempo concretas e normativas, o que conduz a uma estrutura argumentativa que pode ser descendente (para ideias básicas de justiça, interesses partilhados ou natureza, consideradas anteriores ou superiores aos interesses e comportamento estatais) ou ascendente (baseada na prática, vontade ou interesses estatais) mas que nunca têm qualquer teoria justificativa que as fundamente; de Kennedy, David *International Legal Structures*, Nomos ed., Baden-Baden, 1987 e «When Renewal Repeats: Thinking Against the Box», New York University journal of International Law and Politics, vol.32, n.º 2, Winter 2000; e de Allott, Philip *Eunomia: New Order for a New World*, Oxford University Press, Oxford, 1990, em que se apresenta a ausência de uma teoria social consensualmente aceite como a falha fundamental na normatividade das regras internacionais.

As teses desta escola, ou movimento de Estudos Críticos (também chamado «New Approaches to International Law»), necessitariam, só para serem devidamente enunciadas, de muitas páginas que fugiriam ao âmbito central do tema que agora nos ocupa. De notar que estas obras são apenas indicadas aos estudantes que manifestam interesse por este tipo de teorias.

Para uma lista bibliográfica bastante compreensiva desta escola de pensamento, ver Harvard International Law Journal, vol. 35 n.º 2, Spring 1994, págs. 417 a 460.

Programa e Método da Cadeira – Provas de Agregação 259

o Secretário-Geral da ONU até à não adesão à proteccção internacional dos direitos humanos)[18].

Na linha de teorias alternativas, são também estudadas as posições dos novos estados independentes saídos da descolonização, que, embora não tenham, pelo menos até ao momento, formulado uma teoria estruturalmente consistente, como era o caso da doutrina soviética, têm vindo, contudo, a contestar pontualmente aspectos do regime internacional, fazendo propostas como a criação da nova ordem económica internacional, cuja institucionalização mais avançada reside hoje na Convenção de Montego Bay de 1982, e colaborando vivamente para a crescente importância das organizações internacionais, servindo-se delas, através do seu número, como veículo para que a sua voz seja ouvida[19].

II – Fontes do Direito Internacional

1. Os modos de formação do Direito Internacional: os tratados, o costume (geral, regional e local), os princípios gerais de Direito, a jurisprudência, a doutrina, a equidade, as resoluções e declarações de organizações internacionais, etc.

2. A hierarquia das fontes e as alterações contemporâneas quanto à importância relativa de cada uma delas. O «ius cogens» internacional.

3. O Direito dos Tratados. A Convenção de Viena sobre Direito dos Tratados. Conclusão e entrada em vigor dos tratados; observação, aplicação e interpretação; alterações; invalidade; fim e suspensão; sucessão de Estados em relação a tratados. As reservas. Confronto com a figura híbrida do contrato transnacional com elementos internacionalizantes.

Casos: Paquete Habana (Supremo Tribunal de Justiça dos Estados Unidos)
Jurisdição das Pescas (Tribunal Internacional de Justiça)
Asilo (Tribunal Internacional de Justiça)

---

[18] Neste ponto do programa, é recomendada a leitura das obras de Tunkin, Grigorii *Contemporary International Law*, Progress Publishers, Moscovo, 1969 e *Theory of International Law* (trad. Butler), Harvard University Press, Cambridge, 1974, não só por ter sido este internacionalista aquele que mais difundiu a teoria soviética do Direito Internacional Público, mas também, e, provavelmente em função da primeira característica apontada, aquele cujas obras são de mais fácil acesso no nosso país.

[19] Neste ponto do programa, é também interessante olhar para as teses chinesas sobre o Direito Internacional, que, tal como as dos países em vias de desenvolvimento, não foram nunca apresentadas de modo sistematizado, sendo para tal recomendada a leitura do artigo Yuan, Paul «China's Challenge to Traditional International Law: an Exposition and Analysis of Chinese Views and Behaviour in International Law and Politics».

260 *O Direito Internacional Público nos Princípios do Século XXI*

Direito de Passagem por Território Indiano (Tribunal Internacional de Justiça)

Reservas à Convenção sobre Genocídio (Parecer Consultivo do Tribunal Internacional de Justiça)

Namibia (Parecer Consultivo do Tribunal Internacional de Justiça)

Jurisdição do Conselho da ICAO (Tribunal Internacional de Justiça)

Como nota prévia, gostaria apenas de assinalar a extensão deste segundo ponto, o que denota o critério temático e não de igualdade de amplitude do modo como a matéria foi agrupada. É também neste ponto que se passa a usar de modo intensivo a legislação bem como a jurisprudência, utilizando-se para tal dois livros da docente, respectivamente *Colectânea de Leis de Direito Internacional Público* ed. ISCSP, Lisboa, 3.ª ed., 2003 e *Colectânea de Jurisprudência de Direito Internacional* ed. Almedina, Coimbra, 1992. Estes livros foram elaborados tendo em vista a leccionação da disciplina de Direito Internacional Público segundo uma metodologia que favorece o contacto directo do estudante com fontes primárias (de legislação e jurisprudência) para que este desenvolva as suas qualidades analíticas, de reflexão sobre a matéria, de aplicação a situações concretas e o espírito crítico necessário à capacidade, que se procura desenvolver, de fundamentar opiniões e sugerir novas perspectivas sobre a matéria estudada.

Feito este pequeno reparo inicial, parece ser de indicar que, no geral, como o título indica, o capítulo II visa dar a conhecer os modos de criação e de revelação das normas de Direito Internacional Público, a forma como se relacionam as várias fontes e, especificamente, estudar em maior pormenor, por se tratar de matéria mais técnica e de maior precisão, os tratados. Como sempre, não se pretende uma mera apreensão teórica que se reduziria a uma simples memorização, mas sim uma apreensão efectiva da matéria, só possível pela imersão em casos reais e pelo entendimento crítico da solução que a eles foi dada. Assim, neste ponto, é essencial, não só o apoio legislativo de normas escritas, mas também a jurisprudência, muito abundante, sobre o tema.

O sub-ponto 1 (modos de formação do Direito Internacional Público) visa levar o estudante a enunciar as fontes do referido ramo que, normalmente, já conhece através da sua vivência, e chamar a sua atenção para outras formas, menos familiares, como sejam os princípios gerais de Direito ou a equidade (utilizando-se aqui o tradicional ponto de partida do art. 38.° do Estatuto do Tribunal Internacional de Justiça) ou mesmo, em certa medida, os actos unilaterais de estados. Enquanto apenas é, nesta altura, abordada a temática dos tratados, já que um sub-ponto lhes é totalmente dedicado, pelo contrário grande relevo é dado ao costume, pela importância e características específicas que assume como fonte do Direito Internacional.

Assim, após terem sido enunciadas as características gerais dos tratados internacionais, passa-se ao costume (no sentido clássico de prática repetida, geralmente aceite como Direito), tentando aqui demonstrar a dificuldade na

Programa e Método da Cadeira – Provas de Agregação   261

descoberta de indícios que nos possam levar a concluir pela existência de Direito Internacional Consuetudinário e sendo feita especial referência ao esforço da Comissão de Direito Internacional no seu notável trabalho de codificação. Para além da difícil questão da prova da existência do costume, que é intensamente debatida e que posteriormente será clarificada com o estudo do caso do Paquete Habana (um acórdão de um tribunal superior americano que foi seleccionado por se basear na norma internacional do não apresamento de navios pesqueiros do estado inimigo em tempo de guerra), o estudante chega à conclusão, atendendo aos elementos de prática estatal e de opinio iuris, que o costume se pode descobrir através de modos de actuação dos estados (indiciados por leis e sentenças internas, práticas diplomáticas, boletins oficiais, imprensa, etc), dos escritos de internacionalistas e jurisprudência interna e internacional, dos tratados que visam codificar práticas anteriores, de resoluções da Assembleia Geral da ONU que têm esse mesmo fim, e assim sucessivamente.

Para além da discussão sobre os indícios da existência do costume, analisa-se igualmente a característica da repetição, já que o costume é normalmente referido como um «uso constante e uniforme», o que denota um prolongamento no tempo. Aqui chama-se a atenção do estudante para situações em que o costume se formou rapidamente, como seja o caso, estudado em maior pormenor no capítulo XIII, da livre circulação no espaço exterior, e para casos em que a prática parece ter sido totalmente substituida por declarações não contestadas[20], sugerindo, assim, que a característica relevante é a ausência de oposição a práticas ou declarações. No seguimento deste aspecto, analisam-se ainda as dificuldades acrescidas da descoberta do elemento psicológico do costume, já que parece só ser possível estudar a opinio iuris de um estado através das suas práticas e reacções (ou ausência das mesmas) às práticas de outros estados.

O estudo do costume leva-nos ainda ao questionar da sua universalidade (imposição mesmo aos estados que com ele discordam), isto é, ao consenso necessário para que a regra de Direito Consuetudinário exista e seja considerada como obrigatória para todos os estados. Aqui é referida a controvérsia, iniciada pela contestação clara feita pela teoria soviética (assimilação do costume a acordo tácito, pelo que nunca poderia ser imposto contra a vontade do estado) e ainda hoje frequentes vezes invocada por vários actores da cena internacional[21]. Aliás, é aqui referida a figura do costume regional (ao ponto de poder mesmo ser

---

[20] Exemplos deste segundo aspecto encontram-se com frequência em várias resoluções da Assembleia Geral da ONU que, geralmente, tomaram o nome de declarações. Ver, quanto a este ponto, a ideia doutrinal de «costume instantâneo», lançada por Bin, Cheng *International Law: Teaching and Practice*, Stevens & Sons, London, 1982, sobretudo págs. 222-231.

[21] Um caso que é referido e que, pelas suas consequências graves, atestou vivamente esta controvérsia, foi o combate aéreo ao largo da Líbia, em 1985, por considerarem os líbios que aviões americanos haviam invadido o seu espaço aéreo, não aceitando assim o costume internacional de que baías com a extensão geográfica do Golfo de Sidra não podem ser consideradas águas interiores.

local, envolvendo apenas dois estados), o que teoricamente é consequência da doutrina soviética quanto a este aspecto, que teve consagração jurisprudencial nos casos do Asilo e do Direito de Passagem sobre Território Indiano, que são estudados no fim deste capítulo.

Finalmente, aborda-se o tema da crescente codificação do Direito Consuetudinário no nosso século, referindo-se os principais tratados que são consequência do dito labor, discutindo-se as vantagens (ou possíveis desvantagens) do mesmo e dando-se relevo à criação da Comissão de Direito Internacional (ao abrigo dos arts. 13.° e 22.° da Carta da ONU), já anteriormente referida, e ao trabalho por esta desenvolvido.

Terminados os debates sobre esta fascinante fonte do Direito Internacional, passa-se ao estudo dos princípios gerais de Direito, no seguimento da ordem indicativa, constante do art. 38.° do Estatuto do Tribunal Internacional de Justiça. Esta fonte não é de apreensão imediata pela maioria dos estudantes e a ela não corresponde, também, um entendimento comum por parte da doutrina. Assim, expõem-se algumas das definições mais correntes nos manuais de Direito Internacional Público (modos de interpretação ou de utilização das fontes existentes, bases estruturais da ordem jurídica internacional) e, sobretudo, o significado mais frequente de princípios de Direito interno comuns às várias ordens jurídicas, como sejam, entre muitas outras, as regras do não abuso de poder, da obrigatoriedade do cumprimento dos contratos, do caso julgado, da prevalência da lei posterior sobre a anterior ou da especial sobre a geral[22].

Passa-se depois ao estudo da jurisprudência (de tribunais internacionais permamentes ou arbitrais e de tribunais internos), analisada como fonte, não só pelo seu aspecto, muitas vezes, de verdadeira criação, sobretudo devido à característica de extrema generalidade que está presente em muitas normas jurídicas internacionais, permitindo autênticas inovações de Direito no acto de aplicação das mesmas, mas também como meio mediato de revelação de fontes pré-existentes, pela clarificação do conteúdo destas. Refere-se, naturalmente, o art. 59.° do Estatuto do Tribunal Internacional de Justiça, relativo à inexistência de precedente, mas chama-se igualmente a atenção do estudante para o impacto decisivo dos acórdãos deste Tribunal, o que, para alguns estudiosos, tem corres-

---

[22] A atenção do estudante é também chamada, neste ponto, para a utilização, pelo Direito Internacional Público, de conceitos comuns (e não apenas de normas) aos Direitos internos dos estados. Uma ilustração muito clara deste ponto será dada aquando do estudo do acórdão do Tribunal Internacional de Justiça sobre a companhia Barcelona Traction, em que este órgão se socorre das noções de Direito interno de sociedade de responsabilidade limitada e ilimitada para tirar ilações sobre qual seria o estado que teria legitimidade para defender em juízo a dita companhia.

Uma ilustração da utilização de princípios comuns de Direito interno será estudada na sentença arbitral sobre a Texaco v. Líbia, em que o Árbitro Único analisa vários regimes jurídicos nacionais para chegar à conclusão de que a consagração do princípio «pacta sunt servanda» é geral, e para, com base nessa asserção, concluir pela condenação da Líbia.

Programa e Método da Cadeira – Provas de Agregação 263

pondido, as mais das vezes, à consagração prática da regra oposta[23]. Aborda-se ainda a questão do valor jurídico dos pareceres do Tribunal Internacional de Justiça, fazendo-se particular referência ao parecer fundamental sobre a legalidade do uso das armas nucleares. Salienta-se finalmente a recente criação de vários tribunais internacionais permanentes, como o Tribunal do Direito do Mar e os tribunais penais ad hoc para a ex-Jugoslávia e o Ruanda, e a consequente importância acrescida que a jurisprudência tem vindo a ter como fonte de Direito Internacional.

Refere-se seguidamente o papel da doutrina, salientado-se a posição fundamental que ocupou como fonte aquando da formação do Direito Internacional como estudo sistemático do saber jurídico, aspecto este que ficou bem exemplificado no estudo da evolução histórica do Direito das Gentes. Nos nossos dias, aponta-se o papel como fonte subsidiária frequentemente utilizada para interpretação de normas, mas também se chama a atenção para o aspecto que assume pontualmente de verdadeira criadora (pelo menos na fase inicial) de Direito Internacional, sendo disso exemplo as inovações da zona contígua, no Direito do Mar, devida a Gidel, ou a ideia de património comum da Humanidade, de Arvid Pardo.

Continuando a servirmo-nos do art. 38.º do Estatuto como base de sistematização das fontes, é também abordada a possibilidade, consagrada no seu n.º 2, do uso da equidade como critério decisório das disputas entre estados, caso estes assim acordem, sendo depois discutidas as razões pelas quais, quanto ao Tribunal Internacional de Justiça, tal opção nunca foi, até à data, utilizada.

Quanto a fontes não incluídas no art.38.º, de crescente importância, são referidas as resoluções da ONU (as do Conselho de Segurança e as da Assembleia Geral aprovadas sem votos contra ou por consenso), particularmente abundantes após o fim da guerra-fria, os actos unilaterais dos estados, como sejam declarações de responsáveis seus (de notar o caso particularmente interessante das Experiências Nucleares Francesas no Pacífico[24]), bem como outras

---

[23] Chama-se ainda a atenção do estudante para a importância que decisões anteriores têm no tipo de justificação jurídica dos acórdãos deste Tribunal. De facto, é relativamente rara a invocação de posições de jurisconsultos quanto a pontos controversos, certamente por serem estes facilmente conotados com certo tipo de cultura, pretendendo-se, pelo contrário, que o Tribunal seja representante de todas elas. Em contrapartida, é extremamente frequente a invocação de jurisprudência anterior, mesmo proveniente do Tribunal Permanente de Justiça Internacional ou de outros tribunais internacionais.

Quanto ao aspecto de verdadeira criação normativa, o aluno terá oportunidade de o observar aquando do estudo de acórdãos e pareceres, destacando-se desde já, entre os últimos, o da Reparação por Danos ao Serviço das Nações Unidas ou o das Reservas à Convenção sobre Prevenção e Punição do Crime de Genocídio.

[24] Este caso, interposto pela Austrália e a Nova Zelândia contra a França por causa de testes nucleares por esta conduzidos no Pacífico sul, ao largo dos dois estados primeiramente citados, foi decidido em 1974 e contem a inovação de, pela primeira vez na jurisprudência internacional, se considerar que foi criada uma obrigação jurídico-internacional por causa de

264 O Direito Internacional Público nos Princípios do Século XXI

eventuais formas de demonstração de consenso quanto à obrigatoriedade jurídica de certa conduta, como declarações adoptadas em conferências mundiais especiais. É debatida a questão da eventual independência destas fontes, referindo-se a posição de alguns autores de subsumpção dos actos de órgãos de instituições internacionais à fonte que seria o tratado que os institui e os costumes desenvolvidos no seio destas organizações à fonte que seria o costume internacional. Abordam-se ainda as referências de vários autores a outras fontes, como o Direito Natural, entrando-se seguidamente na discussão sobre a universalidade do mesmo e as dificuldades que a sua construção teórica enfrenta face ao relativismo cultural e à coexistência de padrões éticos diferentes mesmo dentro de uma mesma unidade política.

O sub-ponto 2 refere-se à hierarquia entre as várias fontes de Direito Internacional, normalmente perceptível através da possibilidade de revogação de uma norma por outra ou da escolha entre normas conflituantes num determinado momento. Aliás, sublinha-se desde o início esta característica, demonstrando assim a extrema importância prática da questão da hierarquia das normas, nem sempre imediatamente apreendida pelo estudante.

Assim, refere-se a posição de igualdade entre o tratado e o costume internacionais, já que qualquer deles pode revogar a outra fonte, desde que lhe seja posterior, situação que ficará clara com o estudo do caso da Jurisdição das Pescas, indicando-se a posição subordinada que os princípios gerais normalmente ocupam, já que visam integrar lacunas, e a posição ainda inferior da doutrina e jurisprudência já que, na sua função clássica, são meros modos subsidiários de interpretação. Relativamente à jurisprudência, faz-se referência à sua crescente tendência para se tornar em fonte principal, sobretudo devido ao número considerável de casos recentes, designadamente nas áreas de delimitação de fronteiras (Tribunal Internacional de Justiça) e do Direito Humanitário (Tribunais Penais ad hoc para a ex-Jugoslávia e o Ruanda).

É neste ponto que se refere a interessante noção de ius cogens (o Direito Internacional imperativo), com todas as imprecisões, por demais conhecidas, quanto ao seu conteúdo exacto, já que é correntemente assimilado à série de normas aceites e reconhecidas como imperativas pela comunidade internacional de estados no seu conjunto, e se faz referência às suas ligações com a teoria do Direito Natural. Apresentam-se as posições de vários autores quanto ao dito conceito e é referida a prescrição do art. 53.º da Convenção de Viena sobre

---

uma série de declarações unilaterais da França de que não realizaria futuras experiências nucleares. Afirmou o Tribunal: «Um compromisso deste tipo, se apresentado publicamente, e com a intenção de ser seguido, mesmo que não ocorra no contexto de negociações internacionais, é juridicamente obrigatório. Nestas circunstâncias,... nem mesmo qualquer resposta ou reacção por parte dos outros estados é necessária para que a declaração produza efeitos.» Ver *ICJ Yearbook*, 1974, pág. 253 e segs. De notar, também, que, foi em consequência deste acórdão que a França retirou a sua anterior aceitação da jurisdição do Tribunal.

Direito dos Tratados, que, embora se limite às convenções internacionais, contem a única definição escrita, constante de documento internacional legislativo, de que presentemente podemos dispor[25].

O sub-ponto 3 ocupa-se especificamente do Direito dos Tratados, regido tradicionalmente por regras de Direito Consuetudinário, a maioria das quais foi codificada, sob proposta da Comissão de Direito Internacional, na Convenção de Viena sobre Direito dos Tratados de 1969. Aqui passamos à análise de normas muito mais técnicas e precisas que a maioria das regras do Direito Internacional Público, conduzindo-se um estudo pormenorizado do processo de elaboração das convenções internacionais, dos vícios que podem enfermar o dito processo, dos modos de invalidação dos tratados, da sua aplicação, vigência e problemas que podem surgir durante a mesma, originando a suspensão ou fim dos referidos acordos, das relações com o Direito interno de cada estado, etc.[26].

A Convenção de Viena sobre Direito de Tratados é estudada em pormenor, sendo sempre debatidas as razões de ser das prescrições que apresenta e ilustradas as várias situações com exemplos práticos. Assim, começa por se analisar os modos de negociação e adopção do texto do tratado, seguindo-se as formas de consentimento dos estados (assinatura, troca de instrumentos constitutivos, ratificação, aceitação, aprovação ou adesão, na terminologia do art. 11.º) e as formas de entrada em vigor. Referem-se as circunstâncias em que um estado poderá ter obrigações mesmo antes do consentimento final a ficar vinculado pelo tratado (art. 18.º), passando-se então à problemática das reservas, que tantos problemas práticos tem colocado. Este ponto será analisado em maior pormenor aquando do estudo do Parecer do Tribunal Internacional de Justiça sobre as Reservas à Convenção pelo Genocídio, que virá a seguir. Faz-se ainda referência aos trabalhos em curso da Comissão de Direito Internacional no âmbito das reservas.

Refere-se a obrigatoriedade do registo de tratados no Secretariado das Nações Unidas, discutindo-se os efeitos e, sobretudo, a razão de ser dos mesmos, quando tal registo não é feito (arts. 80.º da Convenção e 102.º da Carta da ONU). Quanto à aplicação dos tratados, estuda-se o regime dos efeitos face a terceiros estados, debatendo-se várias situações práticas, que podem ser de alguma complexidade, bem como a questão, por vezes ainda de efeitos práticos mais marcantes e polémicos, do regime dos tratados sucessivos quanto à mesma

---

[25] A problemática do ius cogens é das mais interessantes e controversas do Direito Internacional e provavelmente terá um impacto muito grande no sistema internacional, já que é um dos pilares da transformação de um sistema horizontal, baseado no voluntarismo estatal, para um sistema vertical, com regras que se impõem aos estados e que estes não podem afastar.

Para um estudo exaustivo do ius cogens, ver a obra de Hannikainen, Lauri *Peremptory Norms (Jus Cogens) in International Law* Lakimiesliiton Kustannus, Finnish Lawyers' Publishing Company, Helsínquia, 1988.

[26] Para um estudo português sobre a problemática dos tratados ver Silva Cunha, J. «Problemas da Vigência dos Tratados» Revista de Estudos de Direito, vol. I, Porto, 1990.

266   *O Direito Internacional Público nos Princípios do Século XXI*

matéria, sobretudo nos casos em que as partes não são exactamente as mesmas nos dois tratados (arts. 34.º e segs. e art. 30.º).

Segue-se então o estudo de situações de vício na formação do tratado, das formas de invalidade e das consequências dessa mesma invalidade. Embora muito do regime (erro, dolo, coacção), tenha sido uma transposição da teoria das obrigações (que, infelizmente, os alunos de Relações Internacionais não estudaram com a profundidade dos alunos de Direito), situações há em que as particularidades do Direito Internacional são patentes, designadamente quanto às disposições contrárias de Direito interno (art. 46.º), à representação do estado por pessoas não autorizadas para tal (art.7.º, 8.º e 47.º), à coacção sobre o próprio estado (com o debate que levou à exclusão das pressões económicas e políticas – art. 52.º) e ao ius cogens (art. 53.º), no que este tem de único face ao Direito imperativo interno.

Refere-se igualmente a ténue distinção, na letra da Convenção de Viena, entre nulidade e anulabilidade, sobretudo aquando do estudo pormenorizado dos efeitos da invalidade dos tratados, em que a distinção de regimes se faz, não ao longo da linha anteriormente traçada, mas sim entre vício de ius cogens e todos os outros vícios (arts. 65.º a 72.º).

Passa-se seguidamente aos princípios de cumprimento dos tratados (pacta sunt servanda – art. 26.º) e às causas de suspensão ou termo por vontade das partes, para depois se analisarem os casos de anomalias no cumprimento das convenções (por violação de uma das partes, por desaparecimento do objecto, por alteração fundamental de circunstâncias ou por situações mais raras como o aparecimento de nova norma de ius cogens ou a eclosão de hostilidades entre estados, por exemplo – arts. 60.º a 64.º) e o processo a seguir pelos estados partes para os suspender ou lhes pôr termo.

Por se tratar de um capítulo muito extenso, que versa matérias de grande aplicação prática, são muitos os casos estudados neste âmbito, focando aspectos como a descoberta do costume (Paquete Habana), a posição ocupada na hierarquia das leis pelo costume face ao tratado (Jurisdição das Pescas), a existência do costume regional e do local (Asilo e Direito de Passagem), o regime das reservas a tratados (Reservas à Convenção sobre o Genocídio), o não cumprimento de tratados (Namibia) e o destino das normas de jurisdição aquando da suspensão de tratados (Jurisdição do Conselho da ICAO). Passa-se, assim, ao seu enunciar mais pormenorizado.

O caso do Paquete Habana, embora tenha sido decidido por um tribunal interno, o Supremo Tribunal de Justiça dos Estados Unidos, foi escolhido por ser a melhor ilustração que conheço, a nível jurisprudencial, do esforço a empreender para descoberta da existência de um costume internacional. Trata-se de um caso antigo, ocorrido aquando da guerra entre a Espanha e os Estados Unidos em 1898, datando o acórdão de 1900. O facto originador da disputa foi o apresamento duma embarcação pesqueira de pavilhão espanhol (o paquete Habana), centrando-se o recurso interposto na proposição de que existiria um costume internacional proibindo tal apresamento. É extremamente interessante estudar a pesquisa histórica das práticas estatais e da opinio juris dos intervenientes em situações deste tipo, havendo recurso pelo tribunal a actos unilaterais dos estados, a tratados bilaterais, a jurisprudência interna e internacional, a legislação interna, etc, para concluir pela existência de um costume internacional proibindo o apresamento de embarcações naqueles casos.

Muito interessante, também, como sempre, é a argumentação dos juízes dissidentes, para a qual é chamada a atenção do estudante, pois questiona fortemente a definição de embarcações pesqueiras e, sobretudo, reacende a polémica quanto aos critérios de distinção entre meras normas de boa conduta e cortesia entre estados e normas verdadeiramente jurídicas, já que considera que o não apresamento estava incluido nas primeiras[27].

No que respeita à questão da posição hierárquica de igualdade entre o costume e o tratado internacionais, escolheu-se o caso da Jurisdição das Pescas que, evidentemente, poderia ilustrar muitos outros pontos, designadamente a evolução do Direito do Mar relativamente às zonas de pesca exclusivas, precursoras da zona económica exclusiva. Contudo, mesmo à custa de um vocabulário por vezes tecnicamente difícil para o estudante que ainda se não debruçou sobre o Direito do Mar, escolheu estudar-se este caso pela alegação da Islândia de que o costume geral teria revogado o tratado bilateral com o Reino Unido. A disputa foi precipitada pelo alargamento da zona de pescas exclusiva islandesa por lei interna, em contradição com o disposto em acordo de 1961 com o Reino Unido, que a Islândia, face à evolução rápida do Direito do Mar, considerava que tinha sido revogado por costume posterior que alargava o direito dos estados costeiros à pesca exclusiva numa maior extensão de mar. Apesar do Tribunal não ter concordado com a pretensão islandesa, a sua fundamentação baseia-se precisamente no facto de o dito costume não estar ainda formado e o seu acórdão obriga à negociação entre as partes, atendendo aos direitos preferenciais da Islândia, não definidos ainda em termos precisos na ordem jurídico-internacional em 1974. É chamada também a atenção do estudante para a atitude prudente do Tribunal de se não antecipar, ao contrário do sucedido noutras instâncias, ao Direito Internacional Convencional, já que as negociações da Convenção de Montego Bay se haviam iniciado no ano anterior, havendo já debates sobre a proposta de um zona económica exclusiva muito mais alargada que a zona reivindicada pela Islândia[28].

Ainda quanto à questão das fontes, tenta ilustrar-se a problemática do costume regional e local através do estudo do acórdão sobre o Asilo e sobre o caso, ligado a Portugal, do Direito de Passagem por Território Indiano.

---

[27] Para uma leitura deste acórdão, ver *US Court Reports*, vol. 175, pág. 677 e segs.(ou 20 Supreme Court 290, 44 L. Ed. 320).

[28] Para uma leitura do acórdão, ver *International Court of Justice Reports*, vol. de 1973, pág. 3 e segs.

268   *O Direito Internacional Público nos Princípios do Século XXI*

O primeiro, datado de 1950, é incluido por ter sido a primeira vez que um tribunal internacional reconheceu a existência de costumes regionais (embora não considerasse que, no caso pendente, entre e Colômbia e o Peru, o estado que concedia o asilo diplomático tinha o direito, por costume, de qualificar unilateralmente o tipo de actividade do asilado)[29].

Quanto ao segundo, refere-se o acórdão de 1957, em que foram rejeitadas algumas das objecções da Índia à jurisdição do Tribunal Internacional de Justiça, para depois se entrar na situação factual que despoletou o caso (invasão armada de Dadra e Nagar-Aveli, tendo a Índia impedido a passagem de tropas portuguesas entre Damão e estes enclaves) e na interessante argumentação das partes. O caso é analisado com relativo pormenor, estudando-se a rejeição por parte do Tribunal das objecções preliminares da Índia, uma das quais consistia em afirmar não poder existir costume regional de tal forma localizado que envolvesse apenas dois estados.

Este caso, como tantos outros, poderia, naturalmente, ser estudado em capítulo diferente, já que se enquadraria perfeitamente na temática do uso da força, da autodeterminação ou do estado como sujeito de Direito Internacional revestido de soberania. Embora enquadrado no capítulo referente ao costume, analisa-se o acórdão quanto a muitos outros aspectos, chamando-se a atenção do estudante para o ponto de viragem que representou na ordem jurídica internacional, o que é atestado pela votação extremamente dividida dos juízes (8-7), e para a contradição teórica que parece existir e que se deve a uma situação de transição ainda não conceptualizada devidamente, entre considerar que a soberania dos enclaves pertencia a Portugal e negar o direito de defesa dessa soberania. Chama-se ainda a atenção, neste âmbito, para a argumentação portuguesa de que haveria princípios gerais e costume geral que garantiriam a passagem de tropas em situações semelhantes e o enunciar pelo Tribunal de que o costume específico (de não passagem de forças armadas, polícia militarizada e armas sem autorização) se sobreporia a quaisquer eventuais regras gerais, aplicando assim o princípio de que a lei especial prevalece sobre a geral, ainda que, neste caso, com sedes diferentes[30].

No âmbito já dos tratados, e no que respeita à problemática das reservas, é estudado o parecer inovador do Tribunal Internacional de Justiça relativo às Reservas à Convenção sobre a Prevenção e Punição do Crime de Genocídio,

---

[29] Para uma leitura do acórdão, consultar *International Court of Justice Reports,* vol. de 1950, pág. 266 e segs.

[30] Para uma leitura deste acórdão, consultar *International Court of Justice Reports*, vol. de 1960, pág. 6 e segs.

Relativamente a este caso, existe, como é natural, muito mais bibliografia e compilação de materiais em Portugal do que em relação aos outros. A título indicativo, referem-se aqui os documentos do Ministério dos Negócios Estrangeiros relativos ao caso do Direito de Passagem, constantes da obra *Vinte Anos de Defesa do Estado Português da Índia*, e uma selecção dos mesmos, feita em Reboredo Seara, Loureiro Bastos e Matos Correia, *op. cit.*, págs. 124 a 154.

Programa e Método da Cadeira – Provas de Agregação 269

que veio alargar extraordinariamente a possibilidade de as formular, vindo a ter consagração, pelo menos parcialmente, na Convenção de Viena sobre o Direito dos Tratados (arts. 19.° e segs.). Trata-se de parecer de 1951, solicitado pela Assembleia Geral aquando das muitas dúvidas suscitadas quanto ao tipo de reservas que poderiam ser feitas à Convenção sobre Prevenção e Punição do Crime de Genocídio de 1948. É muito interessante vermos o modo como o Tribunal tenta, neste caso, harmonizar as regras, potencialmente contraditórias, da integridade da convenção e da universalidade que a mesma pretende e as considerações feitas quanto ao seu carácter humanístico e não-contratual, para chegar ao critério da permissibilidade de reservas que não fossem contra o objecto ou o fim do tratado.

É chamada a atenção do estudante para a subjectividade do critério proposto, já que o julgamento do preenchimento destas condições cabe a cada estado, sendo também estudada a situação de imprecisão e ambiguidade hoje existente quanto ao tipo e número de reservas internacionalmente aceites. Debate-se também a situação confusa que resulta da possibilidade de objecção a reservas por apenas algumas partes no tratado, estudando-se em maior pormenor então o regime instituido pela Convenção de Viena de 1969 sobre este ponto (arts. 19.° a 23.°) e discutem-se sugestões alternativas de regulamentação, com especial referência para a acção dos órgãos de controlo instituidos no âmbito de tratados internacionais sobre direitos humanos[31].

No domínio, já não das reservas, mas sim do cumprimento dos tratados, são analisados o parecer do Tribunal Internacional de Justiça quanto à Namibia e o acórdão relativamente à Jurisdição do Conselho da ICAO. O primeiro dos dois reveste um interesse muito grande, não só pelos antecedentes judiciais e a evolução política do antigo mandato da África do Sul sobre a Namíbia, mas também porque se trata de uma ilustração muito clara do termo de um acordo internacional (provavelmente entre toda a comunidade internacional e a África do Sul) por desrespeito das obrigações a que esta última estava adstrita, o que conduz à aplicação do art. 60.° da Convenção de Viena sobre Direito dos Tratados.

De notar que, tanto neste estudo prático como em todos os outros, é sempre fornecido o devido enquadramento histórico dos casos, designadamente no que se refere aos aspectos jurídicos (que, no caso da Namibia, são particularmente notórios pois, ao tempo deste parecer, em 1971, já tinha havido três pareceres consultivos e um caso contencioso interpostos perante o Tribunal Internacional de Justiça). Assim, aproveita-se a oportunidade para estudar o regime de mandatos da Sociedade das Nações, a sua sucessão (e em que termos) para o sistema de tutela da Organização das Nações Unidas, questões estas presentes nos três pareceres anteriores, bem como a legitimidade para estados

---

[31] Para uma leitura completa deste parecer, consultar *International Court of Justice Reports*, vol. de 1951, pág. 15 e segs.

270 *O Direito Internacional Público nos Princípios do Século XXI*

recorrerem ao Tribunal em nome de outros, aspecto este que esteve na base do controverso acórdão de 1966 que optou pela não aceitação do caso pelo Tribunal[32].

Chama-se ainda a atenção do estudante para a construção jurídica que é feita da violação cometida pela África do Sul, não ficando claro quem seria a outra parte do tratado que instituiu o mandato, bem como da precedência que o regime geral dos tratados parece ter aqui sobre as regras, mais específicas, dos mandatos, o que parece constituir, em certa medida, um abandono da regra de que a lei especial prevalece sobre a geral[33].

O acórdão referente à Jurisdição do Conselho da ICAO é muito mais técnico mas de grande impacte prático pois refere-se ao destino das cláusulas de jurisdição, constantes de tratados, quando os mesmos são suspensos. Através do desenvolvimento de uma situação de grande tensão política entre o Paquistão e a Índia que conduziu à independência do Bangladesh e que envolveu o desvio de aviões indianos e outros incidentes, o estudante chega à análise de questões processuais de jurisdição de certos órgãos, neste caso o Conselho da ICAO, para concluir que as cláusulas de jurisdição constantes de tratados mantêm os seus efeitos ainda que uma das partes considere que o tratado está suspenso ou lhe tenha posto fim[34].

---

[32] O estudo do processo do Sudoeste Africano que, depois de 1966, passou a ser designado oficialmente como Namíbia, é dos mais fascinantes sob o ponto de vista jurídico. Pela atitude única da África do Sul, mandatária da Sociedade das Nações, o mandato continuou durante a vigência da ONU, não sendo, como todos os outros, transformado numa tutela (decisão objecto do primeiro parecer do Tribunal Internacional de Justiça sobre o assunto, proferido em 1950). Esta situação levou a mais dois pareceres (sobre quais as regras a aplicar, já que a Sociedade das Nações adoptava a norma da unanimidade e processualmente não permitia a petição de certas entidades), proferidos em 1955 e 1956 e ao caso contencioso, que revestiu aspectos invulgares, interposto pela Etiópia e pela Libéria contra a África do Sul, pela instituição do apartheid na Namíbia. Num acórdão singular, proferido em 1966, o Tribunal, que já tinha rejeitado, em julgamento de 1962, a objecção da falta de legitimidade dos dois estados para intentarem a acção, reabriu a questão e, por voto de desempate do presidente, deliberou não haver suficiente interesse por parte dos queixosos, recusando, assim, debruçar-se sobre o fundo da questão.

Tendo a Assembleia Geral reagido de imediato, aprovando uma resolução que considerava findo o mandato e que foi seguida, em 1970, por resolução do mesmo cariz do Conselho de Segurança, o Tribunal proferiu então o Parecer em estudo, afirmando a ilegalidade da presença da África do Sul na Namíbia.

[33] Para uma leitura completa do Parecer, consultar *International Court of Justice Reports*, vol. de 1971, págs. 16 e segs.

[34] Para leitura deste acórdão, consultar *International Court of Justice Reports*, vol. de 1972, pág. 46 e segs.

Programa e Método da Cadeira – Provas de Agregação

III – Relações entre o Direito Internacional e o Direito Interno

1. Os vários sistemas de recepção do Direito Internacional. A posição da Constituição portuguesa de 1976 e das revisões posteriores. Recepção e posição hierárquica do Direito Internacional face ao Direito português.
2. Distribuição de competências em matéria internacional entre os órgãos de soberania portugueses.

Casos: Acórdãos do Tribunal Constitucional Português n.os 223/89, 266/89 e 315/89

Este ponto visa estabelecer a ligação entre o Direito Internacional e o interno, designadamente quanto aos modos de inserção nos ordenamentos jurídicos internos e quanto à posição na hierarquia das leis, fundamental no momento da aplicação.

Assim, o sub-ponto 1 pretende oferecer uma panorâmica dos possíveis modos de recepção do Direito Internacional, estimulando o aluno para a concepção de modos alternativos de o conseguir. Partindo da dicotomia monismo//dualismo, analisam-se as principais teorias que se englobam num ou noutro campo, estudando-se as implicações jurídicas que a opção por uma ou outra tem na questão da inserção das normas internacionais nos ordenamentos internos. O estudante é levado a reflectir sobre os pressupostos da teoria dualista (dois sistemas independentes, constituidos por normas distintas, versando matérias diferenciadas e com destinatários próprios e não comuns) e a apresentar possíveis críticas aos fundamentos desta tese, patentes após o estudo das fontes, com a inter-relação permanente entre normas dos Direitos interno e Internacional. Estuda-se seguidamente o monismo com primazia de Direito interno e o monismo com primazia de Direito Internacional, sendo que, quanto a este último, já o aluno se encontra familiarizado, neste ponto, pelo menos, com um dos seus cultores, pois foi abordada a teoria kelsiana aquando do estudo da evolução do pensamento jurídico-internacional do nosso século. Igualmente quanto a esta teoria, passa-se ao debate de ideias, sendo os estudantes encorajados a exprimirem a sua opinião fundamentada sobre estas teses, baseadas na unicidade do ordenamento jurídico.

Segue-se o estudo de formas de incorporação do Direito Internacional Público na ordem interna dos estados, dando-se particular relevo e fornecendo--se exemplos de Direito Comparado quanto a casos de incorporação automática (imediata, sem sequer requerer publicação), de recepção plena, semi-plena e de recepção por transformação (requerendo uma lei de Direito interno que repita o conteúdo da lei internacional). Tenta-se então debater as razões que podem estar por detrás da adopção pelos estados de um (ou alguns) destes métodos em detrimento dos demais, fazendo-se um estudo comparado.

Passa-se depois à análise do art.8.° da Constituição da República Portuguesa e às dúvidas de interpretação que o mesmo poderá suscitar no espírito do leitor, pelo menos quanto à questão da posição hierárquica das normas jurídico-internacionais. Sendo referidas as posições mais significativas de jurisconsultos portugueses, recorre-se a uma interpretação sistemática do texto para chegar a conclusões mais fundamentadas. Como sempre, pretende-se aqui, como em todos os outros pontos, que, dando acesso às fontes primárias ao estudante e expondo-o as várias correntes de pensamento e formas de interpretação, faça o seu próprio juízo sobre a questão, relevando apenas a bondade da fundamentação e não o chegar a um certo tipo de conclusão. O enfoque do estudo é feito não apenas no modo de recepção das normas internacionais, em que é consenso generalizado tratar-se o referido artigo de uma cláusula geral de recepção plena, mas, sobretudo, na difícil questão da posição hierárquica que, após recepção, o Direito Internacional geral ou comum (n.° 1) e o Direito Convencional (n.° 2) ocupam na ordem interna portuguesa.

Chama-se a atenção do estudante para o controlo da constitucionalidade das normas de Direito Internacional para se concluir, geralmente, pela superioridade da Constituição sobre as normas internacionais para a ordem jurídica portuguesa, já que afere a legitimidade destas pelos preceitos daquela. Não deixa aqui de se relembrar o disposto na Convenção de Viena sobre Direito dos Tratados quanto à questão, alertando para as incompatibilidades potenciais em certos pontos, sobretudo quanto a questões que caibam no âmbito dos arts. 27.° e 46.° da dita Convenção.

Ainda em relação à posição hierárquica de normas internacionais, agora face a leis e decretos-leis internos, dá-se conta das divergências na doutrina e da ambiguidade do texto constitucional, debatendo-se as possíveis interpretações do mesmo e dando conta da expressão final do n.° 2 que parece apontar no sentido da não revogabilidade de convenção por lei interna, já que aquela só deixa de vincular o estado português por ter deixado de vigorar na ordem internacional.

O sub-ponto 2 é relativamente descritivo, já que se estudam as disposições legais relativas às fases necessárias à feitura e entrada em vigor de convenções na ordem interna portuguesa (designadamente, negociação, a cargo do Governo, aprovação, pela Assembleia da República ou, residualmente, pelo Governo e ratificação, para os acordos solenes, pelo Presidente da República, seguindo-se, como sempre, a publicação) fazendo-se, contudo, notar divergências de interpretação que podem surgir quanto à distribuição de competências, na fase da aprovação, entre a Assembleia da República e o Governo e quanto à discricionariedade do acto de ratificação do Presidente da República. É ainda feito o reparo importante, referente à terminologia adoptada pela nossa Constituição, de divisão de convenções em tratados (convenções solenes, requerendo ratificação) e acordos (convenções não solenes, que prescindem de ratificação), chamando-se a atenção para o particularismo de tal nomenclatura, não presente em

Programa e Método da Cadeira – Provas de Agregação

documentos internacionais que, no geral, consideram as palavras convenção, tratado e acordo como sinónimos, embora possam empregar mais frequentemente algum destes termos em certas circunstâncias e outro noutras.

Por ter grande aplicação prática, esta matéria presta-se ao estudo de casos muito interessantes, designadamente pela análise de alguns acórdãos do Tribunal Constitucional português sobre a questão dos juros de mora por dívidas creditadas por letras. É fascinante estudar as deliberações divergentes do Tribunal face ao mesmo problema (isto é, a relação entre a Lei Uniforme sobre Letras e Livranças, nome corrente da Convenção de Genebra de 1930, a que Portugal aderiu em 1934, designadamente os seus arts. 48.º e 49.º, e o D.L. n.º 262/83, de 16 de Junho, designadamente o seu art. 4.º), vendo como as fundamentações vão desde a rejeição dos processos estabelecidos pela Convenção de Viena para pôr fim a uma cláusula de um tratado, por se não tratar de Direito Internacional Consuetudinário e Portugal não ser parte da dita Convenção, até construções mais imaginativas de caducidade por falta de objecto, por exemplo. Igualmente muito interessante é o estudo das opiniões dissidentes, para uma visão oposta do problema. De notar, contudo, que, apesar de se tratar de uma questão muito interessante, a redacção hermética e densa dos fundamentos frequentes vezes desmotiva grandemente os estudantes, pelo que estes acórdãos têm sempre que ser acompanhados por muitas explicações sobre o seu conteúdo, ao contrário dos outros casos estudados.

Têm vindo a ser estudados três dos muitos acórdãos que se têm ocupado do problema: a sua escolha deve-se apenas ao facto de terem todos fundamentos jurídicos distintos e terem sido os mais recentes ao tempo da publicação da *Colectânea de Jurisprudência de Direito Internacional Público* que serve de texto de apoio. É, contudo, fornecida informação sobre a situação presente. Quanto aos acórdãos em causa, é interessante ver que a argumentação do Procurador-Geral Adjunto se mantem sempre constante, isto é, que existe um processo próprio de desvinculação de acordos internacionais e que, desse modo, a invocação de alteração fundamental de circunstâncias não opera automaticamente. Assim, conclui pela violação do n.º 2 do art. 8.º (que estabelece que uma convenção vigora na ordem jurídica portuguesa enquanto vincular internacionalmente o estado português) bem como do seu n.º 1 (violação do princípio de pacta sunt servanda, sem dúvida de Direito Consuetudinário).

Quanto à interessante fundamentação jurídica, o acórdão n.º 223/89 utiliza a possibilidade de reservas quanto ao ponto em questão (a taxa dos juros) para concluir pela divisibilidade da convenção, o que, aliado à alteração fundamental das circunstâncias e à invocação feita no preâmbulo da dito decreto-lei quanto a obrigações tituladas por letras passadas e pagáveis em Portugal, leva à conclusão pelo Tribunal de que não é necessário o processo indicado na Convenção de Viena sobre Direito dos Tratados, tanto mais que Portugal não é parte dela[35].

---

[35] Para uma leitura deste acórdão, ver Acórdão n.º 223/89, Diário da República – II Série, n. 123, de 30 de Maio de 1989.

274 *O Direito Internacional Público nos Princípios do Século XXI*

Mais criativa ainda é a fundamentação do acórdãoo n.° 266/89, em que a maioria acaba por concluir pela caducidade da Lei Uniforme aquando da entrada em vigor do Dec.-Lei n.° 262/83, não havendo, assim, qualquer possibilidade de inconstitucionalidade. Muito importante, também, é a argumentação dos juízes dissidentes, que vai no sentido, já anteriormente apresentado, das alegações do Procurador-Geral Adjunto[36].

Finalmente, é também muito interessante estudar o acórdão n.° 315/89 que, no seguimento de tantos outros que o precederam, rejeita a jurisdição sobre o caso por falta de competência do Tribunal Constitucional, já que só haveria violação indirecta da Constituição (sendo, assim, o vício invocado de ilegalidade, por violação de convenção internacional e não de inconstitucionalidade)[37].

Tendo assim sido confrontados com estas três aplicações práticas da matéria em causa, os estudantes envolvem-se num interessante debate sobre as relações entre o Direito Convencional e o Direito interno português, muito enriquecido pelo conhecimento da situação real a que os casos se aplicam e as circunstâncias que levam à fundamentação jurídica encontrada pelo Tribunal Constitucional.

IV – Os Sujeitos de Direito Internacional – Estados

1. Condições de existência dos Estados. Os princípios da soberania estatal e da igualdade entre Estados. Desafios contemporâneos ao princípio do domínio reservado dos Estados.
2. Reconhecimento de Estados e de Governos surgidos de ruptura constitucional. As várias doutrinas sobre o reconhecimento. Reconhecimento de movimentos de libertação e de rebeldes.
3. Aquisição de território.
4. Sucessão de Estados: modos e efeitos.

Casos: Ilha das Palmas (Tribunal Permanente de Arbitragem)
Sara Ocidental (Parecer Consultivo do Tribunal Internacional de Justiça)

Passa-se agora a um dos pontos que mais modificações tem sofrido nos últimos tempos e que maior relevo assume, já que a própria disciplina é definida, a maior parte das vezes, em função dos sujeitos, isto é, como o sistema de normas jurídicas que regula as relações entre estados, organizações interna-

---

[36] Para uma leitura deste acórdão, ver Acórdão n.° 266/88, Diário da República – II Série, n. 129, de 6 de Junho de 1989.

[37] Para uma leitura deste acórdão, ver Acórdão n.° 315/89, Diário da República – II Série, n. 136, de 16 de Junho de 1989.

Programa e Método da Cadeira – Provas de Agregação

cionais e outros sujeitos. Assim, importante se torna a apreensão de quem são estes agentes internacionais cuja actividade é disciplinada pelo Direito Internacional Público. O capítulo agora em análise debruça-se apenas sobre a figura clássica do sujeito jurídico-internacional, o estado. Já que toda a construção teórica está ainda fundamentalmente centrada em torno desta figura base e os principais poderes ainda nele estão concentrados, é pedagogicamente mais fácil começar por analisar este tipo de sujeito e realisticamente mais frutuoso olhar para o papel que desempenha.

Começa por se partir duma noção relativamente consensual do que constitui personalidade jurídica internacional, do género «possibilidade de ser detentor de direitos internacionais e de estar adstrito a obrigações internacionais». Passa-se então à análise da figura do estado, referindo as tradicionais características de que essa entidade deve gozar para poder ser considerada sob essa categoria e que, normalmente, se buscam no enunciado da Convenção de Montevideu de 1933 (designadamente, território, população e governo com capacidade de controlo interno e representação internacional). A estas juntam-se princípios basilares do Direito Internacional, pelo menos desde o fim da Guerra dos Trinta Anos (Tratado de Vestefália), como sejam a soberania estatal e a igualdade entre estados, sendo fornecidas ilustrações, a nível institucional, dessa igualdade.

Estudam-se então situações que fogem à ortodoxia das características apresentadas, não só relativamente a estados que temporariamente não têm um território definido ou um governo que não o controla internamente (situação muito comum, designadamente em caso de guerras civis, sendo talvez o caso da Somália, pela fragmentação do poder, um dos exemplos mais relevantes) mas, sobretudo, em relação a outras entidades territoriais que assumem apenas algumas das características mencionadas.

Assim, são estudados os poderes dos estados federados (que, por vezes, aparecem com o nome de províncias ou departamentos, por exemplo), das regiões autónomas, cada vez mais correntes, de regiões administrativas, de protectorados, de estados associados, de colónias em processo de independência, etc, chamando-se a atenção para a crescente capacidade internacional que têm vindo a assumir, estando, por vezes, representados em organizações internacionais e fazendo acordos com outros estados. A este propósito, analisam-se os casos de Macau e Hong Kong, após a transferência de adminstração para a República Popular da China, como Regiões Administrativas Especiais, estudando-se as respectivas Declarações Conjuntas e debatendo-se o conteúdo dos poderes tradicionalmente estatais que passarão a residir exclusivamente nas ditas Regiões[38].

---

[38] Uma das cadeiras regidas pela docente é, precisamente, a de «Estatutos de Macau, Hong Kong e Formosa» que integra a parte curricular do Mestrado em Relações Internacionais (Área de Estudos do Pacífico) do ISCSP. Assim, são numerosos os materiais de que dispõe sobre a configuração jurídica das futuras Regiões Adminstrativas Especiais, constantes de selecção de

No seguimento desta matéria, é igualmente feita referência a formas menores de soberania sobre territórios como sejam os casos de arrendamento, de condomínio, de administração ou de servidão, sendo, entre outros, estudadas, mais uma vez, pela sua originalidade e ligação com Portugal, as situações históricas de Macau e de Hong Kong.

Finalmente, é feita referência à questão da reserva de jurisdição interna dos estados e à progressiva subalternização da mesma face ao desenvolvimento da protecção internacional dos direitos humanos e do Direito Humanitário.

Os estudantes são depois levados a indagar da situação de determinadas entidades políticas de identidade controversa, o que normalmente nos conduz ao interessante debate sobre a natureza constitutiva ou meramente declarativa do acto de reconhecimento. Como sempre, mais uma vez se expõem várias doutrinas que tentaram criar limites jurídicos ao reconhecimento (entre as quais se contam as doutrinas de Estrada, Stimson, Lauterpacht, do não reconhecimento, ou retirada de reconhecimento prematuros) e se assinalam as principais formas que pode revestir, de reconhecimento de facto versus reconhecimento de jure e de reconhecimento expresso versus tácito, esperando-se que cada um faça o seu próprio juízo sobre a situação e o fundamento com os elementos fornecidos e quaisquer outros que considere relevantes.

Neste ponto aproveita-se, embora estejamos num capítulo dedicado a estados, para se fazer referência igualmente ao reconhecimento de governos e de outras situações territoriais, como sejam as aquisições de territórios, dadas as semelhanças de regime. Discute-se ainda a questão dos limites jurídicos que eventualmente possam existir em relação à discricionariedade dos estados em reconhecerem estas situações. Este problema, que tão fortes implicações práticas tem, é sujeito a debate, dando-se exemplos de várias situações controversas (como o estado da Palestina, as Repúblicas Bálticas antes da independência, a incorporação de Timor na Indonésia, etc) e chamando-se a atenção para a prescrição constante da resolução da Assembleia Geral n.° 2625, de 1970 (aprovada por consenso) de proibição de reconhecimento de territórios adquiridos pela força das armas, no seguimento da doutrina de Stimson, formulada nos anos 30, aquando da invasão da Manchúria.

Como um dos elementos essenciais do estado é também o território, sendo mesmo este a causa de inúmeras disputas, o sub-ponto 3 ocupa-se das formas de aquisição do mesmo, incluindo algumas, como a conquista, de carácter meramente histórico, pelo menos em termos jurídicos. É dado maior relevo a formas como a cessão, a ocupação e a prescrição aquisitiva, as quais são ilustradas com vários exemplos[39], embora se refiram também situações de modifi-

---

textos que se juntam ao processo, e que estão também à disposição dos alunos da disciplina de Direito Internacional Público na Biblioteca do Instituto.

[39] Neste ponto, é mencionada a interessante obra histórico-jurídica de Saldanha, António Vasconcelos *Vincere Reges et Facere – Dos Tratados como Fundamento do Império dos Portugueses no Oriente*, Fundação Oriente, 1995.

cação territorial por actos da natureza (muitas vezes impulsionados por acções humanas, como no caso dos aterros) e de sentenças judiciais e se analise a validade jurídica de argumentos baseados na aquiescência, no reconhecimento, na contiguidade geográfica e similitudes histórico-culturais, no direito de autodeterminação, etc, normalmente para concluir, após debate de muitas instâncias, que estes argumentos não têm, por si mesmos, sido considerados como fundamento para aquisições territoriais.

O último sub-ponto refere-se à complicada matéria da sucessão de estados, de tanto interesse prático na Europa dos nossos dias, em que muitos novos estados surgiram. Referem-se as imprecisões nos vários campos, incluindo na sucessão quanto a tratados, pois mesmo a Convenção de Viena sobre Sucessão de Estados quanto a Tratados, de 1978, não reflecte, para a maioria dos autores, o Direito Consuetudinário na matéria (pelo menos, de uma maneira considerável), e tem um número muito diminuto de ratificações, tendo apenas entrado em vigor muito recentemente. Contudo, a dita Convenção é estudada com a ressalva já feita, bem como o são casos, já não de sucessão quanto a tratados mas de responsabilidade internacional, de concessões para explorações económicas, de titularidade da propriedade e assim por diante. Faz-se ainda referência às Regras sobre Nacionalidade em caso de Sucessão de Estados adoptadas pela Comissão de Direito Internacional em 1998.

Esta matéria tem muitas implicações práticas que, contudo, nem sempre são resolvidas através da intervenção de órgão judiciário mas antes, mais frequentemente, por acordos pontuais que tornam difícil um estudo sistemático. Assim, os dois casos estudados relacionam-se com aquisição territorial e têm um interesse extraordinário, não só pelo confronto revelador que se pode fazer entre as duas decisões, separadas de cerca de 50 anos, mas também porque demonstram de modo muito acentuado algumas das incapacidades terminológicas da presente ordem jurídico-internacional, consequência do desajustamento e da falta de desenvolvimento adequado, em termos conceptuais, do actual Direito Internacional Público[40].

O primeiro caso é o da Ilha das Palmas, objecto de uma sentença arbitral de 1928 que resolveu a disputa entre a Holanda e os Estados Unidos (como sucessores da Espanha, visto esta ter cedido, pelo Tratado de Paris de 1898, vários territórios após derrota na guerra que envolveu estes dois estados) quanto a uma pequena ilha do sul do arquipélago das Filipinas. O caso é extraordinariamente interessante porque é muito clara a tensão entre os princípios da aquisição territorial por descoberta (defendida aqui pelos Estados Unidos) e por ocupação

---

[40] Este tema, que é constante em todo o curso e que corresponde a uma das minhas preocupações mais fortes na matéria, está desenvolvido sobretudo no meu livro *Formation of Concepts in International Law: Subsumption under Self-Determination in the Case of East Timor*, já citado, que transcreve a minha tese de doutoramento, apresentada em 1988, e no artigo «O Que É a Autodeterminação?», Política Internacional, vols.7/8, Lisboa, 1993.

278   O Direito Internacional Público nos Princípios do Século XXI

efectiva, acabando por vencer a tese da prescrição aquisitiva, já que não houvera contestação durante largo período de tempo e, sobretudo, por, na visão do Tribunal, só o exercício pacífico da soberania efectiva poder dar garantias a outros estados e seus cidadãos da estabilidade e certeza necessárias nas relações internacionais[41].

O segundo caso estudado insere-se no problema político contemporâneo do estatuto do Sara Ocidental e é um parecer do Tribunal Internacional de Justiça de 1975, proferido por solicitação da Assembleia Geral, sobre qual a entidade que teria soberania sobre o território. As duas perguntas colocadas ao Tribunal referiam-se à existência de estatuto de terra nullius do território aquando da colonização espanhola e, caso a resposta fosse negativa, aos laços jurídicos existentes entre o Sara, Marrocos e a Mauritânia.

A fundamentação é completamente distinta da do caso anterior, já que aqui vão relevar primordialmente os interesses do povo saori, consideração essa resultante do movimento de autodeterminação dos povos e totalmente ausente da sentença arbitral do princípio do século. Na realidade, o Tribunal acaba por concluir pela inexistência de quaisquer vínculos de soberania sobre o território por parte da Espanha, Marrocos ou Mauritânia, apontando para a obrigatoriedade da aplicação da res. n.º 1514 (XV).

Para além do mais, este parecer faz surgir questões muito estimulantes para a discussão que se segue ao seu estudo. Não só novamente se colocam aqui problemas muito interessantes de aplicação da lei no tempo mas, sobretudo, é patente a falta de conceitos jurídicos adequados para lidar com situações como a presente, não chamando o Tribunal à Mauritânia aquando da colonização espanhola mais do que «entidade» (um dos substantivos mais compreensivos de todo o vocabulário), à falta de melhor termo, e não encontrando expressão para designar o tipo de vínculo existente entre as gentes do território e o sultão de Marrocos, por um lado, e a «entidade» Mauritânia, por outro, afirmando apenas não se tratar da situação clássica de soberania territorial[42].

---

[41] Entre muitos outros aspectos extremamente interessantes deste caso, para os quais a atenção dos alunos é chamada, gostaria de salientar, para além da rejeição da invocação da contiguidade geográfica como argumento jurídico, as questões que aqui se colocam de aplicação da lei no tempo, fazendo o Árbitro uma subtil distinção entre criação de direitos e existência de direitos que parece vir a invalidar a regra que enunciou anteriormente de que um facto jurídico tem que ser visto à luz do Direito que é seu contemporâneo.

Para uma leitura completa da sentença, consultar *United Nations Report of International Arbitral Awards*, vol. 2, págs. 829 e segs. (Tribunal Permanente de Arbitragem, 1928).

[42] Este é mais um caso que, com muita propriedade, poderia ter sido enquadrado noutro capítulo, designadamente no referente à autodeterminação. Foi, contudo, aqui inserido, não só porque coloca várias questões importantes quanto aos títulos de aquisição territorial, mas também porque o confronto com a sentença arbitral no caso da Ilha das Palmas é particularmente esclarecedor da evolução do Direito Internacional nos tempos.

Ainda quanto a este parecer, para completar o conhecimento do estudante, do ponto de vista jurídico, sobre a situação do Sara Ocidental, é-lhe indicada a leitura da obra, sumária mas

V – Sujeitos de Direito Internacional – Organizações Internacionais

1. Personalidade internacional e capacidade das Organizações Internacionais. Organizações não-governamentais. Tipologia das Organizações Internacionais.
2. A Organização das Nações Unidas: princípios fundamentais e competência. Admissão e expulsão de membros. Os órgãos principais. Processo de tomada de resoluções: os vários tipos de resoluções.
3. Organizações Regionais e singularidade da União Europeia (referência).

Caso: Reparação por Danos Sofridos ao Serviço das Nações Unidas (Parecer Consultivo do Tribunal Internacional de Justiça)

As organizações internacionais são já o exemplo clássico de como a subjectividade se não limita aos estados no Direito Internacional Público. Como no curriculum do curso de licenciatura em Relações Internacionais existem duas outras cadeiras, semestrais, que se ocupam deste tema, isto é, a cadeira de «Organização das Nações Unidas» e a de «Organizações Técnicas e Culturais», toda a problemática organizacional (designadamente a génese, a estruturação, o desenvolvimento pós-segunda Guerra Mundial, formas de institucionalização) que lecciono em pormenor na cadeira de Mestrado «Sistema das Nações Unidas», é meramente aflorada[43]. Tocam-se aqui apenas os aspectos dos princípios fundamentais, da estrutura orgânica, das funções dos vários órgãos e do processo de obtenção de decisões pelos mesmos. Contudo, há dois aspectos, pelo menos, que, por não serem objecto de estudo prioritário noutras cadeiras, aqui são relativamente desenvolvidos: a problemática das organizações não governamentais e a questão da medida da personalidade da Organização das Nações

---

muito informativa, de Pedro Pinto de Leite *O Caso do Sahara Ocidental: Um Modelo para Timor Leste?*, Movimento Cristão para a Paz, Coimbra, 1992.

Um outro aspecto muito interessante relacionado com o Parecer, para o qual a atenção dos estudantes é alertada, foi a crítica feita por alguns estados ao Tribunal de que este tinha verdadeiramente decidido da questão do estatuto do Sara Ocidental, não se limitando a esclarecer dúvidas de interpretação ou aplicação. Os protestos surgiram sobretudo de quadrantes que apontaram que, usando o processo do art. 96.º da Carta da ONU (solicitação de parecer pela Assembleia Geral) o efeito seria o de um julgamento contencioso, quando havia estados envolvidos, como a Espanha, que não tinham aceite a jurisdição do Tribunal Internacional de Justiça, de acordo com o art. 36.º n.º 2 do Estatuto.

Para uma leitura do Parecer, consultar *International Court of Justice Reports*, vol. de 1975, págs. 12 e segs.

[43] Os materiais seleccionados que servem de base ao estudo da cadeira de «Sistema das Nações Unidas» encontram-se também disponíveis na Biblioteca do ISCSP, deles se juntando cópia no processo.

280   O Direito Internacional Público nos Princípios do Século XXI

Unidas, patenteada pela primeira vez claramente no parecer sobre a Reparação por Danos ao Serviço das Nações Unidas, de 1949.

Começando por este ponto, por ser cronologicamente anterior ao desenvolvimento e à influência decisiva das organizações não-governamentais, tenta salientar-se o facto de que a Carta é omissa em relação à personalidade internacional da ONU, já que os artigos 104.º e 43.º se referem apenas, respectivamente, à personalidade de Direito interno e à capacidade para ser parte em certo tipo de acordos com os estados membros. Partindo do caso do assassinato do agente da ONU em 1948, mediador no Médio Oriente, alegadamente por negligência de Israel, mostra-se a inovação que consistiu em permitir-se que a Organização demandasse em juízo um estado para ressarcimento de danos, não directamente causados à ONU (como seriam a perda de prestígio, atraso nos trabalhos, danos patrimoniais, etc) mas sim causados ao próprio indivíduo em causa. Tenta mostrar-se que houve uma quebra com a tradição de que apenas estados poderiam defender os seus cidadãos contra actos de outros estados, pela inovação de que o vínculo da funcionalidade poderia neste caso servir os mesmos propósitos, aproximando os poderes das Nações Unidas, deste modo, dos tradicionais poderes estatais, pela quebra da prerrogativa exclusiva por parte destes[44].

O aparecimento de organizações não-governamentais é um dos mais espantosos fenómenos dos nossos dias: embora a sua origem esteja no século passado (como é o caso notório do Comité Internacional da Cruz Vermelha, fundado em 1863 – que, aliás, tecnicamente é uma organização interna, sediada na Suíça – e os casos da Associação de Direito Internacional ou da Associação Dentária, entre muitos outros), é nos nossos dias que a sua importância se tornou verdadeiramente decisiva nas relações internacionais, desde o ambiente à protecção dos direitos humanos. Ao aluno são fornecidos alguns dados sobre a evolução histórica e a situação presente, fazendo-se especial referência à Conferência da Terra do Rio de Janeiro de 1992, à Conferência de Viena sobre Direitos Humanos de 1993 e ao processo para criação do Tribunal Penal Internacional, pelo papel determinante e inovador que este tipo de organizações aí teve. Sobretudo, pretende-se demonstrar a cada vez maior diversificação de interve-

---

[44] Há muitos outros aspectos para os quais a atenção dos estudantes é chamada, designadamente para a delicadeza e inovação da posição defendida pelo Tribunal, pois, tal como é salientado numa opinião dissidente estudada, permite-se aqui mais uma forma de contestação do poder de soberania absoluta dos estados no seu território, já tradicionalmente limitada pelo poder de reclamação diplomática por parte do estado da nacionalidade dos cidadãos atingidos. Por outro lado, vai-se ainda mais além, pois está igualmente a permitir-se que o tratamento dos próprios cidadãos pelo seu estado seja contestado pelas Nações Unidas, se existir um vínculo de funcionalidade entre o indivíduo em causa e a dita Organização.

Para uma leitura completa deste Parecer, consultar *International Court of Justice*, vol. de 1949, pág. 174 e segs.

Programa e Método da Cadeira – Provas de Agregação 281

nientes no processo internacional, a perda do monopólio estatal nas relações jurídico-internacionais e o desenvolvimento do espírito internacionalista no cidadão comum[45].

VI – Sujeitos de Direito Internacional – Indivíduos, Empresas, Outros

1. Protecção do Indivíduo: os direitos humanos no plano universal e regional. A possibilidade de recurso a mecanismos internacionais: a Convenção Europeia dos Direitos Humanos. O Direito Humanitário. A responsabilidade internacional de indivíduos por crimes. O Direito da nacionalidade.
2. Protecção internacional de estrangeiros – o padrão internacional mínimo e a imputabilidade aos Estados por factos lesivos. A expulsão e a extradição. Protecção de bens. A protecção diplomática de estrangeiros e a responsabilidade do Estado violador.
3. Protecção das empresas multinacionais e seus investimentos. A possibilidade de recurso aos mecanismos das Comunidades Europeias, da Organização Mundial do Comércio e do BIRD. Os acordos bilaterais. Expropriação e indemnização.
4. Outros sujeitos – entidades territoriais não estatais, movimentos de libertação, a Igreja, ordens religiosas, a humanidade, etc.

> Casos: Nottebohm (Tribunal Internacional de Justiça)
> Barcelona Traction, Light and Power, Ltd. (Tribunal Internacional de Justiça)
> Filartiga v. Peña-Irala (Tribunal de 2ª Instância dos Estados Unidos, 2.° Circuito)

Este ponto continua, na senda do anterior, a demonstrar a existência de outras entidades, não estatais, com poderes cada vez mais amplos nas relações jurídicas internacionais, como sejam o indivíduo, as grandes sociedades multinacionais, os movimentos de libertação, algumas ordens religiosas, a humanidade em geral, etc. A questão de territórios não independentes mas com alguns poderes jurídico-internacionais, embora abordada noutros pontos posteriores, como seja a autodeterminação, é também aqui aflorada.

Começando pelos indivíduos, chama-se a atenção do estudante para os vários possíveis conceitos de personalidade jurídica (e de capacidade), dis-

---

[45] Existem muitos artigos e monografias sobre determinadas organizações não-governamentais, mas são poucas as teorizações jurídicas gerais sobre as mesmas. Para uma perspectiva deste género, é posta à disposição dos estudantes o interessante artigo de Chinkin, Christine «The Future of Non-Governmental Organisations in the International Order», apresentado no congresso «O Futuro das Organizações Internacionais» (1994), organizado pelo Centro de Estudos de Instituições Internacionais do ISCSP e publicado na «Revista Portuguesa de Instituições Internacionais e Comunitárias», ISCSP, n.° 2, 1996.

cutindo-se a questão da eventual necessidade, para que haja titularidade de direitos, da possibilidade de os fazer valer perante um órgão de algum modo superior hierarquicamente às partes, a cujas decisões estas estão submetidas obrigatoriamente, mormente um tribunal. Chama-se ainda a atenção do estudante para o lado passivo da personalidade jurídica, isto é, a possibilidade de se estar adstrito a certo tipo de vinculações. Salienta-se o facto de que o indivíduo foi, ao longo da História, numerosas vezes sujeito passivo internacional, designadamente aquando do julgamento dos vencidos, após guerras, por crimes que hoje chamamos crimes de guerra. Toca-se ainda na questão dos crimes contra a paz e contra a Humanidade, tipificados pela primeira vez nos estatutos do Tribunal de Nuremberga[46], na mais recente criação de tribunais deste tipo, pelo Conselho de Segurança, relativamente aos crimes cometidos na ex-Jugoslávia e no Ruanda e nos trabalhos da Assembleia Geral para a criação de um Tribunal Penal Internacional[47].

Após terem sido feitas estas considerações prévias, tenta mostrar-se a larga protecção de que o indivíduo é hoje objecto no Direito Internacional bem como a falta de institucionalização correspondente a essa protecção, isto é, a existência da titularidade de direitos sem a correspondente possibilidade de os poder fazer valer em juízo. Após uma pequena introdução histórica, em que se realça o papel, no século passado, das Convenções de Genebra patrocinadas pela Cruz Vermelha e, sobretudo, das Convenções da Paz da Haia de 1899 e 1907, e se analisa a protecção de minorias da Europa Central pelo Conselho da Sociedade das Nações e a instituição do sistema de mandatos pelo Pacto, passa-se então à análise da situação após a 2ª Guerra Mundial.

---

[46] A doutrina tem recentemente dedicado uma crescente atenção às questões do nascente Direito Internacional Penal. De salientar, neste âmbito, os escritos de Clark, Roger designadamente o livro *The Nuremberg Trial and International Law*, Kluwer Academic Publishers, Holanda, 1990, sobretudo os capítulos «Crimes Against Humanity» (págs 177 a 212) e «The Influence of the Nuremberg Trial on the Development of International Law» (págs. 249 a 283), o artigo «Crime: The UN Agenda on International Cooperation in the Criminal Process» Nova Law Review, vol. 15, n.º 2, 1990, pág. 475 a 500, bem como a revista jurídica, por este jurisconsulto dirigida «International Criminal Law Forum», Rutgers University School of Law, cuja publicação se iniciou em 1989 e que constitui a primeira publicação especializada na área. De salientar ainda os numerosos escritos de Bassiouni, Cherif, Presidente da Associação Internacional de Direito Penal, designdamente através das publicações *Nouvelles Études Pénales*, érès, de 1981 aos nossos dias.

[47] Estes documentos das Nações Unidas são postos à disposição dos estudantes. Constituem os mesmos um passo verdadeiramente inovador, não só pelo seu conteúdo, mas, também, por terem tido origem, pela primeira vez, numa organização internacional. Para mais, é ainda feita referência à jurisprudência inovadora dos tribunais penais ad hoc quanto aos crimes contra a humanidade, os crimes de guerra e o genocídio. A docente tem conhecimento directo da formação e funcionamento destes tribunais por ter acompanhado (e continuar a acompanhar, no caso do Tribunal Penal Internacional) o processo de negociações nas Nações Unidas. Este tema virá a ser retomado aquando do estudo dos métodos judiciais internacionais de resolução de conflitos, sendo então fornecidas informações suplementares sobre o assunto.

Programa e Método da Cadeira – Provas de Agregação

Este sistema é visto através dos princípios enunciados na Carta (sobretudo arts. 55.º c) e 56.º) e dos desenvolvimentos institucionais por eles gerados, donde se destaca a criação da Comissão de Direitos Humanos em 1946, cuja reforma estatutária de 1971 é analisada como progresso significativo no acesso directo de organizações não governamentais e indivíduos à Comissão e na possibilidade desta aprovar recomendações dirigidas a estados que violem grave e persistentemente os direitos humans dos seus cidadãos. É estudada em pormenor, como é evidente, a Declaração Universal dos Direitos Humanos de 1948, analisando o estudante criticamente o nível de abstracta generalidade como os artigos são redigidos e as possíveis interpretações contraditórias de que podem ser objecto.

Esta observação será mais patente aquando do estudo, que se segue, da Convenção Europeia para a Protecção dos Direitos Humanos e das Liberdades Fundamentais de 1950, já que aqui, ao contrário da Declaração Universal, está previsto um mecanismo de aplicação e efectivação dos preceitos legais, pelo que interpretações divergentes têm visibilidade prática já que são objecto de acórdãos por parte do Tribunal. Mas, voltando um pouco atrás, começa por salientar-se a inovação imensa que esta Convenção trouxe consigo pela instituição de um mecanismo, que é estudado em pormenor, pelo qual o invíduo podia recorrer à Comissão e ver, em última instância, o Tribunal condenar o estado infractor. Aqui dão-se exemplos práticos de casos mais controversos, em que o critério de interpretação e o padrão de valores adoptado foi fundamental, como sejam o caso antigo do Little Red Book, referente à educação sexual de crianças ou os casos recentes de invocação de discriminação por parte de transexuais e homosexuais, indicam-se alguns processos intentados por cidadãos portugueses, normalmente por morosidade da justiça, e referem-se os Protocolos mais recentes, como o IX, que confere poderes acrescidos aos indivíduos, como seja o acesso directo ao Tribunal e o XI, em que se procedeu a uma reformulação dos órgãos envolvidos na decisão de queixas, consolidados agora no Tribunal.

Passa-se então ao estudo dos Pactos Internacionais de Direitos Civis e Políticos e de Direitos Económicos, Sociais e Culturais, de 1966, referindo a possibilidade que o primeiro confere de acesso ao Comité dos Direitos Humanos e os poderes que este órgão tem de fazer recomendações aos estados.

O caso escolhido para ser estudado, Filartiga v. Peña-Irala, parece-me extremamente interessante quanto ao estímulo que se pretende incutir no estudante pelo estudo destas áreas do saber, pois encontra-se na fronteira mais avançada do que até agora foi institucionalmente aceite (na melhor das hipóteses, já que há várias vozes que a têm contestado) quanto à protecção descentralizada dos direitos humanos. Numa área tão repleta de situações objecto de acórdãos, pelo menos a nível europeu, o caso Filartiga, já clássico para quem se dedica ao estudo dos direitos humanos, apesar de datar apenas de 1980, prenuncia uma possível evolução na matéria da protecção dos direitos dos indivíduos pois

284   *O Direito Internacional Público nos Princípios do Século XXI*

apresenta uma alternativa, cuja bondade ou não é objecto de debate na aula, à opção tradicional de se ter que constituir um tribunal internacional para julgar das violações dos direitos fundamentais dos cidadãos por um estado.

Aqui, pelo contrário, surge um tribunal interno de um estado, os Estados Unidos da América, que não tem qualquer ligação territorial ou de nacionalidade com o sucedido, a aceitar, em nome do direito internacionalmente consagrado que o indivíduo tem de não ser sujeito a tortura, julgar o chefe da polícia paraguaia que torturou até à morte um menor da mesma nacionalidade, nesse mesmo estado[48]. É comunicado ao estudante que, a este caso, muitos outros se seguiram, intentados nos Estados Unidos, tendo a aceitação de jurisdição sido baseada na universalidade da proibição de tal crime (estendendo assim o regime há muito estabelecido para a pirataria a outro tipo de violações), embora se deva realçar que estes casos não são criminais mas apenas para ressarcimento de danos do foro civil[49]. Finalmente, é analisado o recente caso de Pinochet, que constitui um marco histórico, com a sentença, pela Câmara dos Lordes, de que as imunidades de um antigo chefe de estado não valiam como objecção à competência para um tribunal (neste caso, um tribunal interno espanhol) julgar os crimes de tortura e desaparecimento forçado de pessoas, entre outros.

Ainda dentro deste subponto é analisado vínculo da nacionalidade, designadamente quanto aos efeitos jurídico-internacionais que uma nacionalidade pode acarretar (v.g. nos campos da protecção diplomática, jurisdição criminal, extradição, expulsão, etc) e quanto aos limites impostos, pelo Direito Internacional Público, à sua atribuição pelos estados.

Na realidade, como é do conhecimento geral dos alunos, são os vários Direitos internos que estabelecem critérios para atribuição da nacionalidade a indivíduos. É-lhes mostrado como privilegiam, para atribuição aquando do nascimento, ora o critério do ius sanguinis ora o do ius soli. O estudante é levado a discutir as razões pelas quais o interesse do estado poderá estar mais protegido pela adopção prevalecente de um critério em vez de outro, sendo este

---

[48] Para uma leitura do acórdão, consultar *Federal Courts Reports*,vol. 630, pág. 876 e segs.

[49] Efectivamente, o caso Filartiga abriu caminho, nos tribunais americanos, à aceitação de jurisdição para violações graves de direitos humanos (execução sumária, tortura, desaparecimento, detenção arbitrária, genocídio e actos cruéis, desumanos ou degradantes) ao abrigo de um estatuto, velho de 200 anos, sobre responsabilidade extra-contratual de estrangeiros. Um destes casos (Todd v. Panjaitan) encontra-se particularmente relacionado com Portugal, já que o tribunal federal de Boston condenou, em Outubro de 1994, um general indonésio por ser um dos responsáveis pelo massacre de Santa Cruz em Timor Leste.

Para mais pormenores sobre este tipo de acções, está à disposição dos estudantes o folheto «An Activist's Guide: Bringing International Human Rights Claims in the United States» Center for Constitutional Rights pub., Nova Iorque, 1994. Recentemente, foram vários os casos intentados em tribunais nacionais penais e civis para julgamento de presumíveis autores de crimes contra a humanidade, de que são exemplo os referentes aos autores de crimes praticados aquando do regime de ditadura militar na Argentina.

Programa e Método da Cadeira – Provas de Agregação 285

ponto debatido com base num estudo comparado de várias legislações nacionais, sobretudo daquelas que mais se aproximam da pureza de um dos critérios.

Através deste debate, acaba por se chegar ao enunciar de formas de aquisição não originária de nacionalidade (naturalização, casamento, adopção, transferência de territórios, etc), analisando-se igualmente critérios mais genericamente adoptados pelos estados nesse âmbito. Passa-se então ao estudo de situações de múltipla nacionalidade e de apatridia, analisando-se as implicações de ambas e referindo-se os esforços internacionais para eliminação desta última. Finalmente, refere-se a atribuição de nacionalidade a pessoas colectivas e a objectos que poderão ter influência nas Relações Internacionais, como navios e aeronaves.

Passa-se então ao estudo da lei da nacionalidade portuguesa, analisando as formas de aquisição originária e derivada de nacionalidade, a perda de nacionalidade e os processos conducentes a estes resultados, discutindo-se o sentido das recentes alterações legislativas nesta matéria.

Quanto ao estudo de casos práticos, optou-se pelos já clássicos casos Nottebohm (1955) e Barcelona Traction (1970). Como o primeiro é por demais conhecido, dispenso-me de referir os factos e a linha de argumentação, salientando apenas que o estudante é levado a ponderar sobre o critério adoptado pelo Tribunal Internacional de Justiça do vínculo genuíno, fazendo notar que o mesmo não está presente na prática dos estados quanto à aquisição derivada de nacionalidade, mormente em situações em que esta não é produto da vontade do indivíduo[50]. Aliás, o caso que se segue corrobora este ponto, já que a ideia do vínculo genuíno, pelo menos com a pureza com que foi definido pelo caso Nottebohm, está ausente no caso da Barcelona Traction.

Se acaso a inclusão do caso Nottebohm dispensa quaisquer justificações, talvez valha a pena, pelo contrário, referir as principais razões pedagógicas para o estudo do caso Barcelona Traction. Trata-se de um caso particularmente interessante que, pela primeira vez, em sede de Direito Internacional Público, decide questões relacionadas com nacionalidade de sociedades multinacionais. A sociedade, com sede no Canadá, operava em Espanha, tendo os seus sócios, maioritariamente, nacionalidade belga. Por terem as autoridades espanholas tomado medidas que esvaziaram de conteúdo económico as acções da sociedade, pretendeu o estado belga intentar uma acção contra a Espanha no Tribunal Internacional de Justiça, em nome dos sócios da empresa.

O caso levanta numerosas questões jurídicas sobre a personalidade de sociedades por acções face à personalidade dos sócios, questões de protecção diplomática de cidadãos e, sobretudo, de critérios de atribuição de nacionalidade a sociedades multinacionais, pelo menos para o fim de serem objecto de protecção diplomática por parte de estados. O estudante é levado a reflectir

---

[50] Para uma leitura do acórdão na sua totalidade, consultar *International Court of Justice Reports,* vol. de 1955, pág. 4 e segs..

286   *O Direito Internacional Público nos Princípios do Século XXI*

sobre as razões que levaram o Tribunal a não assimilar este caso ao de Notte-bohm e a ponderar sobre a importância que a estabilidade e a segurança têm no Direito Internacional, já que foi determinante a possibilidade de mobilidade internacional das acções em que o capital era fraccionado[51].

Na senda da questão da nacionalidade, passa-se então ao sub-ponto referente à protecção internacional de estrangeiros, através do método consuetudinário da reclamação por via diplomática. Aliás, todas as questões de responsabilidade civil que aqui se levantam não podem ter um tratamento verdadeiramente analítico já que os longos esforços da Comissão de Direito Internacional na codificação de uma convenção sobre responsabilidade dos estados ainda não foram bem sucedidos[52].

Começa por se referir o chamado padrão mínimo internacional de protecção dos estrangeiros, evocando o debate do século passado com o critério alternativo proposto por alguns países da América Latina do padrão mínimo nacional. Aliás, neste ponto e noutros que vão surgindo, aproveita-se para realçar os contributos da doutrina americano-latina, a primeira a desafiar em termos teoricamente consistentes a hegemonia de valores ocidentais no Direito Internacional Público, o que já foi visível aquando do estudo do reconhecimento de estados, pelo menos.

Após análise das causas de imputabilidade de um acto a um estado, mormente aquando da prática deste por particulares e não pelas autoridades do mesmo, passa-se às várias formas possíveis de reclamação por via diplomática que o estado cujos cidadãos foram ofendidos terá, para finalmente se entrar na complexa problemática do conteúdo do dito padrão mínimo internacional. Quanto a este assunto são analisados os casos das expulsões de estrangeiros e o das expropriações de bens de estrangeiros, entre outros. Entra-se no debate interessante, fundamentado em documentação (designadamente resoluções da Assembleia Geral) sobre a tensão entre os princípios da soberania estatal e da protecção internacional de investimentos, sobretudo nos casos em que os mesmos se realizam ao abrigo de contratos internacionais, matéria esta que será posteriormente mais desenvolvida no capítulo sobre Direito Internacional Eco-

---

[51] Para uma leitura deste acórdão, consultar *International Court of Justice Reports*, vol. de 1970, pág. 3 e segs..

[52] Aproveita-se a oportunidade para acrescentar que a razão apontada constitui a causa principal para a ausência de um capítulo no Programa dedicado ao tema tão importante da responsabilidade de estados. Optou-se, assim, devido à ausência de uma sistematização coerente das várias instâncias em que os estados se constituem em responsabilidade internacional, pela referência das situações, relacionadas com variados pontos do Programa, em que essa responsabilidade indubitavelmente surge, contribuindo o estudo dos acórdãos, que muitas vezes explicitamente a referem, para o apuramento do que ainda hoje é Direito Consuetudinário não codificado. Para a evolução dos trabalhos da Comissão de Direito Internacional no âmbito da responsalidade de estados, os alunos têm à disposição os últimos relatórios da Comissão, designadamente A/53/10, A/54/10 e A/55/10.

Programa e Método da Cadeira – Provas de Agregação 287

nómico. São, de qualquer modo, já aqui referidos os mecanismos institucionais criados para protecção destas situações, designadamente o Tribunal de Justiça da União Europeia e, sobretudo, o Centro de Conciliação e Arbitragem no seio do Banco Internacional de Reconstrução e Desenvolvimento e o Órgão de Recurso da Organização Mundial do Comércio.

Passa-se a seguir ao subponto 4, sob o título «Outros Sujeitos», em que se procura fazer uma reflexão mais profunda sobre a natureza da personalidade internacional e as grandes modificações de que tem sido alvo, mormente nestes últimos tempos. Remeto este tipo de reflexões para o que escrevi nos artigos, «O Intervalo entre o Modelo Passado e a Visão Futura: o Actual Direito Internacional Público» e «Quatro Anos nas Nações Unidas: testemunhos, impressões, especulações», pelo que me dispenso agora de expôr quaisquer outras ideias pessoais sobre o tema[53].

De qualquer modo, penso ser de indicar que aqui se estudam situações como as dos territórios que não têm soberania e dos movimentos de libertação (pontos estes que terão um desenvolvimento muito maior no capítulo sobre autodeterminação), as dos povos não representados internacionalmente (sendo muito significativo o facto de que a Organização de Nações e Povos Não Representados – UNPO, uma organização não governamental criada nos princípios da década de 90 – tenha uma colecção de membros que excedeu todas as expectativas, conduza uma actividade cada vez mais intensa e tenha obtido estatuto consultivo junto de vários órgãos de organizações intergovernamentais), os exemplos históricos de algumas ordens religiosas e da Igreja Católica e casos que estão ainda a despontar, como é a ideia da Humanidade como sujeito de Direito Internacional, normalmente consequência da progressiva institucionalização do princípio do património comum da Humanidade[54].

VII – Princípios de Jurisdição e Imunidade de Estados e seus Agentes

1. Princípios de Jurisdição (territorialidae, nacionalidade, protecção e universalidade). Outras formas de jurisdição.

---

[53] Estes artigos foram publicados, respectivamente, na «Revista Portuguesa de Instituições Internacionais e Comunitárias», n.º 1, 1995, e na revista «Política Internacional», vol.3, n.º 20, 1999.

[54] Quanto a este ponto ver, entre nós, sobretudo os inovadores artigos de Pureza, José Manuel «Globalização e Direito Internacional: da Boa Vizinhança ao Património Comum da Humanidade» Revista Crítica de Ciências Sociais, n.º 36, Centro de Estudos Sociais, Coimbra, Fevereiro de 1993, págs. 9 a 26, «Institucionalizar o Património Comum da Humanidade: Um Dilema para o Direito Internacional» Revista Portuguesa de Instituições Internacionais e Comunitárias n.º 2, 1996 e O Património Comum da Humanidade – Rumo a um Direito Internacional da Solidariedade?. Ed. Afrontamento, 1998.

288 O Direito Internacional Público nos Princípios do Século XXI

2. As funções diplomáticas e consulares. As Convenções de Viena sobre Relações Diplomáticas e sobre Relações Consulares. Inviolabilidades e imunidades.
3. Imunidade de soberania.

Caso: Pessoal Diplomático e Consular Americano no Irão (Tribunal Internacional de Justiça)

Pareceu-me importante começar por referir as restrições à jurisdição que os tribunais nacionais poderão ter em virtude do Direito Internacional como introdução ao tema central do Direito Diplomático, já que é provavelmente a imunidade de jurisdição dos tribunais do estado receptor a consequência jurídica mais visível do estatuto diplomático, tentando também assim demonstrar a ligação que existe permanentemente entre o Direito Internacional e os Direitos internos e os pontos de contacto entre as disciplinas do Direito Internacional Público e do Direito Internacional Privado.

Começa-se pela indicação de algumas noções básicas sobre Direito Internacional Privado, fundamentalmente quanto ao capítulo referente à atribuição de jurisdição, dando conta dos esforços internacionais para evitar situações de conflito positivo ou negativo de leis. Prossegue-se então para o estudo das limitações que o Direito Internacional Público pode colocar à atribuição, pelas leis nacionais, de jurisdição penal aos seus tribunais, analisando-se os princípios da territorialidade, da nacionalidade, da protecção (ou segurança) do estado e da universalidade. Procura fazer-se gerar um debate sobre pontos mais controversos, como sejam os aspectos práticos dos dois princípios mencionados em último lugar, designadamente analisando a tendência cada vez mais forte para alargar a outras áreas, sobretudo no domínio dos direitos humanos e dos crimes contra a paz, o regime histórico da pirataria, exemplo clássico de reconhecida aplicação do princípio da universalidade de jurisdição. Analisa-se a esta luz o preceituado nas Convenções de Genebra de 1949 sobre Direito Humanitário e a Convenção sobre Prevenção e Punição do Crime de Genocídio, de 1948.

Ainda neste âmbito, estuda-se a figura jurídica da extradição, para a qual é sempre fácil encontrar exemplos interessantes e actualizados, indicando qual o seu regime geral e estudando a lei portuguesa sobre o tema, designadamente o art. 33.º da Constituição e a lei ordinária. Distingue-se ainda esta figura da da expulsão, fazendo-se referência a alguma da regulamentação internacional sobre o assunto.

Passa-se então a uma matéria fundamental para o tipo de licenciatura em questão que é o Direito das Relações Diplomáticas e Consulares. São estudadas em grande pormenor as Convenções de Viena, respectivamente, sobre Relações Diplomáticas e sobre Relações Consulares, tentando sempre discutir-se os fundamentos e objectivos deste já tão antigo Direito Consuetudinário, codificado nos anos 60, respectivamente em 1961 e 1963.

Programa e Método da Cadeira – Provas de Agregação   289

Em particular, estudam-se os fins das funções diplomáticas e consulares, o estabelecimento destas relações entre estados e debatem-se as razões das principais imunidades diplomáticas e consulares (como a de jurisdição, do art. 31.º da Convenção de Viena sobre Relações Diplomáticas) e da inviolabilidade de instalações (art. 22.º e 30.º da mesma Convenção) e dos modos de comunicação (art.27.º do dito diploma). Tecem-se ainda comparações entre o regime das duas convenções, procurando-se encontrar as razões para regulamentações por vezes diferentes, como são os casos de imunidade penal (art. 41.º n.º 3 da Convenção sobre Relações Diplomáticas) ou de inviolabilidade de instalações em caso de sinistro (art. 31.º n.º 2 deste diploma). Referem-se ainda, neste âmbito, as imunidades de que gozam representantes dos estados junto de organizações internacionais, funcionários das mesmas organizações, pessoas em missões especiais ou individualidades que representem os estados, entre outros.

Com algum pormenor, analisa-se então a questão da imunidade de soberania, referindo-se a doutrina, de origem anglo-saxónica, do acto de estado, e debatendo-se os fundamentos da mesma e a ligação destes às próprias bases do Direito Internacional, isto é, à soberania e igualdade entre os estados. Colocam-se então vários problemas, sobretudo relacionados com o papel do estado como agente económico e a eventual imunidade de que gozaria se como tal actuasse na cena internacional, debate este originado no século XIX e «resolvido» com a teoria dos actos comerciais (quanto ao seu fim v. natureza), mas que actualmente volta a colocar questões várias ainda não regulamentadas de forma geral, com o apagar da distinção entre estado e agentes privados em muitos sectores da economia. Voltar-se-á a este ponto aquando do estudo do Direito Económico Internacional.

O caso escolhido, o dos diplomatas e agentes consulares americanos que foram feitos reféns no Irão, em 1979, pelas implicações políticas e ideológicas que encerra, é normalmente um dos preferidos dos estudantes. Analisam-se tanto as providências cautelares como o acórdão final, aproveitando para referir o regime das primeiras, previstas no art. 41.º do Estatuto do Tribunal Internacional de Justiça. Os factos do caso são por demais conhecidos para serem aqui repetidos, pelo que passarei a dizer que, neste estudo, ressaltam alguns aspectos muito interessantes, como sejam a importância estrutural que tem o regime das imunidades diplomáticas, reflectido na unanimidade do acórdão quanto a este ponto, o que foi muito raro num cenário de guerra-fria, e a contestação, igualmente estrutural, que resulta da interessante carta do Ministro dos Negócios Estrangeiros do Irão ao Tribunal. Outro aspecto em que este acórdão foi também inovador é aquele que se refere à utilização de meios de auto-tutela quando um órgão judicial tem essa questão pendente. Todos estes pontos, que, segundo creio, são de fundamental importância, passam normalmente despercebidos aos estudantes, pelo que tecerei algumas considerações sobre o debate que se segue ao estudo deste caso.

É raro haver situações que tão bem exemplifiquem (sem margens para grandes dúvidas) o que é prescrito na lei, pelo que o caso é extremamente ade-

290   *O Direito Internacional Público nos Princípios do Século XXI*

quado ao estudo, não só das imunidades diplomáticas e consulares e ao tratamento de estrangeiros (alguns dos reféns não eram agentes diplomáticos ou
consulares) mas também à responsabilidade internacional de um estado por
envolvimento nas acções de particulares, pelo incitamento, aprovação e colaboração posterior. Ressalta de toda a fundamentação jurídica, tanto das providências cautelares como da decisão final, que o respeito pelas imunidades diplomáticas tem sido um pilar básico e incontestado das relações internacionais ao
longo dos tempos, sendo uma das primeiras matérias, a par com a questão da
guerra, a ser regulada pelo Direito Internacional Público.

Contudo, há alguns elementos «perturbadores» de toda esta ordem estabelecida: começa por se sentir na carta que o Irão, que foi julgado à revelia, envia
logo aquando das providências cautelares. Nesta carta, contesta-se vivamente
a aceitação desta questão pelo Tribunal por se tratar de um único episódio de
uma história de vinte e cinco anos de exploração e por não poder um órgão
como um tribunal pronunciar-se sobre acontecimentos com uma revolução cujo
carácter é tão fundamental. Embora o Tribunal não tenha dado razão ao Irão,
é interessante reparar na crítica que está subjacente de que um órgão judicial,
ao compartimentar a realidade em factos, analisando apenas alguns deles e esquecendo outros, pode estar a distorcer situações que não tem capacidade para
julgar, pois foi pensado para decidir sobre relações mais ou menos instantâneas
e sem que consideração suficiente fosse dada à carga emocional dos actos delas
constantes[55].

Outro aspecto interessante, que levou à dissidência de dois juízes quanto
à responsabilidade do Irão e à obrigação de pagar uma indemnização aos Estados Unidos, relaciona-se a utilização, por parte deste estado, de meios de auto-

---

[55] O tema da incapacidade de apreensão conceptual da carga emocional dos actos reais
pelos instrumentos jurídicos de que hoje dispomos foi por mim estudada em *Formation of
Concepts*, obra já citada, sobretudo na Secção IV, sob o título «An Attempt at Avoiding
Deadlocks».

Este tema tem também merecido a atenção, ainda que pelas formas mais diversas, da
teoria feminista do Direito. São inúmeras as obras que valeria a pena citar, como muitas são também as correntes dentro da teoria feminista. Para uma excelente síntese das mesmas e o advogar
duma linha interpretativa, ver Frug, Mary *Postmodern Legal Feminism*, Routledge, Chapman
and Hall, Inc., New York, 1992. Para uma abordagem centrada no Direito Internacional Público,
designadamente quanto à formulação do que são direitos humanos, ver Charlesworth, Hillary
«The Public/Private Distinction and the Right to Development in International Law», em
Australian Yearbook of International Law, tomo 12 (1992), págs. 190 a 204, com Chinkin,
Christine e Wright, Shelley «Feminist Approaches to International Law» American Journal of
International Law, vol. 85 n.° 4 (1991), págs. 613 a 645, e com Chinkin «The Gender of Jus
Cogens» Human Rights Quarterly, vol. 15 n.° 1 (1993), págs. 63 a 76, bem como Engle, Karen
«Female Subjects of Public International Law: Human Rights and the Exotic Other Female»
New England Law Review, vol. 26 n.° 4 (1992), págs. 1509 a 1526 e «International Human
Rights and Feminism: When Discourses Meet» Michigan Journal of International Law, vol. 13
n.° 3 (1992), págs. 517 a 610.

-tutela (tentativa de salvamento dos reféns por «raid» aéreo e congelamento dos bens iranianos nos Estados Unidos) enquanto decorria o presente caso, parecendo assim que este meio judicial pode precludir outros, normalmente lícitos, de operarem.

VIII – **Resolução Pacífica de Conflitos**

1. A obrigação de resolver os litígios pacificamente. A Carta das Nações Unidas e outros tratados e declarações internacionais.
2. Métodos não jurisdicionais: negociação, bons ofícios, mediação, conciliação, inquérito e intervenção de organizações internacionais.
3. Métodos jurisdicionais: a arbitragem e os tribunais judiciais internacionais. O Tribunal Internacional de Justiça.

Embora nesta altura do curso o estudante já esteja familiarizado com alguns dos métodos de resolução pacífica de conflitos, outros há em relação aos quais, devido ao uso corrente com sentido diferente e à forma indiscriminada com que são utilizados pela imprensa, muitas confusões subsistem. Após referência ao papel fundamental que, como contra-face da proibição do uso da força, estes métodos assumem na Carta das Nações Unidas (visível sobretudo no n.° 3 do art. 2.° e no art. 33.°) e à evolução histórica no sentido da sua crescente importância, passa-se, escolhendo uma das possíveis classificações, métodos judiciais/não-judiciais, à análise mais pormenorizada de cada um deles. Clarificam-se as noções de negociação, bons ofícios, mediação, conciliação e inquérito, sendo certo que partimos sempre, por parte dos estudantes, de grandes imprecisões sobretudo quanto às noções de bons ofícios e de conciliação.

É também dada alguma relevância ao modo de resolução pacífica de conflitos usado pelos órgãos de organizações internacionais, designadamente das Nações Unidas. Tenta mostrar-se como a Assembleia Geral e, sobretudo, o Conselho de Segurança, entre outros, funcionam cada vez mais nos nossos dias como centros de mediação e conciliação, podendo mesmo constituir ou nomear sub-órgãos mais específicos com poderes de inquérito, de bons ofícios, etc. São ainda discutidos vários exemplos da actualidade, como a situação no Médio Oriente ou em Angola[56].

---

[56] É recomendada a leitura das obras *Avoiding War – Problems of Crisis Management*, editada por George, Alexander (compilação de vários artigos de jurisconsultos, cientistas políticos, etc), Westview Press, USA, 1991, em que se analisam várias situações em que os modos de solução pacífica foram bem sucedidos e outras em que se usou da força armada, estudando-se as razões pelas quais os métodos usados não tiveram nesses casos sucesso, bem como *United Nations, Divided World*, edited Roberts, Adam e Kingsbury, Benedict, Clarendon Press, 1994 e os relatórios de Broutros Ghali «Uma Agenda para a Paz» e «Suplemento de uma Agenda para a Paz».

292   O Direito Internacional Público nos Princípios do Século XXI

Pelo carácter da cadeira, são, contudo, os métodos judiciais que merecem maior relevo. Nesta altura do curso, o estudante já se familiarizou, pelo menos, com os modos de funcionamento do Tribunal Internacional de Justiça e do Tribunal Europeu dos Direitos Humanos. Mesmo assim, sobretudo em relação ao primeiro, é fornecida uma pequena evolução histórica, referindo o regime do Tribunal Permanente de Justiça Internacional e os antecedentes aquando da redacção da Carta da ONU. É dado particular relevo à questão da jurisdição e às discussões históricas sobre a sua obrigatoriedade, estudando-se o conteúdo do art. 36.º do Estatuto, designadamente dos seus n.ᵒˢ 2 e 3. Quanto a este último ponto, discutem-se vários tipos de reservas apresentadas pelos estados aquando da sua aceitação da jurisdição do Tribunal, bem como o princípio da reciprocidade, que acaba por beneficiar os estados demandados por aqueles que fizeram as ditas reservas[57].

Outro aspecto que merece destaque em relação ao Tribunal Internacional de Justiça é o da sua composição e dos critérios de eleição dos juízes (art. 2.º e segs. do Estatuto do Tribunal). São debatidas várias possibilidades e analisado criticamente o regime instituido, que, quanto ao complicado método de eleição dos juízes é herdeiro directo do sistema criado para o Tribunal Permanente de Arbitragem, em 1899. A questão da imparcialidade dos juízes é também objecto de discussão, referindo-se a figura dos juízes ad hoc (art. 31.º) e a possibilidade de um juiz julgar em questões em que o estado da sua nacionalidade se encontra envolvido.

Apesar de ser do conhecimento prático do estudante, pois já se deparou com este tipo de situações, é feita a distinção entre a competência contenciosa (art. 34.º do Estatuto e segs.) e a competência consultiva do Tribunal (art. 96.º da Carta e 65.º e segs. do Estatuto), salientando-se os processos jurídicos diferentes pelos quais se tem acesso a cada uma delas e o tipo de entidades distintas que poderão recorrer num e noutro caso, procurando encontrar-se as razões para tal disparidade de regimes.

Passa-se então à questão da arbitragem internacional, distinguindo-a da resolução por tribunais permanentes e referindo-se a sua utilização muito frequente pelos estados. O estudante é levado a descobrir quais as razões dessa preferência. É ainda transmitida alguma informação relativamente aos primeiros tribunais arbitrais e, quanto à arbitragem moderna, em relação às inovações trazidas pelo Tribunal Permanente de Arbitragem Internacional, instituido pela 1ª Conferência da Paz da Haia e ainda hoje existente, procurando esclarecer-se a aparente contradição no seu nome e indicando o processo inovador de escolha dos árbitros cujo sucesso levou à sua adopção, com algumas alterações apenas,

---

[57] Embora não seja estudado, é, naturalmente, referido neste ponto o caso dos Empréstimos Norugueses que, melhor que nenhum outro, exemplifica o funcionamento do princípio da reciprocidade na aceitação da jurisdição do Tribunal Internacional de Justiça. Para uma leitura do acórdão, consultar *International Court of Justice Reports*, vol. de 1957, pág. 9 e segs.

Programa e Método da Cadeira – Provas de Agregação   293

pelo Tribunal Permanente de Justiça Internacional e pelo Tribunal Internacional de Justiça, como já foi anteriormente referido.

IX – O Uso da Força

1. O Direito tradicional e a actual proibição do uso da força.
2. A Carta das Nações Unidas e as excepções da legítima defesa singular e colectiva, dos acordos regionais e das forças sob a égide do Conselho de Segurança. A questão da legítima defesa preventiva. A questão da intervenção humanitária.
3. Acordos de legítima defesa colectiva.
4. Organizações regionais e uso da força: o sistema inter-americano, a OUA e a Liga Árabe e sistemas sub-regionais.
5. O Direito da Guerra. Limitação de métodos e meios de combate. Protecção das vítimas. Desenvolvimentos derivados do funcionamento recente dos Tribunais Penais Internacionais.
6. Guerras civis e intervenção de Estados estrangeiros.

Casos: Caso de Goa (argumentos apresentados no Conselho de Segurança)

Caso do Canal Corfu (Tribunal Internacional de Justiça)

No seguimento da matéria sobre resolução pacífica de conflitos, passa-se então às situações em que as disputas chegaram a assumir a forma de luta armada. Neste capítulo, em que as alterações têm sido tão fundamentais, começa por se transmitir uma breve síntese histórica da evolução do regime jurídico do uso da força até à 2ª Guerra Mundial. Partindo-se da distinção de Santo Agostinho entre guerras justas e injustas, faz-se uma síntese da evolução teórica do assunto, com as teorias de S. Tomás de Aquino, de Suarez e Victoria e, posteriormente, de Grotius, no sentido de limitar o tipo de guerras consideradas lícitas. Paralelamente, faz-se o confronto com a situação real das épocas em que os ditos teóricos viveram, em que não existia virtualmente qualquer limite à guerra como meio de política internacional, o que foi talvez sobretudo patente durante o século XVIII.

Estuda-se então a relativa paz do século XIX, originada fundamentalmente pelo mecanismo político do sistema de equilíbrio de poderes saído do Congresso de Viena e pelo nascer duma nova consciência colectiva, institucionalizada, sobretudo, quanto ao aspecto humanitário, nas Conferências de Genebra de 1864 e, já no séc. XX, de 1906, patrocinadas pela Cruz Vermelha e, quanto aos aspectos políticos, nas duas Conferências da Paz da Haia, de 1899 (em que foram aprovadas 3 convenções) e de 1907, em que foram aprovadas 13 convenções. São estudadas com algum pormenor as inovações jurídicas da

Conferência de 1907 no que respeita à guerra, designadamente no âmbito processual, passando-se então ao regime do Pacto da Sociedade das Nações.

Este regime é analisado criticamente pelos estudantes (neste ponto, como em todos os outros, são sempre fornecidos os documentos e demais fontes primárias necessários a um juízo fundamentado), sobretudo quanto à crença, que parece ter estado presente, de que mecanismos de moratória (arbitragem, decisão judicial ou resolução unânime do Conselho da Sociedade) seriam suficientes para dissuadir as partes de entrar em confronto. A alteração da consciência colectiva, é contudo, analisada através do estudo do Tratado Geral de Renúncia à Guerra (Pacto Briand-Kellog), de 1928, e do número largo de partes do mesmo.

Passa-se então ao regime instituido pela Carta das Nações Unidas, designadamente à análise do famoso n.° 4 do art. 2.°, que, pela primeira vez, proibe o uso da força nas relações internacionais. Este artigo é, evidentemente, confrontado com os vários pontos em que, na Carta, se refere a resolução pacífica de conflitos, designadamente o n.° 3 do mesmo art. 4.° e o art. 33.°, por deles ser um corolário, e com os artigos que consagram excepções à sua prescrição genérica[58]. São assim analisados os casos da legítima defesa, das medidas adoptadas ou autorizadas pelo Conselho de Segurança, das medidas adoptadas por organizações regionais e da excepção, hoje obsoleta, das medidas contra estados inimigos. Cada uma destas excepções é vista em particular, já que todas elas encerram uma grande potencialidade para interpretações contraditórias.

Rios de tinta se têm escrito sobre a legítima defesa, não só por não ser claro o seu sentido no Direito Consuetudinário, mas também porque o mesmo sucede com a redacção do art. 51.° da Carta das Nações Unidas. Este ponto é notório, pelo menos em relação à possibilidade de legítima defesa preventiva, por não haver coincidência total de sentidos entre as várias versões autênticas, designadamente a inglesa e a francesa. A legítima defesa preventiva tem, pelo seu extremo impacto prático, feito concentrar as atenções de estudiosos e responsáveis estatais. Partindo da noção de legítima defesa e contrapondo-a à de legítima defesa preventiva, o aluno é levado, através da análise da redacção do artigo 51.°, a ponderar, quanto à letra do mesmo e quanto às implicações práticas, as razões que podem ser invocadas para a argumentação quanto à sua legalidade. A discussão é enriquecida pela invocação de casos práticos e pela constatação de que a evolução tecnológica nem sempre faz hoje coincidir necessariamente um ataque armado com a materialidade do disparar de certa arma de guerra.

---

[58] Neste ponto do programa é muitas vezes referido o inovador artigo de Frank, Thomas, hoje já clássico, «Who Killed Article 2(4)? or: Changing Norms Governing the Use of Force by States» International American Journal of International Law, vol. 64, pág.809 e segs. (1970). Pretende-se assim uma apreensão mais completa por parte do estudante da utilização da força no pós-guerra, bem como dos argumentos jurídicos invocados, difíceis de imaginar para quem travou conhecimento, há pouco tempo, com o preceituado na Carta.

Quanto à figura da legítima defesa em si mesma, debatem-se ainda questões como a necessidade de proporcionalidade da resposta, a proibição de represálias armadas ou a possibilidade de a acção armada ser resposta a ataque não territorial (a forças armadas, a navios ou aeronaves de guerra) ou a território apenas sob administração do estado em causa. Discutem-se ainda casos como o ataque a embaixadas, argumento este que os Estados Unidos tentaram invocar aquando do caso do pessoal diplomático no Irão mas a que o Tribunal não deu seguimento. No que respeita a este ponto, refere-se ainda o caso, tão frequente na prática, da legítima defesa colectiva, estudando-se exemplos dos nossos dias, como foi o caso da resposta da coligação de forças aquando da invasão do Kuwait pelo Iraque[59]. Finalmente, face aos acontecimentos recentes dos ataques terroristas de 11 de Setembro do 2001, refere-se a utilização desta figura como meio de combate ao terrorismo internacional.

Passa-se então a outra das excepções consagradas na Carta e que, no pós-Guerra-Fria, tem sido o meio mais utilizado internacionalmente: a autorização que é dada pelo Conselho de Segurança para utilização da força. Pelo estudo da Carta, designadamente os seus arts. 42.º e 43.º, o estudante é levado a entender que o sistema previsto nunca funcionou realmente, já que não houve acordos com os estados membros para a disponibilização permanente de forças armadas e a Comissão do Estado-Maior (arts. 46.º e 47.º) tem tido reuniões meramente formais. Em vez disso, estudam-se outros métodos subsidiários, que foram criados muitas vezes sem base jurídica específica, como sejam as forças de manutenção da paz, analisando-se a sua intensa actividade.

Quanto ao que nos diz agora respeito, isto é, a utilização da força, é estudada a forma e os casos práticos mais relevantes em que o Conselho deu autorização para intervenção armada a um estado (caso do Haiti) ou a grupos de estados (casos da Guerra do Golfo, da intervenção na Somália, no caso de Timor, que será estudado separadamente, ou, casos estes mais antigos e de mais difícil qualificação pela ambiguidade das entidades jurídicas intervenientes, a Guerra da Coreia e a intervenção no Congo, tendo-se nesta combatido efectivamente embora as forças fossem rotuladas como «forças de manutenção da paz», etc.).

Segue-se uma breve referência às medidas contra estados inimigos (os derrotados na 2ª Guerra Mundial), pelo estudo dos artigos 107.º e 53.º da Carta,

---

[59] É aqui feita uma menção especial (e recomendada a sua leitura aos estudantes) a uma das poucas obras especializadas no campo do Direito Internacional Público que se têm publicado em Portugal e que reveste um interesse muito grande pela actualidade dos temas tratados e a documentação que anexa: *A Crise do Golfo e o Direito Internacional*, coordenada por Moura Ramos, R. M., Universidade Católica Portuguesa, Faculdade de Direito, Porto, 1993, que compendia vários artigos de extremo interesse, a maioria dos quais de autores portugueses, gostando aqui de destacar o de Azeredo Lopes, J.A., «Agressão, Crime Internacional e Crise do Golfo» (págs. 61 a 137).

296 *O Direito Internacional Público nos Princípios do Século XXI*

referindo-se a sua invocação prática pela URSS aquando do bloqueio de Berlim em 1948/49 e da intervenção na Checoslováquia em 1968, alegadamente para evitar a subversão fomentada pela Alemanha Federal. Refere-se igualmente a resolução de 1995 que aprovou a eliminação desta referência no momento em que se proceder à revisão da Carta.

Quanto às excepções, termina-se a discussão com o interessante tema dos poderes das organizações regionais. As contradições na Carta, resultantes de tentativa de harmonização não muito bem sucedida entre duas teorias contrárias, a da centralização da segurança mundial num só órgão pequeno e funcional, em que as grandes potências tivessem controlo das decisões (defendido sobretudo pela União Soviética) e a da regionalização da defesa mundial, com órgãos em diferentes continentes com poderes últimos quanto a estes (acarinhada por Churchill), foram fortemente sentidas durante os conflitos na Croácia e na Bósnia e, sobretudo, aquando da intervenção da NATO no Kosovo[60].

São estudados os artigos 52.º, 53.º e 54.º e analisadas criticamente as eventuais contradições nas suas prescrições relativamente aos poderes coercitivos das organizações regionais. Neste ponto, como não poderia deixar de ser, é estudado o caso dos mísseis de Cuba por ser aquele que maiores implicações jurídicas teve neste assunto, sendo postos à disposição do estudante materiais jurídicos referentes ao mesmo, designadamente o memorando jurídico do Departamento de Estado americano e a acta da discussão que se seguiu no Conselho de Segurança[61]. São ainda debatidas as razões por que os Estados Unidos nunca invocaram neste caso a legítima defesa, ainda que preventiva, e transmitidas noções quanto à estrutura orgânica e aos poderes de coerção da Organização dos Estados Americanos, comparando-os com os de outras organizações regionais, designadamente com a NATO, cuja intervenção no Kosovo será discutida aquando da análise da questão da intervenção humanitária.

Após análise das excepções ao art. 2.º n .º4, volta-se ao seu texto, tendo em vista clarificar o sentido da proibição do uso da força na cena internacional. Referem-se os trabalhos preparatórios e as tentativas, falhadas, por parte de alguns estados, para incluir na proibição o uso da força política e da força económica. Parte-se então para o estudo da resolução n.º 2625 (XXV), Declaração de Princípios de Direito Internacional Relativos às Relações Amistosas e Cooperação entre Estados (com o enunciar de preceitos como os de que a guerra de agressão é crime contra a paz, a proibição do uso da força para alterar

---

[60] Para um desenvolvimento desta ideia, ver o meu artigo «Uma Leitura da Carta da Organização das Nações Unidas», já referido.

[61] Como a docente é também regente, como já foi referido, da cadeira de Mestrado «Sistema das Nações Unidas», são bastantes os materiais compilados quanto a situações que envolveram a ONU, havendo vários referentes à crise dos mísseis de Cuba, que, naturalmente, estão também à disposição dos estudantes da licenciatura.

Programa e Método da Cadeira – Provas de Agregação

fronteiras mas também para impedir a autodeterminação, a proibição das represálias armadas, a de participação em guerras civis e o não reconhecimento obrigatório de aquisições territoriais pelo uso da força armada). Estuda-se ainda a res. n.º 3341 (XXIX) (Definição de Agressão), analisando o conceito proposto. Finalmente, entra-se na difícil questão da intervenção para fins humanitários, que ultimamente tanta atenção tem merecido, sobretudo após a intervenção da NATO no Kosovo sem autorização prévia do Conselho de Segurança. Aqui debatem-se os argumentos jurídicos a favor e contra a consideração da legalidade de tal meio, tanto mais que o preceituado no n.º 4 pode ser interpretado facilmente em ambos os sentidos, e analisa-se a prática das principais intervenções com fins humanitários, tanto no período de guerra fria como contemporaneamente, designadamente no Camboja, aquando do genocídio dirigido por Pol Pot, e, actualmente, na Somália e no Haiti, para além do caso já referido do Kosovo[62].

Passa-se então ao sub-ponto 5, referente ao Direito da Guerra, começando por se desenhar uma breve evolução histórica sobre os métodos de combate e tratamento de populações até às já referidas Convenções de Genebra de 1864 e 1906, relativas a soldados doentes ou feridos, e às Convenções da Haia de 1899 e 1907, relativas a aspectos muito variados da guerra, desde protecção de combatentes a armas autorizadas e procedimentos necessários ao desencadear de hostilidades. Referem-se ainda algumas das convenções mais fundamentais no período entre as duas guerras mundiais (uso de gases e guerra bacteriológica, uso de submarinos, por exemplo) e, sobretudo, as Convenções de Genebra de 1929, referentes a combatentes doentes e feridos e a prisioneiros de guerra, e, já após a 2ª Guerra Mundial, as quatro Convenções de Genebra de 1949, em que se inclui a protecção a civis, posteriormente enriquecidas pelos 2 Protocolos de 1977 sobre protecção de vítimas em conflitos internacionais e internos. No pós--guerra, são ainda referidos outros acordos internacionais, tal como a Convenção da Haia de 1954 sobre protecção de bens culturais e os vários acordos bilaterais entre os Estados Unidos e a União Soviética para limitação de armamentos e desarmamento.

No seguimento deste assunto, passa-se à complexa situação jurídica sobre a utilização de armas nucleares, com uma clara proibição da sua utilização no espaço exterior e com o preceituado no parecer fundamental do Tribunal Internacional de Justiça, em resposta a pergunta da Assembleia Geral, sobre a lega-

---

[62] Torna-se muito interessante, neste ponto, a consulta da obra conjunta de jusinternacionalistas russos e americanos sobre a argumentação jurídica invocada pelos dois estados em causa aquando de várias intervenções armadas recentemente por eles conduzidas, pelo que se recomenda a leitura de *Law and Force in the New International Order*, editada por Damrosch e Scheffer (e composta por artigos de autoria de jurisconsultos americanos e russos), Westview Press, Boulder, Colorado, 1991.

298   *O Direito Internacional Público nos Princípios do Século XXI*

lidade das armas nucleares. Procede-se a análise do parecer, que, basicamente, declara a ilegalidade do uso das referidas armas, com a possível excepção da legítima defesa[63].

Aborda-se ainda a responsabilidade criminal internacional de indivíduos em situações de guerra, já anteriormente referida a propósito da personalidade, neste caso, passiva, do indivíduo. São estudadas as definições de crimes contra a paz e de crimes contra a Humanidade e de crime de agressão, constantes dos estatutos do Tribunal de Nuremberga. Discute-se ainda a questão, surgida aquando dos julgamentos de Nuremberga e de Tóquio, da alegada rectroactividade na aplicação de penas ao tipo de actos em causa, referindo-se a legislação clara do pós-guerra no sentido da criminalização. Por último, debate-se a criação, pelo Conselho de Segurança, do Tribunal Internacional para Julgamento de Pessoas Responsáveis por Violações Graves de Direito Internacional Humanitário praticadas em Território da Ex-Jugoslávia e do Tribunal Internacional para o Ruanda[64]. Finalmente, analisa-se a criação e estudam-se os crimes previstos no Estatuto de Roma doTribunal Penal Internacional, de Julho de 1998[65].

Finalmente, entra-se no último sub-ponto, a questão das guerras civis. Esta matéria presta-se muito bem ao debate de ideias já que é um dos campos onde mais alterações tem havido na prática internacional sem que a estrutura jurídica acompanhe necessariamente essa evolução. Analisa-se aqui o preceituado pelo Direito Internacional Público tradicional, com a distinção rígida entre os regimes das guerras internacionais e das civis, decorrente da fundamental importância dada à noção de soberania e ao princípio da não interferência nos assuntos internos dos estados. Esta tensão é analisada através da reflexão sobre os primeiros casos que nitidamente quebraram a dita divisão, isto é, os movimentos armados anti-colonialistas, para se passar depois à análise das repercussões internacionais que quase que todas as guerras civis hoje têm, estudando-se exemplos como os da ex-Jugoslávia e da Somália e do Kosovo, entre outros.

---

[63] Ver, entre outros, *The Case against the Bomb*, editado por Clark, Roger e Sann, Madeleine, Rutgers university School of Law, US, 1996.

[64] Ver documentos S/PV.3217, de 25 de Maio de 1993, referente à reunião do Conselho de Segurança que aprovou este documento e S/Res/827 (1993), também de 25 de Maio, contendo a resolução, que foi aprovada unanimemente, sobre o estabelecimento do Tribunal para a Ex – Jugoslávia. O documento S/25704, de 3 de Maio de 1993, é também extremamente interessante pois contem o Relatório que o Secretário-Geral apresentou ao Conselho de Segurança fundamentando juridicamente a criação do Tribunal e propondo várias regras quanto à sua composição, fins e modo de funcionamento. Quanto ao Tribunal para o Ruanda, ver documento S/RES/955 (1994), que aprovou o Estatuto do dito Tribunal.

[65] Para além do Estatuto de Roma, doc. PCNICC/1999/INF/3, ver os meus artigos sobre o tema em Escarameia, Paula *Reflexões sobre Temas de Direito Internacional: Timor, a ONU e o Tribunal Penal Internacional*, a ser publicado brevemente pelo ISCSP.

Programa e Método da Cadeira – Provas de Agregação 299

Analisam-se ainda os principais documentos que referem a ingerência nos assuntos de outros estados, como são a resolução n.° 2625 (XXV), sobre relações amistosas entre estados, já várias vezes citada, ou a resolução n.° 2131 (XX), que versa precisamente o tema em causa, bem como o principal caso em que o problema foi levantado, o chamado caso Nicarágua, cujo acórdão final foi proferido em 1984[66]. O critério do Tribunal parece ter sido, neste julgamento, o da dimensão e tipo de ajuda militar, considerando claramente ilegal, por violação do princípio da não intervenção, o apoio financeiro, o treino, o fornecimento de armas e os apoios logísticos e informativo fornecidos pelos americanos aos «contra».

Esta matéria, extremamente rica, dá azo a uma escolha difícil quanto às situações a estudar, tendo-se aqui optado por dois casos clássicos. Um deles, o caso de Goa, nunca foi objecto de acórdão do Tribunal Internacional de Justiça, mas incluiu-se um excerto das discussões no Conselho de Segurança na *Colectânea de Jurisprudência* por se tratar de assunto particularmente interessante para um público português e por se terem apresentado nesse órgão argumentações de carácter jurídico, fascinantes por demonstrarem um dos momentos de tensão entre dois princípios contrários, isto é, o da proibição do uso da força e o da autodeterminação. Do excerto, pode verificar-se que a argumentação portuguesa se baseia no direito tradicional de soberania, que a indiana na autodeterminação, tentando assimilar colonialismo a agressão permanente, e que a dos Estados Unidos na proibição do uso da força armada[67].

O outro caso estudado é o famoso incidente do Canal Corfu (Reino Unido v. Albânia), cujo acórdão, que foi proferido em 1949, veio esclarecer muitos aspectos do uso da força, como a proibição da utilização de um território para causar danos a outros estados[68]. O caso, originado por danos causados a navios de guerra britânicos por minas colocadas no Canal de Corfu, em águas alba-

---

[66] O nome oficial do caso é «Actividades Militares e Paramilitares na e contra o Nicarágua» (Nicarágua v. Estados Unidos). Para uma leitura do acórdão, consultar *International Court of Justice Reports*, vol. de 1984, págs. 4 e segs.

Foi em resultado deste caso que os Estados Unidos, que tinham aceite a jurisdição do Tribunal Internacional de Justiça, retiraram, aquando do fim do prazo, a sua aceitação, o que, devido à retirada de aceitação por parte da França, após o caso das Experiências Nucleares, leva à triste observação de que, com a excepção do Reino Unido, não existe presentemente membro permanente algum do Conselho de Segurança que tenha aceite a jurisdição do Tribunal, embora entre os quinze juízes do mesmo se tenham sempre incluído, por tradição, que não por obrigação legal, cinco juízes da nacionalidade de cada um destes membros.

[67] Para uma leitura da argumentação apresentada no Conselho de Segurança, consultar *United Nations Security Council Official Records*, vol. 16 (18 de Dezembro de 1961).

[68] Surpreendentemente, por se tratar de matéria tão diferente, veremos este princípio vir a ser utilizado, em termos inovadores, como fundamento do acórdão sobre o primeiro caso ambiental internacional, o da Fundição em Trail, que se analisará posteriormente.

Para uma leitura do acórdão sobre o Canal Corfu, consultar *International Court of Justice Reports*, vol. de 1949, pág. 4 e segs..

300   *O Direito Internacional Público nos Princípios do Século XXI*

nesas, gira em torno de questões de Direito do Mar (sobre a definição de estreitos internacionais) e de uso da força, sendo particularmente importante quanto ao regime de proibição de colocação de minas (o que será enfaticamente reafirmado no caso Nicarágua) e dos poderes de defesa de águas territoriais, sobretudo em situações de hostilidades (existentes, nessa altura, entre a Albânia e a Grécia).

X – A Autodeterminação dos Povos

1. Origens e desenvolvimento. A Carta das Nações Unidas.
2. O movimento da descolonização e as resoluções da Assembleia Geral.
3. Formas de autodeterminação no período pós-descolonização.

    Caso: Timor Leste

Esta matéria, que me é particularmente cara pelo potencial de mudança que encerra em relação à ordem estabelecida, e à qual dediquei a maior parte do meu estudo pós-mestrado, tem que ser, assim como as restantes, tratada de modo superficial, dada a extrema abrangência do programa de introdução. Mesmo assim, pela análise dos principais documentos jurídicos neste campo (v.g. a Carta da ONU, as resoluções n.° s 1514 (XV) e 1541 (XV) e os Pactos de Direitos Internacionais de 1966), procura-se debater a tensão entre princípios contraditórios, designadamente os princípios estruturais da Carta da soberania estatal, do não uso da força e da integridade territorial, por um lado, e o da autodeterminação, por outro.

Analisam-se as formas que revestiu esta ideia desde o princípio do século, com a defesa das nacionalidades, institucionalizada pela Sociedade das Nações no recurso de certas minorias ao Conselho e na ideia inovadora dos mandatos, com a protecção de territórios sem governo próprio e com os territórios sob tutela da Carta da ONU, com o movimento da descolonização na Assembleia Geral e a aprovação das resoluções 1514 e 1541, em 1960, e, finalmente, com a invocação de autodeterminação no período pós-colonial. Esta muitas vezes volta a assumir carácter semelhante ao princípio das nacionalidades, com é patente em relação às repúblicas resultantes da partição da ex-União Soviética, ou mesmo carácter de autonomia dentro de um mesmo estado, como são os casos já referidos, do regime das Regiões Administrativas Especiais de Macau e Hong Kong[69]. Como tenho escrito longamente sobre este assunto, expondo

---

[69] Interessante é referir neste ponto a primeira proposta de Convenção (e já não mera resolução) sobre autodeterminação, fundamentalmente no sentido de autonomia com manutenção da entidade política pré-existente, apresentada em 1993 pelo Liechtenstein nas Nações Unidas e actualmente objecto de um intenso projeco de investigação académica conduzido pela

o que considero serem as principais questões, prescindo aqui de me alongar, remetendo para as obras incluidas no processo.

O caso escolhido é o de Timor Leste, que, embora não tenha originado um acórdão sobre a substância por parte do Tribunal Internacional de Justiça, está particularmente ligado a Portugal e encerra problemas jurídicos muito interessantes, alguns dos quais revelados no acórdão sobre o Timor Gap de Junho de 1995, que é analisado nas aulas. Assim, são referidos os principais argumentos jurídicos opostos da Indonésia e de Portugal, sobretudo centrados em torno de questões de autodeterminação, direitos humanos, uso da força, de aquisição territorial, reconhecimento e desenvolvimento económico. São ainda estudadas as objecções processuais da legitimidade de Portugal e, sobretudo, do litisconsórcio necessário[70]. Posteriormente, analisam-se os Acordos de 5 de Maio sobre a consulta popular e a intervenção da ONU, sobretudo através da UNTAET[71].

XI – Direito Económico Internacional

1. Direito Comercial Internacional. A Organização Mundial do Comércio e a UNCTAD.
2. Direito Monetário Internacional. O sistema monetário decorrente de Bretton Woods. O FMI.
3. Desenvolvimento internacional – BIRD, UNIDO e a protecção do investimento internacional. O papel das sociedades comerciais multinacionais e os contratos internacionalizados.
4. Nova Ordem Económica Internacional.

Caso: Companhia Ultramarina de Petróleo Texaco e Outros v. República Árabe da Líbia (Tribunal Arbitral)

Este capítulo, tal como o referente às organizações internacionais, é abordado noutras cadeiras do curso, mais específicas quanto a vários pontos, mormente nas cadeiras de «Economia Internacional» e de «Organizações Técnicas e Culturais». Assim, reserva-se para este capítulo uma visão geral dos principais aspectos do sistema comercial e financeiro mundial, abordando a evolução histó-

---

Faculdade de Relações Internacionais (Woodrow Wilson School of Public and International Affairs) da Universidade de Princeton, a que me acho, de algum modo, ligada, tendo sido convidada para apresentar um trabalho em conferência para académicos em Princeton (Março de 1995) e, posteriormente, em 1996.

[70] Alguns destes argumentos legais encontram-se expostos no meu artigo «Timor Leste – Aspectos Jurídicos», revista «O Direito», Macau, Março de 1991.

[71] Para estes aspectos, ver o meu artigo «Tempos de Mudança: Timor, A ONU e o Direito Internacional» in *Reflexões sobre Temas de Direito Internacional*, já referido.

302   O Direito Internacional Público nos Princípios do Século XXI

rica desde Bretton Woods e a modificação sucessiva de instituições então criadas, designadamente o Banco Internacional de Reconstrução e Desenvolvimento e o Fundo Monetário Internacional, para adaptação aos desníveis de riqueza entretanto agravados. Refere-se ainda a criação de novas instituições, como a Sociedade Financeira Internacional e a Associação Internacional de Desenvolvimento, no âmbito monetário, a UNCTAD (CNUCED), a UNIDO e o PNUD (Programa das Nações Unidas para o Desenvolvimento), no âmbito das Nações Unidas, e as tentativas sucessivas de institucionalização do comércio mundial, na Organização Mundial do Comércio[72]. O Tratado do GATT é referido, não só para se enunciarem os seus princípios basilares e se discutirem as razões que os fundamentam, mas também para se indicarem as excepções que ao longo dos tempos se foram criando, visando, sobretudo, impedir o controlo total do comércio mundial pelas grandes potências económicas.

No seguimento deste ponto, aborda-se o tema da nova ordem económica mundial, referindo-se resoluções da Assembleia Geral fundamentais quanto a este aspecto, como sejam a referente à Soberania Permanente sobre Recursos Naturais (res. n.º 1803(XVII)), a Carta dos Direitos e Deveres Económicos dos Estados (res. n.º 3201 (XXIX)) e a Declaração sobre o Estabelecimento de uma Nova Ordem Económica Internacional (res. n.º 3201 (XXXIX)). Salienta-se ainda a importância fundamental que é dada ao problema da pobreza nas mais recentes declarações internacionais, designadamente na Declaração dos Chefes de Estado e de Governo da Cimeira do Milénio, promovida pela ONU em Setembro de 2000.

Contudo, a razão principal por que este capítulo é incluído no programa é a de chamar a atenção do estudante para os reflexos profundos na estrutura do Direito Internacional Público que têm tido os desenvolvimentos e inovações da vida económica mundial, alguns dos quais se já afloraram aquando dos comentários ao capítulo referente aos sujeitos. Assim, analisa-se o impacto que as grandes multinacionais têm em relação aos conceitos e regimes estabelecidos pelo Direito Internacional clássico, mormente aquando de grandes investimentos realizados em país estrangeiro e titulados por acordo com o estado em questão.

Entra-se aqui na fascinante área desta figura a que alguns chamam «contratos internacinalizados» e a que não hesitam em atribuir caraterísticas de verdadeiros tratados internacionais, sobretudo quando os próprios acordos prevêem que os conflitos originados pela sua aplicação se resolvam pelas regras jurídico-internacionais e através de tribunais internacionais[73].

---

[72] Para uma leitura do Acordo que Institui a Organização do Comércio Mundial, consultar *Multilateral Trade Negotiations – The Uruguay Round*, MTN/FA I e II, 15 de Dezembro de 1993.

[73] Ver, quanto às alterações, potencialmente muito amplas, no Direito Internacional, que o investimento em larga escala em países estrangeiros pode causar, o meu artigo, já referido, «O Intervalo entre o Modelo Passado e a Visão Futura: o Actual Direito Internacional Público» a ser publicado pelo Instituto Português da Conjuntura Estratégica.

Programa e Método da Cadeira – Provas de Agregação 303

O caso estudado, uma sentença arbitral de 1977, proferida pelo Professor Dupuy, intentada pela companhia Texaco contra a Líbia, reflecte, já há mais de vinte anos, precisamente este tipo de preocupações. Tratou-se de nacionalização dos bens de várias companhias de exploração petrolífera que operavam na Líbia devido a acordo com o governo deste estado (documentos de concessão). O caso levanta muitas questões relacionadas com actos de soberania, valor hierárquico do Direito interno e teoria das obrigações e dos tratados em geral. Como escrevi noutro lugar sobre este caso[74], escolhido entre tantos outros, pois o nosso tempo tem sido muito profícuo neste género de situações, abstenho-me aqui de repetir considerações semelhantes, referindo apenas que o debate se centra precisamente em torno em torno da natureza jurídica destes acordos, tendo em vista qual o regime que aos mesmos se aplica, salientando-se que a tendência da jurisprudência internacional é para os equiparar a tratados internacionais em muitos aspectos da sua aplicação e interpretação[75].

XII – O Direito do Mar e de Outras Áreas Comuns

1. Regulamentação do Mar: o costume, as Convenções de Genebra de 1958 e a Convenção de Montego Bay de 1982.
2. Águas Interiores e Mar Territorial. O direito de passagem inofensiva no mar territorial e a passagem por estreitos internacionais. Jurisdição sobre embarcações.
3. Regulamentação internacional da Zona Contígua e da Plataforma Continental.
4. Direitos e deveres na Zona Económica Exclusiva.
5. Regulamentação do Alto Mar. O princípio da liberdade e limitações. A questão dos fundos marinhos. A Autoridade, a Comissão de Limites da Plataforma Continental e o Tribunal do Direito do Mar.
6. O princípio da soberania versus o princípio do Mar como património comum da Humanidade.
7. Rios e lagos internacionais. Acordos regionais.
8. Regiões polares. A Antártida.

Casos: Caso da Plataforma Continental do Mar do Norte (Tribunal Internacional de Justiça)
Caso Lotus (Tribunal Permanente de Justiça Internacional)

---

[74] Vide nota anterior.

[75] Para uma leitura completa desta sentença, consultar *Journal du Droit International*, vol. 104, n.º 2 (1977), pag. 350 e segs. ou *International Law Materials*, vol. 17 (1978), pág. 1 e segs.

304   *O Direito Internacional Público nos Princípios do Século XXI*

Entramos agora numa matéria normalmente muito querida do estudante: o Direito do Mar. Na realidade, a permanente aplicação prática, se acaso tem a virtude de tornar esta matéria muito atraente, também a torna extremamente vulnerável a interesses contrários, pelo que o confronto é constante, com as alterações legislativas daí decorrentes. Este aspecto ainda mais contribui para o interesse dos debates sobre o tema e a formulação de opiniões divergentes, pelo que as aulas se tornam muito interessantes.

Começa-se pela referência a três grandes momentos do nosso século relativos à regulamentação jurídica do mar, isto é, as conferências da ONU (UNCLOS I, II e III), a primeira das quais originou 4 Convenções (as chamadas Convenções de Genebra de 1958 sobre, respectivamente, o Mar Territorial e Zona Contígua, o Alto Mar, a Pesca e Conservação dos Recursos Biológicos do Alto Mar e a Plataforma Continental) e a terceira, que deu origem à grande Convenção sobre o Direito do Mar de 1982, também por vezes chamada Convenção de Montego Bay, devido ao local em que foi finalmente assinada, após nove anos de negociações. Esclarece-se que esta última Convenção entrou em vigor em 1994 e que a Parte XI, relativa ao regime dos fundos marinhos (a Área) foi alterada através de Acordo que passou a integrar a dita Convenção. Refere-se ainda o papel especialmente importante do Direito Consuetudinário na regulamentação desta matéria, indicando o quanto de codificador do mesmo têm as presentes convenções. A UNCLOS II é sobretudo referida para chamar a atenção para a importância das extensões a atribuir às várias zonas do mar e para os interesses vitais que então se degladiavam em relação à extensão do mar territorial, falhando a Conferência, por muito pouco, quanto à determinação deste.

Esclarecida a situação da regulamentação que hoje temos, em que praticamente todos os estados são partes da Convenção de 1982, entre as poucas excepções contando-se os Estados Unidos, passa-se então ao estudo pormenorizado dos vários regimes, começando pelas águas interiores. Se bem que estas compreendam muitos cursos ou extensões aquáticas que não são mar (lagos, rios, etc), o seu regime é aqui apresentado em conjunto com águas marítimas (como portos, embocaduras, certas baías, etc) por ser o mesmo. Realça-se a importância do Direito Consuetudinário nesta matéria, já que mesmo a Convenção de 1982 contem muito poucas disposições quanto a ela, sendo a maior parte referente a delimitações e extensões derivadas das linhas de base (como relativamente às baías de não mais de 24 milhas, a baías históricas ou a águas entre ilhas junto à costa e a mesma). Analisam-se aqui as regras de Direito Costumeiro relativamente a navios mercantes e a navios de guerra, designadamente quanto à jurisdição dos tribunais dos estados ribeirinhos, outras jurisdições concorrentes e a imunidade de membros da tripulação de navios de guerra bem como a inviolabilidade destes.

Começa então a estudar-se o regime do mar territorial, esclarecendo a figura das linhas de base (normais e rectas) e a questão da extensão. É feita uma pequena evolução histórica, desde o século XVI até aos nossos dias, referindo

Programa e Método da Cadeira – Provas de Agregação

as principais polémicas e a presente regra das 12 milhas. Estuda-se então, pela leitura dos artigos relevantes, o regime a que está sujeita esta parte do mar, designadamente referindo os poderes de soberania do estado costeiro. Analisa-se também a excepção do direito de passagem inofensiva, que é analisado em pormenor, salientando-se a sua aplicação igualmente a navios de guerra estrangeiros. De notar que nesta matéria, mais do que na maioria, é muito importante o esclarecimento gráfico das questões, pelo que são apresentados vários mapas marítimos, sobretudo através de transparências projectadas[76].

Tendo tomado conhecimento dos poderes do estado costeiro sobre o seu mar territorial, o estudante é então levado a discutir as razões de carácter político, económico ou outro que estão na base da dificuldade em estabelecer um regime uniforme relativamente à questão da extensão do mar territorial.

Passa-se depois ao estudo da zona contígua, que tem a particularidade de ser uma das poucas figuras jurídicas do nosso século a ter sido proposta pela doutrina e adoptada pelos estados[77]. É estudado o seu regime jurídico, de prevenção e repressão de violações às leis fiscais, alfandegárias, de imigração e sanitárias, e discutidas, como sempre, através das sugestões dos estudantes, as razões que justificam a sua existência.

Neste sub-ponto discute-se também a complexa regulamentação da plataforma continental, que tantos problemas práticos continua a levantar, sobretudo nos aspectos referentes à sua delimitação. Começa por se oferecer um panorama da evolução histórica desta figura desde a declaração de Truman de 1945. Estudam-se os poderes do estado costeiro sobre a sua plataforma continental e refere-se a evolução, no Direito Internacional, da noção geológica de plataforma continental para a noção jurídica da mesma, sobretudo devido aos protestos iniciados pelos países andinos quanto à medição da plataforma pela profundidade e não pela extensão, comparando-se os regimes das Convenções de 1958 e a de 1982 quanto a este aspecto.

Outro dos assuntos estudados em pormenor é o dos poderes dos estados na sua plataforma continental, sendo fornecidos vários exemplos práticos de controvérsias que têm surgido, designadamente quanto aos recursos vivos que esta abarcaria, para além, claro está, do debate óbvio sobre as questões da deli-

---

[76] Talvez valha a pena fazer aqui um aparte para referir que o uso de transparências, embora não tenha sido referido explicitamente, é constante nas aulas desta cadeira, sobretudo quando as questões geográficas se tornam fundamentais para o entendimento da situação de base, como é o caso do estudo de grande parte dos acórdãos.

[77] A ideia partiu de Gilbert Gidel, jurisconsulto especialista em Direito do Mar, que a formulou entre as duas Guerras, como meio de protecção do estado de certos actos criminosos ou violações graves das suas leis. De realçar, neste seguimento, a notável obra deste autor *Le Droit International Public de la Mer* (3 volumes), Paris, 1932-1934, a mais abrangente de que tenho conhecimento sobre esta matéria.

Para um estudo mais desenvolvido sobre a zona contígua e o papel de Gidel, consultar Churchill and Lowe *The Law of the Sea*, Manchester United Press, 1988, págs. 112 a 119.

O Direito Internacional Público nos Princípios do Século XXI

mitação das plataformas continentais. Aqui são estudados os regimes de Genebra e o actual sistema, inaugurado com caso da delimitação da plataforma do Mar do Norte, que será analisado em pormenor.

Para além disso, são estudados outros casos em que a delimitação entre plataformas de países vizinhos está pendente em juízo, situação esta relativamente corrente, dado o interesse prático de todos os estados na questão e a indefinição do critério da equidade, que veio a ser adoptado. É dado particular relevo a dois casos de antigas colónias portuguesas: o da delimitação da plataforma continental entre a Guiné-Bissau e o Senegal (referindo-se a sentença arbitral e a do Tribunal Internacional de Justiça) e o da delimitação entre Timor Leste e a Austrália[78]. Finalmente, refere-se o papel que a Comissão de Limites, constituida apenas em meados da década de 90, tem desempenhado nesta área bem como a crescente jurisprudência do Tribunal do Direito do Mar, que começou a funcionar pouco após a Comissão.

Segue-se então o estudo da zona económica exclusiva, procurando mostrar-se a inovação que a consagração da mesma representa face à regulamentação de 1958, e apontando-se este regime como resultado da evolução das reclamações de estados, já na altura da Conferência de Genebra, quanto aos direitos que teriam de zonas de pesca preferenciais ou, mesmo, exclusivas. Aliás, os estudantes, logo no início do curso, tomaram conhecimento desta polémica através do estudo do caso da Jurisdição das Pescas, pelo que já para ela se encontram alertados. Discutem-se as razões e interesses no alargamento dos poderes económicos dos estados que levaram à consagração desta área de mar com regime de exclusividade de exploração, bem como as razões pelas quais certas liberdades tradicionais do alto mar se mantêm[79].

---

[78] Para um estudo do acórdão do Tribunal Arbitral sobre a determinação da fronteira marítima entre a Guiné-Bissau e o Senegal, acórdão este que precedeu a acção perante o Tribunal Internacional de Justiça, consultar Révue Générale de Droit Internationale Public, (Decisions Judiciaires et Arbitrales) tomo 94, 1991, pág. 204 a 277.

No que respeita ao caso de Timor no tribunal Internacional de Justiça pode consultar-se o documento que introduziu a acção: «Requête Introductive d'Instance – Timor Oriental (Portugal v. Australie)», registado na Secretaria do Tribunal Internacional de Justiça em 22 de Fevereiro de 1991. Para uma excelente análise das possíveis objecções processuais, designadamente da questão do litisconsórcio necessário, ver Scobbie, Iain «The Presence of an Absent Third: Procedural Aspects of the East Timor Case», manuscrito de 1991, posteriormente publicado em «International and Comparative Law Quarterly».O acórdão final sobre este caso consta, naturalmente, da série de acórdãos publicados do Tribunal e pode consultar-se via internet, na página das Nações Unidas, na epígrafe International Law, International Court of Justice, Judgements.

[79] Nesta temática é também de assinalar a publicação de obras portuguesas especializadas. Assim, podem ser consultados Almeida Ribeiro, Manuel A Zona Económica Exclusiva, ISCSP, Lisboa, 1992 e Machete, Pedro « A Zona Económica Exclusiva: um Conceito do Novo Direito do Mar (Conclusão)» Justiça e Direito, vol. 5, Lisboa, 1991. Para um manual geral sobre o tema, consultar Marques Guedes, Armando Direito do Mar, Instituto de Defesa Nacional, Lisboa, 1989 e, do mesmo autor, quanto ao uso da força no mar, «O Direito e a Guerra», Nação e Defesa, n.º 7, 1978, págs. 59 e segs., posteriormente actualizado e publicado na obra A Crise do Golfo...op. cit., págs.

Programa e Método da Cadeira – Provas de Agregação 307

Partimos então para o estudo do regime do alto mar, começando por definir o mesmo, como o faz a Convenção de Montego Bay, por exclusão de partes. Indicam-se as liberdades tradicionais de navegação, sobrevôo, pesca, colocação de cabos e ductos e a sujeição de embarcações apenas à jurisdição do estado do pavilhão e ao Direito Internacional Público. Estudam-se ainda as excepções a esta regra, designadamente nos casos de direito de visita, de perseguição contínua, de pirataria, de acção autorizada pelo Conselho de Segurança, de tratados, etc.

É então dado relevo ao controverso regime estabelecido para os fundos do mar na zona chamada Área. É explicado o pesado sistema institucional criado pela Convenção do Mar de 1982 e a origem desse sistema na ideia do embaixador Pardo do mar como património comum da humanidade. É descrita sumariamente a evolução desta proposta de Malta nas Nações Unidas até à criação do sistema da Convenção e discutidas possíveis razões justificativas do mesmo. É analisada a importância que o método do consenso e a análise «em pacote» teve na aprovação da Convenção de 1982 e na subsequente oposição ao regime dos fundos marinhos pelos países tecnologicamente mais avançados. O estudante é ainda informado do ultrapassar desta situação e da rápida evolução na concretização institucional dos vários organismos associados à Autoridade e da redacção do Código de Exploração Mineira dos Fundos Marinhos.

Após estudo pormenorizado do presente regime do mar, abre-se a discussão com questões sobre a eventual tensão entre os princípios da soberania (ou dos poderes de exclusividade de exploração económica) e do património comum da humanidade, passando-se posteriormente à análise de dois casos concretos[80].

O caso da delimitação da Plataforma Continental do Mar do Norte é um clássico de que se não pode prescindir no estudo do Direito do Mar, tanto mais que levou à profunda alteração legislativa quanto à delimitação das plataformas continentais que se verificou entre Genebra e Montego Bay. Na realidade, confrontado com as reclamações da República Federal da Alemanha em 1969 sobre a pretensão da Dinamarca e da Holanda de que a linha da equidistância se teria que aplicar às delimitações das plataformas entre estes estados,

---

37 a 59. Para uma visão, hoje já histórica, consultar a então inovadora obra de Serra Brandão *Direito Internacional Marítimo*, Livraria Clássica Editora, Lisboa, 1963.

[80] Este nota visa apenas fazer um pequeno reparo. No enunciar deste capítulo, ao contrário do que foi feito noutros, não se indicaram os artigos jurídicos regulamentadores dos regimes enunciados. Gostaria de sublinhar que o estudo conduzido sobre o Direito do Mar, como acontece sempre em situações em que há base legislativa escrita, se baseia fortemente na leitura e reflexão sobre os artigos da lei. A razão pela qual não foram aqui os artigos enumerados prende-se, por isso, não com o facto de que se não recorre aos mesmos, mas, muito pelo contrário, com o facto de talvez se recorrer demasiado, isto é, face à existência ainda, de certo modo, simultânea das Convenções de Genebra e de Montego Bay, é corrente serem ambas analisadas, tanto para ver os pontos em que se repetem como aqueles em que divergem.

308 *O Direito Internacional Público nos Princípios do Século XXI*

o Tribunal Internacional de Justiça, atendendo ao facto de a mesma regra não ser, no seu julgamento, uma regra de Direito Consuetudinário (a Alemanha não era parte na Convenção de Genebra de 1958), causando a extensão dessa linha graves prejuízos a países com costas marítimas côncavas, como é o caso da Alemanha, acabou por optar pelo critério da equidade, que veio a ser consagrado, em termos genéricos, pela Convenção de 1982.

O outro caso refere-se a um aspecto mais específico, colisões no alto mar, e a factos mais antigos, ocorridos em 1926, mas foi incluido por clarificar noções fundamentais sobre jurisdição e por demonstrar que a contestação estatal a um acórdão de um tribunal internacional pode levar à consagração da regra contrária à adoptada judicialmente. A colisão no alto mar, ao largo da Constantinopla, de um navio francês com um navio turco, que se afundou, alegadamente por negligência do comandante do primeiro, levou a que este fosse julgado e condenado por um tribunal turco. A França recorreu então contra a Turquia para o Tribunal Permanente de Justiça Internacional, alegando que teria que haver um princípio de Direito Internacional que conferisse especificamente poderes de jurisdição aos tribunais turcos, enquanto este estado contrapunha que bastava que não houvesse qualquer princípio a proibir os seus tribunais de se pronunciarem. O Tribunal Permanente, após interessante exposição de fundamentos, donde se ressalta a assimilação de uma embarcação em alto mar a território do estado do pavilhão e a atribuição de jurisdição a tribunais em virtude do princípio da territorialidade (aqui, objectiva: os efeitos do crime), acabou por concluir, após voto de desempate do presidente, pela legitimidade da jurisdição dos tribunais turcos. A reacção causada por este acórdão levou à consagração, já na Convenção de Genebra sobre o Alto Mar, da prescrição, desde então claramente seguida, de que apenas os estados do pavilhão e da nacionalidade do indivíduo têm jurisdição penal sobre o mesmo no caso de colisões no alto mar.

Neste capítulo abordam-se ainda superficialmente as matérias referentes ao regime de lagos e rios internacionais, sobretudo para assinalar a ausência de codificação geral deste assunto e referir a sua regulamentação por acordos bilaterais ou regionais. Refere-se ainda a Convenção das Nações Unidas sobre Usos diversos da Navegação de Rios Internacionais, de 1997, que, contudo, se não prevê que entre em vigor, pelo menos a breve trecho, dado o escasso número de ratificações.

Por se tratar, como o mar, de uma zona comum, aborda-se ainda neste capítulo a questão da Antártida, referindo o regime instituido pelo acordo de 1959, entretanto caducado, e o prolongamento dos seus aspectos mais importantes pelo Protocolo de Madrid de 1991. Realçam-se, quanto ao regime criado, a consagração dos princípios do não uso da força, da não poluição e, ainda, o adiamento da questão dos direitos de soberania territorial sobre este continente.

XIII – Espaço Aéreo e Extra-Atmosférico

1. Noção de espaço aéreo. A soberania estatal e as convenções internacionais.
2. Regulamentação do espaço extra-atmosférico. A Lua e outros corpos celestes.
Os satélites artificiais e as estações espaciais.

Aborda-se agora, após estudo do Direito do Mar, o regime do Espaço Aéreo, que foi criado largamente através da analogia com o primeiro. Começa por se traçarem alguns aspectos do início da regulamentação internacional, designadamente referindo a Convenção de Paris de 1919 e o debate sobre os poderes dos estados sobre o seu espaço aéreo, bem como a extensão do mesmo. O estudante é levado a descobrir as razões da consagração da regra da soberania estatal em preterição de um regime semelhante ao do mar, em que houve divisão em várias áreas, com regimes distintos e poderes sucessivamente decrescentes dos estados costeiros, bem como da inexistência, ao contrário do que sucede no mar territorial, de qualquer direito de passagem inofensiva por parte de aeronaves estrangeiras.

Estuda-se em seguida a regulamentação consagrada na Convenção de Chicago sobre Aviação Civil de 1933 e a constituição, na mesma, da ICAO. Referem-se ainda as regras consuetudinárias que regulam, em termos semelhantes aos do Direito do Mar, questões como a nacionalidade de aeronaves, responsabilidade internacional, jurisdição de tribunais, etc.

Finalmente, aborda-se a questão dos limites do espaço aéreo, indicando-se as principais facções quanto à questão e levando o estudante a discutir hipóteses quanto ao método de delimitação entre o espaço aéreo e o exterior, matéria esta certamente de grande importância no futuro, designadamente aquando da comercialização, prevista para breve, de aeronaves capazes de circular tanto no espaço aéreo como no extra-atmosférico.

O segundo sub-ponto ocupa-se precisamente do regime jurídico do espaço exterior que passou a parecer, ao aluno comum, após o lançamento do 1.º satélite português, menos exótico. Novamente, começa por se fornecerem dados resumindo a evolução histórica da regulamentação, assinalando-se a rapidez da formação do costume da liberdade de circulação no espaço exterior, dando-se, contudo, notícia dos protestos, ainda sem correspondente jurídico, dos países equatoriais, reivindicando alguns poderes de soberania sobre a órbitra geo-estacionária[81].

---

[81] Ver, a este propósito, a Declaração de Bogotá, de 1976, em que oito estados equatoriais reclamaram soberania sobre o segmento da órbita geoestacionária que se encontra sobre os seus territórios, com a consequente necessidade de autorização para colocação de instrumentos e objectos por estados estrangeiros, designadamente satélites para telecomunicações, emissores e meteorológicos. Contudo, até agora, a prática de livre colocação e utilização de satélites não se

310 *O Direito Internacional Público nos Princípios do Século XXI*

São estudados a res. 1962 (XVIII) da Assembleia Geral, sobre a não apropriação do espaço exterior e a sua exploração em prol da Humanidade e o Tratado de 1967, sobre a Exploração do Espaço Exterior (Tratado sobre os Princípios que Devem Reger as Actividades dos Estados na Exploração e Utilização do Espaço Exterior, incluindo a Lua e Outros Corpos Celestes), assinalando-se a proibição de armas nucleares e de destruição massiva e debatendo-se a indefinição quanto a outro tipo de armas ou manobras militares. São ainda referidos os regimes instituidos pelo Tratado sobre Recolha e Devolução de Astronautas e Objectos Lançados no Espaço Exterior, de 1969 e a Convenção sobre Responsabilidade por Danos Causados por Objectos Lançados no Espaço Exterior, de 1969.

XIV – Direito Internacional do Ambiente

1. Desenvolvimento como novo ramo do Direito Internacional. Regulamentação da poluição aérea transfronteiriça, da poluição marinha e de rios internacionais.
2. Os detritos nucleares.
3. Modificação climatérica e protecção de áreas ecológicas especiais. A Conferência do Rio de Janeiro de 1992.

Caso: Fundição em Trail (Tribunal Arbitral)

Tenta fazer-se um pequeno sumário da evolução da degradação ambiental desde a revolução industrial, debatendo-se as influências que esta tem para o Direito Internacional Público, sobretudo pela passagem da poluição atmosférica e aquática localizada à poluição das zonas comuns, à poluição por detritos nucleares e à própria alteração climatérica. Começa por se estudar, a nível documental, a Declaração de Estocolmo sobre Ambiente de 1972 e a institucionalização, que se lhe seguiu, através da criação do Programa Ambiental das Nações Unidas.

São ainda referidos os principais instrumentos jurídicos reguladores da poluição em certas áreas específicas, como é o caso da Convenção de Genebra

---

alterou, continuando, entre outras, a União Internacional de Telecomunicações a distribuir as frequências de rádio sem manter qualquer quota reservada a estes países e tendo o Comité da ONU para Usos Pacíficos do Espaço Exterior também rejeitado este tipo de pretensões.

Outros problemas que têm surgido neste âmbito são o das missões de reconhecimento (tendo vários princípios sido estabelecidos em 1985 por resolução do Comité para Usos Pacíficos do Espaço Exterior, v.g. o acesso a dar ao estado objecto de observação aos dados antes e depois de processados) e o das emissões de televisão do espaço, tendo sido aprovada uma resolução em 1982, que nunca foi efectivada, sobre a necessidade de consulta e acordo entre o estado emissor e o receptor, tendo em vista o respeito da integridade política e cultural dos estados.

Programa e Método da Cadeira – Provas de Agregação

sobre o Alto Mar, de 1958 e, sobretudo, da Convenção do Mar de 1982, cujo regime é estudado. Referem-se ainda os principais passos tomados no sentido da proibição jurídica de acções conducentes à poluição de rios e lagos internacionais e à modificação do clima, sendo particularmente referidos a Convenção de Viena (1986) e os Protocolos de Montreal (1987 e segs.) sobre a Protecção da Camada de Ozono e as Convenções sobre Impacto Ambiental Transfronteiriço, sobre Mudanças Climáticas e sobre Desertificação. Finalmente, é referida a 1ª Conferência da Terra (Rio de Janeiro, 1992), estudando-se os princípios consagrados na Declaração sobre Ambiente e Desenvolvimento e a Convenção sobre Diversidade Biológica.

Ao longo deste capítulo, cujo tema é abordado apenas sumariamente, tenta-se, como sempre, encontrar ilustrações das situações estudadas, pelo que se analisam alguns acontecimentos, como o caso da explosão na central nuclear de Chernobyl em 1986, procurando aplicar-se a lei a uma situação que nunca foi sujeita, por razões várias, a julgamento por órgão judicial. Contudo, estuda-se também o primeiro caso interposto perante tribunal internacional: o da Fundição em Trail.

Este caso clássico do Direito Internacional do Ambiente foi julgado em 1941 por um tribunal arbitral constituido por acordo entre os Estados Unidos e o Canadá. A questão tinha que ver com a poluição atmosférica causada nos Estados Unidos pela emissão de dióxido de enxofre por uma fábrica de fundição canadiana que operava em Trail, junto da fronteira. É muito interessante ver quais as questões que o tribunal colocou para concluir pela condenação do Canadá, que teve que pagar uma indemnização ao seu vizinho e obrigar a dita fábrica, que não era propriedade estatal, a adoptar medidas para controlar a emissão do gás prejudicial. O tribunal considerou que a poluição era um tipo de dano, embora não houvesse qualquer jurisprudência internacional nesse sentido até então, recorrendo analogicamente a decisões internas americanas referentes a poluição aquática e atmosférica. Utilizando o princípio, pela primeira vez formulado aquando do caso do Canal Corfu, o tribunal concluiu que um estado não pode permitir o uso do seu território para causar danos a outro estado, neste caso através da emissão de gases poluentes.

XV – Novos Desenvolvimentos do Direito Internacional

1. O Direito Internacional Penal. Os tribunais ad hoc para a Ex-Jugoslávia e o Ruanda. O Tribunal Penal Internacional permanente.

2. As reformas institucionais internacionais: os grupos de reforma da ONU; alterações na hierarquia de princípios básicos: as Declarações do 50.º Aniversário da Organização e da Cimeira do Milénio.

312 O Direito Internacional Público nos Princípios do Século XXI

3. Novos fundamentos para utilização da força. Novo papel das forças de manutenção da paz e a conceptualização jurídica do mesmo. Intervenções humanitárias. O combate ao terrorismo internacional.
4. A questão da responsabilidade internacional dos estados e os trabalhos da Comissão de Direito Internacional.

Este último capítulo mereceria, só por si, um curso anual mas os pontos seleccionados têm que ser leccionados, considerando a extensão da matéria, de forma superficial, como remate final dos aspectos jurídico-internacionais estudados. Assim, abordando as questões do Direito Internacional Penal, começa por se fazer referência aos trabalhos que levaram à criação dos tribunais penais ad hoc pelo Conselho de Segurança e à sua jurisprudência inovadora e crescentemente fundamental na área dos crimes de guerra, crimes contra a paz e genocídio. Passa-se então à análise do modo de como estes crimes estão tipificados no Estatuto de Roma do Tribunal Penal Internacional e de como opera a «complementaridade» na prática, remetendo-se outros aspectos para o que já foi referido sobre o tema em capítulos anteriores.

De seguida, passa-se à questão da reforma das Nações Unidas, sendo fornecidos documentos relativos a propostas de reformulação institucional, mormente do Conselho de Segurança, do Secretariado, do Conselho de Tutela e dos métodos de trabalho daAssembleia Geral. Analisam-se ainda passagens relevantes da Declaração do 50.º Aniversário das Nações Unidas e da Cimeira do Milénio. Fomenta-se, naturalmente, o debate de ideias entre os estudantes, tentando fornecer os parâmetros da realidade vivida no interior da ONU e as possibilidades reais de reforma institucional.

Passa-se então ao tema dos novos usos da força armada, referindo a reforma do conceito de forças de manutenção da paz e as implicações práticas da eventual alteração do seu regime, a questão controversa das intervenções humanitárias (já abordadas no capítulo IX) e do combate ao terrorismo internacional (referindo-se as várias convenções e a ausência de definição jurídica de terrorismo). Embora o assunto já tenha sido referido noutras sedes, debruçamo-nos sobre o papel, em constante mudança, sobretudo nos dias de hoje, do uso da força armada e sobre a necessidade de estabelecimento de parâmetros em situações cada vez mais diversificadas.

Finalmente, aborda-se a questão da responsabilidade internacional dos estados, já anteriormente aflorada em vários capítulos, até agora sobretudo regulada pelo Direito consuetudinário, dando-se relevo aos trabalhos da Comissão de Direito Internacional, designadamente quanto às questões das retaliações e contra-medidas e do crime de estado.

E assim se dá por concluido o ensino da cadeira de introdução ao Direito Internacional Público. Como se viu, as teses primeiramente enunciadas, isto é,

Programa e Método da Cadeira – Provas de Agregação 313

o sentido da mudança constante, a existência de grande diversidade de pontos de vista, a importância do funcionamento real das normas e o papel fundamental da linguagem no Direito Internacional, são linhas básicas que estruturam todo o curso e lhe estão subjacentes, embora nem sempre sejam explicitadas. Talvez que o que venha a ser escrito sobre a metodologia desta disciplina contribua para tornar mais claro o modo pelo qual elas actuam.

METODOLOGIA

1. BREVES REFLEXÕES SOBRE O ENSINO UNIVERSITÁRIO

Antes de entrar na exposição do método seguido, gostaria de apresentar algumas considerações breves sobre o ensino universitário e as diferentes metodologias no ensino do Direito Internacional que espero possam esclarecer a escolha feita.

A minha visão do ensino universitário é a de um serviço prestado à comunidade em que está inserido e que tem, basicamente, duas vertentes: a transmissão de conhecimentos e de métodos para aquisição desses conhecimentos, prestado primariamente a estudantes, e a investigação como contribuição para o avanço da área do saber, prestado a toda a sociedade e, em última instância, à Humanidade em geral. Contudo, mesmo esta segunda faceta é determinante aquando da transmissão de conhecimentos, pois, como se sabe, não só os mesmos ficam substantivamente enriquecidos por conhecimentos profundos, como o modo através do qual o mesmos são transmitidos pode ser drasticamente melhorado.

Será difícil fixar critérios rígidos para que um ensino universitário se possa considerar bem sucedido, atingindo uma qualidade satisfatória, já que orientações diferentes se degladiam facilmente neste campo e o próprio tipo de saber que a sociedade valoriza varia consideravelmente com a geografia e drasticamente com o rodar dos tempos[82]. As considerações que se seguem foram, por isso, sugeridas com a consciência de que se optou por uma visão funcionalista do ensino universitário, olhando fundamentalmente às necessidades dos nossos dias e procurando encontrar soluções pragmáticas para as mesmas, pois só deste modo me parece que se pode ver o ensino e a actividade universitária como um verdadeiro serviço social.

Os valores que fundamentam as opções escolhidas a nível metodológico visam a evolução para uma universidade que seja uma comunidade de saber, animada por um espírito colectivo, presente em todos os participantes nesse serviço, desde professores a alunos e pessoal administrativo, vocacionado para a satisfação

---

[82] Para uma visão estruturalista do processo de ensino, ver a interessante obra de Greenlund, Norman *Stating Behavioral Objectives for Classroom Instruction*, sobretudo capítulos 1, 5 e 6.

316 O Direito Internacional Público nos Princípios do Século XXI

daqueles a quem esse serviço se dirige: estudantes, antes de mais, comunidade científica, em segundo lugar, e, mais mediatamente, todos os seres humanos.

Partindo deste tipo de modelo universitário, parece-me ser de sublinhar, seguidamente, que muitos dos obstáculos que surgem na prossecução deste objectivo têm frequentes vezes origem em atitudes psicológicas dos intervenientes no respectivo processo. Talvez que a mais fundamental de todas resida na visão, por parte de entidades governamentais e demais institutos com capacidade financeira ou poder político para alterar a situação, de que o ensino universitário é um serviço subalterno, não absolutamente essencial para o suprimento das necessidades da sociedade. Claro que esta atitude é negada em termos retóricos, mas reflecte-se em termos práticos na escassez de recursos materiais que são atribuidos às universidades e na consequente falta de dignidade com que tal serviço é encarado pelos seus próprios agentes, actuando como poderoso factor desmotivador de docentes e, em termos reflexos, dos discentes. Infelizmente, a visão do ensino universitário como motor fundamental na evolução e progresso de qualquer sociedade, que tão boas provas tem dado no desenvolvimento de tantos países e na manutenção do desenvolvimento de tantos outros, não se pode dizer que seja uma realidade dos nosso dia-a-dia.

Tendo feito esta observação prévia, gostaria de acrescentar que, apesar das dificuldades financeiras se terem vindo a amenizar, de certo modo, nestes últimos anos, mercê sobretudo de várias ajudas da União Europeia e de se detectar, por parte das autoridades, uma vontade genuina para elevação do nível do ensino universitário em Portugal (através, entre outros, de esquemas de avaliação do mesmo), o ensino e a investigação universitárias ressentem-se ainda de uma série de atitudes psicológicas que impedem a alteração da situação actual. Este aspecto humano fica normalmente subordinado à enunciação, muito corrente, de deficiências de ordem monetária ou de inadequação de estruturas e equipamentos. Ora, como já foi referido, estes aspectos, segundo o meu ponto de vista, são, eles próprios, consequência da visão humana do ensino, que penso ser a causa fundamental para a situação presente. Assim, passarei a uma análise muito sintética do modo como percebo a actual situação, sendo as generalizações que forçosamente terei que fazer consequência do desfazamento entre a amplitude do tema e o espaço que aqui lhe pode ser dedicado, tentando captar apenas os aspectos psicológicos básicos, sem que relevo suficiente seja dado às excepções, tanto mais de apreciar quanto são inúmeros os desencorajamentos que se fazem sentir.

No que respeita à universidade como um serviço de transmissão de conhecimentos e de formação de quadros mentais nos discente, adequados ao desenvolvimento individual do saber, apontarei quatro possíveis obstáculos humanos ao preenchimento de tal projecto[83]: a) o distanciamento entre docentes

---

[83] Sobre o acto de aprender e sobre a fala como acto de ensino, ver o interessante diálogo de Santo Agostinho em *The Fathers of the Church*, (trad. Russell), Catholic University of America Press, Washington, D.C., 1968, págs. 7 e segs.

Metodologia 317

e discentes, b) a visão do corpo discente como um grupo passivo de ouvintes, c) a pouca importância que é dada à realidade e à evolução desta no que é ensinado, e d) a falta de dignidade com que o estudante se encara a si próprio.

a) Existe ainda, na nossa sociedade, um grande distanciamento entre professores e alunos no ensino universitário. Para ele muito contribuiu a mitificação da figura do professor universitário, consequência duma longa tradição escolástica, se bem que já muito atenuada nos nossos dias. Claro que é também de considerar a necessidade de algum distanciamento, pois o professor é igualmente, como referirei mais pormenorizadamente, um juiz em questões que podem afectar profundamente o futuro dos seus estudantes, já que tem que os classificar[84]. Contudo, parece-me que o afastamento que ainda hoje se verifica, visível na falta de disponibilidade fora das aulas para atendimento de alunos ou na falta de empenho na orientação de trabalhos de investigação dos discentes, leva a perturbações, por vezes de grande dimensão, no ensino.

Um dos resultados mais óbvios desta situação é uma grande dissociação entre as duas categorias de pessoas (professores/alunos) que, tendo quebrado alguns dos canais de comunicação entre si, favorecem a formação de grupos fechados que se apontam mutuamente deficiências mas que poucas vezes trabalham em comum para as superar. Sendo o ensino, por natureza, uma actividade cuja perfeição nunca é atingida, mas que se tem constantemente que superar a si própria, é custoso verificar que esse esforço de melhoria não é sequer tentado. Na verdade, muitas vezes, ele surge, na dicotomia criada (professores/ /alunos), como uma concessão a fazer ao outro grupo, que é percebido como o mero apontador sistemático de deficiências, não por estas existirem ou por poder haver uma melhoria, mas precisamente por se tratar do grupo oposto.

b) Por outro lado, passando ao segundo aspecto apontado, os estudantes são muitas vezes encarados, pelo menos na leccionação da aula, como um grupo passivo de ouvintes. A aula clássica consiste numa comunicação, reproduzida em notas pelos ouvintes. Assim, visto a comunicação ser unilateral, o papel do aluno reduz-se muitas vezes a ouvir, memorizar e repetir esquemas e assuntos[85]. Desta forma, corre-se o risco do estudante aprender, não só a matéria que lhe é expressamente transmitida, mas, duma forma muito mais profunda e duradoura, que a sua função é a de um receptor a quem não cabe propor alternativas, inovar ou desenvolver o que lhe foi transmitido. Cultivam-se assim

---

[84] Para um estudo das questões de aproximação e distanciamento entre professores e alunos, ver Peterson, Houston *Great Teachers*, Rutgers University Press, N.J., 1946.

[85] A este propósito, ver Freire, Paulo *Pedagogy of the Oppressed*, Seabury Press, New York, 1970, sobre a transformação do professor num narrador e do aluno num ouvinte passivo. Para uma visão de que o ensino do Direito deve conduzir à libertação do pensamento, ver Fuller, Lon «On Teaching Law» Stanford law Review, vol. 3, (1959), pág. 35 a 47.

318 *O Direito Internacional Público nos Princípios do Século XXI*

as faculdades de memorização e passividade, sobrevalorizando-se a estabilidade, pelo menos do aspecto metodológico, havendo o perigo de que venha implícita a mensagem de que a inércia não é necessariamente um defeito a combater[86].

c) Como corolário dos dois aspectos focados, pode surgir o distanciamento entre o que é ensinado e os problemas que se põem na realidade. Este aspecto é por demais conhecido e tem sido profundamente discutido, embora me pareça que a sua componente psicológica não tenha sido suficientemente sublinhada. Parece-me que esta é consequência da tendência para a criação de grupos fechados e da passividade dos intervenientes que podem conduzir à falta de reflexão permanente sobre curricula e métodos de ensino.

Por vezes, sugestões de projectos conjuntos com sectores que, no mundo do trabalho, se ocupam das áreas do conhecimento a ser leccionadas, deparam com entraves cuja fonte principal julgo que reside no equacionar da academia com capacidade de raciocínio abstracto, muitas vezes considerado hierarquicamente superior, e o mundo extra-académico, com capacidade prática de resolução de problemas. A consequência desta atitude pode ser a apreensão pelo estudante de esquemas de pensamento rígidos, uniformes e, muitas vezes, desactualizados.

Esta mesma atitude produz igualmente efeitos indesejáveis no corpo docente, já que são muito raras as oportunidades que um professor, em dedicação exclusiva, tem de contactar directamente com a realidade que lecciona pois são praticamente inexistentes, a nível institucional, estágios para docentes em que estes se integram temporariamente em empresas, institutos, organizações internacionais, etc. Isto obsta à percepção, por parte do docente, duma realidade em rápida mudança e do interesse por investigação em campos com actualidade prática real.

d) Todo este enquadramento resulta na falta de dignidade com que o estudante normalmente se encara a si próprio, sobretudo nos dias de hoje, em que o ensino superior perdeu o carácter elitista de tempos anteriores. Na realidade, a grande maioria dos discentes vê na sua licenciatura unicamente um meio para obtenção de um emprego. Assim, o aluno encara normalmente a sua categoria como meramente transitória para a obtenção de independência económica e de algum poder sobre as suas actividades. A maioria das situações que visa combater esta desmotivação, como a realização por estudantes de conferências, a publicação de jornais e revistas, as propostas de melhoramento do serviço docente, através de actualização de materiais de estudo, de organização e metodo-

---

[86] Para um estudo dos factores de motivação dos estudantes, ver McKeachie, W. *Teaching Tips*, Heath & Co., Lexington, 1978.

Metodologia 319

logia didácticas e pedagógicas, enfrenta numerosas vezes a passividade, se não mesmo a resistência do ambiente académico.

Sendo estes alguns dos principais riscos a evitar, do meu ponto de vista, quanto ao método a escolher para a leccionação, gostaria ainda de tecer algumas considerações sobre a investigação. Características inerentes, por definição, à investigação, como a necessidade constante e nunca acabada de inovar e aperfeiçoar aspectos dessa inovação podem ter tendência, num ambiente em que falta a suficiente motivação e predomina a passividade, para dar lugar a trabalhos que são meros repositórios históricos de variadas teorias. Ora um saber enciclopédico, que tem as suas virtudes óbvias, não pode ser utilizado para excluir uma investigação inovadora, ligada às necessidades de curto e longo prazo de uma sociedade que se pretende estar em mudança.

Parece-me que é o fraccionamento do saber, transformado de empreendimento colectivo para o qual se contribui na medida das capacidades de cada um, numa série de esforços pessoais, muitas vezes duma determinação admirável, que está na origem das dificuldades de investigação. Os obstáculos criados à aquisição de conhecimentos de cada um podem levar à reprodução do mesmo esquema quando finalmente o saber do indivíduo é reconhecido. Para além disso, podem conduzir a uma defesa dos conhecimentos adquiridos e à sua identificação com prerrogativas sociais. Pode, assim, suceder que qualquer crítica feita aos fundamentos e pressupostos desse conhecimento se transforme, por isso, num ataque directo ao estatuto social ocupado e é, a todo o custo, evitada. Alternativas interessantes poderão, assim, ser desencorajadas em nome de critérios científicos que são tomados como dogmas por serem encarados, fundamentalmente, como ameaças pessoais. Corre-se, pois, o risco de substituir uma investigação dinâmica e diversificada por uma actividade de rotina incapaz de se expandir para além de parâmetros e esquemas pré-definidos de encarar a realidade.

É difícil, e, provavelmente, desaconselhável, estabelecer uma série de critérios rígidos sobre o que constitui um ensino adequado, pois isso iria contrariar toda a anterior exposição, em que se enalteceu a flexibilidade necessária de adaptação a novas estruturas de pensamento e a uma pluralidade de metodologias. Basicamente, parece-me essencial incutir em todos os participantes nos serviços universitários que o saber é um bem colectivo de importância crucial para qualquer sociedade e que o papel de cada um consiste em contribuir para o desenvolvimento do conhecimento. Este projecto implica uma atitude de abertura a propostas de trabalho por parte de outros agentes, a aceitação de críticas sempre que fundamentadas e, sobretudo, uma vontade constante e infindável de melhoramento do trabalho de cada um através da leitura, da experimentação e da discussão aberta de perspectivas e quadros mentais divergentes. O professor, em particular, pode funcionar como verdadeiro motor no despertar de interesse em outros, desenvolvendo uma atitude de recepção e encorajamento em relação à generalidade das ideias propostas e baseando a avaliação das mesmas na sua fundamentação.

320 *O Direito Internacional Público nos Princípios do Século XXI*

Esta atitude de abertura reflectir-se-ia necessariamente nas ligações com o mundo extra-universitário pois combateria a hegemonia de esquemas rígidos de pensamento que ignoram a realidade que a ela se não pode subsumir. Este espírito de abertura à evolução do dia-a-dia poderia ser reforçado através dos já referidos cursos de actualização em sectores da vida activa que professores estariam sujeitos a frequentar periodicamente, não se perdendo, deste modo, as vantagens da exclusividade e do contacto com o mundo exterior.

Penso que este estado de coisas teria reflexos positivos na forma como os discentes encarariam os seus estudos, isto é, como um momento privilegiado das suas vidas em que o tempo estaria dedicado à melhoria constante da capacidade de apreensão do mundo em vez de ser dominado pela rotina em que uma actividade profissional acaba por cair, na maioria das vezes. Esta atitude seria facilitada pela forma de tratamento de que se sentiriam alvos e pela facilitação de acções que lhes dessem capacidade de iniciativa na sua área do saber, através do encorajamento da organização, por eles, de seminários, congressos, edição de publicações científicas, associações para a promoção de certos valores, etc. Penso que esta atitude, como todas as que produzem efectivamente resultados, tem que ser fomentada no dia-a-dia, através de pequenas acções, começando nas próprias aulas, pelo acolhimento de sugestões. O estudo de problemas actuais que se fazem sentir na sociedade e o envolvimento real ou fictício nesses problemas (participação em jogos que constituem exercícios académicos, criação dos chamados «programas clínicos», tão divulgados no estrangeiro, em que o aluno presta, para crédito académico, efectivamente serviços à comunidade[87], etc) em muito contribuiriam para estimular estudantes que hoje correm o risco, por vezes, de serem um corpo passivo e pouco motivado.

É evidente que nenhum ensino pode atingir níveis de qualidade se não for devidamente acompanhado da investigação por parte do docente. Parece-me que as maiores dificuldades no nosso país se relacionam com a falta de organização no acesso à informação (inexistência de ficheiros completos e actualizados de consulta fácil), pois frequentes vezes nos deparamos com situações em que existem os materiais mas em que não é possível encontrá-los por não estarem os mesmos ordenados ou em que a ordenação não é feita por temas, de tal modo que o principiar de uma investigação se torna muito difícil, pois requer normalmente algum conhecimento prévio sobre o assunto. Esta situação, em que se consomem esforços muito grandes na recolha de documentação, leva a que normalmente os trabalhos sejam mais valorizados pela documentação

---

[87] Para uma visão dos «estudos clínicos», consultar, entre outros, Gee, Gordon e Jackson, Donald «Bridging the Gap: Legal Eduacation and Legal Competence», Brigham Young University Law Review, vol. 695, 1977; Frank, Jerome «Why Not a Clinical Lawyer-School?» University of Pensilvania Law Review, vol. 81 (1933); Bellow, Gary « On Teaching the Teachers: Some Preliminary Reflections on Clinical Education as Methodology» CLEPR, 1977; Supreme Court of Japan *The Legal Training and Research Institute of Japan*, ed. Supreme Court of Japan, Tóquio, 1977.

Metodologia 321

e dados apresentados do que pela tese que propõem, com a consequência da falta de evolução constante de ideias e teorias e debate sobre as mesmas.

Assim, parece-me que o essencial reside numa série de pequenas acções que conduzam à transformação no modo de encarar o ensino, que julgo ser fundamentalmente um empreendimento solidário ao serviço de uma comunidade tão vasta que se identifica, em última instância, com a própria Humanidade.

MÉTODO

A. CONSIDERAÇõES PRÉVIAS

Ao longo da minha vida tive o privilégio de contactar intimamente com alguns dos mais significativos sistemas jurídicos mundiais e de viver e experimentar o ensino do Direito Internacional em várias partes do mundo, tanto como aluna, como na qualidade de investigadora, de docente, responsável administrativa e de participante em reuniões de várias organizações internacionais[88]. Tudo isto me ensinou que persistem ainda hoje inúmeras barreiras à aprendizagem de certas matérias ou à adopção de certos métodos, simplesmente pelo facto de eles não serem tão familiares como aqueles a que o nosso sistema nos habituou, ainda que isto conduza à cristalização da forma e conteúdo do ensino ou, mesmo, ao isolamento em relação ao exterior. Aprendi também que há pouca coragem, e refiro isto a um nível mundial, para inovar métodos de ensino, e que reflexão sobre os mesmos, ainda que se exerça, tem tendência, no meu parecer, para se desenvolver dentro de parâmetros que se não questionam e que restringem grandemente os rumos possíveis de seguir.

Como fui estudante universitária em Portugal, a Itália e nos Estados Unidos, aprendi igualmente a importância que deve ser dada às opiniões dos alunos quanto aos métodos de docência empregues, ficando bem claro, devido às muitas cadeiras que acabei por concluir, que qualidades de investigação e de reflexão sobre a matéria não estão necessariamente agregadas a capacidade de ensino, que exige outro tipo de predicados pedagógicos independentes dos primeiros.

Na minha vida pude ainda leccionar grupos etários muito distintos (desde pessoas acabadas de sair do ensino secundário até oficiais que aspiram ao posto máximo da carreira militar), pessoas com interesses muito diversos (desde

---

[88] A propósito, talvez valha a pena referir alguns estudos comparativos sobre os métodos de ensino do Direito, e, designadamente, do Direito Internacional, nos sistemas romano- -germânico e anglo-saxónico. Assim, entre muitos outros, ver Merryman, John «Legal Education There and Here: a Comparison» Stanford law Review, vol. 27 (1971), pág. 859 e segs.; Riesenfeld, Stefen «A Comparison of Continental and American Legal Education» Michigan Law Review, vol. 36, (1937), pág. 31 e segs.; «Note on the Reform of Legal Education» Korean Journal of Comparative Law, vol. 6, pág. 55 e segs.

estudantes de Direito a estudantes de Gestão e de Relações Internacionais, entre outros), com grandes diferenças culturais (desde Portugal à China, passando pelos Estados Unidos), etc. Tive ainda o privilégio de poder contactar com pessoas de quase todo o mundo, numa base académica, a nível de estudos de pós-graduação e, posteriormente, na activação efectiva dos conhecimentos adquiridos em negociações sobre vários temas jurídicos em várias organizações internacionais.

Posteriormente, foi-me possível continuar a reflectir sobre estes pontos em alguns seminários internacionais de docentes universitários preocupados com metodologia ou com o lançamento de novas escolas de pensamento na área do Direito Internacional Público. De salientar, nesta minha experiência, uma cadeira que me influenciou significativamente e que conclui aquando dos estudos de Mestrado em Harvard: «Comparative Legal Systems», regida pelo Professor Snyder, entretanto já falecido. Tratava-se de uma cadeira em que os participantes (poucos, já que só nela tinham vaga os alunos que já fossem docentes universitários ou que pretendessem enveredar por essa carreira) eram postos em contacto com os vários métodos de ensino do Direito, estudando-se numerosos formatos de aulas, através de filmes e de experimentação directa. Este estudo comparado abarcava, não só vários países do mundo, mas também diferentes matérias jurídicas, variando-se o tipo de aulas a escolher consoante o efeito pretendido. Percorriam-se, assim, métodos como os usados nas aulas de exposição clássica da matéria, no género de conferência, os das aulas de constante interacção com a audiência, os daquelas em que se encenam papéis correspondentes aos interventores práticos da matéria, etc.

Para além disto, tive a sorte de poder conviver diariamente com docentes de Direito Internacional de estados tão distantes como as Ilhas Fiji, a Etiópia ou o Japão, aprendendo com as opiniões sobre os seus sistemas, os problemas que os estudos jurídico-internacionais têm nos seus países, a sua visão do Direito Internacional que temos e os sentidos de mudança que preferiam, etc. Posteriormente, pude visitar as instituições académicas de alguns desses países, tendo-me mantido, sempre que possível, em contacto com estes e outros docentes e investigadores, sobretudo através de conferências e de seminários restritos para debate de escritos dos presentes, muitas vezes previamente à sua publicação. Mais recentemente, foi-me possível, sobretudo através do trabalho na ONU, o contacto directo com numerosos directores de departamentos jurídicos de vários Ministérios dos Negócios Estrangeiros, o que me tem vindo a proporcionar a observação de como a posição oficial de um estado é formada quanto a questões de Direito Internacional e como os argumentos jurídicos são utilizados.

Tudo isto contribuiu para a adopção do método que segui nas aulas de Direito Internacional Público do 3.º ano do Curso de Relações Internacionais do ISCSP. É evidente que este método não é o que sigo necessariamente em todos os outros cursos que lecciono ou que já leccionei e, mesmo face a esta

Método

cadeira, existem pequenos ajustamentos consoante a classe em questão, considerando eu muito importante a resposta a questionários que distribuo regularmente entre os alunos, de que falarei mais adiante, por me darem um sentido dos interesses particulares do grupo a quem tenho que incutir o gosto pelo Direito Internacional Público.

Assim, atendendo ao facto de estar a leccionar uma classe grande de alunos (cerca de 120) de Relações Internacionais, de nacionalidades várias (embora com largo predomínio de portugueses), de idades cuja média rondará os 22 anos, com duração de 90 minutos e cuja matéria é uma introdução às complexas questões jurídicas internacionais, resolvi excluir algumas formas de ensino que já adoptei noutras ocasiões, perante diferentes audiências.

a) Assim, exclui a aula tipo conferência, com o expôr continuado da matéria, por me parecer que este formato é bem sucedido apenas em situações em que a matéria é mais reflexiva que informativa e em que a duração da exposição é menor, pois, caso contrário, facilmente cai num estilo de quase ditado, em que o docente fornece um rol de informação que o estudante recolhe em notas, sem muitas vezes ficar motivado para o assunto ou, mesmo, sem o entender verdadeiramente. Este tipo de aula parece-me sobretudo adequado a grupos menores, provavelmente de idade mais avançada e, sobretudo, quando se pretende, como já referi, não tanto informar, mas, fundamentalmente, expôr uma tese, uma linha estruturada de pensamento próprio que articula toda a cadeira. Muito difícil será que este modelo seja bem sucedido em cadeiras de introdução, com cariz prático e com uma audiência de baixo nível etário[89].

b) Outro modelo que pus de lado, pelo menos como método dominante, foi o da simulação, isto é, actuação dos participantes como representantes de interesses que incorporam a matéria que se pretende transmitir. Este método tem inegáveis vantagens em disciplinas práticas e suscita grande empenhamento por parte dos participantes, que normalmente se dedicam ao estudo da cadeira de forma muito mais profunda que a habitual, já que têm que personificar, em situações que são criadas, posições que envolvem um grande domínio da matéria. Tive contactos com este método não só como estudante (é, por exemplo, um método muito usado em cadeiras de «Negociação» e em várias cadeiras de Gestão) mas também como assistente de investigação em Harvard. Coube-me seleccionar os materiais para uma cadeira inovadora de Direito Comunitário[90], a ser dada em 1986 pela primeira vez, naquela Faculdade, baseada precisamente

---

[89] Para uma análise aprofundada sobre as características que deve ter uma comunicação deste tipo, ver Jossey-Bass *The Craft of Teaching*, Jossey-Bass, Inc. Publishers, London, 1982, Capítulo 5 (Págs. 42 a 53).

[90] Tratava-se da cadeira «International Legal Practice in European Community», regida pelo Professor David Kennedy, coadjuvado pelo Prof. Verstrynge, da Comissão das Comunidades e do Instituto Universitário de Florença.

326   O Direito Internacional Público nos Princípios do Século XXI

no desenho e estruturação de várias situações jurídicas com que se podem deparar os participantes da actual União Europeia, seja como membros da Comissão, do Conselho, do Tribunal, etc.

Este formato, contudo, exige, antes de mais, um grupo relativamente pequeno de participantes, bem como infraestruturas nem sempre disponíveis em Portugal, como bibliotecas com horário alargado e com materiais adequados disponíveis, já que implica uma pesquisa intensiva e constante por parte dos estudantes. Assim, houve algumas sessões na cadeira de Direito Internacional Público em que este método foi experimentado, recriando-se uma audiência pública do Tribunal Internacional de Justiça, embora só três pessoas tenham intervindo de cada vez (uma como juíz, duas como advogados de cada uma das partes, expondo oralmente os seus argumentos).

Permitam-me ainda tecer algumas considerações adicionais quanto ao método da simulação. Houve ainda uma outra forma pela qual estive envolvida em projectos deste tipo: trata-se do Telders International Moot Court, organizado anualmente pela Universidade de Leiden, Holanda, como competição entre várias equipas europeias de estudantes de Direito. Tive a oportunidade de ser a orientadora da equipa portuguesa quando leccionava na Faculdade de Direito da Universidade Católica Portuguesa, no ano de 1989/90. Trata-se de uma competição extremamente interessante, que segue o modelo do Jessup Moot Court, criado anteriormente nos Estados Unidos (embora este se dirija a equipas de todo o mundo). Um complexo problema de Direito Internacional Público, com várias páginas de extensão, é enviado, com cerca de seis meses de antecedência em relação às audiências, às equipas que se propõem concorrer, podendo apenas haver uma por país. Seguem-se então os trâmites processuais do Tribunal Internacional de Justiça, com a apresentação dos articulados, sendo que cada equipa tem que argumentar dos dois lados, isto é, personificando cada uma das partes em disputa. Posteriormente, as equipas, e os orientadores, comparecem nas instalações do Tribunal, na Haia, sendo seleccionadas numa série de rondas, por personalidades que normalmente são professores de Direito Internacional, até que as duas equipas finalistas debatem o problema perante os verdadeiros juízes do Tribunal Internacional de Justiça, que declaram qual a vencedora. No nosso país já se realizam algumas iniciativas deste âmbito, embora mais dirigidas ao Direito interno.

Experiências deste género são, evidentemente, de encorajar, embora possam levar a que, se adoptadas como método sistemático no ensino de uma cadeira e para que funcionem devidamente, o estudante dispenda um tempo inusitado com a mesma, gerando-se uma injustiça relativa com as restantes matérias.

c) Atendendo a estas considerações, pareceu-me que um método adequado seria uma versão própria, com alguma influência do chamado «método socrático», método muito difundido no ensino do Direito nos Estados Unidos. Este método, a maiêutica, baseia-se, como é sabido, no ensino da matéria atra-

Método 327

vés de uma série de perguntas que são feitas ao estudante, pretendendo produzir neste o efeito de que apenas se está a revelar um conhecimento que já pertencia ao interlocutor[91]. Se bem que este método nem sempre possa ser utilizado, sobretudo em classes com muitos alunos, havendo situações, como aspectos históricos ou factuais, em que o método de exposição da matéria tem que ser seguido, parece-me extremamente adequado à descoberta das razões que justificam as leis de Direito Internacional, ao modo de formação das mesmas e aos fundamentos das variadas escolas de pensamento jurídico-internacional, entre outros.

Para além da escolha do molde interactivo das aulas, pareceu-me também sempre da maior importância o estudo de fontes primárias, como já foi sublinhado anteriormente, aquando da exposição sobre o Conteúdo do Programa. Parece-me que só assim capacidades próprias de reflexão e espírito analítico e crítico podem ser desenvolvidas nos estudantes, pelo que é dada muita relevância, nesta cadeira, ao estudo dos documentos legislativos e dos casos concretos, designadamente de acórdãos de tribunais internacionais, bem como a trabalhos preparatórios e outros relevantes nas negociações que levam a tomada de decisões[92]. Foi tendo em vista estas considerações que publiquei uma colectânea de jurisprudência internacional e outra de legislação. Embora já o tenha referido em nota anterior, gostaria, neste contexto, de voltar a sublinhar que, em parte, também foi devido a esta linha de pensamento que não escrevi «uma sebenta» sobre a matéria. Na realidade, há, no mercado português, vários bons livros de introdução ao Direito Internacional Público, pelo que me pareceu melhor investir na feitura de livros que rareiam: é o caso de livros de especialidade, essenciais para qualquer trabalho de investigação, bem como de livros de documentação extremamente difícil ou impossível de se encontrar em Portugal.

---

[91] Para uma exemplificação do método, ver o famoso diálogo entre Sócrates e Meno em Platão *Protagoras and Meno* (trad. de Guthrie), Penguin Books, 1976.

Para estudos sobre o método aplicado ao ensino do Direito, ver Strong, Frank «The Pedagogic Training of a Law Faculty» Journal of Legal Education, vol. 25 (1973), pág. 226 e segs. e, para uma análise das vantagens e desvantagens deste método de ensino do Direito, ver Schaffer, T. e Redmount, R. «Legal Education: The Classroom Experience» Notre Dame Lawyer, vol. 52 (1976), pág. 190 e segs..

[92] Para um estudo muito completo da evolução do ensino baseado em casos (estudo de uma série muito grande de sentenças para, por ilação, se concluir qual a norma jurídica por elas consagrada), que, refira-se, não é o que segui nas aulas de Direito Internacional Público, pois estas têm muito mais um pendor discursivo e de análise legislativa, ver Patterson, Edwin «The Case Method in American Legal Education: Its Origins and Objectives» Journal of Legal Education, vol. 4, (1951), pág. 1.

De notar, contudo, que este método, inaugurado por Langdell, no princípio do século, nos Estados Unidos, se tem expandido por várias universidades europeias, sendo de sublinhar que provavelmente a melhor escola europeia actual de Direito Internacional, a Faculdade de Direito de Leiden, Holanda, o utiliza em termos exclusivos no segundo ano do Mestrado em Direito Internacional. O método é também muito utilizado nas Faculdades de Direito dos países escandinavos.

328 O Direito Internacional Público nos Princípios do Século XXI

Por outro lado, parece-me salutar expôr o estudante a vários tipos de pensamento, ao invés de recomendar uma única obra que, quase que inevitavelmente, atendendo às muitas controvérsias e divergências entre os juristas de Direito Internacional, levará a uma visão parcial da solução dos problemas. Este tipo de situação, comum a muitas outras disciplinas, e especialmente visível em cadeiras filosóficas, pode ser obviada através da distribuição de materiais que reúnam os escritos, sobre o tema, dos autores mais representativos sobre cada ponto da matéria, tendo este método sido por mim seguido noutras cadeiras, designadamente de Mestrado. Não foi ele seguido aqui por se tratar de uma cadeira de introdução, em que há que ter um cuidado especial no equilíbrio entre os elementos de estabilidade e de «inquietação» que se transmitem aos estudantes, pelo que a estruturação se torna mais importante e a consolidação de noções básicas se torna essencial. Assim, volto a referir que os livros que publiquei para esta cadeira foram a *Colectânea de Jurisprudência de Direito Internacional* e a *Colectânea de Leis de Direito Internacional*[93].

d) Antes de entrar na exposição propriamente dita do método seguido, gostaria, contudo, de salientar a dificuldade que existe no caminho solitário de tentar novas coisas: como se sabe, se falhamos, temos imediatamente vários críticos, ávidos de relembrar as virtudes de métodos passados; se somos bem sucedidos, por não termos ainda a força do consenso a apoiar-nos, gera-se em torno de nós um silêncio que corresponde a uma censura permanente e calada. É como se a necessidade de estabilidade fosse um dos principais instintos do ser humano, talvez devida a um terror nato pelo caos. Destas considerações, tão breves e superficiais, talvez se possa passar para uma comparação no campo das chamadas ciências exactas que poderá dar a percepção da dimensão fundamental desta questão. Na realidade, uma das teorias contemporâneas mais consagradas sobre o tempo, concebida por Hawking, define as nossas noções básicas de tempo presente e tempo futuro e a noção de precedência de um sobre o outro, precisamente pelo aumento da desordem[94].

---

[93] A propósito de materiais utilizados, gostaria de, mais uma vez, salientar o uso permanente de mapas, transparências projectadas, sobretudo de situações geográficas e, até, a exibição de filmes que exemplificam situações estudadas, como são alguns que se fizeram, por exemplo, sobre os julgamentos do Tribunal de Nuremberga.

Para um estudo sobre utilização de tecnologia no ensino do Direito, ver, entre outros, Park, Roger e Russel, Burris «Computer-Aided Instruction in Law: Theories, Techniques, and Trepidations» American Bar Foundation Research Journal, vol. 1 (1978), pág. 1 e segs..

[94] Stephen Hawking expôs esta teoria em várias obras a que só tem acesso um público altamente especializado, pelo que conheço as suas teses da tradução portuguesa do primeiro livro de divulgação geral que publicou *Breve História do Tempo – do Big Bang aos Buracos Negros*, ed. Gradiva, Lisboa, 1988.

Método 329

B – O MÉTODO SEGUIDO

Como qualquer outra actividade que se baseia na intuição e no instinto, não será muito fácil expôr esquematicamente o método seguido. Ele resulta de um acumular de experiências discentes e docentes passadas, do adaptar às condições de um curso como o que está em causa e de reflexões sobre o carácter que julgo que um docente deve possuir. Acho que o professor tem que ter sempre em si, pelo menos, uma mistura de a) erudito, b) actor, c) psicólogo, d) juiz, e) conselheiro e f) missionário.

a) É normalmente dada maior relevância ao primeiro destes predicados, isto é, salienta-se a posse de conhecimentos sobre o assunto e a capacidade incansável de pesquisa constante da matéria e de reflexão sobre a mesma. Sem dúvida que este predicado é condição sine qua non para um ensino bem sucedido, mas não é suficiente. Todos nós já nos deparamos com sábios que são docentes medíocres.

b) Na realidade, outros predicados são necessários, como a capacidade de entreter uma audiência, tal como o conseguem os actores. Vários ensinamentos que se obtêm nas artes cénicas tornam-se aqui essenciais: colocação da voz, diferentes entoações, sublinhar de certos aspectos que se comunicam oralmente, modo de colocação do corpo aquando da lição, modo de se mover, disposição da sala tendo em atenção a distribuição da audiência, a iluminação, etc. É evidente que o docente não pode, as mais das vezes, ter controlo sobre todos estes aspectos (designadamente, raras vezes pode influenciar directamente ou permanentemente a disposição dos espaços da sala, separação professor/aluno, etc) mas pode contribuir decisivamente quanto a outros. Modos de actuar como o contacto visual com os alunos, o diminuir do espaço entre o professor e o aluno aquando da leccionação de certas matérias, o introduzir de certos pormenores em determinados momentos para captar a atenção da audiência, etc. são perfeitamente controláveis as mais das vezes. É reconhecido geralmente que, para um professor, tão essencial como o conhecimento, é a capacidade de o transmitir aos seus alunos: assim, tem que possuir necessariamente esse dom de comunicar e ser apreendido, sem o qual o ensino é mero exercício ritual e supérfulo. É preciso ter a consciência de que, simultaneamente, há que manter os olhares de toda a audiência em si centrados, por um lado, e que, por outro, o essencial é o conteúdo do que está a ser transmitido. Assim, é através da imagem do professor que os olhares têm que ser captados mas a atenção tem que ser centrada no conteúdo do que está a ser dito e não no suporte material dessas palavras, compatibilização esta que não é tarefa fácil[95].

---

[95] Há ainda um outro aspecto em que a assumpção do papel de docente pode ser decisiva no leccionar do curso: o encobrir de estados de espírito menos bons e o desempenhar da

330 O Direito Internacional Público nos Princípios do Século XXI

c) Claro que grande parte desta actuação tem muito de percepção sobre as reacções dos estudantes, de tal forma que o professor necessita igualmente que ter algumas qualidades de psicólogo. Assim, tem que entender o tipo de audiência que possui e transmitir os conhecimentos de modo a que estes sejam absorvidos e depois reflectidos ao máximo pelos estudantes. Para isto, terá provavelmente que improvisar em várias aulas, de tal modo que o plano geral se mantem mas o conteúdo pode ser objecto de alterações. Das atitudes dos discentes (modo como colaboram nas aulas, atenção que prestam às palavras, dúvidas que levantam) terá que saber tirar as ilações necessárias e, nesse mesmo instante, adaptar a matéria que tem que ser transmitida à disposição do auditório[96].

d) Para além disto, o professor encarna também o papel de juiz pois tem que avaliar os estudantes, eliminando aqueles sem aproveitamento suficiente. Como me parece ser do consenso da maioria dos docentes, é esta a tarefa mais ingrata do ensino. De facto, uma pessoa segue a carreira docente pelas motivações mais variadas, mas entre estas não se encontra, normalmente, a de julgar os outros, pois seria então mais adequado seguir a carreira da magistratura ou mesmo uma carreira policial. Apesar de muito se ter experimentado neste campo, tendo havido períodos, inclusive no nosso ensino universitário, em que os exames e a classificação individuais foram suprimidos, o que é certo é que ainda se não gerou um consenso a nível mundial sobre a forma de como se há--de assegurar a aquisição de conhecimentos e de métodos de estudo, por parte do discente, sem ser por alguma forma de avaliação. Assim, o professor é também um avaliador, o que produz efeitos notórios na sua relação com os estudantes, normalmente conduzindo a um certo afastamento em termos pessoais. Esta característica torna-se especialmente difícil de equilibrar com a necessidade de proximidade que lhe advem de ter que compreender bem as reacções dos estudantes e as suas motivações, a fim de poder melhor cumprir a sua missão.

e) Mais difícil ainda se torna compatibilizar esta característica com a de conselheiro. Por conselheiro entendo aqui a pessoa que pretende, de algum modo, moldar a forma de outrem olhar para o mundo, quer isto seja feito através da selecção de matérias (muito há de parcial em qualquer tipo de ensino, já que aquilo de que se não fala pode ser muito mais relevante na mensagem que se pretende transmitir do que aquilo que é na realidade dito), do método de as

---

personagem do professor mal se entra na sala de aulas, deixando quaisquer preocupações de carácter pessoal para trás. Só assim se poderão evitar situações de desmotivação por parte dos discentes, totalmente alheios e desconhecedores desses problemas.

[96] Para um estudo sobre a psicologia do estudante, ver Simon, William «Homo Psychologicus: Notes on a New Formalism» Stanford Law Review, vol. 32 (1980), pág. 487 e segs.

expôr (com todas as implicações ocultas que têm métodos em que se apresenta a visão de uns como sendo a geral ou outros em que se apresentam muitas visões para se não concluir por nenhuma), do incitamento que é feito ou não a certas características da audiência (desde o favorecer e dar alento a qualidades de obediência e disciplina até ao encorajar do espírito crítico e da intervenção activa) até ao conselho mais pessoalizado que é dado em trabalhos individuais sob orientação do docente ou mesmo em situações em que o aluno pede orientação ao professor para a sua vida futura.

f) Finalmente, tem que haver algo de missionário em todo o docente universitário bem sucedido. Não afirmo isto ironicamente, referindo-me apenas às condições de remuneração do trabalho prestado e à constante falta de uma infraestrutura básica que implica gastos muito elevados em visitas a centros no estrangeiro onde se podem recolher materiais para uma lecionação minimamente actualizada e digna[97]. Refiro-me aqui, mais especificamente, ao gosto que há que ter pelo próprio acto de comunicar conhecimentos, discutir pontos de vista, descobrir em conjunto novas soluções e modos de justificação numa aula. Este entusiasmo pela matéria a leccionar e pelo acto de a transmitir a outros pressupõe um gosto que só se consegue ter pelas vissicitudes do que se ama. É esta atitude que dá alma e vida a uma aula e que consegue fazer congregar as atenções de tantas pessoas com interesses e circunstâncias de vida tão diferentes num único empreendimento. Se o docente consegue fazer despertar este sentimento nos seus ouvintes, grande parte da sua tarefa está concluida, pois eles próprios tomarão a iniciativa de investigar os pontos do programa por si mesmos e continuarão com essa atitude no resto da sua vida profissional.

Foi levando em conta estas considerações, entre outras, que acabei por adoptar o método que segui nas aulas de Direito Internacional Público.

C – AVALIAÇÃO

Este aspecto, que corresponde à tarefa que menos me agrada na docência, tem um destaque à parte simplesmente pelos efeitos que potencialmente tem na vida do estudante e que, pela sua importância, requerem uma atenção especial por parte do docente.

Segundo os Estatutos do ISCSP, a avaliação da cadeira faz-se através de duas provas de frequência bem sucedidas, respectivamente no fim do primeiro

---

[97] Não resisto, neste ponto, ao citar de uma pequena passagem de Robert Musil: «...com efeito, em qualquer profissão, desde que esta seja exercida por amor e não por dinheiro, chega um momento em que os anos que se acumulam parece não conduzirem a nada.» *O Homem sem Qualidades*, Livros do Brasil (tradução da obra de 1952), pág. 20. Oxalá a ironia não seja demasiadamente verdadeira.

332   O Direito Internacional Público nos Princípios do Século XXI

e do segundo semestres, ou através de exame final, no fim do ano lectivo, com duas chamadas escritas e uma oral, havendo ainda possibilidade de fazer este exame (escrito e oral) em segunda época, em Setembro. Assim, são numerosas as provas escritas que o docente tem que preparar ao longo do ano lectivo (existe ainda uma época especial de exames em Dezembro). Para além das provas escritas obrigatórias, numerosos alunos têm vindo a apresentar trabalhos de investigação voluntários, por vezes em áreas de muito difícil pesquisa pela sua extrema actualidade ou ausência de documentação no nosso país.

Relativamente a este aspecto, os trabalhos de investigação, gostaria ainda de salientar que, apesar de serem facultativos, são fornecidos a todos os estudantes, normalmente no princípio e em meados do ano lectivo, elementos que os ajudam na procura dos materiais de que necessitam e na estruturação e redacção dos mesmos. Assim, são indicados as principais bibliotecas e centros de documentação de Direito Internacional Público, tanto em Lisboa como no resto do País. Aqui faço referência apenas a três deles por terem características especiais que muito abonam em seu favor: o Centro de Documentação e Direito Comparado da Procuradoria-Geral da República, com a sua notável colecção de revistas jurídicas e, sobretudo, a informatização dos materiais de que dispõe, a biblioteca da Universidade Católica de Lisboa, pelas instalações e disposição das colecções e a Biblioteca do Instituto Superior de Ciências Sociais e Políticas pelos materiais históricos e pelo horário alargado de atendimento ao público, o que constitui um dos principais factores de encorajamento do estudo, sobretudo para alunos trabalhadores.

São, além disso, indicadas outras bibliotecas e centros para certos trabalhos mais específicos, como sejam, por exemplo, o Centro de Informação e Documentação da ONU para investigação na área das Nações Unidas ou a Biblioteca do Instituto de Defesa Nacional quanto a questões no âmbito do uso da força ou da ingerência em assuntos internos.

Para além da indicação de locais de recolha de materiais, é chamada a atenção do estudante para a importância da estruturação do trabalho que, naturalmente, é acompanhado pela docente, e para um aspecto que me parece gravemente esquecido: a questão da atribuição ao autor de pensamentos e citações do mesmo, indicando a fonte de onde se colheu esse ensinamento. Para minha surpresa, tenho vindo a notar que alunos do 3.º ano continuam, frequentes vezes, a não reconhecer a gravidade da citação de ideias ou palavras de outrem sem que os autores sejam devidamente identificados. Esta atitude leva, não só, naturalmente, à violação dos direitos de terceiros mas também, por vezes, ao prejuízo do próprio autor do trabalho em questão, já que não é assim possível ao avaliador saber quais as ideias originais de quem o escreve, assumindo, muitas vezes, que as retirou de alguma outra obra.

Contudo, como foi anteriormente afirmado, é através de provas escritas e orais que o estudante é obrigatoriamente avaliado, pelo que me debruçarei agora sobre este aspecto. Tive a sorte, no Instituto Superior de Ciências Sociais

Método 333

e Políticas, de ser professora de pessoas cujo nível intelectual e a motivação para aprender estão nitidamente acima da média, o que também se reflectiu no tipo de exames que pude fazer e na desvalorização que é dada aos mesmos pelos próprios estudantes. Este último ponto requer uma explanação: normalmente, o estudante tem um interesse desproporcionado pelo método e conteúdo da avaliação, em detrimento da concentração e interesse que deveria ter na causa do seu eventual sucesso, isto é, na aprendizagem da matéria. Parece-me ser uma observação corrente a de que os alunos de nível mais baixo tendem mais para este tipo de atitude, provavelmente pelo desinteresse que têm quanto ao saber e pelo interesse que têm em obter um diploma. Ora foi precisamente uma agradável surpresa notar que este peso excessivo que é dado aos exames não foi muito notório nos anos em que ensinei no ISCSP.

Mesmo assim, evidentemente, teve que haver alguma preparação neste sentido. Deste modo, publiquei uma pequena colectânea com exames que fiz no passado, estando a mesma disponível para compra pelos alunos. Desta colectânea constam os enunciados de provas escritas de Direito Internacional Público da minha autoria, normalmente com a seguinte estrutura: uma primeira parte, com uma ou duas hipóteses para resolver e uma segunda parte com dois temas de desenvolvimento, dos quais o examinando escolherá um. Quanto às hipóteses, houve sobretudo dois tipos de preocupações: que fossem actuais e reflectissem uma situação credível, e que pudessem contribuir para que o examinando se sentisse um dos intervenientes na situação em causa.

Quanto à primeira consideração, como julgo ser óbvio da leitura do texto das mesmas, houve sempre a preocupação, tanto mais que se dirigem a estudantes de Relações Internacionais que poderão, no futuro, ter uma carreira em que terão que se pronunciar juridicamente em várias conjunturas internacionais, de procurar uma situação presente ou um possível desenvolvimento futuro de certas circunstâncias, que envolvessem alguns problemas jurídicos, o que, claro, não é difícil. Depois, houve sempre a preocupação de mostrar a natureza argumentativa do Direito, dando por vezes liberdade de escolha ao estudante para defender juridicamente a posição da parte que mais lhe aprouvesse ou colocando-o na qualidade de juiz, conselheiro do Ministério dos Negócios Estrangeiros de algum estado, advogado de uma das partes, árbitro, etc.

O método usado nas aulas, que acaba por se traduzir num diálogo com os estudantes, em que muitas questões de carácter prático lhes são colocadas, permite a resolução, sem mais, destas hipóteses, mas a extensão do programa, aliado ao crescente número de alunos, o que atrasa necessariamente o ritmo das aulas, levou-me a leccionar uma aula extra de uma hora e meia todas as semanas, sendo esse tempo sido aproveitado para resolver hipóteses de exames anteriores e outras criadas naquele momento, bem como para debater temas de desenvolvimento.

Por falar neste assunto, apenas uma nota final quanto a estes temas. Pretendeu-se, como penso ser novamente óbvio pela leitura dos exemplares dos exames, que estes não fossem respondidos pela mera repetição do que se apreendeu nos materiais de estudo, mas que originassem, naquele momento, uma reflexão própria por parte do examinando, normalmente através do esforço de relacionamento de pontos do programa distanciados, a descobrir os fundamentos de regimes ou mesmo a própria estrutura do Direito Internacional Público presente. Isto obteve-se, frequentemente, pela citação de pensamentos, normalmente muito controversos, a maior parte das vezes da minha autoria (mas nem sempre por mim endossados), embora alguns tenham sido excertos de textos que correspondem ao pensamento publicado de vários jurisconsultos.

Por estarmos no ponto referente à avaliação, gostaria ainda de fazer notar que a avaliação do ensino do docente (e não já só do aluno) me parece um aspecto extremamente importante pois só assim poderá haver a percepção do modo como este ensino está a ser encarado pelos seus destinatários e, consequentemente, o melhoramento dos seus métodos. Deste modo, costumo distribuir, normalmente em meados do ano lectivo, um pequeno questionário, rigorosamente anónimo, em que o estudante avaliará, de 1 a 5, vários aspectos da leccionação da cadeira. O questionário é feito normalmente nos termos que se seguem:

Avaliação das Aulas de Direito Internacional Público

1 – discordo totalmente 5 – concordo totalmente

I – *Método*

1. Gostou da forma dialogada como foram dadas as aulas?
2. Teria preferido um método mais «tradicional», isto é, com exposição contínua da matéria?
3. Pensa que o método seguido a/o manteve mais interessado na aula?
4. Sentiu que era livre de intervir quando entendesse?
5. Pensa que a participação nas aulas contribui para o esclarecimento das matérias apresentadas?

II – *Docência*

1. A professora vinha bem preparada para as aulas?
2. Era acessível aos alunos e receptiva a posições contrárias à sua?
3. A exposição era clara e as dúvidas esclarecidas?
4. A avaliação pareceu-lhe, no essencial, justa?

Método 335

III – *Materiais*

1. Achou que os materiais escolhidos
a) eram interessantes?
b) eram claros?
c) forneciam suficiente informação?
d) suscitavam questões que fomentavam a futura investigação?
2. Achou que o trabalho exigido era demasiado pesado?
3. Gostaria que tivesse sido dada mais indicação bibliográfica para que pudesse aprofundar mais as questões abordadas?
4. Acha que a cadeira contribuiu para aumentar os conhecimentos que já tinha adquirido durante a licenciatura e eventual vida profissional posterior?

Este questionário suscita normalmente grande atenção por parte dos alunos, sendo muitos os que, voluntariamente, apresentam comentários no verso da folha. Embora classes diferentes tenham tido reacções pontualmente distintas, existe um padrão de reacções que se repete ano após ano. Aquando da recepção dos questionários preenchidos, costumo analisá-los em termos globais, para tanto apurando as percentagens de cada tipo de resposta. Se algo se pode concluir sem margem para dúvidas (não existiu até agora um único aluno que respondesse doutro modo) é que o método utilizado é do agrado de todos, pelo que decidi mantê-lo, apurando-o, naturalmente, nos pontos necessários.

Esta consideração leva-me a um outro aspecto que é objecto de respostas um pouco mais díspares, e que nos introduz no tema da bibliografia, que se abordará em seguida: os materiais usados. Na realidade, se acaso a larga maioria dos interrogados se mostrou completamente satisfeita com os materiais propostos, houve alguns que gostariam de ter tido acesso a materiais mais aprofundados ou específicos, reconhecendo, contudo, que os mesmos tinham sido sempre indicados pela docente, quando tal foi solicitado individualmente. Contudo, e para finalizar, para um mais rápido acesso a algumas das obras básicas, passo a apresentar uma lista bibliográfica, por mim elaborada, da disciplina de Direito Internacional Público.

VI – BIBLIOGRAFIA

Inclui-se no Relatório uma lista bibliográfica para indicar algumas obras fundamentais no campo jurídico-internacional, e não, obviamente, todos os materiais de Direito Internacional Público que têm sido consultados, nem sequer todos aqueles que mais relevância têm nesta área, pois esse seria um rol virtualmente infindável, que se poderia obter, com mais vantagem e menor esforço, de qualquer biblioteca da especialidade que tenha uma informatização mínima ou pela consulta de obras que são bi-

336 O Direito Internacional Público nos Princípios do Século XXI

bliografias de Direito Internacional Público[98]. Por outro lado, não se pretendeu aqui indicar apenas as obras básicas essenciais a um estudo introdutório da matéria, de fácil aquisição no mercado português, pois estas já constam da lista que é distribuida aos estudantes juntamente com o Programa da cadeira. Assim, tentou-se uma enunciação intermédia, provavelmente dirigida a um público verdadeiramente interessado na matéria e não à generalidade dos estudantes do 3.° ano da disciplina de Direito Internacional Público.

1 – BIBLIOGRAFIA PORTUGUESA OU EM LÍNGUA PORTUGUESA[99]

A. Manuais gerais

Akehurst, Michael – Introdução ao Direito Internacional, ed. Almedina, Coimbra, 1985
Azevedo Soares, Albino – Lições de Direito Internacional Público, Coimbra Editora, 1988
Brierly, James Leslie – Direito Internacional, ed. Gulbenkian, Lisboa, 1972
Brownlie, Ian – Princípios de Direito Internacional Público, Fundação Calouste Gulbenkian, Lisboa, 1998
Caupers, João – Direito Internacional Público, Associação Académica da Faculdade de Direito de Lisboa (AAFDL), Lisboa, 198
Dinh, Nguyen, e Pellet, Alain – Direito Internacional Público, Fundação Calouste Gulbenkian, Lisboa, Dailier, Patrick 1999
Dupuy, René-Jean – O Direito Internacional, ed. Almedina, Lisboa, 1993
Gonçalves Pereira, André e Quadros, Fausto de – Manual de Direito Internacional Público, ed. Almedina, Coimbra, 1993
Moreira, Adriano – Direito Internacional Público, ed. Instituto Superior de Ciências Sociais e Políticas (ISCSP), Lisboa, 1983 (ou Revista de Estudos Políticos e Sociais, ISCSP, 1982)
Marques Guedes, Armando – Direito Internacional Público (folhas policopiadas), AAFDL, Lisboa, 1986
Miranda, Jorge – Direito Internacional Público, AAFDL, Lisboa, 1995
Reuter, Paul – Direito Internacional Público, Editorial Presença, Lisboa, 1984
Silva Cunha, Joaquim – Direito Internacional Público, ed. ISCSP, Lisboa, 1990
Silva Cunha, Joaquim – Direito Internacional Público (Introdução Fontes), ed. Almedina, Coimbra, 1987

---

[98] Existem muitas obras que são bibliografias sobre a matéria em termos gerais ou sobre alguma área mais especializada. De entre elas destaco, pela sua exaustão, Harvard University Law School Library *Catalog of International Law and Relations*, Dobbs Ferry, NY, (actualização anual), 14 volumes. Para consulta de outras obras sobre bibliografia de Direito Internacional Público, ver Association of American Law Schools *Law Books Recommended for Libraries – vol. 46 International Law*, Fred B. Rothman & Co., NJ, (actualização por quinquénio).

[99] Escolheu-se aqui o critério da língua e/ou da nacionalidade portuguesas por, mais uma vez, a opção ter sido funcionalista, pretendendo apresentar-se uma lista das obras de fácil acesso no nosso mercado.

Bibliografia 337

Silva Cunha, Joaquim – Direito Internacional Público (A Sociedade Internacional), AAFDL, Lisboa, 1991
Toucoz, Jean – Direito Internacional, Publicações Europa-América, Lisboa, 1994
Truyol y Serra, Antonio – Noções Fundamentais de Direito Internacional Público, Studium, Coimbra, 1962

B. Monografias especializadas

Almeida Ribeiro, Manuel – A Zona Económica Exclusiva, ed. ISCSP, Lisboa, 1992
Almeida Ribeiro, Manuel – A Organização das Nações Unidas, Almedina, Coimbra, 1998
Bacelar Gouveia, J. – Direito de Passagem Inofensiva no Novo Direito Internacional do Mar, Lex, Lisboa,1993
Cabral Moncada, H. – O Asilo Interno em Direito Internacional Público, Coimbra, 1946
Calvet de Magalhães, J. – Manual Diplomático, ed. Ministério dos Negócios Estrangeiros, Biblioteca Diplomática-Série A, Lisboa, 1991
Campinos, Jorge – Organizações Económicas Universais, Universidade Nova de Lisboa, Faculdade de Economia, Lisboa, 1985
Chaumont, Charles – ONU, ed. Margens, Lisboa, 1992
Costa-Pinto, Frederico – Direito Internacional e Poluição Marítima, AAFDL, Lisboa, 1988
Escarameia, Paula – Formation of Concepts in International Law: Subsumption under Self-Determination in the Case of East Timor, ed. Fundação Oriente, Centro de Estudos Orientais, Lisboa, 1993
Escarameia, Paula – Reflexões sobre Temas de Direito Internacional: Timor, a ONU e o Tribunal Penal Internacional, ISCSP, Lisboa, 2001
Fernandes, António José – Organizações Políticas Internacionais, Editorial Presença, Porto, 1980
Gonçalves Pereira, André – Novas Considerações sobre a Relevância do Direito Internacional na Ordem Interna Portuguesa, Edições Ática, Lisboa, 1969
Gonçalves Pereira, André – Da Sucessão de Estados quanto aos Tratados, ed. Ática, Lisboa, 1968
Marques Guedes, Armando – Direito do Mar, Instituto de Defesa Nacional, Lisboa, 1989
Miranda, Jorge – A Declaração Universal e os Pactos Internacionais dos Direitos do Homem, Livraria Petrony, Lisboa, 1976
Moreira, Adriano – O Drama de Timor – Relatório da ONU sobre Descolonização, ed. Intervenção, Lisboa, 1977
Moura Ramos, Rui – A Crise do Golfo e o Direito Internacional, (coord.), ed. Universidade Católica Portuguesa, Faculdade de Direito, Porto, 1993
Moura Ramos, Rui – Da Comunidade Internacional e do seu Direito, Coimbra Editora, Coimbra, 1996
Moura Ramos, Rui – Do Direito Português da Nacionalidade, Coimbra Editora, Coimbra, 1992
Oliveira Martins, Afonso – O Direito do Mar na Recente Jurisprudência Internacional, AAFDL, Lisboa, 1992

338 O Direito Internacional Público nos Princípios do Século XXI

Otero, Paulo – A Autoridade Internacional dos Fundos Marinhos, AAFDL, Lisboa, 1988

Pereira, António Maria – Direitos do Homem, Publicações Dom Quixote, Lisboa, 1979

Pimenta, J. Costa – Carta das Nações Unidas e Estatuto do Tribunal Internacional de Justiça, Livraria da Univ. Coimbra, Coimbra, 1992

Pureza, José M. – A Universalidade dos Direitos do Homem Face aos Desenvolvimentos Científicos e Tecnológicos, Procuradoria-Geral da República, Lisboa, 1991

Pureza, José M. – O Património Comum da Humanidade: Rumo a um Direito Internacional da Solidariedade?, Edições Afrontamento, Porto, 1998

Saldanha, A. Vasconcelos – Vincere Reges et Facere (Dos Tratados como Fundamento do Império dos Portugueses no Oriente), Fundação Oriente, Lisboa, 1994

Serra Brandão, E. – Direito Marítimo, Livraria Clássica Editora, Lisboa, 1963

Vasak, Karel – As Dimensões Internacionais dos Direitos do Homem, ed. UNESCO, Lisboa, 1986

C. Compilações de documentação

Assembleia da República – Pactos, Convenções e Acordos, ed. Assembleia da República, Lisboa, 1990

Azeredo Lopes, J.A. – Textos Históricos do Direito e das Relações Internacionais, Universidade Católica, Porto, 1999

Barreto, Irineu Cabral – A Convenção Europeia dos Direitos do Homem – Anotada, Coimbra Editora, Coimbra,1999

Campinos, Jorge – Direito Internacional dos Direitos do Homem – Textos Básicos, Coimbra Editora, Coimbra, 1984

Eiras, Henrique – Direitos do Homem, Editora Rei dos Livros, Lisboa, 1999

Escarameia, Paula – Colectânea de Jurisprudência de Direito Internacional, Almedina, Coimbra, 1992

Escarameia, Paula – Colectânea de Leis de Direito Internacional, ISCSP, Lisboa, 2003

Martinez, Pedro Romano – Textos de Direito Internacional Público, Almedina, Coimbra, 1991

Miranda, Jorge – Direitos do Homem. Principais Textos Internacionais, Livraria Petrony, 1991

Seara, F. Reboredo, Loureiro Bastos, F. e Matos Correia, J. – Direito Internacional Público. Documentos Fundamentais, Univ. Lusíada, Lisboa, 1991

Seara, F. Reboredo, Loureiro Bastos, F. e Matos Correia, J. – Repertório da Prática Portuguesa no Direito Internacional Público, Universidade Lusíada, Lisboa, 1991

Silva Cunha, J. e Gonçalves Pereira, A. – Textos de Direito Internacional, Univ. Portucalense, Porto, 1990

Silva Cunha, J. e Vale Pereira, M.A. – Textos de Direito Internacional, Univ. Portucalense, Porto, 1991

Bibliografia 339

2 – MANUAIS GERAIS ESTRANGEIROS[100]

Arbour, J. – Droit International Public, Yvon Blais, Paris, 1992
Bedjaoui, Mohammed – Droit International: Bilan et Perspectives, ed. Pedone, Paris, 1991
Bishop, W. – International Law: Cases and Materials, Little, Brown, Boston, 1962
Brierly, J.L. – Direito Internacional, Fundação Calouste Gulbenkian, Lisboa 1979
Brownlie, Ian – Principles of Public International Law, Clarendon Press, Oxford 1989
Bull, Hedley, Kingsbury, Benedict – Hugo Grotius and International Relations, and Roberts, Adam Clarendon Press, Oxford, 1995
Byers, Michael (ed.) – The Role of Law in International Politics, Oxford University Press, 2000
Cassese, Antonio – International Law, Oxford University Press, Oxford, 2001
Cassese, Antonio – International Law in a Divided World, Clarendon Press, Oxford, 1950
Cavaré, Louis – Le Droit International Public Positif, ed. Pedone, Paris, 1967
Chen, Lung-Chu – An Introduction to Contemporary International Law. A Policy Oriented Perspective, Yale Univ. Press, New Haven, 1990
Dihn, Nguyen Quoc; Daillier, Patrick, e Pellet, Alain – Droit International Public, Librairie Générale de Droit et Jurisprudence, Paris, 2001
Dixon, Martin – Textbook on International Law, Blackstone Press, Londres, 1993
Dreyfus, Simone – Droit des Relations Internationales. Élements de Droit Internationale Public, ed. Cujas, Paris, 1987
Dupuy, René-Jean – Le Droit International, Presses Universitaires de France, Paris, 1990
Dupuy, René-Jean – La Communauté Internationale entre le Mythe et l'Histoire, UNESCO, Paris, 1986
Fawcett, James – The Law of Nations, Basic Books, Nova Iorque, 1968
Grotius, Hugo – The Law of War and Peace (trad. de De Jure Belli Ac Pacis), Bobbs – Merril, Ind., 1962
Guggenheim, Paul – Traité de Droit International Public, ed. Georg, Genéve, 1967
Henkin, L. and – International Law – Cases and Materials West Publishing Company, others Minn., 1980
Higgins, Rosalyn – Problems and Process: International Law and How We Use It, Clarendon Press, Oxford, 1994
Jessup, Philip – A Modern Law of Nations, Archon Books, Connecticut, 1968
Jessup, Philip – Transnational Law, Yale University Press, New Haven, 1956
MacLean, Robert – Public International Law Textbook, HLT Pub., Londres, 1993
Miaja de la Muela – Introduccion al Derecho Internacional Publico, Madrid, 1953
Miele, Mario – Principi di Diritto Internazionale, CEDAM, Pádua, 1960
Monaco, Riccardo – Manuale di Diritto Internazionale Pubblico, Editrice Torinese, Turim, 1960
O'Connel, Daniel – International Law, Stevens and Sons, Londres, 1965

---

[100] Nem sempre se indicam as datas das últimas edições. Na realidade, a autora indicou as obras que leu, não tendo tido possibilidade de verificar, em relação a cada uma delas, a data da última edição.

340   *O Direito Internacional Público nos Princípios do Século XXI*

Oppenheim, Lassa – International Law, ed. Longmans, Green, Nova Iorque, 1955
Pastor Ridruejo, José – Curso de Derecho Internacional Público y Organizaciones Internacionales, Editorial Tecnos, Madrid, 1996
Rousseau, Charles – Droit International Public, ed. Dalloz, Paris, 1968
Schwarzenberger, G. – International Law, Stevens and Sons, Londres, 1957
Schwarzenberger, G. – A Manual of International Law, London Institute of World Affairs, Londres, 1960
Scelle, Georges – Cours de Droit International Public, ed. Domat Montchrestien, Paris, 1948
Sibert, Marcel – Traité de Droit International Public, ed. Dalloz, Paris, 1951
Shaw, Malcolm – International Law, Grotius Publications, Cambridge, 1991
Sohn, Louis e Baxter, Richard – Cases and Materials on International Law and World Order, Harvard Law School, 1964
Sorensen, Max – Manual of Public International Law, Macmillan, London, 1968
Steiner, Henry e Vagts, Detlev – Transnational Legal Problems: Materials and Text, Foundation Press Nova Iorque, 1968
Starke, Joseph – An Introduction to International Law, Butterworths ed., Londres, 1967
Umozurike, U. – Introduction to International Law, Spetrum Books, Oxford, 1993
Verdross, A. – Derecho Internacional (trad. de Volkerrecht, ed. Sringer, Viena, 1964), ed. Aguilar, Madrid, 1990
Visscher, Charles de – Théories et Réalités en Droit International Public, Paris, 1960
Weston, Burns e – International Law and World Order: a Problem Oriented Coursebook, Falk, Richard West Publishing, USA, 1990

3 – MANUAIS SOBRE TEORIA DO DIREITO INTERNACIONAL PÚBLICO[101]

Allot, Philip – Eunomia, Oxford University Press, Oxford, 1990
Ago, Roberto – Scienza Giuridica e Diritto Internazionale, Giuffrè, Milão, 1950
Alvarez, Alejandro – Le Droit International Nouveau – son Acceptation, son Étude, ed. Pedone, Paris, 1960
Black, C. e Falk, R. – The Future of the International Legal Order – The Structure of International Environment, Princeton University Press, Princeton, 1972
Carty, Anthony – The Decay of International Law?, ed. Dover, Manchester, 1986
Charlesworth, Hilary e Chinkin, Christine – The Boundaries of International Law, Manchester University Press, Manchester, 2000
Crawford, J. – Democracy in International Law, Cambridge University Press, Cambridge, 1994
Deutsch, Karl e Hoffmann, Stanley – The Relevance of International Law, Schenkman Pub. Co., Cambridge 1968

---

[101] Apresenta-se uma lista relativamente extensa e variada sob este título, deixando-se apenas de fora algumas obras fundamentais que, por serem especificamente dedicadas a um tema do Direito Internacional Público, não podem ser englobadas sob este epígrafe geral.

Falk, Richard – Legal Order in a Violent World, Princeton University Press, Princeton, 1968

Falk, Richard – Revitalizing International Law, Iowa State Univ. Press, 1993

Falk, Richard – The Status of Law in International Society, Princeton Univ. Press, NJ, 1970

Falk, Richard e Mendlowitz – The Strategy of World Order, World Law Fund, Nova Iorque, 1966

Franck, Thomas – Fairness in International Law and Institutions, Oxford University Press, Oxford, 1995

Friedmann, Wolfgang – The Changing Struture of International Law, Columbia University Press, Nova Iorque, 1964

Friedmann. W.; Henkin, L. e Lissitzyn, Oliver – Transnational Law in a Changing Society, Columbia University Press, Nova Iorque, 1972

Ham, Peter van – Managing Non-Proliferation Regimes in the 1990's, Pinter Pub., Londres, 1993

Hart, H.L.A. – The Concept of Law, Claredon Press, Oxford, 1961

Henkin, Louis – How Nations Behave, Columbia University Press, Nova Iorque, 1979

Huber, Max – Die Soziologischen Grundlagen des Volkrrechts, Grunewald, Berlim, 1928

Jackson, R. e James, A. – States in a Changing World: a Contemporary Analysis, Clarendon Press, Oxford, 1993

Jellinek, Georg – Allgemeine Staatslehre, Haring, Berlim, 1914

Jenks, Clarence – The Common Law of Mankind, ed. Praeger, Nova Iorque, 1958

Jessup, Philip – The Use of International Law, Univ. of Michigan Law School, Ann Arbor, 1959

Kaplan, Morton e Katzenbach – The Political Foundations of International Law, ed. Wiley, Nova Iorque

Kelsen, Hans – General Theory of Law and State (trad. de Wedberg, A.), Harvard University Press, Cambridge, 1945

Kelsen, Hans – Law and Peace in International Relations, Harvard University Press, Cambridge, 1942

Kelsen, Hans – Principles of International Law Rinehart & Company, Inc., Nova Iorque, 1952

Kennedy, David – International Legal Structures, ed. Nomos, Baden-Baden, 1987

Koskenniemi, Marti – From Apology to Utopia: The Struture of Legal Argument, Lakimiesliiton Kustannus, Helsínquia, 1989

Lissitzyn, O.J. – International Law in a Divided World, Carnegie Endowment for International Peace, Nova Iorque, 1963

Lissitzyn, O.J. – International Law Today and Tomorrow, Oceana Publications, Dobbs Ferry, 1965

Mancini, Pasquale – Diritto Internazionale, ed. Marghieri, Nápoles, 1873

McDougal, Myres – International Law, Power and Policy: a Contemporary Conception, Yale University Press, New Haven, 1960

McDougal, Myres – Studies in Public World Order, Yale University Press, New Haven, 1960

Morgenthau, Hans J. – La Realité des Norms, en Particular des Norms du Droit International, ed. Alcan, Paris, 1934

O *Direito Internacional Público nos Princípios do Século XXI*

Nardin, Terry – Law, Morality and the Relations of States, Princeton University Press, Princeton, New Jersey, 1983

Niemeyer, Gerhart – Law Without Force – The Function of Politics in International Law, Princeton University Press, Princeton, 1941

Oppenheim, Lassa – The Future of International Law, Clarendon Press, Oxford, 1921

Onuf, Nicholas – Law-Making in the Global Community, Carolina Academic Press, Durham, North Carolina, 1982

Savigny, Friedrich – Of the Vocation of Our Age for Legislation and Jurisprudence (trad.), Littlewood and Co., Londres, 1831

Tunkin, Grigorii – Contemporary International Law, Progress Publishers, Moscovo, 1969

Tunkin, Grigorii – Theory of International Law (trad. de Butler), Harvard University Press, Cambridge, 1974

Verdross, A. – Die Verfassung der Volkrrechtsgemeinschaft, ed. Springer, Viena, 1926

4 – ORGANIZAÇÕES INTERNACIONAIS[102]

Abi-Saab, Georges – The Concept of International Organization, ed. UNESCO, Paris, 1987

Bailey, Sydney – The General Assembly of the United Nations, ed. Praeger, Nova Iorque, 1964

Bowett, D. – The Law of International Institutions, ed. Praeger, Nova Iorque, 1963

Castañeda, Jorge – Legal Effects of United Nations Resolutions (trad.), Columbia Univ. Press, Nova Iorque, 1969

Claude, Inis – Swords into Plowshares, Random House, Nova Iorque, 1964

Cot, J.P. e Pellet, A. – La Charte des Nations Unies, ed. Brylant, Paris, 1988

Diéz de Velasco – Instituciones de Derecho Internacional Público, Madrid, 1988

Gordenker, Leon – The United Nations in International Politics Princeton University Press, Princeton, New Jersey 1971

Gordenker, Leon – The UN Secretary-General and the Maintenance of Peace, Columbia Univ. Press, Nova Iorque, 1967

Haas, Ernst – Beyond the Nation-State Stanford University Press, Stanford, California 1964

Hajnal, Peter – A Guide to the United Nations Organization, Documentation and Publishing Oceana Publications Inc., New York 1978

Higgins, Rosalyn e Fawcett, – International Organizations: Law in Movement, Oxford University J. Press, Londres, 1974

Higgins, Rosalyn – The Development of International Law through the Political Organs of the United Nations, Oxford University Press, 1963

Higgins, Rosalyn – United Nations Peacekeeping (1946-1967), Oxford University Press, Oxford, 1969

Jiménez de Aréchaga, E. – Derecho Constitucional de las Naciones Unidas, Escuela de Funcionários Internacionales, Madrid, 1958

Joyner, Christopher (ed.) – The United Nations and International Law, ASIL/ /Cambridge University Press, Cambridge, 1999

Bibliografia 343

Kelsen, Hans – The Law of the United Nations, Frederick Praeger, Nova Iorque, 1964
Kirgis, Frederic – International Organizations and their Legal Setting, West Publishing Co., St. Paul, Minnesota, 1977
Luard, Evan – A History of the United Nations, MacMillan Press, Londres, 1982
Mcwhinney, E. – Les Nations Unies et la Formation du Droit, ed. Pedone, Paris, 1987
Meisler, Stanley – United Nations:The First Fifty Years, The Atlantic Monthly Press, Nova Iorque, 1995
Nicholas, Herbert – The United Nations as a Political Institution, Oxford University Press, Oxford, 1971
Roberts, A. e Kingsbury, B. – United Nations, Divided World: the UN's Role in International Relations, Clarendon Press, Oxford, 1993
Schermers, Henry – International Institutional Law vols.I-III, A.W. Sijthoff, Leiden, Holanda, 1972
Simma, Bruno (ed.) – The Charter of the United Nations – a Commentary, C.H. Beck, Munique, 1994
Sinclair, Ian – The International Law Commission, Grotius Publications, Cambridge, 1987
Sohn, Louis – Cases on United Nations Law, Foundation Press, Brooklyn, 1967
Wright, Quincy – International Law and the United Nations, Asia Publishing House, Nova Iorque, 1960
United Nations – Making Better International Law: The International Law Commission at 50, Nova Iorque, 1998
United Nations Office of Public Information – The Work of the International Law Commission, United Nations Pub., Nova Iorque, anual desde 1967
United Nations – Report of the International Law Commission, Nova Iorque, anual desde 1949

5 – DIREITOS HUMANOS

Alston, Philip and Crawford, James (eds.) – The Future of the UN Human Rights Treaty Monitoring, Cambridge University Press, 2000
Amnesty International – Getting Away with Murder, Amnesty International, Londres, 1993
Buergenthal, Thomas – International Human Rights, West Publishing Co., Nova Iorque, 1990
Ginsburg, G. e Kudriavtsev, U. – The Nuremberg Trial and International Law, Martinus Nijhoff, Leiden, 1990

---

[102] Embora se tenha referido, aquando da exposição do conteúdo do Programa, que, por haver cadeiras especializadas na matéria, se não aprofundava a temática das Organizações Internacionais, apresentam-se aqui várias obras, sobretudo porque as mesmas, embora se centrem na actividade das Nações Unidas, acabam por abordar muitos assuntos de Direito Internacional Público, desde o uso da força, passando pela criação de normas, até às questões dos poderes da burocracia internacional.

344 *O Direito Internacional Público nos Princípios do Século XXI*

Henkin, L. e Hargrove J. – Human Rights: an Agenda for the Next Century, ed. American Society of International Law, Washington, DC, 1994
Meron, Theodor – Human Rights in International Law. Legal and Policy Issues, Clarendon Press, Oxford, 1992
Ratner, Steven e – Accountability for Human Rights Atrocities in International Law, Abrams, Jason Oxford University Press, Oxford, 2001
Renteln, Alison – International Human Rights: Universalism versus Relativism, ed. Sage, Reino Unido, 1991
Santiago Nino, C. – The Ethics of Human Rights, Clarendon Press, Oxford, 1991
Schabas, William – Genocide in International Law, Cambridge University Press, Cambridge, 2000
Selby, David – Modern World Issues, Cambridge University Press, Cambridge, 1990

6 – RELAÇÕES DIPLOMÁTICAS

Colliard, Claude A. – Institutions des Relations Internationales, Paris, 1985
Genet, Raoul – Traité de Diplomatie et Droit Public, Paris, 1931
Planty, Alain – Tratado de Derecho Diplomático. Teoria y Practica, Editorial Trivium, Espanha, 1992
Societé Française pour le Droit International – Aspects Recents du Droit des Relations Diplomatiques, ed. Pedone, Paris, 1990

7 – RESPONSABILIDADE INTERNACIONAL

Bourel, Pierre e Condorelli, L. – L'Immunité d'Execution de l'État Etranger, ed. Montchrestien, Paris, 1991
Mazzeschi, Riccardo – «Due Diligence» e Responsabilitá Internazionale degli Stati, ed. Giuffre, Milão, 1991

8 – MEIOS PACÍFICOS DE RESOLUÇÃO DE CONFLITOS

Durch, W. (coord.) – The Evolution of UN Peacekeeping, Macmillan Press, Londres, 1994
Gray, Christine – Judicial Remedies in International Law, Clarendon Press, Oxford, 1989
Jennings, Robert – Judicial Reasoning at an International Court, Universitaat des Saarlandes, Dinamarca, 1992
Lauterpacht, Elihu – Aspects of the Administration of International Justice. H. Lauterpacht Memorial Lectures, Grotius Publications, Cambridge, 1991
Mitrany, David – A Working Peace System, Quadrangle Books, Chicago, 1966
Rosenne, Shabtai – Procedure in the International Court, Martinus Nijhoff ed., Leiden, 1991
Rosenne, Shabtai – The World Court. What it Is and How it Works, Martinus Nijhoff ed., Leiden, 1989

Singh, Nagendra – The Role and Record of the International Court of Justice, Martinus Nijhoff, Leiden, 1992

9 – USO DA FORÇA

Butler, W. – The Non-Use of Force in International Law, Martinus Nijhoff, Leiden, 1991

Carogeropoulos-Stratis, S. – Le Recours à la Force dans la Societé Internationale, Librairie Générale de Droit et de Jurisprudence, Paris, 1990

Clark, Roger and Sann, Madeleine – The Case Against the Bomb, ed. Missions of Marshall Islands, Samoa and Solomon Islands, Foundation for International Environmental Law and Development and Rutgers University School of Law, Camden, 1996

Daadler, I. e Terriff, T. – Rethinking the Unthinkable: New Directions for Nuclear Arms Control, ed. Cass, Londres, 1993

Damrosch, L. e Scheffer, D. – Law and Force in the New International Order, Westview Press, USA, 1991

de Guttry, Andrea e Ronzitti, N. – The Iran-Iraq War (1980-1988) and the Law of Naval Warfare, Grotius Pub., Cambridge, 1993

Rowe, Peter – The Gulf War 1990-91 in International and English Law, ed. Routedge, Andover, 1993

Singh, Nagendra – Nuclear Weapons and Contemporary International Law, Kluwer ed., Holanda, 1991

Wright, Quincy – The Role of International Law in the Elimination of War, Manchester University Press, Manchester, 1961

10 – DIREITO HUMANITÁRIO

Bindschedler-Robert, Denise – Droit Humanitaire et Droits de l'Homme. La Protection de la Personne en Period de Conflit Armé, ed. Sijthoff, Genebra, 1984

Nahlik, Stanlislaw – A Brief Outline of International Humanitarian Law, ed. Red Cross, Genebra, 1985

Pictet, Jean – Études et Essais sur le Droit International Humanitaire et sur les Principes de la Croix-Rouge, ed. Martinus Nijhoff, 1986

Schindler, D. – Le Comité International de la Croix-Rouge et les Droits de l'Homme, ed. Faculté de Droit, Zurique, 1985

Torrelli, Maurice – Le Droit International Humanitaire, Presses Universitaires de France, Paris, 1991

11 – AUTODETERMINAÇÃO

Cassese, Antonio – Self-Determination of Peoples: A Legal Reappraisal, Cambridge University Press, Cambridge, 1996

346   *O Direito Internacional Público nos Princípios do Século XXI*

Cobban, Alfred – National Self-Determination, University of Chicago Press, Chicago, 1944

Crawford, James (ed.) – The Rights of Peoples, Oxford University Press, Oxford, 1995

Emerson, Rupert – Self-Determination Revisited in the Era of Decolonization, Harvard University Center for International Affairs, Occasional Papers in International Affairs, no.9, 1964

Griffiths, Stephen – Nationalism and Ethnic Conflict: Threats to European Security, Oxford University Press, Oxford, 1993

Ofuatey-Kodjoe, W. – The Principle of Self-Determination in International Law, Nellen Publishing Company, Inc., Nova Iorque, 1977

Pomerance, Michla – Self-Determination in Law and Practice, Martinus Nijhoff Publishers, Haia, 1982

Rigo Sureda, Andres – The Evolution of the Right of Self-Determination – A Study of the United Nations Practice, A.W. Sijthoff, Leiden, 1973

Ronen, Dov – The Quest of Self-Determination, Yale University Press, New Haven, 1979

Starushenko, G. – The Principle of National Self-Determination in Soviet Foreign Policy, Foreign Languages Publishing House, Moscovo

Tomuschat, Christian – Modern Law of Self-Determination, Martinus Nijhoff Publ., Dordrecht, 1993

Umozurike, U.O. – Self-Determination in International Law, Archon Books, Hamden, 1972

12 – DIREITO INTERNACIONAL ECONÓMICO

Chowdhury, S., Denters, E. – The Right to Development in International Law, Kluwer Waart, P. Academic Publications, Holanda, 1992

Fatemi, K. – North American Free Trade Agreement: Opportunities and Challanges, ed. Macmillan, Londres, 1993

Garcia Amador, F. – El Derecho Internacional de Desarrollo. Una Nueva Dimension del Derecho Internacional Económico, Madrid, 1987

Jackson, John – The World Trading System. Law and Policy of International Economic Relations, MIT Press, Cambridge, USA, 1992

Lawrey, K. – Law of International Trade: Casebook, HTL Publications, Londres, 1993

Lundie, Christopher – Law of International Trade Textbook, HTL Publications, Londres, 1993

13 – DIREITO DO MAR

Clingan, Thomas – The Law of the Sea, Austin and Winfield ed., USA, 1994

Churchill and Lowe – Law of the Sea, Manchester University Press, Manchester, 1991

Dupuy, René-Jean e Vignes, Daniel – Traité du Droit de la Mer, Paris, 1985

Gidel, Gilbert – Le Droit International Public de la Mer, Paris, 1932-34

Nordquist, M., Nandan, S.; Grandy, N.– United Nations Convention on the Law of the Sea, 1982, Graham & Rosenne, S. e Trotman Pub., Londres, 1993

14 – DIREITO DO AMBIENTE

Campiglio, L. e Pineschi, L.; – The Environment After Rio, Graham & Trotman Pub., Siniscaldo, D. e Treves, T. Londres, 1993

Charpentier, Jean – L'Affaire Rainbow-Warrior et la Responsabilité International des États, ed. Universitat des Saarlandes, Dinamarca, 1992

Couratier, Josyane – Le Systeme Antarctique, ed. Bruylant, Bélgica, 1991

Kiss, Alexander e – Manual of European Environmental Law, Cambridge, Univ. Press, Shelton, D. 1994

Lammers, J.G. – Pollution of International Watercourses, Martinus Nijhoff, USA, 1991

Simmonds, K. – Antarctic Conventions, Simmonds & Hill, Londres, 1993

15 – REVISTAS[103]

The American Journal of International Law, ed. American Society of International Law, Washington, DC (desde 1907)

Columbia Journal of International Law, ed. Columbia Society of International Law, Nova Iorque (desde 1961)

Harvard International Law Journal, ed. Harvard International Law Society, Cambridge, USA (desde 1959)

The Indian Journal of International Law, ed. Indian Society of International Law, Nova Deli (desde 1960)

The International and Comparative Law Quarterly, ed. British Institute of International and Comparative Law, Londres (desde 1952)

The International Lawyer, ed. American Bar Association, Washington, DC (desde 1966)

Journal du Droit International, ed. Librairie Générale de Droit et de Jurisprudence, Paris (desde 1874)

Osterreichische Zeitschrift fur Offentliches Recht, ed. Springler-Verlag, Viena (desde 1946)

Révue Belge de Droit International, ed. Institut de Sociologie, Bruxelas (desde 1965)

Révue Générale de Droit International Public, ed. A. Pedone, Paris (desde 1894)

Zeitschrift fur Auslandisches Offentliches Recht und Volkerrecht, ed. Gruyter & Co., Berlim (desde 1929)

16 – ANUÁRIOS

American Society of International Law – Proceedings, ed. ASIL, Nova Iorque (desde 1907)

Annuaire de l'Institut de Droit International, ed. Nouv. Abregée, Bruxelas (desde 1928)

Diritto Internazionale, ed. Giuffre, Milão (desde 1936)

---

[103] Como se optou, na linha do que foi anteriormente enunciado, por uma lista bibliográfica de extensão intermédia, não foi possível incluir artigos, indicando-se, em vez deles, as principais revistas jurídico-internacionais existentes.

348   *O Direito Internacional Público nos Princípios do Século XXI*

Annuaire Français de Droit International, ed. Centre de la Recherche Scientifique, Paris (desde 1955)
The British Book of International Law, Oxford University Press, Londres (desde 1920)
The Canadian Yearbook of International Law, ed. University of British Columbia, Vancouver (desde 1963)
Grotius Society, ed. Transaction, Londres (desde 1915)
Hague International Court of Justice, ed. Registry of the ICJ, Haia (desde 1946)
International Court of Justice Yearbook, United Nations Publications, Haia, (desde 1946)
Jahrbuch fur Internationales Recht, ed. Laun, Gottingen (desde 1948)
The Japanese Annual of International Law, ed. Japan International Association, Tóquio (desde 1957)
Recueil des Cours, Academie de Droit International, Haia (desde 1925)
United Nations General Assembly Official Records, United Nations Publications, Nova Iorque (desde 1946)
United Nations International Law Commission, United Nations Publications, Nova Iorque (desde 1949)
United Nations Multilateral Treaties Series, United Nations Publications, Nova Iorque (desde 1946)
United Nations Security Council Official Records, United Nations Publications, Nova Iorque (desde 1946)
United Nations Yearbook, United Nations Publications, Nova Iorque (desde 1946)

17 – DICIONÁRIOS

Basdevant, J. (coord.) – Dictionnaire de la Terminologie du Droit International Public, ed. Sirey, Paris, 1960
Ferreira de Melo, Rubens – Dicionário de Direito Internacional Público, Rio de Janeiro, 1962

18 – DOCUMENTAÇÃO

Blaustein, A.; Clark, R. – Human Rights Source-Book, Paragon House Publishers, Nova e Sigler, Jay Iorque, 1987
Brownlie, Ian – Basic Documents on Human Rights, Clarendon Press, USA, 1992
Conseil de l'Europe – Publication de Repertoires de la Pratique des États en Matière de Droit International Public, ed. Conseil de l'Europe, Estrasburgo, 1990
Lauterpacht, E. – International Law Materials, Grotius Publications, Cambridge
Sohn, Louis – Basic Documents of the United Nations, Foundation Press, Brooklyn, 1960
United Nations – United Nations Legislative Series, Nova Iorque (desde 1951)

PAULA ESCARAMEIA

Lisboa, Agosto de 2001